자동차 급발진을 파헤치다

반주일

알려지지 않은 진실을 향한 집요한 추적

박영사

이 저서는 2023학년도 상명대학교 교내연구비를 지원받아 집필되었음.
(과제번호: 2023-A000-0390)

추천사 1

잊을 만하면 발생하는 급발진 의심사고로 인해, 소중한 생명이 희생되거나 큰 부상을 입는 안타까운 사례들이 계속되고 있습니다. 이러한 사고들이 반복될 때마다 급발진 의심사고의 원인이 운전자의 미숙 또는 실수인지, 아니면 제조사의 책임인지에 대한 사회적 관심은 증폭되지만, 여전히 사고의 진실이 규명되지 않은 상태가 이어지고 있습니다.

사고의 실체적 진실을 규명하기 위해 필수적인 관련 정보 확보와 이에 대한 검증은 매우 제한적입니다. 제조사의 기밀유지 방침으로 인해 소비자 정보력은 한계가 있습니다. 현실적으로 거의 유일한 입증수단은 약 5초에 불과한 EDR(사고기록장치) 데이터인데 이 데이터의 신뢰성에 영향을 주는 ECU(전자제어장치)의 소프트웨어 코드에 대한 검증은 제대로 이루어지지 않고 있습니다. 소프트웨어 코드는 내용이 방대하고 접근에는 구조적 한계가 있고 전자적인 결함에 대한 조사를 담당할 공적 조직의 역량은 미비합니다.

이러한 현행 제도 및 절차하에서 투명한 정보공개, 행정부와 사법부의 진실 규명이 공정하게 이루어졌다는 확신을 갖기 어렵습니다. 그 결과 급발진의 존재 자체를 부정하는 제조사의 태도에도 불구하고 급발진 의심 사고의 진상은 여전히 안갯속에 묻혀 있고 소비자들에게 불안감을 주는 사회적 이슈가 되고 있습니다.

「제조물책임법」 제3조의2에 입증책임 전환에 관한 법리가 이미 존재하지만 이를 적용하여 국내에서 최종적으로 급발진을 인정받은 사례가 아직 없습니다. 작년 한 해에만 일명 도현이법 국민청원안 외에도 제조물책임법 개정안이 8건이나 발의되면서 소비자의 권익이 실질적으로 보호될 수 있도록 해달라는 요구가 이어지고 있는 상황입니다.

저는 공정거래위원장으로 재임하던 시절, 소비자가 약자의 위치에 서게 되는 수많은 갈등 현장을 직접 목도해 왔습니다. 정보, 자본, 조직 등에서 우위를 점한 기업과 마주한 소비자들이 고립되고 무력해질 수 있음을 누구보다 잘 알고 있습니다. 그러하기에, 기업의 자발적이고 적극적인 책임과 역할을 기대하기 어렵다면 정부가 적극적으로 나서 제도를 개선하고, 갈등을 조정하며, 공정한 절차를 마련해야 할 책무가 있습니다.

『자동차 급발진을 파헤치다』는 이러한 문제의식에서 출발한 책입니다. 저자는 본인 가족이 당한 급발진 의심사고 이후, 제조사를 상대로 한 3년 간의 법정공방을 계기로 급발진의 실체적 진실에 접근하고자 수년 동안 이 문제에 천착해 왔습니다. 다양한 연구논문과 보고서, 사례와 판례, 전문가 증언과 기술자료들을 총망라하여 급발진이 왜 발생하는 것인지, 급발진을 방지하기 위한 제조사의 책임있는 역할과 제도적 개선방안은 무엇인지에 대한 깊이 있는 분석을 제시하고 있습니다. 그야말로 자동차 급발진의 A부터 Z를 모두 다뤘다 해도 과언이 아닙니다.

이 책의 저자인 반주일 교수는 서울대학교 경영대학 박사과정에서 제가 가르친 제자입니다. 1학년을 채 마치기도 전에 스스로 주제를 잡아 논문 한 편을 완성할 정도로 창의적이고 열정이 넘쳤던 그의 모습이 아직도 눈에 선합니다. 학부 시절에 서울대학교 공과대학에서 공학을 전공하였으며 기업에서 4년여의 실무경험을 쌓은 그는 항상 실무적인 주제에 관심이 있었고 철저한 실증분석을 통해 뚜렷한 시사점을 제시하는 연구를 지속해 왔습니다. 공학과 경영학을 전공한 융·복합적 학업배경, 실무적인 연구 경험과 역량은 이 책에서 유감없이 발휘되고 있습니다.

일각에서는 경영대학 교수가 자동차 급발진 문제를 얼마나 잘 다룰 수 있을까 의문을 제기할 수도 있습니다. 그러나 이 책을 펼치는 순간, 그러한 선입견은 자연스레 사라질 것입니다. 공학적 이해에 기초한 집요하고 치밀한 고찰을 통해 소비자보호의 필요성과 방향성을 통찰력 있게 풀어내고 있습니다. 반도체, 소프트웨어, EDR, ISO 26262, Redundancy(다중화) 등 공학적 지식은 물론, 법과 제도의 맥락까지 아우르는 저자의 서술은 균형 잡혀 있으며, 복잡한 내용을 독자가 쉽게 이해할 수 있도록 풀어내는 필력 또한 탁월합니다.

저자는 국회 정책세미나에서 『자동차 급발진 주요 쟁점 및 소비자 보호에 관한 공학·기술적 고찰』이라는 메인 발제를 맡았고, 다수의 언론을 통해 급발진 이슈와 해법을 전파하여 전문성을 입증하였으며, 소비자단체로부터 '소비자 권익증진상'을 수상하는 등 활발한 공적 활동을 펼쳐왔습니다. 이러한 이력은 이 책이 단지 저자 개인의 아픔에 머무르지 않고, 사회 전체를 위한 변화를 촉구하는 진정성 있는 외침임을 보여줍니다.

첨단 기술이 일상의 모든 영역에 깊이 관여하는 오늘날, 소비자는 점점 더 복잡하고 고도화된 제품·서비스와 마주하고 있습니다. 『자동차 급발진을 파헤치다』는 그러한 시대 속에서 우리가 어떤 사회적 합의를 이뤄야 할지, 기업의 책임과 윤리는 무엇이어야 하는지를 묻는 소중한 이정표가 될 것입니다.

이 책은 급발진 의심사고를 겪은 피해자들, 급발진 관련 민·형사소송에 관여하는 법조인들, 사고를 조사하는 경찰과 국과수 관계자들, 제도 개선을 고민하는 입법자와 행정가들, 그리고 이 문제에 관심을 가진 모든 시민들에게 깊은 통찰을 제공할 것입니다. 저는 우리 사회가 보다 공정하고 안전한 방향으로 나아가길 바라는 마음을 담아 이 책을 자신 있게 추천합니다.

조성욱

전 공정거래위원장

서울대학교 교수

추천사 2

수년 전, 서초동 법원 인근에서 제 가족이 급발진 사고를 직접 겪은 일이 있습니다. 후진 기어를 넣는 순간 차량이 갑자기 움직이기 시작했고, 여러 차례 브레이크를 밟았음에도 멈추지 않더니 결국 차량 두 대를 들이받고 나서야 간신히 멈출 수 있었습니다. 다행히 인명 피해는 없었지만, 평범한 일상의 도구였던 자동차가 순식간에 수백 킬로그램의 무게와 힘을 지닌 괴물로 돌변할 수 있다는 사실을 온몸으로 실감한, 아찔하고 식은땀이 흐르던 순간이었습니다.

잘 알려진 '강릉 급발진 의심사고'와 '서울 시청역 급발진 의심사고'를 포함해, 해마다 수많은 급발진 의심 사례가 보고되고 있으며 많은 운전자들이 피해를 호소합니다. 그러나 대부분의 자동차 제조사들은 이를 운전자 과실이나 조작 미숙으로 치부하며 급발진의 존재 자체를 부정하고 있습니다. 급발진은 실제 존재하는 현상일까요, 아니면 제조사들의 주장처럼 검증되지 않은 신화일까요?

지난 2024년 국회에서 개최된 '자동차 급발진 사고 예방 및 소비자 보호를 위한 제조물책임법 개정 정책세미나'에서 상명대학교 반주일 교수님의 『자동차 급발진 주요 쟁점 및 소비자 보호에 관한 공학·기술적 고찰』 발제를 들을 기회가 있었습니다. 단순한 주장이나 의견 나열이 아닌, 다양한 사례와 실증적 분석을 바탕으로 한 이 발제는 급발진의 실체를 입체적으로 조명해 주었고, 이는 이번에 출간된 『자동차 급발진을 파헤치다』에 고스란히 담겨 있습니다.

이 책은 기술적, 법적, 정책적, 산업적 관점에서 급발진 문제를 다층적으로 해부하며, 국내는 물론 세계적으로도 유례를 찾기 힘든 시도라 할 수 있습니다. 특히 첫 번째 챕터 '급발진은 있다? 없다?'에서는 급발진 현상의 존재를 부정하는 일각의 주장에 대해, 저자는 그간의 연구와 축적된 사례를 근거로 신중하면서도 날카로운 반론을 제기합니다.

법률적 측면에서는 주요 급발진 의심 사고에 대한 민·형사 판례를 상세히 분석하고, 미국의 '북아웃 소송' 증인신문 녹취록까지 폭넓게 인용하며 문제의 본질에 접근합니다. 저자는 더불어 공정거래위원회의 「제조물책임법」 논의와 2024년 3월 EU에서 승인된 제조물책임지침 개정안, 그리고 페달 블랙박스 도입을 위한 자동차관리법 개정 방향까지 폭넓은 시야로 짚어냅니다.

공학적 이해가 어려운 독자들을 위해 저자는 ISO 26262, ECU, 반도체, 소프트웨어, EDR, 브레이크, 다중화, 페달 블랙박스 등 전문 개념을 친절하게 설명하며, 급발진을 막기 위한 기술적 대안과 한계를 함께 제시합니다. 책을 읽는 동안 난해한 추상화의 색이 하나하나 벗겨지며 생생한 정물화가 드러나는 듯한 느낌을 받게 되는 이유도 여기에 있습니다.

무엇보다 마지막 장에서는 비판에 그치지 않고, 급발진을 제도적으로 해결하기 위한 구체적 방안까지 제안합니다. 저자가 제시하는 고난도 제조물 개념 도입, 국과수 조사 체계 개선, 경찰 대응 매뉴얼 구축, 보험을 통한 피해 구제, 통계 DB 구축, 피해자 커뮤니티 활성화, 전자제어장치 다중화 등 사전적·사후적 대응책을 따라가다 보면, 급발진을 둘러싼 사회적 갈등이 결코 풀 수 없는 난제만은 아니라는 희망을 갖게 됩니다.

이 책의 중심에는 '사람의 생명과 안전을 어떻게 지킬 것인가'라는 단 하나의 목표가 있습니다. 저자는 억울한 피해자가 더 이상 생기지 않도록 하기 위해 연구와 고민을 거듭했고, 그 진정성이 책 곳곳에 녹아 있습니다. 마지막 페이지를 덮을 때, 독자들은 급발진 문제 해결을 위한 저자의 진지한 여정과 노력을 깊이 공감하게 될 것입니다.

그렇기에 『자동차 급발진을 파헤치다』는 결코 전문가만을 위한 책이 아닙니다. 이 책을 읽는 누구나, '복잡성의 시대'라 불리는 오늘날 우리가 마주할 수많은 기술적 위험과 사회적 문제들에 대해 저마다의 판단 기준을 세우고, 인간의 안전을 지키는 사회적 합의가 무엇이어야 하는지 함께 고민해 보게 될 것입니다.

자동차와 같은 고도의 기술 집약적 제품에서 결함이 발생했을 때, 그 하자를 제품을 만든 제조사가 아닌, 오히려 개인인 급발진 피해자가 입증해야 한다는 것이 과연 합리적인 일일까요? 이 책의 발간으로 말미암아 급발진 문제의 실체를 다시금 조명하고, 제도적 개선을 위한 사회적 숙의의 출발점이 되기를 기대합니다.

민병덕
국회 정무위원회 위원
더불어민주당 국회의원

들어가며

지난 몇 년간 필자는 마치 운명이라도 되는 것처럼 자동차 급발진 문제에 매진해 오면서 경영대학 교수가 왜 급발진 문제를 파고드냐는 질문을 받을 때마다 즉답을 피하며 말을 아껴왔다. 그리고 급발진 관련 국회 정책세미나의 발제 및 토론, 방송출연, 신문 인터뷰 및 기고 등의 기회가 있을 때마다 연구논문, 조사자료, 전문가 증언 등 최대한 객관적인 정보만을 전달하려고 노력하였다.

개인적인 동기를 밝히지 않았던 이유는 2020년 가을 급발진 의심사고를 당하신 부모님을 대신하여 자동차 제조사와 3년에 걸친 민사소송을 벌이고 있었기에 자칫 감정적인 화풀이나 소송을 위한 여론몰이 등으로 비칠까 염려되었기 때문이다.

사고로 인한 치명상으로 노동능력을 100% 상실한 아버지는 집으로 돌아오지 못하셨다. 병원에서 기관절개와 산소공급줄, 위루관, 혈관카테터, 소변줄, 기저귀, 바이탈 센서 등 온갖 것들을 몸에 치렁치렁 부착하신 채 24시간 간병을 받으며 고통을 감내하셔야만 했다. 주변 사람들 모두가 말렸지만 자식된 도리로서 소송을 하지 않을 수 없었고, 지난한 소송에서 제조사의 논리를 제대로 반박하기 위해 스스로 공부하지 않을 수 없었다.

연구실에서 수많은 밤을 지새며 급발진 이슈를 조사하고 추적해 왔다. 정보가 충분하지 않거나, 혼자 힘으로 이해할 수 없을 때에는 다양한 분야에서 전문가들의 도움을 받았다. 차량용 반도체를 개발하는 연구원, 자동차 ECU 개발 경력이 있는 엔지니어, 베테랑 프로그래머, 항공기 사고분석 전문가, 전기·전자제어 전공 교수, 자동차 전자제어 전공 교수, 보건통계학 전공 교수, 교통사고분석 전문가, 자동차 명장, 제조물책임법 전문 변호사, 정신건강의학과 의사 등 내가 접촉가능한 전문가란 전문가는 다 찾아다닌 것 같다. 직접 만나기도 하고,

전화 인터뷰, 서면질의 등을 통해 자동차 급발진 문제와 관련된 유용한 정보와 지식, 식견을 얻을 수 있었다.

2024년 초, 3년 동안 진행된 소송에서 패소하였다. 급발진에 대한 직접증명은 불가능하므로 차량을 정상적으로 사용하였다는 간접사실 등을 통해 입증책임의 전환을 노려보는 것이 재판 전략이었으나 결과는 실망스러웠다. 제조사의 주장을 반박하기 위해 필자가 수집하여 호증으로 제출한 수많은 자료들, 여러 전문가 의견서들이 판결문에서 거의 언급조차 되어 있지 않았다. "원고들의 주장은 더 나아가 살펴볼 필요 없이 이유 없다"는 표현을 보는 순간 입증할 수 있는 증거가 없으면 덤비지 말라는 표현으로 들렸다. 현재 우리나라 사법제도하에서는 더 이상 소송을 진행하는 것이 무의미하다고 느껴졌다.

필자가 회복 가망이 없는 아버지를 위해 할 수 있는 일, 해야 하는 일은 소송을 더 끌고 가는 것이 아니라 급발진 문제를 세상에 널리 알리고, 억울한 피해자들이 더 이상 생기지 않도록 법과 제도를 개선하고, 제조사들의 책임 있는 자세와 필요한 기술적인 조치들을 유도하는 데 일조하는 것이라는 생각이 들었다. 지인들도 그동안 수집한 자료, 알게 된 지식이 결코 적지 않을 터이니 이것들을 연구논문이나 책을 통해 우리 사회에 공유하는 작업을 해볼 것을 권했다.

아무래도 연구논문은 독자층이 매우 제한되어 있기 때문에 책을 집필하여 다양한 독자들과 급발진 문제의 주요 쟁점 및 소비자 보호를 위한 개선 방안을 공유하는 것이 더 의미가 있다는 판단하에 책 집필을 선택하였다. 필자가 아는 한 급발진 문제만을 중점으로 다루는 책은 우리나라에서 최초의 시도이다.

우리 속담에 '서당 개 삼 년이면 풍월을 읊는다'는 말이 있다. 비록 사고 당사자 가족으로서의 아픔이 발단이 되었고 자동차 분야 전공자는 아니지만, 대학교수로서 역량을 총동원하여 오랜 시간을 급발진 문제에 쏟아부으면서 누구보다도 이 문제에 대해 많이 고민하고 심각성을 피부로 느끼게 되었다.

우리나라에서 급발진 의심사고를 당하면 할 수 있는 일이 아무것도 없다 해도 과언이 아니다. 제조사는 운전자의 페달착오라고 몰아가며 책임 있는 자세를 보이지 않는다. 1차적으로 교통사고를 조사하는 경찰은 기술적인 문제는 잘 모르니 국과수 조사에 의존할 수밖에 없다. 국과수는 급발진의 원인으로 지목되는 자동차의 두뇌, ECU의 반도체 및 소프트웨어에서 발생하는 전자적인 결함에 대한 조사 없이 눈에 보이는 기계적인 결함 및 사고기록장치(EDR) 위주의 조사를 통해 급발진의 증거를 찾지 못했다는 결론을 내어놓는다. 피해자가 마지막으로 소송을 통해 억울함을 호소해 보아도 급발진을 입증할 증거 부족으로 거의 대부분 패소하고 있다. 첨단 기술의 시대에 사람들이 치명상을 입거나 죽어 나가는 안타까운 상황이 계속되고 있음에도 급발진 문제는 명백한 원인규명과 뾰족한 해결책 없이 답보하고 있다.

많은 국민들이 제조사, 국과수 조사, EDR을 전적으로 신뢰하지 못하고 있다. 오죽하면 자동차학과 교수가 자기차에 페달 블랙박스를 설치했다고 하고, 국토부 장관도 페달 블랙박스를 설치할 예정이라는 말이 나오겠는가. 비유컨대 지진이나 화산폭발 직전처럼 자동차 급발진 문제는 임계점에 도달해 있다. 지금이 바로 더 늦기 전에 제대로 된 해결 방안을 도출해야 할 타이밍이다.

이 책이 나오기까지 필자는 다방면에서 정말 많은 도움을 받았다. 특별히 재판 과정에서 본인들의 일인 것처럼 공감하며 많은 시간과 노력을 투입해 장문의 전문가 의견을 제공하여 도움을 주신 분들이 있다. 연구실적뿐 아니라 산업체 및 연구소 실무경험까지 겸비한 전기·전자제어 전공 J 교수님, 반도체 업계에서 잔뼈가 굵고 자동차용 반도체를 포함하여 다양한 반도체 칩의 설계 책임자 경력을 가진 L 박사님, 자동차 ECU에서 주로 사용하는 C언어에 최상급의 코딩능력을 가진 베테랑 프로그래머 S 이사님, 자동차 전자제어장치와 EDR의 한계점을 항공기와 비교해 준 항공기 운항 및 사고분석 전문가 K 기장님께 지면을 빌려 심심한 감사를 전한다. 또한 J 교수님, L 박사님, S 이사님, K 기장님이 재판과정에서 제공해 주신 전문가 의견을 필자가 이 책에 직·간접적으로 활용하고 싶다는 요청을 드렸고 네 분 모두 흔쾌히 허락해 주셨음을 밝힌다. 모두 현업에서 활발하게 활동하고 계신 분들인 관계로 급발진이라는 민감한 사안에 실명이 노출되는 경우 비방 및 불이익 등이 우려되어 부득이 이니셜로 언급하게 되었다.

이 외에도 감사를 전해야 할 대상이 많다. 장시간의 전화 인터뷰에 응해주신 전직 ECU 소프트웨어 개발 엔지니어, 통계적 관점에서 장시간 페달착오 가능성이 희박함을 설명해 준 보건·의료 데이터 전문가, 운전을 하신 어머니의 인지능력 검사점수가 보통의 젊은 사람보다 높다는 설명과 근거자료를 제공해 주신 정신건강의학과 전문의, EDR의 신뢰성에 대한 질의에 서면으로 응답해 준 국내 유명 대학 자동차 전자제어 연구실 등 도움을 주신 분들을 일일이 열거하기 힘들 정도이다. 또한 책 집필에 전념할 수 있도록 기가 막힌 타이밍에 연구년을 허가해 주고 연구비를 지원해 준 상명대학교에 감사한다. 어려운 소송을 맡아 3년 동안 많은 수고를 해주신 이인걸 변호사님, 강치훈 변호사님께도 감사를 전한다. 사랑하는 아내와 아이들에게 항상 위로와 응원을 보내주어 고마운 마음과 바쁘다는 이유로 가정에서 부재중 아빠인 날이 많았음에 미안한 마음을 함께 전하고 싶다.

급발진 의심사고 후에 병상에 꼼짝없이 누워 4년 동안 신음하시던 아버지는 2024년 가을 소천하셨다. 부지런히 집필해서 아버지 생전에 책을 보여드리는 것이 목표였는데 아쉽게도 아버지의 시간은 필자를 기다려 주지 않았다. 아무쪼록 이 책이 더 이상 자동차 급발진 의심사고로 죽거나 다치는 걱정을 하지 않아도 되는 사회를 앞당기는 데 마중물의 역할을 감당할 수 있기를 간절히 바라며, 이 책을 아버지 영전에 바친다.

2025년 6월 북한산 기슭 연구실에서

저자 반주일

차례

추천사 1 3
추천사 2 6
들어가며 9

CHAPTER 1 급발진은 있다? 없다?

급발진이란? 26
전자제어장치 정의 및 종류 28
전자제어장치 작동원리 29
스로틀이란? 30
기계식 vs. 전자식 32
전자식 스로틀의 장단점 33
스웨덴 컴퓨터 공학자들의 연구 35
토요타 캠리의 급발진을 인정한 북아웃(Bookout) 소송의 전말 38
토요타 캠리 실차 테스트를 통한 급발진 재현 41
혼다 피트, 베젤 하이브리드 급발진 가능성으로 리콜 45
우리나라 연구진의 급발진 재현실험 47
교통사고의 진실규명: 접촉사고에서 급발진까지 51
우리나라 급발진 의심사고 현황 52
한국소비자원의 급발진 사례조사 54

CHAPTER

2 급발진 관련 우리나라 판례

민사재판 사례 58

· 서울 강동구 벤츠 급발진 의심사고 59

· 호남고속도로 BMW 급발진 의심사고 62

· 부산 감만동 싼타페 급발진 의심사고 65

· 경기도 판교 볼보 급발진 의심사고 70

· 강릉 홍제동 티볼리 급발진 의심사고 71

형사재판 사례 76

· 서울 시청역 제네시스 G80 급발진 의심사고 77

· 서울 성북구 그랜저 급발진 의심사고 79

· 양주시 그랜저 급발진 의심사고 83

· 제주시 제네시스 급발진 의심사고 84

· 서울 서초구 쏘렌토 급발진 의심사고 85

CHAPTER

3 Bookout 소송 파헤치기

세일러(Saylor) 소송과 북아웃(Bookout) 소송을 구별하자 90

북아웃 소송 배심원 평결 92

카네기멜론대학의 쿠프만(Koopman) 교수에 대하여 95

안전필수 시스템에서의 Task Death: 쿠프만 교수의 블로그 97

북아웃 소송에서 쿠프만 교수의 증언 99

바그룹의 CTO 미스터 바(Mr. Barr)에 대하여 110

북아웃 소송에서 미스터 바의 증언 112

CHAPTER 4

ISO 26262

ISO 26262란? 132

ISO 26262는 어떻게 작동하는가? 133

결함, 오류, 고장의 차이 135

감지되거나 인지되지 않는 잠재된 결함 138

ASIL과 고장률 목표치 141

ASIL 등급별 신뢰성 테스트 방법론 142

ASIL D등급은 급발진을 막는 충분조건인가? 143

결함의 재현 및 입증이 어려운 이유 144

CHAPTER 5

ECU 오작동 가능성

ECU 소프트웨어 엔지니어 인터뷰 148

인터뷰를 통해 얻을 수 있는 교훈 154

공개석상에 모습을 드러낸 ECU 엔지니어 출신 변호사 157

박정철 변호사의 패널토론 내용 159

강릉 급발진 의심사고 손해배상소송 증인신문 161

NASA의 급발진 보고서 163

결함 재현에 실패한 NASA 165

NASA가 결함 재현에 실패한 이유 170

TRL 보고서 171

국과수는 자동차 ECU를 조사할 역량이 있는가에 대한 전문가 의견 174

국과수 보고서 사례: 강릉 급발진 176

ECU가 잘못되면 고장코드가 남는다? 178

CHAPTER

6 반도체 이슈

반도체 전문가 L 박사님을 만나다 182

자동차 ECU에 탑재되는 반도체 칩에 대한 이해 183

반도체의 불량, 품질, 신뢰성에 대하여 184

통계적으로 관리되는 반도체 제조 과정에 대한 이해 185

반도체 불량의 종류 187

반도체 불량의 종류별 특징 및 발생 원인에 대한 이해 188

자동차용 반도체 불량률 목표치 191

불량률 목표치 1ppm은 충분한가? 192

ECU 반도체 칩에서 불량이 발생하는 메커니즘 193

비트플립을 방지하기 위한 EDAC 196

반도체 칩 관점에서 ECU를 100% 신뢰할 수 없는 이유 197

급발진 의심 사고 이후 불량이 재현되기 어려운 이유 198

쿠프만 교수의 사례연구 199

L 박사님 작성 전문가 의견서의 마지막 강조점 201

YTN 탐사보고서 기록: 급발진, 액셀 vs. 브레이크 203

CHAPTER

7 소프트웨어 이슈

자동차 소프트웨어의 중요성, 주요 현안 및 쟁점 208

자동차에 탑재되는 소프트웨어 코딩량 210

임베디드 시스템과 임베디드 소프트웨어 211

결함 감내성(fault tolerance)이란 무엇인가? 212

소스코드(source code)란 무엇인가? 214
경합조건(Race Condition)에 대하여 216
ECM에서 연산 도중 오류가 발생하였다면 프로그램이 작동을 멈추고 종료되거나, '연산불가'의 결과를 내놓게 된다는 주장에 대하여 219
평화주의자 간디가 전쟁 미치광이로 돌변하다 220
잘못 입력된 값에 취약한 소프트웨어 222
인간은 착오할 수 있어도 기계는 착오하기 어렵다는 주장에 대하여 225
소프트웨어 결함으로 인한 리콜 및 무상수리 사례 226

CHAPTER 8 EDR의 신뢰성 논쟁

EDR이란 무엇인가? 232
태생적으로 운전자에게 불리한 EDR 데이터 항목 236
EDR에 데이터가 기록되는 과정 238
EDR에서 데이터를 추출하는 방법 240
EDR 데이터의 한계 241
EDR의 신뢰성 243
미도로교통안전국의 EDR 기록시간 연구 244
미연방교통안전위원회의 EDR 기록시간 및 기록주기에 대한 검토의견 246
충돌 전 5초는 너무 짧다 247
EDR의 질적 신뢰성에 대한 국내 유명 대학 자동차 전자제어 연구실의 답변 248
UL4600이 언급하는 EDR의 문제점 250
EDR 데이터도 잘못 저장될 수 있다 252
EDR 데이터 사례: 강릉 급발진 의심사고 253

경찰청장 기자간담회 질의응답 255
급발진이 발생하면 EDR 데이터가 엉터리가 된다? 256
폴란드 교통 공학자들의 연구 258
EDR에 기록된 정보들 간의 비동기화(non-synchronization) 오류 260
비동기화(non-synchronization) 오류 사례 및 시사점 262
항공기 운항 및 사고분석 전문가 K 기장님을 만나다 264
자동차의 EDR과 항공기 FDR의 비교 265
자동차의 EDR만으로는 사고원인 파악이 불가능하다 266

CHAPTER 9 브레이크 이슈

브레이크 부스터란? 270
진공배력장치에서 진공이 생성되는 원리 272
브레이크 페달을 밟는 힘만으로 충분한 제동이 가능한가? 274
브레이크 홀드 테스트(Brake Hold Test) 276
시속 65마일(105km/h)에서의 브레이크 테스트 279
시청역 급발진 의심사고 차량에 탑재된 브레이크 시스템 283
액셀을 이기는 브레이크 BOS 286
BOS로 급발진을 막을 수 있는가? 289
BOS는 언제나 작동하는가? 291
필요충분조건 논쟁: 브레이크 밟음과 브레이크등 점등 292
필요충분조건 주장에 반대하는 전문가 의견 294

CHAPTER

10 제조물 책임법 개정 논의

입증책임의 전환 300

도현이법 시즌1 302

21대 국회에 발의된 제조물책임법 개정안 307

개정안에 대한 평가 및 논의 결과 311

정무위원회 검토의견 312

공정거래위원회 의견 315

산업계의 의견 317

도현이법 시즌2 320

EU 제조물책임지침 개정의 의의 324

EU 제조물책임지침 326

22대 국회에 계류중인 제조물책임법 개정안 329

공정위의 『제조물책임법 운용 실태조사』 연구용역 332

CHAPTER

11 페달착오 및 페달블랙박스 이슈

제조사의 전가보도: 운전자가 페달을 착오하다 340

미국 연구진의 페달착오 연구 341

미국 도로교통안전국의 페달착오 사고 충돌유형 분석결과 345

일본 연구진의 페달착오 연구 349

페달 블랙박스가 뜬다: 급발진 논란을 잠재울 수 있을까? 352

22대 국회에 계류중인 페달블랙박스 관련 자동차관리법 개정안 353

이헌승 의원 대표발의 자동차관리법 개정안(의안번호 제2201502호) 355

이양수 의원 대표발의 자동차관리법 개정안(의안번호 제2201893호) 357
자동차관리법 개정안에 대한 검토의견 359
자동차학과 교수가 페달 블랙박스 달았다 362
국토부 장관도 페달 블랙박스 달겠다 363
페달 블랙박스 설치 제조사에 리콜 과징금 깎아준다 365

CHAPTER 12 다중화(redundancy)

다중화란 무엇인가? 370
미 해군 전략핵잠수함 지휘장교도 강조하는 다중화 371
전통적인 다중화 기법 TMR(Triple Modular Redundancy) 372
TMR의 신뢰성 개선효과 374
비용절감 다중화 기법 DMR(Dual Modular Redundancy) 378
DMR의 신뢰성 개선효과 380
액셀 페달 위치 센서(APS)의 다중화 사례 384
자동차 전자제어장치(ECU)의 다중화 사례 385
Airbus A330/A340 비행제어장치(FCS) 다중화 사례 387
Boeing 737-800 비행제어시스템(FCS) 다중화 사례 391
한국과학기술정보연구원 보고서 393

CHAPTER 13 민사소송 체험기

사고 경위 396
경찰의 부실한 조사 실태 399

EDR이 탑재된 ACU를 누가 떼어내야 하는가? 401
사고원인을 차량조작 미숙으로 예단하다 402
납득할 수 없었던 EDR 데이터 405
제조사와의 소송을 택하다 407
소송가액은 어떻게 정해지나 409
조정이 결렬되다 410
단독부에서 합의부로 변경되다 412
기어 중립(N) 가설 413
민사소송 전 과정 요약 415
허무한 판결 422

CHAPTER 14 못다한 이야기

UNECE, WP.29, GRs, IWG에 대하여 426
ACPE IWG 미팅에서 공개된 이태원동 페달착오 사고사례 429
오류가 발생하거나 유입되면 ECU에서 반드시 걸러낼 수 있는가? 433
제동장치와 동력발생장치는 독립적으로 작동하는가? 435
언론매체 보도 내역 440
언론매체 보도 이후 443
BVK의 개념 445
제조사 측의 전문가 의견서: 간에 가 붙고 쓸개에 가 붙는다 446
양심을 파는 것인가? 무지한 것인가? 448
급발진을 경험했다는 사람이 왜 이리 많은가? 456
미국 컨슈머리포트가 제안하는 급발진 대처법 5단계 459
우리나라 도로환경에서의 급발진 대처법 461

CHAPTER 15

소비자보호 방안

반례 하나면 충분하다 466

EDR 만능의 신화에서 깨어날 때 467

국과수의 메타인지가 절실하다 469

급발진 대처법에 대한 트레이닝, 연습, 교육, 체험 471

제조물책임법상 고난도(highly complex) 제조물 개념 도입 473

자료제출 명령의 실효성 제고 475

결함분석심의위원회 vs. 민간전문가 477

입증수단 확보 479

보험을 통한 피해구제 482

급발진 의심사고 사례 통계 데이터베이스 구축 487

피해자 커뮤니티 구축 489

언론의 기업편향(Corporate Bias)에 대한 인지와 대응 490

정크 사이언스(junk science) vs. 리얼 사이언스(real science) 493

근본적인 해법은 철저한 다중화(redundancy) 496

마치며 500

- 급발진이란?
- 전자제어장치 정의 및 종류
- 전자제어장치 작동원리
- 스로틀이란?
- 기계식 vs. 전자식
- 전자식 스로틀의 장단점
- 스웨덴 컴퓨터 공학자들의 연구
- 토요타 캠리의 급발진을 인정한 북아웃(Bookout) 소송의 전말
- 토요타 캠리 실차 테스트를 통한 급발진 재현
- 혼다 피트, 베젤 하이브리드 급발진 가능성으로 리콜
- 우리나라 연구진의 급발진 재현실험
- 교통사고의 진실규명: 접촉사고에서 급발진까지
- 우리나라 급발진 의심사고 현황
- 한국소비자원의 급발진 사례조사

CHAPTER 1

급발진은 있다? 없다?

급발진이란?

급발진(急發進)이라는 단어에는 '급하다(急), 쏘다(發), 나아가다(進)'라는 뜻의 세 한자가 담겨있다. 말 그대로 자동차가 급작스럽게 총을 쏘듯이 빠르게 달려 나간다는 뜻이다. 그러나 이 단어는 급발진의 적절한 의미를 표현하지 못하고 있다.

영어로는 UA(Unintended Acceleration)라는 단어가 널리 쓰이고 있는데, 직역하자면 **'의도하지 않은 가속'**이다. 미국 도로교통안전국(NHTSA, National Highway Traffic Safety Administration)[1]은 2011년 보고서[2]에서 UA에 대해 '자동차에서 운전자가 의도적으로 발생시키지 않은 가속이 나타나는 현상'이라고 설명한다. 즉 운전자의 의도가 있었는지 또는 없었는지가 쟁점이며 급작스러운지, 총알처럼 빠른지는 부차적인 문제에 해당한다.

급발진 의심 사고 사례가 유튜브 사이트 등에 올라왔을 때 '저렇게 천천히 가는 급발진은 처음 보겠네'라며 비아냥거리는 댓글을 볼 수 있는데 급발진의 개념을 제대로 이해하지 못한 사람이라 할 수 있다. 시속 50km/h로 급발진했는지, 시속 200km/h로 급발진했는지 전혀 중요하지 않다. 운전자가 액셀 페달을 밟아서 차가 가속된 것인지, 액셀 페달을 밟지 않았음에도 가속된 것인지가 중요하다.

1 교통안전 증진을 목표로 1970년에 설립된 미국 운수부(Department of Transportation) 산하의 정부기관이다.

2 보고서 제목은 『토요타 전자식 스로틀 제어 시스템의 기술평가(Technical Assessment of Toyota Electronic Throttle Control Systems)』이며 출처는 아래와 같다.
https://static.nhtsa.gov/odi/inv/2014/INRP-DP14003-61485.pdf

그런데, 대부분의 급발진 의심사고 사례에서 운전자들은 엄청난 속도로 가속될 뿐만 아니라 브레이크 또한 먹통이 된다고 호소하고 있다. 이로 인해 UA라는 가장 일반적이고 광범위한 개념의 용어와 함께 **SUA**(Sudden Unintended Acceleration), **SAI**(Sudden Acceleration Incident)라는 용어 또한 자주 사용되고 있다. SUA 또는 SAI는 UA 중에서도 높은 출력을 나타내는 가속 현상과 명백한 제동 능력 상실을 동반하는 경우를 의미한다.

미국 의회조사국(CRS, Congressional Research Service)[3]은 2010년 보고서[4]에서 SUA의 일반적인 특징으로 다음과 같은 3가지를 제시하고 있다.

① **운전자가 주도하지 않았음에도 차량이 갑자기 가속되는 경우**

② **운전자가 액셀 페달에서 발을 뗀 후에도 차량이 속도를 유지하거나 계속해서 가속되는 경우**

③ **차량은 가속되고 운전자가 브레이를 밟아도 차량을 정지시킬 수 없는 경우**

또한, 보고서에 따르면 미국 도로교통안전국은 2000년도부터 자동차의 다양한 문제와 결함에 대한 컴플레인을 접수하였는데, 컴플레인 건수는 매해 3~5만 건에 달하며 이 중에서 **1,200~2,000건이 자동차 급발진**과 관련된 것이라고 밝히고 있다. 피해정도 또한 결코 가볍지 않았다. 급발진 문제로 언론의 주목을 받았던 제조사 토요타의 치명적인 급발진 의심사고만 놓고 보더라도 총 43건에서 52명이 사망하였다. 선진국에서는 급발진을 주장하는 사람이 없는데 유독 한국 사람들만 급발진을 주장한다는 근거 없는 비아냥은 금물이다.

3 1914년에 설립된 미국 의회의 입법 보조기관으로서 입법과정 전반에 걸쳐 포괄적이고 신뢰할 만한 연구 및 분석자료를 제공함으로써 정보에 입각한 입법에 기여하는 미국 의회의 싱크탱크(think tank)이다.

4 보고서 제목은 『승용차의 급발진(Unintended Acceleration in Passenger Vehicles)』이며 출처는 다음과 같다. https://www.everycrsreport.com/reports/R41205.html

전자제어장치 정의 및 종류

자동차에는 엔진, 변속기, 브레이크, 조향장치, 서스펜션(suspension),[5] 에어백 등 많은 기계장치가 있다. **전자제어장치**(ECU, Electronic Control Unit)[6]란 마이크로컴퓨터(micro computer)를 이용하여 이러한 기계장치들을 제어하는 장치를 지칭한다.

현대식 차량에는 수십 종류의 ECU가 탑재되는 것으로 알려져 있다. 아래는 대표적인 전자제어장치를 지칭하는 용어를 정리한 표이다. 'U(unit)' 또는 'M(module)'이라는 용어는 별다른 구분없이 사용된다.

표 1-1 자동차의 대표적 전자제어장치를 지칭하는 용어

구분	용어	동일 용어
엔진 제어장치	ECU(engine control unit)	ECM
변속기 제어장치	TCU(transmission control unit)	TCM
브레이크 제어장치	BCU(brake control unit)	BCM
파워스티어링 제어장치	PSCU(power steering control unit)	PSCM
서스펜션 제어장치	SCU(suspension control unit)	SCM
에어백 제어장치	ACU(airbag control unit)	ACM
......	......	......

5 스프링, 암(arm), 쇽업소버(shock absorber) 등을 통해 노면에서 발생하는 충격을 흡수하는 장치를 지칭한다.

6 전자제어장치(ECU) 중에서 자동차 엔진 제어와 관련되는 장치를 엔진제어장치(ECM, engine control module)라고 지칭하기도 하고 같은 명칭을 사용해 ECU라고 지칭하기도 한다. ECU가 전자제어장치를 의미할 때는 광의(廣義)의 개념이며 엔진제어장치를 의미할 때는 협의(狹義)의 개념이라 할 수 있다.

전자제어장치 작동원리[7]

차량의 가속을 관장하는 엔진제어장치를 예로 들어 전자제어장치 작동 원리를 도식화해 보면 [그림 1-1]과 같다.

그림 1-1 전자제어장치 작동 원리

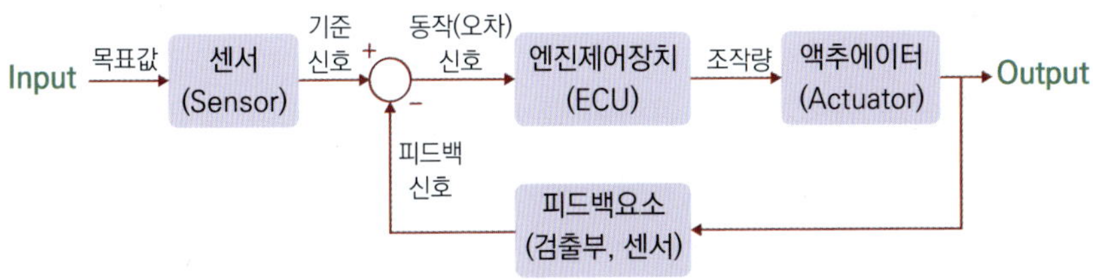

자동차에서 Input은 운전자의 가속/감속 의지이며 목표값이 페달링을 통해 센서에 전달이 되고 센서는 목표값을 기준 신호로 변환하여 ECU에 전달한다. ECU는 기준 신호뿐만 아니라 현재 차량 속도, 엔진 회전수, 스로틀밸브 열림량 등에 관한 정보에 대해서도 피드백 신호를 전달받는다.

ECU는 기준 신호와 피드백 신호를 비교하여 동작(오차) 신호를 산출하고, ECU는 최적의 스로틀밸브 열림량, 연료 분사량, 엔진 회전수 등을 어느 정도로 조작할 것인지 계산하여 액추에이터(인젝터, 스로틀밸브, 점화장치 등)에 조작량을 전달한다. 액추에이터는 ECU로부터 전달받은 명령을 실행한다. Output은 차량이 실제로 어떻게 동작했는지를 의미하며 이러한 정보는 다시 ECU로 피드백된다.

7 전기 · 전자제어 전공 J 교수님이 제공한 전문가 의견의 내용을 기반으로 하였다.

스로틀이란?

현재까지 다수가 사용하는 전통적인 내연기관(ICE, internal combustion engine)[8] 자동차를 예로 들어보자. 엔진이 구동되어 출력을 발생시키기 위해서 필요한 3요소는 ① **연료**(fuel), ② **공기**(air), ③ **점화**(spark)이다.

우리가 땔감으로 불을 피우기 위해 무엇이 필요한지 생각해 보면 지극히 상식적인 것들이다. 3요소 중에서 어느 하나라도 결여된다면 불을 피울 수 없음은 자명하다.

3요소 중에서 급발진과 관련하여 특별히 주목해야 하는 것은 공기이다. 엔진으로 들어가는 공기량을 조절하는 장치를 **스로틀**(throttle) 또는 스로틀바디(throttle body)라고 부르며, 스로틀 내부에서 공기구멍을 여닫는 밸브를 스로틀밸브(throttle valve)[9]라고 한다.

그림 1-2 스로틀 예시

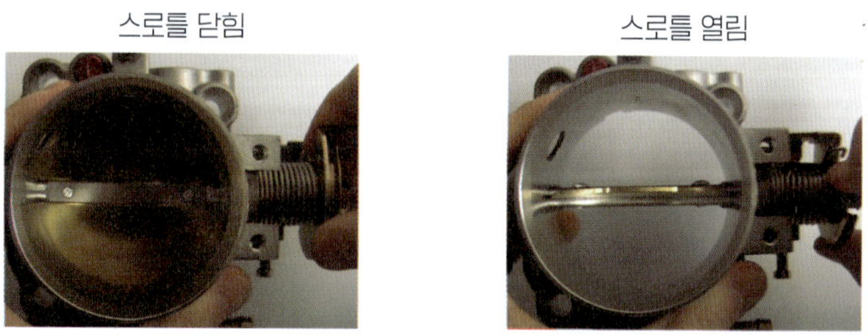

출처: Engineering Explained

8 ICE와 대비되는 구동방식의 차량으로는 전기차(BEV, battery electric vehicle), 하이브리드차(HEV, hybrid electric vehicle), 수소차(FCEV, fuel cell electric vehicle)가 있다.

9 정확한 명칭은 '스로틀 바디 버터플라이 밸브(throttle body butterfly valve)'임

스로틀의 작동 원리에 대해서는 **'Engineering Explained'**[10]에서 기계식 스로틀(throttle by cable) 실물을 가지고 4분여의 영상으로 쉽게 설명해 준다.[11] 위의 그림은 해당 영상을 발췌한 것이다.

스로틀의 오른쪽에 부착된 스프링으로 인해 평상시에는 닫혀 있는 상태이고 힘을 세게 주어 돌려줄수록 더 활짝 열리게 된다. 스로틀이 활짝 열려 있는 상태를 지칭하는 용어가 **'WOT(wide open throttle)'**인데, 우리나라 사람들이 소위 말하는 **'풀액셀'**로 이해하면 된다.

---

10 기계공학자 제이슨 펜스크(Jason Fenske)가 운영하고 있으며, 2024년 8월 현재 385만 명의 구독자를 보유한 유명 유튜브 채널이다.

11 https://www.youtube.com/watch?v=wmrvnZT4aDU

기계식 vs. 전자식

자동차 급발진은 차량이 **전자식 스로틀 제어 시스템**(ETCS, Electronic Throttle Control System)을 채택한 것과 밀접한 관련이 있다. ETCS는 스로틀밸브, 스로틀밸브의 열림량을 조절하는 모터, 스로틀밸브가 열려 있는 각도를 감지하는 스로틀 포지션 센서(TPS, Throttle Position Sensor)로 구성된다.

기계식 제어를 영어로 'control by cable', 전자식 제어를 영어로 'control by wire'라고 부른다. 여기서 **케이블**(cable)은 물리적인 철사줄, **와이어**(wire)는 전자신호를 전송하는 통신선을 의미한다. 자동차 용어에서 케이블이 나오면 기계식, 와이어가 나오면 전자식이라고 이해하면 쉽다.[12]

전통적인 기계식 스로틀 차량에서는 액셀 페달과 스로틀밸브가 케이블로 연결되어 있어서 운전자가 액셀 페달을 밟아야만 스로틀밸브가 열리는 구조를 취하고 있다. 쉽게 말해 액셀 페달을 깊이 밟을수록 스로틀밸브가 더 활짝 열려서 엔진으로 들어가는 공기량이 많아지고 땔감이 더 활활 타올라서 더 높은 출력을 내게 된다.

그러나 요즘의 차량들은 대부분 전자식 스로틀을 채택하고 있다. 액셀 페달과 스로틀밸브 간에 케이블이 없고, 와이어로 연결되어 물리적인 힘이 아닌 전자적인 신호로 소통하는 것이다. 액셀 페달을 깊이 밟을수록 ECU에 전달되는 신호의 세기가 커지고, ECU가 스로틀밸브를 개폐하는 모터 장치에 스로틀밸브를 더 활짝 개방하라고 명령을 내리게 된다.

12 근래에 출시되는 차량에서는 기어봉 형태의 기계식 기어 대신에 다이얼 또는 버튼 형태의 전자식 기어(SBW, Shift By Wire)를 채택하는 경우가 많아지고 있다.

전자식 스로틀의 장단점

전자식 스로틀을 채택하는 이유는 무엇일까?[13] 기계식 스로틀 차량에서는 물리적 케이블을 이용하므로 처짐(slack)이 발생할 경우 엔진 반응성(engine responsiveness)이 줄어들 수 있다. 이에 반해 전자식 스로틀은 액셀 페달을 조금만 밟더라도 더욱 빠릿빠릿한 엔진 반응성을 제공해 준다. 토요타의 캠리 자동차에서는 2002년식 모델부터 전자식 스로틀을 도입한 것으로 알려져 있다.

또 다른 장점은 전자식 스로틀을 채택하게 되면 별도의 추가 장치 없이 액셀 페달에서 발을 떼더라도 지정된 속도로 차를 주행하게 해주는 크루즈 컨트롤(Cruise Control) 기능을 구현할 수 있다는 것이다.

장점이 있으면 단점도 있는 법이다. 전자식 스로틀을 채택하기 이전에는 운전자가 엔진 구동의 3요소 중에서 적어도 공기에 대한 최종적인 제어권을 쥐고 있었다. 그러나, 전자식 스로틀을 채택함으로써 3요소에 대한 최종적인 제어권을 완전히 상실하게 된다.

만약 운전자가 액셀 페달을 밟지 않더라도 차량의 전자장치 오작동으로 인해 잘못된 신호가 스로틀에 전달된다면 스로틀밸브가 개방되고 차량이 운전자의 의도와 관계없이 가속될 것이다. 그것이 바로 '의도하지 않은 가속(Unintended Acceleration)'이며 우리나라 사람들이 급발진이라고 부르는 현상이다.

13 미도로교통안전국(NHTSA)의 차량연구실험센터(VRTC, Vehicle Research and Test Center)의 『토요타 캠리의 차량 특성 및 성능 연구(Vehicle Characterization and Performance Study of Toyota Camrys)』의 주요요약(Executive Summary) 첫 번째 부분이 전자식 스로틀(ETC, electronic throttle control)의 특성에 관한 내용이다.

표 1-2 기계식, 전자식 스로틀 차량의 최종 제어권 비교

	연료	공기	점화
기계식 스로틀	차량	**운전자**	차량
전자식 스로틀	차량	**차량**	차량

스웨덴 컴퓨터 공학자들의 연구

전자식 제어 차량에서 **'비트플립**(bit-flips)'[14]으로 인해 급발진이 발생할 수 있다는 사실은 이미 2001년도에 스웨덴 찰머스 공과대학교(Chalmers University of Technology)[15]의 컴퓨터공학 연구자들의 연구논문인 Vinter et al.(2001)[16]에서 밝혔다. 연구내용 및 결과를 간략하게 소개하면 다음과 같다.

연구자들은 **'결함주입**(fault injection)' 방법론을 사용하였다. 결함주입이란 비트플립으로 인해 특정 정보가 변질된다는 가정하에 일부러 메모리 내의 비트 하나를 뒤집어 보는 것을 지칭한다. 이렇게 함으로써 의도하지 않은 어떤 결과가 나타나는지 **'결함반응**(fault response)'을 살펴보는 것이 목적이다. 결함반응을 통해 시스템 내에서 결함이 발생하더라도 결함에 대응하는 프로세스를 갖춤으로써 시스템이 고장을 일으키지 않고 정상 작동하는 능력으로 정의되는 **'결함감내성**(fault tolerance)' 정도를 파악할 수 있다.

연구 결과에 따르면 CPU 내에서 비트플립이 발생하는 경우 엔진에 공급되는 공기의 양을 조절하는 장치인 스로틀(throttle)의 개방 정도가 최고 속도에서

14 반도체 내의 특정 셀에 저장된 정보가 0에서 1로 또는 1에서 0으로 변질되는 현상을 지칭하며 자세한 내용은 추후에 설명하기로 한다.

15 스웨덴 예테보리에 소재한 명문 사립대학교이며 2024년 QS 세계대학 순위에서 129위를 차지하였다.

16 제1저자 Vinter를 포함 총 4인의 공저의 2001년도 8월 컨퍼런스 논문이다. 논문제목은 『실행가능한 사전 검증 및 최선의 복구 메커니즘을 사용한 제어 알고리즘의 심각한 고장 감소 기법(Reducing Critical Failures for Control Algorithms Using Executable Assertions and Best Effort Recover)』이다. 논문은 다음의 인터넷 주소에서 다운로드 가능하다. https://www.researchgate.net/publication/3908991_Reducing_Critical_Failures_for_Control_Algorithms_Using_Executable_Assertions_and_Best_Effort_Recover

고착되는 치명적인 고장 현상이 발견되었다. 이에 대하여 당시 저자들은 급발진(UA)이라는 용어를 사용하지 않았지만, 이 고장은 앞서 살펴본 UA의 정의에 정확하게 부합하는 것이다.

고장은 CPU 내부에 탑재된 하드웨어 오류감지 메커니즘을 뚫고 나오는 오류가 제어 알고리즘의 상태변수(state variable)에 영향을 미치고, 이로 인해 잘못된 값(value)이 제어시스템의 액추에이터(actuators)[17]에 전달되기 때문에 발생하였다.

물론 이러한 고장이 높은 확률로 발생하는 것은 아니다. 치명적 고장확률은 전체 결함주입 실험 횟수를 모수로 하는 경우 0.54%, 감지되지 않은 오류 횟수를 모수로 하는 경우 10.7%로 나타났다. 연구자들이 제안하는 소프트웨어 **'어서션(assertion)'** 및 **'최선의 복구 메커니즘(best effort recovery mechanism)'**을 적용하였을 때 각 모수 기준 고장확률이 0.17%, 3.23%로 감소한다는 결과 또한 제시하고 있다.

여기서 어서션이란 소프트웨어 분야의 전문용어인데 필자가 아는 한 흔히 통용되는 번역은 없고 굳이 번역하자면 '사전 검증' 정도가 적절할 것으로 보인다. 차신 외 2인(1987)[18]에 따르면 어서션은 다음과 같이 정의된다.

> 어셔션은 프로그램이 올바르게 수행되기 위하여 만족해야 할 조건을 기술한 '불리언 표현식(boolean expression)'[19]으로서 프로그램에 대한 디버깅 수단을 제공하며, 프로그램의 정확성(correctness)을 검증하는 데 사용된다.

17 제어장치로부터 전기적인 신호를 받아 물리적인 운동으로 변환하는 장치를 지칭하는 용어이다. 자동차에서는 엔진 또는 모터 등을 지칭한다.

18 https://www.dbpia.co.kr/pdf/pdfView.do?nodeId=NODE00619852

19 결과값이 참(true) 또는 거짓(false) 중 하나로 도출되는 조건문을 지칭한다. 예를 들면 변수 X, Y가 있을 때 X가 Y보다 큰 값인지를 따지는 조건문(X > Y)이다.

급발진과 관련하여 Vinter et al.(2001)에서 얻을 수 있는 시사점은 급발진 현상이란 엄연히 실재하는 팩트라는 것이며, 급발진 현상 자체가 존재하지 않는 현상 또는 마치 UFO처럼 확인이 불가능한 현상으로 치부하는 것은 학계의 연구 결과를 정면으로 부정하는 것임을 알 수 있다.

토요타 캠리의 급발진을 인정한 북아웃(Bookout) 소송의 전망

급발진 사건의 피해보상 소송에서 원고 측 변호를 맡아 피해자들에게 3백만 달러를 배상하라는 기념비적인 배심원 **평결**(verdict)을 이끌어 낸 **비슬리 앨런 로펌**(Beasley Allen Lawfirm)의 웹사이트에는 **북아웃**(Bookout) 소송의 전망에 대해 상세한 설명이 제시되어 있다.[20] 해당 내용을 아래와 같이 우리말로 번역하여 소개한다.

> 우리 로펌은 지난달 토요타를 상대로 첫 번째 급발진 소송을 제기했습니다. 이번 소송은 토요타 캠리의 전자식 스로틀 제어 시스템(ETCS, electronic throttle control system)과 관련된 것으로 오클라호마 시티의 배심원단은 3주 동안의 재판 끝에 토요타는 진 북아웃(Jean Bookout)과 바바라 슈바르츠(Barbara Schwarz)의 가족에게 수백만 달러를 배상하라는 평결을 내렸습니다. 2005년식 토요타 캠리가 갑자기 제어 불능 상태가 되었고 이로 인해 발생한 충돌 사고로 인해 진 북아웃은 심각한 부상을 입고 바바라 슈바르츠는 사망했습니다. 이에 북아웃과 슈바르츠 가족은 토요타자동차(Toyota Motor Corp)와 토요타자동차 판매사(Toyota Motor Sales)를 오클라호마주 법원에 고소했습니다. 캠리의 급발진과 그로 인한 충돌사고의 직접적인 원인은 차량의 전자식 스로틀 제어시스템(ETCS, electronic throttle control system) 결함이었습니다.
>
> 우리는 재판에서 ETCS를 제어하는 소프트웨어에 설계상 결함이 있으며 산업표준을 준수하지 않았음을 입증했습니다. 더구나 배심원단은 토요타가 시스템의 문제를 충분히 알고 있었음에도 불구하고 그 정보를 미도로교통안전국(NHTSA)과 고객들에게 숨겼다고 결론을

20 https://www.beasleyallen.com/article/toyota-sudden-unintended-acceleration-lawsuit-ends-in-landmark-verdict/

내렸습니다. ETCS가 2001년에 처음 도입되고 NHTSA는 2004년까지 캠리 차량의 급발진 사건이 400%가량 증가할 수 있음을 토요타에게 통지하였습니다. 토요타는 자사 데이터베이스에서 '급증(surge)'이라는 검색어를 사용했을 때 6만 건의 클레임을 발견하였습니다. 그러나, NHTSA에 보고할 때는 급증이라는 검색어를 삭제하고 '바닥매트(mat)'라는 용어만 사용하여 정부기관에 보고되는 클레임 수를 124건으로 줄였습니다. 이는 토요타가 드러난 결함을 의도적으로 숨기려고 취한 조치였습니다.

내부 이메일에 따르면 토요타 직원들은 NHTSA가 급발진 사건 조사를 완료할 때 '토요타의 용어'를 사용하도록 극도의 노력을 기울여 코칭한 사실이 드러났습니다. 토요타 직원들은 급발진이 전천후 바닥매트가 헐거워짐으로 인하여, 또는 특정 업체가 공급한 페달이 끈적해지는(sticky) 결함으로 인해 발생한다고 NHTSA를 설득시킴으로써 급발진 클레임이 확대되는 것을 억제했습니다. 토요타 미국법인의 대표인 제이스 렌츠(James Lentz)는 2010년 의회에서 급발진 클레임의 70%는 바닥매트와 끈적한 페달과 관련이 없다고 진술했습니다. 의회의 조사결과, 바닥매트 리콜 및 끈적한 페달 리콜과 관련된 클레임은 전체 급발진 클레임 중 16%에 불과하다는 사실이 밝혀졌습니다. 비록 미항공우주국(NASA)이 토요타의 소프트웨어를 조사했지만, 토요타는 NASA에게 중요한 소프트웨어 소스코드를 공개하지 않았고, 필수적인 메모리 보호 특성이 캠리 스로틀 제어 시스템에 없음에도 불구하고 있는 것처럼 사실을 왜곡하여 설명했습니다.

토요타는 ETCS에 결함이 있다는 사실을 부인하며 북아웃이 실수로 브레이크 페달 대신 액셀 페달을 밟았다고 주장했습니다. 그러나 토요타는 왜 차량이 충돌 전에 우측 후륜이 잠긴 채로 150피트의 스키드 마크(skid mark)를 남겼는지 설명할 수 없었습니다. 북아웃은 먼저 브레이크를 밟은 다음 주차 브레이크를 당겼지만 차를 정지시킬 수 없었습니다. 토요타가 자체적으로 실시한 소송 테스트에서는 모든 것이 제대로 작동했다면 해당 차량은 흙으로 된 둑에 충돌하기 전에 정지했어야 한다는 사실이 입증되었습니다.

배심원단은 토요타 소프트웨어의 결함을 인정했으며 평결문에서 토요타의 행동을 원고의 '권리를 무시한 무모한 행동(reckless disregard of the rights)'이라고 평했습니다. 토요타 캠리의 ETCS를 제어하는 소프트웨어는 설계상 결함이 있었으며 산업표준에 부합하지 않았습니다. 본 소송은 토요타의 급발진 사고 원인이 전자식 스로틀 제어(ETCS) 결함 때문이라고 비난하는 첫 번째 개인 상해 및 사망 사건이었습니다.

토요타의 소프트웨어가 설계된 때부터 도요타가 보여온 행동은 부끄러운 것이었습니다. 배심원단은 토요타가 무모했으며 ETCS의 알려진 결함을 제조사가 은폐했다는 사실을 토요타와 대중들에게 용기있게 알렸습니다. 앞으로 토요타가 의심스러운 차량을 전부 리콜하고 자사의 차량에 안전한 컴퓨터 시스템을 설치하기를 희망합니다.

배심원단은 재판의 첫 단계에서 원고들을 위한 기념비적인 평결을 내렸고, 우리는 징벌적 손해배상 금액을 결정하기 위한 두 번째 단계를 진행할 계획이었습니다. 그러나 손해배상 평결 이후 토요타 측 변호사들은 우리에게 접근해 합의를 요청했습니다. 우리는 이 사건 전체를 북아웃과 슈바르츠 유가족을 위한 비공개 합의금으로 해결할 수 있었습니다.

안전 옹호자들은 오래전부터 급발진 문제가 토요타의 전자식 스로틀 제어 소프트웨어 결함과 관련이 있다고 주장해 왔습니다. 당사는 급발진으로 인해 상해 및 사망이 발생했다고 주장하며 토요타를 상대로 소송을 제기한 미국 최초의 로펌입니다. 이번 결과로 인해 토요타가 자동차의 설계와 제조에 있어 안전을 최우선 가치로 삼게 되기를 바랍니다.

토요타 캠리 실차 테스트를 통한 급발진 재현

북아웃 소송에서 미국의 소프트웨어 컨설팅 업체 **바그룹**(Barr Group)은 철저한 검증작업을 통해 급발진을 유발하는 토요타 소프트웨어의 결함을 밝혀냈다. 핵심적인 역할을 수행하고 법정에 증인으로 선 사람은 바그룹의 공동창업자(co-founder)이자, 최고기술경영자(CTO, Chief Technology Officer)인 **마이클 바**(Michael Barr)이다. 언론에 널리 알려진 이름은 **미스터 바**(Mr. Barr)이고 법정에서도 미스터 바라는 호칭이 사용되었다.

여기서 미스터 바가 법정에서 사용한 프리젠테이션 자료 중 실차 테스트를 통해 급발진을 재현한 결과를 자세히 살펴보기로 한다. 결과에 대한 설명과 해석은 필자의 자의적 견해가 아니며 미스터 바의 법정 증언을 기반으로 하였음을 밝혀 둔다.

실차 테스트는 2005년식, 2008년식 캠리 차량에 대하여 동력계(dynamometer)[21]를 이용하여 Mr. Loudon이라는 이름의 엔지니어에 의해 수행되었고 테스트 결과는 아래의 그림 한 장으로 압축되어 제시되었다. 그림은 Mr. Barr가 북아웃 소송 증인신문에서 사용한 프리젠테이션 자료[22] 20페이지에서 발췌하였다.

그림이 의미하는 바를 하나하나 따라가 보도록 하자. 가로축은 초 단위 시간인데 테스트가 대략 155초 동안 이루어졌음을 의미한다. 세로축은 킬로미터 단위로 측정한 차량의 속도이다. 속도는 파란색 선으로 표시되어 있다. 빨간색

21 동력 측정 및 시험을 수행하는 장비를 동력계(dynamometer)라고 한다.

22 https://homepage.cs.uiowa.edu/~tinelli/classes/181/Fall14/Papers/Barr13.pdf

선은 엔진 내부로 공기를 넣어주거나 차단하는 장치 스로틀(throttle)의 열림 정도를 의미한다. 초록색 선은 브레이크 On/Off를 나타낸다. 선이 치솟아 있으면 브레이크가 작동한다는 것이고, 선이 가로축에 붙어있으면(값이 0이면) 브레이크가 작동하지 않는다는 것이다.

테스트를 통해서 시뮬레이션 하고자 하는 바는 대략 98초 무렵에 운영체제 내에서 비트(0 또는 1로 표현된 정보) 하나를 바꿔 Task X가 중단되는 Task Death 조건을 발생시켰을 때 자동차의 반응이다.

그림 1-3 토요타 캠리 실차 테스트를 통한 급발진 재현

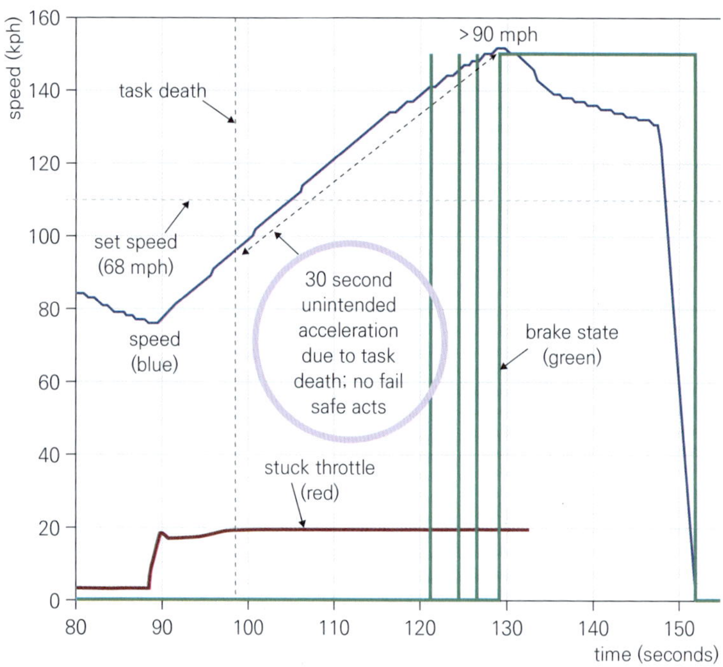

출처: Loudon Vehicle Testing

여기서 **태스크**(task)란 자동차 ECU 내에서 실행되는 소프트웨어를 지칭한다. 스마트폰에 비유하면 스마트폰에 설치된 어떤 앱(application)이라고 이해하

면 된다. Task X는 여러 태스크 중에서 스로틀 제어, 크루즈컨트롤, 고장안전대책(failsafes)을 담당하는 가장 핵심적인 태스크를 지칭하는데 미스터 바는 토요타와 기밀유지 계약이 되어 있는 관계로 부득이 태스크의 실명을 밝히지 못하고 법정에서 Task X라는 명칭을 사용하였다. Task Death란 어떤 태스크가 죽는(작동을 멈추는) 것이다. 비유컨대 스마트폰에 설치된 수많은 앱 중에서 유독 특정 앱이 작동하지 않는 상황이다.

Mr. Loudon은 대략 80초 정도는 액셀 페달을 밟아 차량 속도를 증가시킨 후 시속을 68마일(109km/h)로 설정하여 크루즈컨트롤 기능을 켰다가 잠시 후에 끄고 파란색 선의 변곡점에서 크루즈컨트롤 기능을 다시 켰다. 직후에는 차량이 정상적으로 작동하여 속도가 68마일을 향해 상승하고 있음을 알 수 있다.

그러나, 시속이 68마일에 도달하면 스로틀을 닫고 시속을 68마일로 유지해야 함에도 불구하고 스로틀이 개방된 상태로 고착되었으며(stuck throttle) 속도가 계속해서 상승하였음을 알 수 있다. 다른 태스크들은 정상 실행되고 있는 상황에서 Task X만 중단되었을 때 스로틀이 제어되지 않음을 보여주고 있다. 해당 시간 동안 Mr. Loudon은 브레이크를 꽉 밟고 있었으나 **고장안전대책(failsafe)**이 전혀 작동하지 않아 결과적으로 제동 불능이 되었다. 이러한 급발진 현상은 대략 30초 동안 지속되었고 자동차의 속도는 무려 90마일(145km/h)까지 치솟았다.

[그림 1-3]에서 나타나지는 않지만 미스터 바는, 급발진이 발생한 시간 동안 액셀 페달이 전혀 반응하지 않았다고 증언하였다. 차량을 운전자가 원하는 속도로 가속시키는 방법은 액셀 페달을 밟거나, 크루즈컨트롤을 켜거나 둘 중 하나인데 Task Death 상황에서 둘 다 제대로 작동되지 않음이 확인된 것이다. 또한 이러한 급발진이 발생한 시간 동안 브레이크를 살짝이라도 밟고 있으면 급발진 현상이 지속되고 오히려 브레이크에서 발을 떼어야 급발진 현상이 중단됨을 확인하였다고 한다.

급발진으로 차량의 속도가 치솟고 있는데 운전자가 적어도 기계적인 압력을 브레이크에 가하고 있는 상황에서 발을 떼면 속도가 더 상승할 위험이 있기 때문에 급발진 상황에서 브레이크에서 발을 뗀다는 것은 일견 직관과 어긋나는 것처럼 보인다. 그러나 역설적이게도 브레이크에서 발을 떼고 이후에 다시 밟아야 고장안전대책이 작동되어 급발진 현상이 멈췄다는 것이다.

필자가 이러한 테스트 결과를 보면서 드는 생각이 있다. 해당 테스트는 특정 차량, 특정 연식에서 관찰된 것으로서 모든 제조사의 모든 차량으로 성급하게 일반화시키는 것은 적절하지 않을 수 있다. 그럼에도 불구하고 세계 시장 점유율 1위[23]의 자동차 제조사 토요타의 베스트 셀링 차량에서 소프트웨어의 결함으로 인한 급발진이 재현되었다는 점을 주목할 필요가 있다. 급발진 현상 자체를 부정하고자 하는 제조사들에게 일침을 가하는 사례라고 할 수 있다.

또한, 차량에서 급발진이 발생했다가도 다시 정상화될 수 있음을 보여주는 사례이기도 하다. 최근에 시청역 급발진 의심사고 원인에 관한 갑론을박이 있었다. 사고 차량이 종국에는 정상적으로 제동되어 정지했다는 사실만을 근거로 통상적인 급발진과 다르며 사고원인은 운전자의 페달착오라고 몰아가는 것은 합리적이고, 이성적인 추론은 아니라고 판단된다.[24]

---

23 https://www.statista.com/statistics/316786/global-market-share-of-the-leading-automakers/

24 추론 방식에 대한 문제점을 지적하는 것이다. 시청역 사고가 차량 결함에 의한 급발진으로 발생했다고 주장하려는 것이 아니므로 독자들의 오해가 없기를 당부드린다.

혼다 피트, 베젤 하이브리드 급발진 가능성으로 리콜

자사 자동차의 급발진 가능성을 인정한 제조사가 있을까? 급발진 현상 같은 건 없다고 무조건 우기고 보는 사람들에게 꼭 소개하고 싶은 사례가 있다. 우리나라 사람들에게 거의 알려지지 않은 사례지만, 2014년 7월 일본에서 혼다자동차(Honda Motor Co.)가 소프트웨어의 결함으로 인한 급발진 가능성을 인정하고 리콜조치를 취하였다.[25·26·27] 소프트웨어 결함을 바로잡는 데 1시간 30분가량이 소요되는 것으로 알려졌다.

엔진제어 시스템의 소프트웨어 결함으로 급발진 가능성이 있었는데, 혼다는 해당 결함과 관련하여 2013년 12월부터 2014년 4월까지 총 11건의 사고를 보고 받게 된다.[28] 다행스럽게도 사고는 인명피해(부상 및 사망)를 유발하지 않고 재산상의 피해에 그쳤다.

리콜대상은 피트(Fit)와 베젤(Vezel) 하이브리드 차량 175,356대였으며, 혼다는 해당 차량에서 경고 없이 급발진할 수 있음을 밝혔다. 이러한 리콜조치는 일본에서 생산되어 일본 내수시장에 판매되었던 차량에 한정되었기 때문에 우리나라를 비롯하여 다른 국가에도 잘 알려지지 않았을 것으로 판단된다.

혼다가 단행한 리콜은 자동차 제조사가 소프트웨어 결함과 급발진의 인과

---

25 https://www.reuters.com/article/business/honda-recalls-over-175-000-hybrids-in-japan-due-to-software-glitch-idUSL4N0PL1TP/

26 https://www.bloomberg.com/news/articles/2014-07-10/honda-recalls-175-000-fit-vezel-hybrids-for-control-flaw

27 https://www.eetimes.com/honda-admits-software-problem-recalls-175000-hybrids/

28 https://driving.ca/honda/fit/auto-news/news/honda-recalls-175000-fit-vezel-hybrids-for-engine-control-flaw

관계를 솔직하게 인정한 최초의 사례라는 점에서 의미가 있다. 기업윤리를 준수한 책임있는 조치였다는 점에서 칭찬받아 마땅하다고 생각된다.

우리나라 연구진의 급발진 재현실험

우리나라 연구진이 급발진 재현실험에 성공한 사례를 살펴보기로 하자. 2016년 8월 SCI[29]급 국제학술지인 *Forensic Science International*에 『급발진 사고 재현을 위한 실험연구(Experimental study for the reproduction of sudden unintended acceleration incidents)』라는 제목의 연구논문 Park et al.(2016)이 게재되었다. 제1저자[30]는 국립과학수사연구소에서 교통사고분석실장을 역임한 대전보건대학교 경찰과학수사학과 박성지 교수, 교신저자[31]는 국민대학교 자동차공학과 최웅철 교수, 공동저자는 최영석 원주한라대 미래모빌리티공학과 겸임교수이다. 실험에 사용된 차량은 V6 2999cc 엔진이 장착된 현대자동차의 그랜저 HG 차량이다.

실험의 목적은 저전압 차량 배터리 시뮬레이션 장비인 LVTGO-VBS[32]를 이용하여 차량의 ECU[33]에 공급되는 전압이 불안정(voltage perturbation)할 때 급발진이 발생하는지 여부를 살펴보는 것이다. 실험차량은 섀시동력계[34]에 장착되

29 SCI는 'Science Citation Index(과학기술논문 인용색인)'의 약자이다. SCI급 논문이란 학술적 문헌의 인용색인을 전문적으로 발행하는 미국 과학정보연구소(ISI, Institute for Science Information)가 엄격한 기준으로 선정한 국제적인 저명 학술지이다.

30 연구에 가장 많은 기여를 한 저자로서 논문에서 여러명의 저자 중 이름이 제일 앞에 기재된다.

31 연구논문의 투고와 게재를 책임지고 학술지와 커뮤니케이션을 담당하는 저자이다. 연락담당저자로 불리기도 한다.

32 장비에 대한 자세한 소개는 성남시에 소재한 (주)오토트론 웹페이지에서 참고할 수 있다. http://www.autotron.co.kr/page/sub2_3_03.php

33 ECU는 자동차의 두뇌로 일컬어진다. 넓은 의미로는 모든 종류의 전자제어장치(electronic control unit)를 의미하나, 여기서는 좁은 의미로서 엔진제어장치(engine control unit)를 지칭하는 것으로 사용되었다.

34 섀시(chassis)란 차량의 껍데기인 차체(body)를 제외하고 차량이 달리는데 필요한 나머지 것

었고 40km/h 수준의 속도제한 모드에서 액셀 페달을 25% 정도 밟아서 실험이 진행되었다. 독자들께서는 차량속도를 40km/h로 제한하고 무슨 급발진 실험이 되냐고 오해가 없길 바란다. 이러한 속도제한은 연구원들의 안전을 확보하기 위함이고 급발진 발생여부는 스로틀밸브의 열림양과 동력계에 흡수되는 차량의 마력(horsepower) 증가로 측정 가능하다.

그림 1-4 불안정 전압 패턴

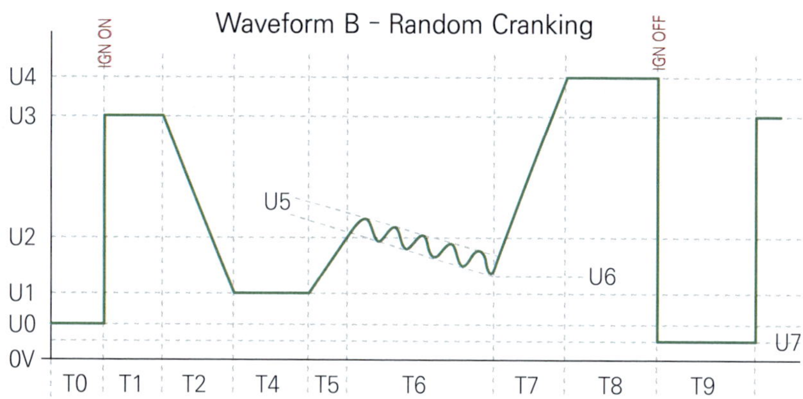

출처: Park et al.(2016)의 Fig.2 발췌

[그림 1-4]에서 **가로축은 시간**이고, **세로축은 전압**이다. 차량의 ECU에 그림처럼 여러형태의 주기를 가진 전압을 공급하였다. 전압의 최소값은 U7으로 표기되어 있는 7V이며, 최대값은 U4로 표기되어 있는 14V이다. U5는 일정한 1.5V 변동폭을 허용하여 전압을 교란시켜 보는 것을 나타낸다.

들(프레임, 엔진, 변속기, 핸들, 차축, 차바퀴 등)의 집합체를 지칭한다. 섀시동력계(chassis dynamometer)란 완성차에 대해서 구동차륜으로 롤러(roller)를 회전시켜 실제주행에 가까운 조건으로 차량 전체의 동력을 측정하는 장비이다. 주기적으로 받아야하는 자동차 정기검사시 검사장에서 쉽게 볼수 있다.

표 1-3 급발진 재현실험 결과

시간 (s)	엔진회전수 (rpm)[35]	차량속도 (km/h)	스로틀밸브 열림양 (%)	액셀 페달 밟힘정도 (%)	전압 (V)	토크[36] (Nm)
0.0	1359.5	35.86	13.62	19.92	9.61	102.8
0.1	1431.0	35.86	15.49	23.43	9.61	125.1
0.2	1505.0	35.86	17.84	25.78	9.71	139.5
0.3	1598.5	35.86	18.78	25.78	9.71	165.6
0.4	1688.0	35.86	21.13	25.78	9.71	178.0
0.5	1752.0	36.85	**22.07**	25.78	9.71	**183.9**
0.6	1792.5	36.85	**24.41**	25.00	9.61	**188.9**
0.7	1826.5	36.85	**27.23**	25.00	9.71	**196.3**
0.8	1854.5	37.85	**36.15**	25.00	9.71	**199.1**
0.9	1881.0	38.85	**46.95**	25.00	9.71	**203.1**
1.0	1901.0	38.85	**57.28**	25.00	10.1	**203.4**
1.1	1920.5	39.84	**69.01**	25.00	9.91	**204.6**
1.2	1931.5	39.84	**77.00**	25.00	9.91	**205.7**
1.3	1931.5	40.84	**86.85**	25.00	9.61	**205.7**
1.4	1937.5	40.84	**92.49**	25.00	9.41	**206.0**
1.5	1941.0	41.84	**100.0**	24.60	9.51	**206.0**
1.6	1942.0	41.84	100.0	24.60	9.10	205.8
1.7	1939.5	41.84	100.0	24.60	8.80	206.2
1.8	1940.0	41.84	100.0	24.60	9.41	206.2
1.9	1943.0	42.83	100.0	24.60	8.90	205.9
2.0	1938.5	42.83	100.0	24.60	8.50	206.2

35 자동차의 엔진회전수를 측정하는 단위로 1분당 회전수를 기준으로 하며 분당회전수 (revolutions per minute)의 약자이다.

36 토크(torque)란 물체를 어떤 중심축 주위로 회전시키는 원인이 되는 물리량으로 단위는 N · m(뉴턴미터) 또는 kgf · m(킬로그램포스미터)이다. 여기서는 자동차 타이어를 회전시키는 회전력을 측정한 것이다.

저자들은 ECU에 공급되는 불안정한 전압이 급발진을 야기한다는 실험결과를 도출해냈다. [표 1-3]을 보면 액셀 페달 밟힘정도는 25% 수준에서 유지되었음에도 불구하고 스로틀밸브 열림양이 마치 풀액셀을 밟은 것처럼 100%로 치솟고 있음을 알 수 있다. 스로틀밸브 열림양이 22%에서 100%로 치솟기까지 걸린 시간은 1초에 불과하다. 그리고 실험차량의 타이어 토크는 스로틀밸브의 갑작스런 개방으로 인해 180N·m에서 206N·m로 증가하고 있다.

한편 저자들은 실험결과의 강건성(robustness) 검증을 위해 섀시동력계라는 실험장비가 아닌 실제 도로 주행환경에서도 실험을 수행하였다. 도로 주행환경에서는 섀시동력계에서 설정한 속도제한은 존재하지 않는다. 저자들은 도로 주행 환경에서도 섀시동력계에서와 동일한 급발진 현상이 관찰됨을 보고하고 있다. 논문에서 언급된 도로 주행 테스트 결과에 대한 저자들의 코멘트를 아래와 같이 번역하여 제시한다.

> 스로틀이 완전히 개방됨으로써 차량은 급격하게 가속되었고 매우 위험한 속도에 도달하였다. 따라서 차량에 대한 통제권을 다시 가져오기 위해 불안정한 전원 공급을 중단해야만 했다. 도로 주행 테스트 결과를 통해서 저자들은 공급전압의 불안정이 지속되었다면 차량의 속도가 최대치까지 치솟을 것임을 확실히 알 수 있었다.

교통사고의 진실규명: 접촉사고에서 급발진까지

앞서 살펴본 연구논문의 제1저자인 국과수 출신 박성지 교수는 『교통사고의 진실규명: 접촉사고에서 급발진까지』라는 책을 저술하였다. 급발진 재현실험 결과가 가지는 의미에 대하여 다음과 같은 언급을 하고 있다.[37] 자동차 급발진 같은 건 없다거나, 노인이나 여성 운전자의 운전미숙이라고 비아냥거리는 사람들이 꼭 한번 읽어봤으면 하는 내용이다.

> 전자제어 시스템은 한 회사 또는 한 차종만 같은 형식을 채택하고 있는 것이 아니다. 전 세계적으로 유사한 전자제어 시스템을 채택하고 있기 때문에 실험을 계속해야 하겠지만 다른 차종에 대해서도 유사한 현상이 나타날 것으로 충분히 추론할 수 있다.
>
> 결론적으로 ECU에 공급되는 전압이 불안정한 경우 급발진이 발생할 수 있다. 그러나 이 결과로 인하여 급발진의 원인이 밝혀졌다고는 단정할 수 없다. 어떠한 경우에 이와 같이 전압이 불특정하게 흔들리는지를 증명해야 하기 때문이다. 그럼에도 불구하고 이제는 급발진은 불가능하다고 말할 수 없게 되었다. 차량 결함에 의한 급발진은 가능하다.

37 박성지(2014), 『교통사고의 진실규명: 접촉사고에서 급발진까지』, 골든벨, p.156

우리나라 급발진 의심사고 현황[38]

한국교통안전공단의 자료에 따르면 2010년부터 2022년까지 13년간 급발진 의심 차량 신고는 무려 766건이 발생하였는데 그 중에서 급발진으로 인정된 사례는 단 한 건도 없다고 한다. 교통사고가 발생하면 일차적인 조사는 경찰이 하게 되어 있는데, 766건이라는 수치는 경찰이 조사하는 사고 건수와는 별개로서 피해자가 번거로움을 무릅쓰고 직접 공단에 자동차 결함신고를 함으로써 집계가 된 것이다. 실제로 우리나라에서 발생하는 모든 급발진 의심사고 건수보다 상당히 과소평가 되어 있을 것으로 판단된다.

표 1-4 연도별 급발진 의심 차량 신고 건수

연도	2010	2011	2012	2013	2014	2015	2016	2017	2018	2019	2020	2021	2022
건수	28	34	136	139	113	50	57	58	39	33	25	39	15

또한 급발진 의심 사고는 자동차의 사용연료별로 분류하였을 때에 연료 종류를 가리지 않고 모든 동력원의 차량에서 나타나고 있음을 알 수 있다.

표 1-5 사용연료별 급발진 의심 차량 신고 건수

사용연료	휘발유	경유	LPG	하이브리드	전기
건수	337	220	149	34	26

38 국회 교통위원회 소속 허영 국회의원 보도자료를 참조하였다. https://blog.naver.com/ramman/223053257220?trackingCode=blog_bloghome_searchlist

한편 국산차와 외산차, 대중차와 고급차를 가리지 않고 유명 브랜드의 차량들에서 모두 발생하고 있어서 특정 제조사에 국한된 문제가 아님을 추론할 수 있다.

표 1-6 제조사별 급발진 의심 차량 신고 건수

제조사	현대	기아	르노 코리아	한국 GM	KG 모빌리티	BMW	벤츠	토요타	기타
건수	333	119	102	49	46	32	22	17	46

변속기별로 분류하였을 때에는 자동변속기의 비중이 압도적으로 높게 나타났다. 수동변속기 차량의 비중이 낮은 것은 우리나라에서 수동 차량이 인기가 없다는 점, 수동 차량은 급발진이 발생한다 하여도 클러치를 밟아 쉽게 동력을 차단할 수 있기 때문인 것으로 풀이된다. 무단변속기라고 불리는 CVT 변속기 또한 사실상 자동변속기로 분류된다는 점을 감안하면 급발진 의심사고는 대부분이 자동변속기 차량에서 발생한 것으로 보인다.

표 1-7 변속기별 급발진 의심 차량 신고 건수

변속기	자동	CVT	변속기 없음 (전기차)	수동
건수	669	69	21	7

한국소비자원의 급발진 사례조사

한국소비자원 소비자안전국 생활안전팀에서는 2012년 12월에 총 101건의 자동차 급발진 상담사례를 분석한 『자동차 급발진 사례조사 결과보고』라는 제목의 보고서[39]를 발표했다. 보고서에서는 급발진 주장 상담 건수의 대부분은 굉음과 함께 급가속 되며 브레이크 페달을 밟았음에도 제동이 안 되는 특징이 있었음을 제시하고 있다. 사례의 85% 이상에서 차량이 장애물과 충돌하고 나서야 멈추었다. [표 1-8]은 해당 보고서에서 급발진 발생 후 정지 형태에 관한 내용을 발췌한 것이다.

표 1-8 급발진 발생 후 정지형태

정지 형태	건수(건)	비율(%)
브레이크 페달을 밟았으나 멈추지 않다가 장애물과 충돌한 후 멈추었다.	86	85.1
브레이크 페달을 밟았으나 멈추지 않아 시동키를 멈추었다.	8	7.9
브레이크 페달을 힘껏 밟아서 멈추었다.	2	2
기타	3	3
불명/미응답	2	2
계	101	100

39 https://www.kca.go.kr/smartconsumer/sub.do?menukey=7301&mode=view&no=1001448656

- 민사재판 사례
  - 서울 강동구 벤츠 급발진 의심사고
  - 호남고속도로 BMW 급발진 의심사고
  - 부산 감만동 싼타페 급발진 의심사고
  - 경기도 판교 볼보 급발진 의심사고
  - 강릉 홍제동 티볼리 급발진 의심사고
- 형사재판 사례
  - 서울 시청역 제네시스 G80 급발진 의심사고
  - 서울 성북구 그랜저 급발진 의심사고
  - 양주시 그랜저 급발진 의심사고
  - 제주시 제네시스 급발진 의심사고
  - 서울 서초구 쏘렌토 급발진 의심사고

CHAPTER 2

급발진 관련 우리나라 판례

민사재판 사례

우리나라 재판에서 급발진 가능성을 인정받은 사례가 단 1건도 없다는 것은 엄밀히 말해서 틀린 얘기다. 먼저 급발진 의심사고의 피해자가 자동차 제조사 또는 판매사를 상대로 피해보상을 요구하는 민사소송만 놓고 보면 거의 모든 소송에서 원고패소 판결이 나오고 있으며, 대법원까지 최종 승소한 사례가 없는 것은 맞다.

유명한 사례가 부산 감만동 산타페 급발진 의심사고로 일가족 4명이 사망하는 참변을 당하였으나 1심과 2심 모두 원고 패소하였고, 원고 측은 2023년 6월 대법원에 상고한 상태이다. 최근 잘 알려진 사례는 2020년 10월 경기도 판교에서 발생한 볼보 급발진 의심사고로 운전자는 전치 20주의 부상을 입고 볼보를 상대로 손해배상 소송을 제기했지만, 2024. 4. 17자 판결로 원고 패소하였다. 원고가 항소하여 현재 2심이 진행 중이다. 가장 최근 사례는 2022년 12월 강릉 홍제동에서 발생한 티볼리 급발진 의심사고이다. 할머니가 운전하던 차에 동승한 12살 이도현 군이 사망하여 유가족들이 케이지모빌리티를 상대로 손해배상 소송을 제기했지만, 2025.5.13.자 판결로 원고 패소하였다. 현재 도현이 아빠 이상훈 씨가 언론을 통해 항소 의사를 밝힌 상황이다.

그러나, 1심과 2심에서 원고가 승소한 사례가 엄연히 존재한다. 2018년에 호남고속도로에서 발생한 BMW 급발진 의심사고는 1심에서 원고 패소 후 2심에서는 원고가 승소하여 현재 대법원에 계류 중이다. 이보다 앞서 2008년에 서울 강동구에서 발생한 벤츠 급발진 의심사고의 1심에서 재판부가 피해자의 손을 들어준 적이 있다.

서울 강동구 벤츠 급발진 의심사고, 호남고속도로 BMW 급발진 의심사고, 부산 감만동 싼타페 급발진 의심사고, 경기도 판교 볼보 급발진 의심사고, 강릉 홍제동 티볼리 급발진 의심사고 사례를 차례로 살펴보기로 한다.

서울 강동구 벤츠 급발진 의심사고

급발진 의심사고로 인한 민사재판에서 원고가 승소한 최초의 재판으로 알려져 있다. 운전경력 40년의 원고는 2008. 7. 26. 17:00경 자신이 거주하는 서울 강동구 소재 OO 빌라의 지하주차장에서 구입한지 한 달도 채 지나지 않은 벤츠 E220 디젤 차량[1]을 운전하여 주차장 입구로 나온 후 대로로 나가기 위하여 우회전을 하였는데, 그 순간 사건 차량이 굉음을 내며 30미터 가량을 질주하여 화단벽을 넘어 정면에 있는 OO 빌라의 외벽에 충돌한 사고이다.

피고는 사건 차량의 연료분사에 관한 28개의 진단코드와 가속장치에 관한 10개의 진단코드를 포함한 각종의 진단코드에 차량의 이상으로 인하여 사고가 발생하였다는 징후가 전혀 기록되어 있지 않은 점 등에 비추어 보면, 사고는 원고의 운전 과실에 기인한 것이고 차량의 하자로 인한 것이 아님이 명백하다고 주장하였으나 재판부는 이를 받아들이지 않았다.

또한 원고가 신체적, 정신적으로 건강한 상태로 교통사고 전력이 없는 점, 시동 직후와는 달리 주행 중에는 운전자 과실이 발생할 여지가 적다는 점, 주차장 부근에서 가속할 이유가 없다는 점, 실수로 액셀레이터를 밟았다면 이를 깨닫고 브레이크를 밟을 여유있는 거리였다는 점, 엔진에서 굉음이 발생하였다는 점 등에 비추어 원고가 차량을 통상의 용법에 따라 사용하는 과정에서 사고가 발생했음을 인정하였다.

1 사건 차량에 대한 정보 및 피해자 인터뷰는 MBN 뉴스에서 확인 가능하며 출처는 다음과 같다. https://www.mbn.co.kr/news/economy/379682

결론적으로 재판부는 결함에 대한 직접적인 증명이 아니더라도 여러 간접적인 사실 등을 근거로 급발진 가능성을 인정하였다는 점에 의의가 있다. 판결에서 피고가 원고에게 사건 차량과 동종의 신차 1대를 인도하라고 주문하였다.

서울중앙지방법원 2009. 9. 30. 선고 2008가단38829 판결 중 발췌

.... 다음과 같은 사정에 비추어 보면, 원고가 이 사건 승용차를 통상의 용법에 따라 사용하는 과정에서 이 사건 사고가 발생한 것으로 인정할 수 있다.

① 원고는 .... 이 사건 사고 당시까지 교통사고를 일으킨 전력이 없다.

② .... 이 사건 사고는 주행중에 발생한 것으로 시동을 건 직후에 비해 운전자의 과실이 발생할 여지가 적다.

③ .... 장소가 보행자의 보행을 겸하는 지상 주차장 부근이라는 점에 비추어 보면, 원고는 당시 이 사건 승용차를 가속할 이유가 없었다.

④ .... 위 주행거리(30m가량)는 원고가 실수로 액셀레이터를 밟았을 경우 이를 깨닫고 브레이크를 밟을 여유가 있는 거리이다. .... 고속상태에 있다는 점만으로는 엔진에서 굉음이 발생하지 않는다.

⑤ 이 사건 사고가 원고의 운전과실로 인하여 발생하였다고 가정한다면, ... 승용차의 액셀레이터를 최대로 밟아 위 ○○빌라의 벽을 향하여 돌진하였다는 것인데, 이러한 추론은 건전한 상식에 반한다.

⑥ .... 사고 직후 에어백이 작동하지 않았다.

.......그러나 피고들이 제출한 증거만으로는 위 진단코드가 이 사건 승용차의 오작동에 관한 모든 이상징후를 포착할 수 있다고 인정하기 부족하고, 컴퓨터, 항공기와 같이 고도의 기술이 집약되어 있는 전자제품의 경우 때때로 용이하게 규명하기 어려운 원인으로 오작동이 발생하기도 한다는 점에 비추어 보면, ...이 사건 사고가 원고의 운전과실로 인하여 발생하였다고 인정하기 부족하다.

따라서 이 사건 사고는 이 사건 승용차에 존재하는 하자로 인하여 발생하였다고 추인함이 타당하다 할 것이고, ... 원고에게 이 사건 승용차와 동종의 신차를 인도할 의무가 있다.

2심 판결은 완전히 정반대로 뒤집어졌다. 2심 재판부는 원고가 제출한 증거들을 모두 살펴보아도 하자가 있었다고 보기에 부족하고 달리 이를 인정할 만한 아무런 증거가 없으며, 오히려 원고가 액셀 페달을 브레이크 페달로 오인하는 등 운전 조작의 미숙으로 발생하였다고 추인함이 상당하다고 판단하였다. 판단 근거로서 9가지 사항을 제시하고 있는데 그중에서 브레이크등이 켜지지 않은 점, 해당 차량에 BOS(brake override system)[2]가 장착되어 있는 점, 노년 운전자의 운전미숙 개연성을 언급하였다. 또한 피고가 제조사가 아니라 수입차의 매도인(국내 독점 판매 회사)이라는 점에서 제조물책임에 있어서 입증책임 완화의 법리가 하자담보책임의 경우에도 유추 적용되어야 한다는 원고의 주장을 받아들이지 않았다. 해당 부분을 판결문에서 발췌하여 제시한다.

서울중앙지방법원 2010. 8. 10. 선고 2009나37830 판결 중 발췌

가. 이 사건 차량에 하자가 존재하는지 여부

(7) .... 원고 주장과 달리 이 사건 차량의 후미 브레이크등이 켜있지 않아, 브레이크 페달을 밟았다는 원고의 주장은 믿을 수 없다(더구나 이 사건 차량에는 액셀 페달과 브레이크 페달을 동시에 밟았을 경우 토크가 줄어들면서 브레이크로 차를 멈출 수 있도록 하는 급발진 방지 장치가 장착되어 있다).

(9) .... 원고가 이 사건 차량을 인도받은 지 얼마 되지 않아 이 사건 사고가 발생한 점에다 사고 당시 원고의 연령(만 70세)까지 감안하여 보면, 원고의 운전미숙으로 인하여 사고가 발생하였을 개연성도 없지 않아 보인다.

나. 원고의 입증책임 완화 주장에 대하여

.... 통상적으로 제조자가 아닌 매도인은 그 하자에 대한 지배가능성이 없어 그 하자 또는 그로 인한 손해를 예견하거나 그 하자로 인한 손해를 보수하거나 제거하는 데 필요한 지식과 능력을 갖추고 있지 못함이 통상이라고 할 것이어서, 매도인의 지위, 매도인과 제조자와의 관계나 제조물에 대한 정보 공유 가능성, 매도인의 하자 보수 능력 등을 감안하여 매도인을 제조자와 동일시 할 수 있다고 볼만한 특별한 사정이 없는 한, 제조물 책임의 입증책임 완화의 법리를 하자담보책임의 경우에 유추하여 하자 내지 하자와 손해와의 인과관계를 추정할 수는 없다고 할 것인바, 기록상 피고에게 위와 같은 특별한 사정을 엿볼 수 없고 피고가 이 사건 차량의 국내 독점 판매 회사라고 하더라도 이를 달리 볼 것은 아니므로.......

2 액셀 페달과 브레이크 페달을 동시에 밟았을 때 구동력을 강제로 감소시켜 자동차가 멈추도록 하는 소프트웨어 로직이다. BOS의 작동원리 및 쟁점에 대해서는 추후에 살펴보기로 한다.

원고의 상고로 해당 사건은 대법원까지 올라갔으나 최종적으로 원고가 패소하였다. 1심 및 2심처럼 사실관계를 확정하는 **사실심**과 달리 3심은 원칙적으로 법리 해석과 적용이 맞는지 따지는 **법률심**이다. 재판부는 법리오해 등의 위법이 없다고 판단하였다. 해당부분을 판결문에서 발췌하여 제시한다.

대법원 2011. 10. 27. 선고 2010다72045 판결 중 발췌

…… 특별한 사정이 없는 한 제조업자나 수입업자로부터 제품을 구매하여 이를 판매한 자가 그 매수인에 대하여 부담하는 민법 제580조 제1항의 하자담보책임에는 제조업자에 대한 제조물책임에서의 증명책임 완화의 법리가 유추적용된다고 할 수 없다.

호남고속도로 BMW 급발진 의심사고

여러 매스컴에서 보도되었던 BMW 급발진 관련 소송 재판사례를 살펴보기로 하자. 운전자 F(여, 66세)는 2018. 5. 4. 10:50경 조수석에 남편 G를 태우고 H 승용차를 운전하여 호남고속도로지선을 회덕 방향에서 논산 방향으로 진행하던 중 유성IC 부근에 이르러 갓길 위를 진행하다가 유성 방면으로 빠져나가는 도로에 설치된 가드레일을 들이받은 사고를 일으켰고, 이 사건 사고로 운전자와 동승자가 모두 사망하였다.

1심에서는 자동차를 정상적으로 사용하고 있는 상태에서 사고가 발생하였다고 단정하기엔 증거가 부족하다고 보았다. 2심에서는 정상적으로 자동차를 운행하고 있던 상태에서 자동차 제조업자 C의 배타적 지배하에 있는 영역에서 발생한 자동차의 결함으로 인한 사고라고 판단하였다.

1심과 2심에서 재판부의 판단이 정반대로 달라진 점을 주목할 만하다. 뚜렷한 직접 증거가 없는 조건에서 입증책임 법리로 다투는 급발진 피해보상 민사재판 특성상 판사의 재량에 따라 판결이 완전히 뒤집힐 수 있음을 보여주고 있

다. 해당 사건은 피고의 상고로 현재 대법원에서 심리 중이다.[3]

2019. 8. 22.에 선고된 1심 판결문의 일부를 아래와 같이 발췌하였다.

서울중앙지방법원 2019. 8. 22. 선고 2018가단5211948 판결문 3쪽 중 발췌

제조물책임법 제3조의2는 "피해자가 다음 각 호의 사실을 증명한 경우에는 제조물을 공급할 당시 해당 제조물에 결함이 있었고, 그 제조물의 결함으로 인하여 손해배가 발생한 것으로 추정한다. 다만, 제조업자가 제조물의 결함이 아닌 다른 원인으로 인하여 그 손해가 발생한 사실을 증명한 경우에는 그러하지 아니한다"고 규정하면서 그 제1호로 "해당 제조물이 정상적으로 사용되는 상태에서 피해자의 손해가 발생하였다는 사실"을 규정하고 있다.

그런데 원고들이 제출한 증거들만으로는 F이 이 사건 자동차를 정상적으로 사용하고 있는 상태에서 이 사건 사고가 발생하였다고 단정하기에 부족하고, 달리 이를 인정할 뚜렷한 증거가 없으므로 이 사건 사고가 이 사건 자동차의 결함이나 급발진으로 인하여 발생하였다고 추정할 수 없고, 달리 이 사건 사고가 이 사건 자동차의 결함이나 급발진으로 인하여 발생하였다고 인정할 증거가 없다. 따라서 원고들의 피고 C에 대한 주장은 나아가 살펴볼 필요 없이 이유 없다.

2020. 8. 11.에 선고된 2심 판결문의 일부를 아래와 같이 발췌하였다.

서울중앙지방법원 2020. 8. 11. 선고 2019나54506 판결문 4~7쪽 중 발췌

- 관련법리 -

물품을 제조 · 판매하는 제조업자는 그 제품의 구조 · 품질 · 성능 등에 있어서 그 유통 당시 기술수준과 경제성에 비추어 기대 가능한 범위 내의 안전성과 내구성을 갖춘 제품을 제조 · 판매하여야 할 책임이 있고, 이러한 안전성과 내구성을 갖추지 못한 결함으로 인하여 소비자에게 손해가 발생한 경우에는 불법행위로 인한 손해배상의무를 부담하며(대법원 1977. 1. 25. 선고 75다2092 판결, 1992. 11. 24. 선고 92다18139 판결 등 참조), 한

3 대법원 2020다263758

편 고도의 기술이 집약되어 대량으로 생산되는 제품의 결함을 이유로 그 제조업자에게 손해배상책임을 지우는 경우 그 제품의 생산과정은 전문가인 제조업자만이 알 수 있어서 그 제품에 어떠한 결함이 존재하였는지, 그 결함으로 인하여 손해가 발생한 것인지 여부는 일반인으로서는 밝힐 수 없는 특수성이 있어서 소비자 측이 제품 결함 및 그 결함과 손해 발생과의 사이의 인과관계를 과학적 · 기술적으로 입증한다는 것은 지극히 어려우므로 그 제품이 정상적으로 사용되는 상태에서 사고가 발생한 경우 소비자 측에서 그 사고가 제조업자의 배타적 지배하에 있는 영역에서 발생하였다는 점과 그 사고가 어떤 자의 과실 없이는 통상 발생하지 않는다고 하는 사정을 증명하면, 제조업자 측에서 그 사고가 제품의 결함이 아닌 다른 원인으로 말미암아 발생한 것임을 입증하지 못하는 이상 그 제품에게 결함이 존재하며 그 결함으로 말미암아 사고가 발생하였다고 추정하여 손해배상책임을 지울 수 있도록 입증책임을 완화하는 것이 손해의 공평 · 타당한 부담을 그 지도원리로 하는 손해배상 제도의 이상에 부합한다(대법원 2000. 2. 25. 선고 98다15934 판결 등 참조).

– 판단 –

앞서 본 증거, 갑 제8 내지 13호증의 각 기재, 이 법원의 감정인 I, J에 대한 각 감정촉탁결과 및 변론 전체의 취지를 종합하여 인정되는 다음과 같은 사정들에 비추어 보면, 이 사건 사고는 F이 정상적으로 이 사건 자동차를 운행하고 있던 상태에서 이 사건 자동차의 제조업자인 피고 C의 배타적 지배하에 있는 영역에서 발생한 것으로, 결국 이 사건 자동차의 결함으로 인한 사고라고 판단되므로, 특별한 사정이 없는 한 피고 C는 위 사고로 인한 손해를 배상할 책임이 있다.

① 이 사건 자동차는 이 사건 사고 장소로부터 비교적 긴 거리인 약 300m 이전의 장소부터 200㎞/h 이상의 속도로 고속 주행하는 것이 확인되는데, 위 주행 중에 다른 자동차들이 달리지 않는 갓길로 진행하였다.
② 위와 같은 고속 주행 중에 계속하여 이 사건 자동차의 비상 경고등이 작동되고 있었다.
③ 이 사건 사고 무렵 이 사건 자동차의 주행 중에 큰 굉음이 들렸고, 다른 주행 차량과 비교하였을 때 이 사건 자동차는 현저히 빠른 속도로 진행하고 있었다.
④ F은 이 사건 사고 장소 이전에서는 80㎞/h 내지 100㎞/h 사이의 속도로 이 사건 자동차를 운행하고 있었고, 이 사건 사고 이전에는 과속 등으로 과태료 등을 부과 받은 사실도 없다.
⑤ 이 사건 사고 발생시각은 오전 10시 50분이고 맑은 날이었으며, 조수석에 F의 남편인 G가 탑승하고 있었고, 당시 F은 만 66세의 여성으로 건강상 별다른 문제가 없었다.
⑥ 피고 측은 F이 이 사건 사고 무렵 조향장치를 작동시키지 않았고, 브레이크등이 들어오지 않은 것에 비추어 보면 F이 브레이크 페달을 밟지 않고 오히려 브레이크 페달로 오인하여 가속 페달을 밟은 것으로서 정상적인 운행이 아니었다고 주장하나, 이 사건 자동차가

비상 경고등이 작동된 채로 300m 이상의 거리를 갓길로 진행하고 있었던 사정에 비추어 볼 때 고속 주행이라는 점을 제외하면 운전자가 정상적인 운행을 하고 있었던 것으로 볼 수 있는 점 및 위와 같은 고속에서 운전자가 조향장치를 작동시키는 것이 경험칙상 가능하다고 단정하기 어렵고, 차량 엔진 상의 결함이 있을 경우 브레이크 페달이 딱딱해질 가능성도 있는 점 등에 비추어 보면, 브레이크등의 미작동만으로는 F이 브레이크 페달을 밟으려는 시도를 하지 않았다고 단정하기도 어렵다.

부산 감만동 싼타페 급발진 의심사고

일가족 4명이 사망하는 참변을 당한 안타까운 사고로 매스컴을 통해 '감만동 싼타페 급발진' 의심사고로 널리 알려진 사례이다. 원고는 제조사와 부품제조사를 상대[4]로 100억원대 손해배상청구 소송을 벌였으나 1심, 2심에서 모두 패소하였고 현재 대법원에 계류중인 사건이다.

원고 B는 2016. 8. 2. 12:25경 처 F, 딸 G, 손자 H, I를 태우고 2002년식 싼타페 승용차를 운전하여 부산 남구 감만1동 솔개 다리를 지나 K 아파트 사거리 쪽에서 신선대 부두 쪽으로 좌회전으로 진행하던 중 갓길에 주차되어 있던 컨테이너 차량을 추돌하는 사고가 발생하였다. 이 사건 사고로 운전자 B를 제외한 동승자 F, G, H, I는 사망하였다.

이 사건의 쟁점이 되었던 것은 **고압연료펌프 플렌지볼트**[5] 풀림이다. 원고 측의 주장은 플렌지볼트가 풀려 고압연료펌프 내 경유가 누유되고, 누유된 경유가 오일팬으로 들어가 엔진오일과 섞이게 되고, 이것이 다시 연소되면서 이른바 '오버런(엔진이 정상 회전수보다 더 높은 속도로 회전하는 현상)'으로 인해 급발진

4 언론보도에 따르면 피고는 제조사인 현대차와 현대차에 부품을 공급하는 보쉬코리아이다. https://view.asiae.co.kr/article/2023080119475932578

5 플랜지볼트는 견고한 고정을 위해 일반적인 육각 볼트 머리 부분에 와셔가 일체형으로 붙어있는 모양을 취하고 있어 볼트 머리가 볼트 구멍에 닿는 단면적이 커지게 만든 볼트를 지칭한다.

현상이 발생했다는 것이다.

이와 관련하여 박용진 전 국회의원은 2016년 12월 공익제보를 통해 『구형 싼타페 디젤 고압연료펌프 품질 문제 보고』와 『안전문제 코스트 절감 내용』 등 결함 은폐 정황이 담긴 현대차 내부문건을 입수하여 공개하기도 하였다. 해당 문건에는 고압펌프 프렌지볼트 풀림에 의해 연료 누유가 일어나고, 이로 인해 엔진 오버런(시동 꺼짐 안됨)이 일어난다고 적혀있는 것으로 알려졌다(국민일보, 2017.2.10. 기사 참조).[6]

또한, 원고의 요청으로 이 사건 차량을 사감정(私鑑定)한 박병일 명장[7]은 엔진오일이 경유와 함께 연소실로 유입되면서 급발진 현상으로 이어졌다는 의견을 제시하였으며, 법정에서 감정 당시 이 사건 자동차의 고압연료펌프 플렌지볼트는 모두 조금씩 풀려있었다고 증언하였다. 그러나 재판부는 법원의 공식감정이 아닌 사감정의 증거능력을 인정하지 않았다. 박병일 명장의 감정서 기재나 증언만으로 플렌지볼트가 풀려있었음을 인정하기 부족하며, 달리 이를 인정할 증거가 없다고 판단하였다. 이러한 재판부의 판단에 대하여 연세대 법학전문대학원 서종희 교수는 SBS의 '그것이 알고 싶다'에 출연하여 다음과 같은 같은 코멘트를 하였다.

> "(박병일 명장이) 국과수가 확인했던 그 차량의 상태하고는 전혀 다른 상태를 주장하고 있었고 그래서 외부적인 개입을 통해서 차량의 상태가 변경되거나 변질됐다라고 하는 합리적 의심을 했던 것 같고요"

2022. 1. 13.에 선고된 1심 판결문 일부를 아래와 같이 발췌하여 제시한다.

---

6 https://n.news.naver.com/mnews/article/005/0000970822?sid=101

7 감정인에 관한 정보는 2022.3.5.에 방영된 SBS의 '그것이 알고 싶다' 1,296회를 참조하였다. 방송 다시보기 주소는 다음과 같다. https://programs.sbs.co.kr/culture/unansweredquestions/vod/55075/22000441508

부산지방법원 2022. 1. 13. 선고 2017가합46864 판결문 중 발췌

M 작성의 감정서는 민사소송법에서 정한 감정절차에 따른 것이 아니라 원고들이 개인적으로 의뢰하여 받은 사감정 결과에 불과하고, 달리 그 작성과정에서 법원에 의한 감독, 당사자에 대한 공개 및 참가, 허위감정에 대한 제재 등 그 내용의 공정성과 객관성을 담보할 수 있는 적절한 요건이 모두 갖추어졌다고 볼 객관적 자료나 정황도 없다.

M의 개인 정비공장에 수개월 동안 보관되어 있었던 것으로 보이는바, 이 사건 사고 발생 후 위 영상 촬영이 이루어지기까지 보관 및 관리상의 소홀 내지 제3자의 접근 등으로 인해 이 사건 자동차의 현상이 변경되었을 가능성을 배제할 수 없다.

라. 소결론

이 사건 사고로 인하여 원고들은 상당한 재산적 손해를 입었음은 물론 가늠하기 어려울 정도의 정신적 고통을 겪고 있을 것임은 자명하다. 그러나 피고들에게 원고들이 입은 손해에 대한 책임을 묻기 위해서는 원고들이 입증책임을 다하여야 하고, 제조물 책임법리에 따라 그 입증책임이 완화되더라도 입증책임의 부담에서 완전히 벗어날 수는 없다. 자동차 부품의 제조상 결함으로 인한 급발진 사고임을 주장하고 있는 이 사건에서 가장 중요하고 객관적인 증거는 결국 이 사건 자동차이다. 그러나 원고측의 관리 소홀 등으로 인하여 피고들의 손해배상책임 성립에 필요한 요건사실을 뒷받침할 객관적인 증거가 상당부분 훼손 · 상실되었는바, 그 신뢰성을 인정할 수 없는 사감정 결과와 그들의 증언만으로 이 사건 자동차의 제조상 결함이 존재한다거나 이 사건 사고가 제조업자인 피고들의 배타적인 지배하에 있는 영역에서 발생하였다는 점이 입증되었다고 보기는 어렵다. 따라서 이 사건 사고가 이 사건 자동차의 결함으로 말미암아 발생한 것이라고 추정할 수도 없으므로 이를 전제로 한 원고들의 청구는 받아들일 수 없다.

원고는 항소하여 사건을 2심으로 끌고 갔으나 1심 판결을 뒤집지는 못하였다. 필자가 판결문에서 아쉽게 느껴지는 부분은 브레이크 작동에 대한 기술적인 판단이다. 브레이크를 정상 작동시키면 자동차는 반드시 멈춘다는 것인데 이 논리는 주로 제조사가 내세우는 것으로서 재판부가 과연 객관적이고 충분한 기술적 검증을 하고 나서 판단을 내린 것인지 의문이다.

브레이크를 밟으면 자동차가 반드시 정지한다는 주장은 사실이 아니다. 브레이크 밟는 힘을 증폭시켜주는 부스터의 적절한 도움이 없을 때 밟는 힘만으로 차량을 정지시키기 어렵다는 객관적인 검증 결과들이 존재한다. 이에 대해서 Chapter 9에서 자세히 살펴보고자 한다.

부산고등법원 2023. 5. 31. 선고 2022나51294 판결문 7쪽 중 발췌

일반적으로 자동차를 설계할 때는 주행 가능한 모든 조건에서 최대 속력을 내는 경우에서도 제동이 가능하도록 구동력보다 제동력이 강하게 설계하므로, 엔진 이상 등으로 강한 구동력이 발생하더라도 브레이크를 정상 작동시키면 자동차는 일정 거리 내에서 반드시 멈추게 되어 있는 점, 도로교통공단의 교통사고조사 분석결과에 의하면 이 사건 사고 당시 이 사건 자동차의 주행속도는 90km/h 내지 96km/h 정도로 추정되는데, 이는 브레이크의 정상 작동으로 제동가능 수준의 속력이고 특별히 제동불가능한 수준의 고속이라고 보이지는 않는 점 등에 비추어 볼 때, 설령 이 사건 사고당시 이 사건 자동차의 엔진에 이상현상이 발생하였더라도, 브레이크를 정상 작동시켰다면 위 자동차가 일정거리 내에서 제동되었을 것이라고 인정할 수 있다.

한편 판결문에서 BOS(Brake Override System)라는 명칭을 직접적으로 사용하지는 않았지만 제동력이 구동력을 이긴다는 언급은 BOS에 관한 것이다. 재판부는 BOS의 작동원리를 전혀 이해하지 못하고 있다. 모든 조건에서 최대 속력을 내는 경우에서도 구동력보다 제동력이 강하게 설계된 자동차는 없다. 그것은 자동차가 아니라 자전거에서나 가능한 이야기다.

재미난 실험을 하나 소개한다. 말 1마리와 성인남자 20명의 줄다리기 대결을 시켰는데 말이 이겼다.[8] 말 1마리가 성인남자 20명(대략 소형차 1대의 무게)이 버티는 힘을 가볍게 제압한 것이다. 수백 마리의 말이 끌어당기는 힘으로 비유되는 자동차의 구동력은 자동차가 끌려가지 않고 버티려는 힘으로 비유되는 제동력보다 당연히 압도적으로 크다.

제동력이 구동력을 이길 수 있으려면 소프트웨어가 가속 페달과 브레이크

8 https://zdnet.co.kr/view/?no=20130512135314

페달이 동시에 밟혔음을 인지하고 엔진출력을 강제적으로 줄임으로써[9] 구동력이 제동력보다 충분히 작아져야 한다.

이러한 BOS기능은 어디까지나 소프트웨어로 구현되는 로직이기 때문에 소프트웨어가 오작동하는 경우 BOS는 정상 작동하지 않을 가능성이 있으며 이에 대한 전문가 증언이 존재한다. 이 역시 Chapter 9에서 자세히 살펴보기로 하자.

판결문에서 추가적으로 눈여겨 볼만한 부분은 급발진 의심사고 피해자가 대체 **어느 정도의 입증을 했을 때 제조물책임법상의 입증책임 완화 법리가 적용될 수 있는가**이다. 이와 관련하여 판결문의 소결론을 발췌하여 살펴보기로 하자.

부산고등법원 2023. 5. 31. 선고 2022나51294 판결문 9쪽 중 발췌

제조물 결함을 원인으로 한 제조업자의 손해배상책임을 입증함에 있어 제조물책임법 등 관련 법리는 피해자가 제조물의 결함과 그로 인하여 발생한 손해 사이의 인과관계를 입증하기 극히 곤란한 점을 고려하여 그 증명책임을 완화하는 방향으로 형성되어 있다. 그럼에도 일차적인 증명책임은 여전히 손해를 주장하는 자에게 부과되어 있고, 그 증명의 정도는 자연과학이나 수학의 증명과 같이 반대의 가능성이 없는 절대적 정확성을 말하는 것은 아니지만, 통상인의 일상생활에 있어 진실하다고 믿고 의심치 않는 정도의 개연성을 말하는 것이고, 막연한 의심이나 추측을 하는 정도에 이르는 것만으로는 부족하다.

수학과 같은 절대적 정확성은 아닐지라도, 통상인의 일상생활에 있어 진실하다고 믿고 의심치 않을 정도의 개연성이 요구되며, 막연한 의심이나 추측을 하는 정도의 입증으로는 부족하다는 언급을 하고 있다. **결함 이외의 또 다른 가능성 및 해석의 선택지를 배제할 수 있을 정도의 입증**을 요구하는 것으로서 결론적으로 상당한 수준의 입증을 요구하는 것으로 판단된다.

9 소프트웨어가 탑재된 전자제어장치(ECU)에서 전자식 스로틀로 신호를 보내 스로틀밸브 열림양을 감소시킴으로써 엔진출력이 줄어들게 된다.

경기도 판교 볼보 급발진 의심사고

비교적 최근에 선고가 이루어진 사례이며 급발진과 관련한 법원의 내부 분위기를 살펴볼 수 있는 사례라고 판단된다. 해당 사건은 원고가 1심에서 패소하고 항소하여 현재 2심 재판에 계류 중이다. 원고 A(여)는 2020. 10. 28. 11:07:23 경 볼보 S60 승용차를 운전하였는데 이 사건 자동차가 아파트 상가건물 앞 도로에서 갑자기 출발하여 최대 120km/h가 넘는 속도로 약 500미터 진행한 이후 차도가 없는 I시설 내부로 들어가 국기게양대와 충돌하는 사고가 발생하였고, 이로 인해 원고 A는 외상성 지주막하출혈 등 전치 20주에 해당하는 상해를 입었다.

1심의 판결문은 재판부가 상당히 고심한 흔적이 엿보이는데 판결문의 분량이 무려 37페이지에 달한다.[10] 선고가 이루어진 2024. 4. 17. CBS 노컷뉴스는 『'볼보 S60' 급발진 소송, 소비자 패소…재판부도 아쉬움 드러내』라는 제목의 기사[11]를 게시하였다. 재판부가 비록 원고 패소 판결을 내렸지만 소비자가 증명하는 여러 가지 간접사실들을 통해 결합으로 추정할 수 있는 증명책임 완화의 필요성을 언급한 것이다.

서울중앙지방법원 2024. 4. 17. 선고 2021가합522145 판결문 중 발췌

.......자동차의 급발진 의심사고는 이미 수십 년 전부터 끊임없이 발생하고 있고 그중에는 실제 급발진이 발생한 경우가 없다고 단정하기는 어려움에도, 우리나라에서 급발진으로 제조자에게 책임을 인정하는 종국적인 판단은 한 번도 이루어지지 않은 점 등을 고려하면, 급발진 의심사고에서 제조물책임을 묻기 위한 소비자의 증명책임을 좀 더 완화할 필요성이 있다. 다만 자동차의 용도 자체에서 소비자 측의 원인으로 유발될 수 있는 다양한 사

10 참고로 감만동 싼타페 급발진 의심사고 1심(2017가합46864) 판결문이 16페이지, 2심 판결문이 11페이지이다. BMW 급발진 의심사고 1심(2018가단5211948) 판결문이 4페이지, 2심(2019나54506) 판결문 분량이 8페이지이다.

11 https://www.nocutnews.co.kr/news/6130965?utm_source=naver&utm_medium=article&utm_campaign=20240417023841

고의 가능성을 고려하면, '사고가 발생한 사실'만으로 결함을 추정하거나 '결함이 존재하지 않는 사실'에 관한 증명을 제조업자가 해야 한다고 볼 수는 없다. 그렇게 볼 경우 사실상 불가능한 증명을 요구하는 것이 되어 제조업자의 책임이 무한히 확대될 우려가 있고, 운전자의 과실로 인한 사고의 책임을 제조업자에게 전가하여 책임을 모면하려는 시도 등도 막을 수 없게 된다. 이러한 사정 등을 고려하면, 급발진 의심사고에서 소비자 측의 위 요건의 증명은 일단 '일반인의 상식과 경험 등에 비추어 사고의 양상이 비정상적이라는 사실'을 통해 해당 사고가 통상적으로 발생하지는 않는다는 사실을 증명한 후, 그러한 비정상적인 사고를 유발할 만한 소비자 측의 요인이 없다는 사실을 여러 간접사실들, 예컨대 소비자 측의 신체적 · 정신적 결함, 환경적 요인, 운전경력과 습관, 차량 개조 여부, 사고 회피를 위한 노력 여부 등과 같은 사실들로 증명하면 일응 결함으로 인한 사고 발생을 추정하되, 제조업자가 차량의 결함과 무관하게 그 사고가 발생할 수 있다는 상당한 가능성을 증명함으로써 그 추정을 뒤집을 수 있다고 보는 등으로 완화할 필요가 있다.

그러나 재판부는 위와 같은 증명 완화의 필요성을 고려하더라도 이 사건 사고는 자동차의 **결함과 무관하게 발생하였다고 볼 만한 상당한 가능성이 인정된다**고 판단하였다. 아래와 같은 세 가지 가능성을 이유로 ECU 결함으로 인한 급발진이라는 원고의 주장을 받아들이지 않았다.

① 변속레버가 주차(P) 모드가 아닌 주행(D) 모드였을 가능성

② 제동페달을 밟지 않았을 가능성

③ 오토홀드 상태에서 주차브레이크가 해제되었을 가능성

강릉 홍제동[12] 티볼리 급발진 의심사고

2025. 5. 13.에 선고가 이루어진 가장 최근 사례이다. 이 사고는 MBC 실화탐사대, JTBC 한블리 등 많은 언론을 통해 **"큰일났다. 이게 안 돼. 도현아. 도현아. 도현아. 도현아."**라며 급박했던 상황에서 도현이 할머니가 절규하는 음성이

12 급발진 의심사고가 시작된 장소는 회산동이고, 최종 추돌로 사고가 종료된 장소는 홍제동이다.

그대로 전파를 타면서 자동차 급발진에 대한 국민적인 관심과 안타까움을 불러일으킨 바 있다. 원고는 사건 차량의 제조사인 케이지모빌리티(전 쌍용자동차)를 상대로 9억원대 손해배상청구 소송을 제기하며 2년 5개월 동안 법정공방을 벌였으나 1심에서 패소하였고 즉각 항소 의사를 밝히며 현재 2심 소송을 준비중이다. 사건을 좀 더 자세히 살펴보기로 하자.

원고 ○○○(도현이 할머니)은 2022. 12. 6. 15:52경 손자 이도현 군을 태우고 2018년식 티볼리 에어를 운전하던 중 강릉시 회산동 소재 교차로에서 신호대기중이던 모닝 차량을 추돌하고 계속 진행하여 회산교를 지나 국도 35호선을 가로질러 중앙분리 화단과 전신주를 차례로 추돌한 후 홍제동 인근 굴다리에 전도되는 사고가 발생하였다. 이로 인하여 원고 A는 십이지장 파열 등 상해를 입었고, 이도현 군은 사망하였다.

이 사건에서 기존의 급발진 관련 소송과는 달리 주목할 만한 점은 원고가 단순히 법리적으로 입증책임 전환을 요구하는 것을 넘어서 과학적, 기술적 증거를 제시하기 위해 할 수 있는 모든 노력을 기울였다는 것이다. **EDR 신뢰성 감정, 블랙박스 영상의 음향분석 감정**뿐만 아니라 국내 최초로 **실제도로 주행 재연시험, AEB(자동긴급제동장치) 작동 재연시험**이 이루어졌는데 원고는 감정과 재연시험을 위해 수천만원을 부담한 것으로 알려졌다. 또한 국내 최초로 전직 ECU 엔지니어를 증인으로 채택하여 증인 신문을 진행하였다. 그러나, 이러한 노력에도 불구하고 재판부는 이 사건 자동차의 결함으로 급발진하였다고 보기 어렵다는 판결을 내렸다.

필자가 이 사건의 쟁점을 몇 가지 추려보자면 다음과 같다. **첫째**, EDR 데이터의 신뢰성이다. 차량은 1차 추돌(모닝차량) 이후 굴다리 부근에서 연속적으로 2차 추돌(이벤트 1) 및 3차 추돌(이벤트 2)이 있었는데 EDR에는 이벤트 1이 발생하기 전 5초 동안 풀액셀을 밟았으나 속도변화는 고작 6km/h에 불과한 것으로 기록되어 있다. 실제도로 주행 재연시험에서는 속도변화 폭이 14km/h 또는 20km/h로 나타났기 때문에 EDR에 기록된 속도변화가 지나치게 작다는 것이다.[13] **둘째**, 국과수 감정 보고서에는 차량이 모닝을 추돌하기 전 기어가 D(주행)에서 N(중립)으로 바뀌고, 추돌 직전에는 다시 N에서 D로 바뀐 것으로 분석되었는데 실제로 운전자의 기어조작이 D→N→D로 발생했는지 여부이다. 음향분석 감정서에는 차량의 변속레버를 D→N으로, N→D로 조작하여 샘플링한 시료 음향데이터 발현특성과 동일성을 보유한 음향정보가 블랙박스 소리에서 미확인되었다는 감정소견이 제시되어 있다. 쉽게 말해 도현이 할머니가 기어를 조작하는 소리가 들리지 않는다는 얘기다. **셋째**, 브레이크등 점등여부이다. 제조사의 주장에 따르면 브레이크 페달을 밟으면 브레이크등이 점등되어야 하는데 사건 차량은 모닝 차량을 충돌하는 순간에 브레이크등이 점등될 뿐 다른 시점에 점등되는 것이 명확하게 관찰되지 않는다는 점이다. 브레이크등 점등여부는 다음 절에서 살펴볼 형사재판에서도 쟁점이 되고 있는 사항이다. **넷째**, 사건 차량에는 AEB가 탑재되어 있음에도 왜 모닝차량 충돌시에 작동하지 않았는지이다. 원고는 AEB의 결함으로 사고를 예방하지 못하였다고 주장하였다. **다섯째**, 국내 최초로 급발진 재판의 법정에 증인으로 나선 전직 ECU 엔지니어의 의견을 재판부가 어떻게 받아들였는지이다. 증인은 법정에서 ECU 소프트웨어 결함이 있을 경우 급발진이 발생할 수 있고, 가속페달을 밟지 않았어도 EDR에 풀액셀로 기록될 수 있으며, 브레이크가 작동하지 않을 수 있다는 취지로 진술한 것으로 알려졌다.

2025. 5. 13.에 선고된 1심 판결문[14] 일부를 아래와 같이 발췌하여 제시한다.

---

13 티볼리 급발진 의심사고의 EDR 데이터 및 재연시험 결과에 대해서는 Chapter 8에서 자세히 살펴보기로 한다.

14 판결문의 분량은 총 36페이지이다.

춘천지방법원 강릉지원 2025. 5. 13. 선고 2023가합30051 판결문 중 발췌

나. 구체적인 판단

1) ECU 소프트웨어 결함 주장에 관한 판단

나) ...... ECU 소프트웨어 결함으로 인하여 이 사건 사고가 발생한 것으로 인정하기 어렵다.

(1) ...... 이 사건 자동차는 최종 충돌 6.5초 전부터 제동페달은 작동하지 않고 가속페달 변위량만 100%인 상태로 작동하였다.

② ...... ECU 소프트웨어의 결함이 EDR 기록에 영향을 미친다는 원고의 주장을 선뜻 납득하기 어렵다.

(2) ...... 원고 ○○○이 이 사건 사고 발생 과정에서 제동페달을 밟지 않았을 가능성이 높다.

(가) ...... 특별한 사정이 없음에도 제동등이 점등되지 않았다면 운전자가 제동페달을 밟지 않은 것으로 추정할 수 있다.

(나) ...... 설령 1차 추돌 시 짧게나마 원고 최애숙이 제동페달을 밟았다고 하여도 이후에는 제동등이 점등되는 것을 확인할 수 없는바, 이후 주행과정에서 제동페달을 밟았다고 보기는 어렵다.

(3) ...... 속도가 5초 동안 단지 6km/h 증가하는데 그쳤는바, 이는 원고 OOO이 제동페달을 밟았기 때문이라고도 주장하나......

① ...... 이 사건 자동차가 실제도로 주행감정결과와 달리 최종 추돌 전 속도가 적게 증가한 것은 앞서 본 바와 같이 이 사건 사고 도로의 경사 여건, 실제 사고 상황을 재연 시 존재하는 실험적 한계, 1차 추돌로 인한 차량 파손 및 차량을 회피하는 과정에서의 감속가능성 등에 기한 것으로 보인다.

(4) ...... 굉음성 엔진구동음을 내면서 많은 양의 액체 및 연기를 분출한 후 급가속을 시작한 것은 ECU 소프트웨어의 중대한 결함이라고 주장하나

(가) ...... 변속레버를 D(주행)가 아닌 N(중립)에 둔 채로 가속페달을 밟아 발생하였을 가능성이 있다.

⑤ ...... 원고들은 블랙박스 영상에 녹음된 음향정보를 감정한 결과, 변속레버를 변경하는 소리가 들리지 않았으므로, 위 자동차의 변속레버가 계속하여 D(주행)에 있었다고 주장한다. ...... 위 감정결과만으로 이 사건 자동차의 변속레버가 계속하여 D(주행)에 있었다고 보기 어렵다.

2) ADAS 관련 기능의 결함 관련 주장에 관한 판단

가) AEB 미작동 결함 주장

(2) 모닝 차량에 대하여 미작동한 결함이 있는지 여부

...... AEB는 액셀 페달을 60% 이상 밟는 등의 이유로 인하여 작동하지 않았을 가능성이 큰 것으로 보이는 점 등을 감안하면 원고가 제출한 증거들만으로는 1차 추돌 당시 AEB 시스템이 결함으로 인하여 미작동 하였다고 인정하기 어렵다.

4) 원고의 기타 주장에 관한 판단

(나) 증인 □□□의 진술 관련

...... □□□은 ECU 부품의 제조사에서 소프트웨어 개발자가 아닌 시스템 엔지니어로 5년 가량 근무한 자로서 객관적인 자료나 증거 없이 대부분 추측에 근거하여 위와 같이 진술한 것으로 보이고, ... □□□의 위 진술만으로 원고의 급발진 발생 관련 주장을 인정하기는 어렵다고 할 것이다.

결론적으로 판결문에서 원고의 주장 및 원고에게 유리한 감정결과, 전문가 증언은 어느 것 하나 받아들여지지 않았다. 1심 선고 직후 도현이 아빠 이상훈 씨는 항소하여 사건을 2심에서 다투겠다는 의사를 밝힌 상황이다.

형사재판 사례

원고가 제조사의 차량 결함을 입증해야 하는 민사재판과 달리 형사재판에서는 검사가 피고인 운전자의 과실을 입증해야 한다. 급발진 의심사고의 원인은 차량의 결함 아니면 운전자의 과실 둘 중 하나이다. 다른 선택지가 존재하지 않는다. 재판부가 운전자에게 유죄를 선고하였다면 차량 결함을 사고 원인으로 인정하지 않은 것이고 무죄를 선고하였다면 차량 결함으로 인한 급발진 가능성을 인정했다고 보아야 한다.

9명 사망이라는 끔찍한 피해를 초래하여 세간의 이목을 끌었던 시청역 급발진 의심사고 형사재판 1심에서는 2025.2.12. 운전자에게 법정 최고형인 금고 7년 6월이 선고되었다. 차량 결함으로 인한 급발진 가능성이 전혀 인정되지 않은 것이다. 시청역 사고 사례와 판결문을 살펴보기로 하자.

사망사고가 발생했다고 무조건 유죄가 선고되는 것은 아니다. 광주광역시 송정동에서 2023.10.8.에 전기차 택시가 보행자 3명을 치어 숨지게 한 급발진 의심사고 형사재판 1심에서는 2025.2.27. 70대 운전자(택시기사)에게 무죄가 선고되었다.[15] 형사재판에서 급발진의 가능성을 인정하여 무죄를 선고한 사례는 계속 등장하고 있다. 비교적 최근에 무죄 선고되거나 언론의 주목을 받은 사건 위주로 5개의 사고사례와 형사재판 판결문을 살펴볼 것이다.

이 판결들은 국과수에서 급발진으로 의심할 만한 결함을 발견하지 못했다는 감정결과가 나오거나 EDR 데이터에 피고인이 페달을 착오한 것처럼 기록되어 있음에도 무죄가 선고될 수 있다는 점에서 주목할 만하다.

15 https://v.daum.net/v/20250228064406606

또한 형사재판 결과와 민사재판 결과가 서로 배치[16]된다는 것은 사법제도에 문제가 있음을 시사한다. 이러한 모순을 해소하기 위해 민사재판의 법리가 되는 제조물책임법을 개정해야 한다는 목소리가 힘을 얻고 있다. 이에 대해서는 Chapter 10에서 자세히 살펴보기로 한다.

서울 시청역 제네시스 G80 급발진 의심사고

서울 2024. 7. 1. 21:26경 발생한 사고로 직업이 시내버스 기사인 운전자가 제네시스 G80 승용차를 운전하며 웨스틴조선호텔 주차장 출구에서 벗어날 때 진입이 금지된 방면으로 역주행하며 인도로 돌진해 9명을 숨지게 한 사건이다. 담당 판사는 사고가 가속 페달을 브레이크 페달로 오인하여 밟는 등 운전자의 과실로 발생하였다고 봄이 상당하다며 피고에게 법정 최고형인 금고 7년 6월을 선고하였다. 2025. 2. 12.에 선고된 판결문의 일부를 아래와 같이 발췌하여 제시한다.

서울중앙지방법원 2025. 2. 12. 선고 2024고단4074 판결문 중 발췌

나. 구체적 판단

1) ......해당 분야의 전문가가 자신의 기술적 지식과 역량을 동원하여 제시한 의견은 이를 배척할 만한 특별한 사정이 없는 한 존중할 필요......,국립과학수사연구원은 가해차량의 EDR 기록 및 블랙박스영상 등을 감정한 감정의뢰회보서에서......

가) ......주행상황에서 제동등 및 보조 제동등이 점등되는 상황이 확인되지 않는다.

마) ......EDR 데이터에서 가속 페달 변위량은 밟았다 뗐다를 반복하는 것으로 기록...... 운전자의 우측 신발 바닥에 찍혀 있는 문양이 가속 페달의 패턴 형상과 일치......

바) 운전자의 우측 신발 바닥에 찍혀있는 가속 페달 문양은 가속 페달을 강하게 밟고 있는 상태에서 충돌 시 강하게 마찰 되면서 현출된 것으로 판단된다.

2) ......감정결과 가해 차량 가속장치와 제동장치에 기계적 결함이 없었고......

16 https://www.hankookilbo.com/News/Read/A2023102512480000774?did=NA

3) ECU 오류로 인하여 진공배력장치가 제대로 작동하지 않은 결함이 있었다고 볼 수 없고 그렇지 않다고 하더라도 피고인이 가해 차량의 가속 페달이 아니라 브레이크 페달을 밟았다면 가해 차량은 제동장치가 작동하여 정지할 수 있었던 것으로 판단

마) ......진단 스캐너를 이용하여 가해 차량의 주요 DTC(진단문제 코드, Diagnostic Trouble Code)를 확인한 결과 엔진을 제어하는 ECU와 변속기를 제어하는 TCU와 관련한 진단코드문제가 확인되지 않았다.

4) ......타이어 자국 등 차량 급발진 사고의 경우 보통 나타나는 여러 특징적 징후들이 발견되지 않는다.

5) ......약 6.5초간 약 155.2m를 진행하면서 차선을 변경하기도 하였는바, 피고인이 일반적인 차량의 운전자에게 요구되는 업무상 주의의무를 다하였다면 위와 같은 상황에서 가해 차량의 조향장치 등을 적절히 조작하고 경적을 울리는 등으로 인명피해를 방지하거나 줄일 수 있었을 것으로 보인다.

6) 피고인이 2023. 2. 14. 한국교통안전공단에서 운전적성정밀검사〈각주2〉[17]를 받은 결과 동체시력 5등급, 위험판단능력 4등급을 받은 것을 보면, 피고인은 위험상황에 신속하게 대응하는 능력이 떨어지는 것으로 보인다.

위 판결문에서 다른 사건에서도 사용될 만한 전형적인 판단 근거를 요점만 간추려 보면, 아래와 같다.

- 전문가인 국과수 의견을 존중할 필요가 있다.
- 브레이크를 밟았다면 제동등이 점등되어야 하는데 그렇지 않았다.
- EDR에 가속페달을 밟은 것으로 기록되어 있다.
- 사고 차량에 기계적 결함이 확인되지 않았다.
- 결함이 있다고 하더라도 브레이크를 밟으면 차량은 정지하게 되어 있다.
- ECU에 문제가 있으면 기록(DTC)이 남는다.

필자는 이 책에서 위와 같은 판단에 허점이 있다는 것을 각종 문헌, 사례, 전문가 증언 등을 통해 지적할 것이다.[18] 국과수가 급발진 의심사고를 조사할

17 1등급(우수), 2등급(양호), 3등급(보통), 4등급(미흡), 5등급(불량)

18 필자는 판단 근거, 추론 방식에 대한 문제점을 지적하는 것이지, 시청역 사고 운전자를 두둔하려

전문성을 갖추지 못하고 있다는 점, 제동등 점등 여부만으로 급발진 여부를 판단해서는 안 된다는 점, EDR의 신뢰성이 사고원인을 규명할 만큼 충분하지 않다는 점, 급발진 원인규명을 위해서는 기계적 결함이 아닌 전자적 결함을 조사해야 한다는 점, 브레이크를 밟아도 차량이 정지하지 않을 수 있다는 점, ECU에 문제가 있더라도 기록이 남지 않을 수 있다는 점을 독자들이 이 책을 통해 충분히 이해할 수 있기를 바란다.

전형적인 판단근거 외에 판결문의 특이한 부분은 다른 사건에서는 부각되거나 언급되지 않은 신발 바닥에 찍혀 있는 문양, 운전적성정밀검사[19] 결과이다. 운전자의 신발 바닥에는 당연히 가속 페달 문양과 브레이크 페달 문양이 모두 있을 텐데, 유독 가속 페달 문양만 강하게 관찰되는 것인지 추가적인 설명이 필요해 보인다. 또한 운전자는 동체시력 5등급, 위험판단능력 4등급 등 일부 항목들의 점수가 낮음에도 불구하고 분명 종합적인 검사 결과는 합격이므로 버스 기사로 일하는 것이 가능하였을 것이다. 두 항목의 낮은 등급을 이유로 운전자 페달착오의 판단 근거로 삼는 것이 과연 적절한 것인지 의문이다.

서울 성북구 그랜저 급발진 의심사고

서울 성북구 고려대학교[20]에서 2020. 12. 29. 15시경 발생한 사고로 운전자가 그랜저 승용차를 운전하다가 대학 경비업무를 담당하는 D(남, 60세)를 충격하여 뇌연수마비로 사망에 이르게 한 사건이다.

1심에서는 급발진 가능성을 인정하고 피고에게 무죄를 선고하였으나 2심

는 것이 아니며, 또한 시청역 사고가 차량 결함에 의해 발생했음을 확신한다는 뜻도 전혀 아니다.

19 운전적성정밀검사 방법에 대해서는 한국교통안전공단 유튜브 채널에 게시된 영상을 참고할 것. https://www.youtube.com/watch?v=EqX1cRTYr50

20 많은 언론(SBS, 연합뉴스, 중앙일보, 서울신문, 한국경제TV, 대전일보 등)에서 실명을 공개하여 이미 대중들에게 충분히 알려졌다고 판단되어 본 저서에서도 실명 처리하였다.

은 페달을 오인하여 밟는 과실로 발생하였다고 봄이 상당하다며 원심판결을 파기하고 피고에게 금고 1년에 집행유예 2년을 선고하였다. 해당 사건은 피고의 상고로 현재 대법원에서 심리 중일 것으로 예상된다.[21]

먼저 1심 판결을 살펴보기로 하자. 담당 판사는 13초 동안 페달을 착각하는 운전자를 상정하기 어렵고, 차량의 결함을 의심할 여지가 충분하다고 판시하였다. 2023. 6. 15.에 선고된 판결문의 일부를 아래와 같이 발췌하여 제시한다.

대전지방법원 2023. 6. 15. 선고 2021고단3833 판결문 4쪽 중 발췌

.........이 사건 차량의 속도는 증가할 뿐 감속이 이루어지지 않았는바, 그렇다면 피고인이 약 13초 동안 보도블럭, 화분을 충격하면서도 액셀 페달을 브레이크로 착각하여 계속 밟고 있었다는 것인데, 이러한 과실을 범하는 운전자를 쉽게 상정하기 어렵고, 이와 같은 주행은 오히려 의도적으로 가속페달을 계속 밟지 않는 이상 이루어질 수 없는 주행으로 판단된다.

.........계속 가속되었을 뿐 감속이 이루어지지 않았음에도 여러 차례 이 사건 차량의 브레이크등(제동등)이 점등되기도 하여 피고인이 계속하여 액셀 페달을 밟았다고 보기 어렵고, 이 사건 차량의 결함을 의심할 여지가 충분하다.

2심에서 판결이 뒤집힌 이유는 무엇일까? 언론보도에 따르면 2심 재판에서는 사고 차량을 감정했던 국과수 연구원에 대한 증인신문이 있었고, 전문심리위원 3명의 의견서가 제출되었던 것으로 보인다.[22] 그리고 판결문에 따르면 국과수의 감정결과와 전문심리위원 K의 의견서가 피고측에게 매우 불리한 판단 근거가 된 것으로 보인다. 2024. 10. 10.에 선고된 판결문의 주요 내용 일부를 아래와 같이 발췌하여 제시한다.

21 필자가 구체적인 사건번호는 입수하지 못하였으나, 2심 선고 직후 피고측 변호인이 “대법원에서 다시 한번 다퉈보겠다”는 의사를 언론을 통해 밝힌 바 있다.

22 https://www.daejonilbo.com/news/articleView.html?idxno=2132571

대전지방법원 2024. 10. 10. 선고 2023노1855 판결문 중 발췌

나. 구체적 판단

......가속장치, 제동장치 등을 정확하게 조작하지 못한 과실로 발생하였다고 봄이 상당하고, 이 사건 사고 당시 피고인의 주장과 같은 차량 결함에 따른 '급발진' 현상이 있었다고 보기 어렵다. ......

② ......국립과학수사연구원의 감정결과에 따르면, 아래에서 보는 바와 같이 이 사건 차량의 제동장치와 가속장치는 모두 정상적으로 작동되고 있는 것으로 확인되었다.

> ○ 엔진에서 가속페달과 무관한 엔진토크의 상승 및 차량 가속은 확인되지 않음
> ○ 제동 시스템에서 제동페달 작동시 유압은 엔진이 작동하지 않는 상태에서도 약 70bar까지 정상적으로 형성되며, 각 바퀴에 제동력이 형성되는 것이 확인됨
> ○ 제동페달 작동시 후미에 제동등이 점등되는 것이 확인되나, 제시한 영상에서 피해자 충돌 이전에 제동등이 소등된 상태로 확인됨

...... 사고 전후에 모두 정상적으로 작동하는 가속장치 등이 그 사이의 어느 순간에만 오류를 일으킬 수 있다는 점에 관하여는 아직 아무런 과학적 근거가 없다.

③ ......피고인이 브레이크 페달을 밟아 차량에 제동력을 부여한 것으로는 볼 수 없다.

㉮ 이 사건 차량의 브레이크등은 브레이크 페달에 장착된 스위치가 브레이크등까지 전선으로 단순하게 연결되어 있는 구조이므로, 스위치나 전선, 브레이크등에 별다른 문제가 없다면 운전자가 브레이크 페달을 밟는 경우 실제 제동장치의 작동 여부와 무관하게 브레이크등에는 불이 들어오도록 설계되어 있다. 따라서 사고 당시 제동페달을 밟았음에도 브레이크등이 작동하지 않을 가능성은 매우 희박하다는 것이 국립과학수사연구원이나 다른 전문가들의 공통된 의견이다.

......연석 및 화단과 충돌할 때 매우 짧은 시간 동안 제동등이 점등되었다가 소등되는 현상이 있었을 뿐 브레이크를 밟았을 경우 통상 나타나는 정도의 시간 동안 점등되는 모습은 발견되지 않았다.

㉯ 이 사건 사고 당시 브레이크등은 ...... 아홉 차례에 걸쳐 점등과 소등을 반복하였고, 점등이 지속되는 시간은 길면 0.099초, 짧으면 0.033초에 불과하였다. 그런데 아무리 반응시간이 뛰어난 운전자라 하더라도 브레이크 페달을 밟았다가 떼는 방식으로 이와 같이 0.1초 이하의 짧은 시간 동안 브레이크등의 점등과 소등을 반복하는 것은 사실상 불가능한 것으로 보인다(당심 전문심리위원 K의 의견서 참조).

......국립과학수사연구원에서도 '차량에 충돌이 발생하면 차량의 진행하는 반대방향으로 가속력을 받게 되고, 이때 차량 내의 브레이크 페달은 원진행 방향으로의 관성력을 받게 되어 짧은 시간 브레이크 스위치가 작동될 가능성이 있다'는 의견을 제시하였다.

디지털 시대에 반도체와 소프트웨어와 같은 전자적인 결함에 대한 조사는 전혀 하지 않고 기계적 결함이 발견되지 않았으므로 차량은 정상이라고 판정하는 국과수의 아날로그식 조사 결과가 막강한 공신력을 가지며 재판부의 판단에 지대한 영향을 미치고 있음을 알 수 있다. 국과수의 제한된 조사 역량뿐만 아니라, 재판부가 과학·기술에 대한 제대로 된 이해를 갖추지 못한 채 제조사 측의 주장과 논리를 너무 쉽게 수용하고 있음에 안타까운 마음을 금할 수 없다.

②에 따르면 급발진 의심사고 후에 제동장치와 가속장치가 정상이었고 이런 차량이 일시적으로 오류를 일으킬 수 있다는 점에 대한 과학적 근거가 없으므로 급발진이 아니라는 판단이다. 이 책 Chapter 4의 ISO 26262에서 명시하고 있는 **'일시적 결함**(transient fault)**'**의 개념, Chapter 6에서 **'랜덤 하드웨어 페일리어**(random hardware failure)**'**의 개념 및 급발진 의심사고 이후 불량이 재현되기 어려운 이유를 살펴본다면 독자들도 재판부의 판단이 얼마나 무지한 것인지 쉽게 납득할 수 있으리라 생각된다.

③에 따르면 사건 차량의 브레이크등이 제대로 점등되지 않았고, 일시적으로 점등되는 현상은 운전자의 조작이 아니라 관성력에 의한 것이므로 운전자는 브레이크를 밟지 않았다는 판단이다. 이는 급발진 의심사고에서 항상 치열한 쟁점이 되는 내용인데, 재판부는 '운전자가 브레이크를 밟는다'와 '브레이크등이 정상적으로 점등된다'를 필요충분조건이라고 받아들이고 있다는 점을 보여준다. Chapter 9에서 반드시 필요충분조건이 되지 않을 수도 있다는 전문가들의 견해를 살펴보고자 한다.

양주시 그랜저 급발진 의심사고

양주시에서 2019. 2. 23. 12:40경 발생한 사고로 운전자는 그랜저 승용차를 운전하다가 D 주유소에서 세차를 마치고 나온 후 불상의 속도로 역주행하게 되었고, E 편의점 건물로 돌진하였고, 편의점 내에 피해자 F(여, 47세)를 충격하여 다발성 외상성 손상으로 사망에 이르게 한 사건이다. 담당 판사는 국립과학수사연구원의 차량에는 특별한 결함이 없다는 감정결과를 토대로 피고인에 과실이 있다고 추단하기 어렵다고 판시하였다. 2020. 3. 18.에 선고된 판결문의 일부를 아래와 같이 발췌하여 제시한다.

의정부지방법원 2020. 3. 18. 선고 2019고단3537 판결문 3~4쪽 중 발췌

피고인 운전 차량의 속도는 점차 증가하여 충격 직전에는 약 130km/h에 이르렀다. 피고인 운전 차량의 블랙박스 영상을 통하여 드러난, 당시 피고인 운전 차량의 운행 방향, 속도 등은 그 자체로 매우 비정상적이다.

만일 운전자가 차량을 통제하고 운전할 수 있음에도 위와 같은 고속의 역주행을 감행하다가 사고가 발생될 경우 운전자 역시 크게 상해를 입을 우려가 있는 상황으로서 일반적으로 운전자가 그와 같은 위험을 감수하면서까지 운전할 것으로 보이지는 않는다. 더군다나 위와 같은 비정상적인 차량 운행이 약 35초 가량이나 지속되었다는 사정을 더하여 보면 이와 같은 비정상적인 차량 운행이 운전자의 과실에 기인하였다고 추단하기 어렵다.

국립과학수사연구원은......'급발진 관련한 차량결함 특이점은 발견되지 않았고, 제동불능 유발 흔적도 발견되지 않았다'라는 감정결과를 내었다.

이에 대하여 I 대학교 자동차학과 교수인 J는 '운전자의 실수가 없음에도 자동차가 급발진되는 경우, 제동장치의 진공배력이 무력화되어 제동장치가 딱딱해지며 아예 눌러지지 않고, 작동도 하지 않을 수 있다. 따라서 제동등이 켜지지 않았다는 점을 운전자의 과실 인정의 근거로 삼을 수는 없다'는 의견을 제시하였다.

결국 국립과학수사연구원의 '피고인 운전 차량에는 특별한 결함이 없다'는 감정결과를 토대로 '피고인에게 조향장치 및 제동장치 조작에 관한 과실이 있다'라고 추단하기 어렵게 되었다.

제주시 제네시스 급발진 의심사고

제주시에서 2021. 5. 10. 17:12경 발생한 사고로 운전자는 제네시스 승용차를 운전하다가 SM5 차량을 충격하고(1차), 역주행을 하기 시작하여 코란도C 차량과 충돌하였고(2차), 신호등 기둥에 충돌(3차)한 다음 멈춰 섰는데 이로 인해 피해자에게 2주간의 치료를 요하는 상해를 입게 한 사건이다.

담당 판사는 EDR 분석자료, 국과수 감정결과 등에 비추어 3차 충돌에 이르기까지 계속해서, 일정하게 액셀 페달이 작동된 것으로 보일 뿐, 속도가 줄어들거나 엔진 RPM이 감소하지 아니한 것, 3차 충돌 후 멈췄음에도 엔진이 과도하게 작동하는 굉음이 들리는 것, 피고인 차량 후미의 브레이크등이 점등되는 것을 확인할 수 있는바, 차량 엔진 작동 결함을 의심하게 한다고 판시하였다. 2022. 11. 29.에 선고된 판결문의 일부를 아래와 같이 발췌하여 제시한다.

제주지방법원 2022. 11. 29. 선고 2022고정180 판결문 4쪽 중 발췌

이처럼 피고인은 약 300m의 구간에서 20초 넘게 조향장치를 제대로 작동시켰는바, 조향장치는 제대로 작동시키면서 제동장치 조작을 20초 넘게 제대로 하지 못했다는 것은 쉽게 받아들이기 어렵다.

만일 운전자의 페달 조작 실수로 차량이 가속되는 상황이 벌어졌을 경우, 운전자가 고의로 차량을 계속해서 가속할 것이 아니라면 액셀 페달에서 발을 떼거나 브레이크 페달을 밟는 등 발을 밟는 페달을 바꾸는 것이 당연하고, 차량이 정상적으로 조작되는 상황이라면 그로 인하여 차량의 엔진 RPM 및 속도에 변화가 있어야 한다. 그러나 이 사건 블랙박스 영상, EDR 분석자료, 국립과학수사연구원의 감정결과 등에 비추어 보면, 피고인의 차량은 1차 충돌 이후 3차 충돌에 이르기까지 '계속해서, 일정하게' 액셀 페달이 작동된 것으로 보일 뿐, 속도가 줄어들거나 엔진 RPM이 감소하지 아니한 것으로 보인다.

서울 서초구 쏘렌토 급발진 의심사고

서울 서초구에서 2015. 2. 6. 15:02경 발생한 사고로 운전자는 쏘렌토 승용차를 운전하다가 세차장에서 손 세차를 하던 피해자 G(43세)를 들이받아 그 즉시 사망하게 한 사건이다.

국과수 감정결과 급발진 현상이 발생하였다고 볼 수 있는 특이점이 발견되지 않았고, EDR 데이터 추출검사 결과 충돌 전에 액셀 페달이 끝까지 밟힌 기록이 있는 반면 충돌 5초 전까지 브레이크 페달이 밟힌 기록이 없었다.

그럼에도 담당 판사는 현재의 과학기술 수준에서 급발진 현상이 발생하였는지 여부를 직접적으로 증명하기는 곤란하다는 것, EDR 데이터 추출검사 결과가 제동장치를 전혀 작동하지 않았다는 점에 관한 증명자료로 삼기에는 부족하다고 판시하였다. 2016. 4. 6.에 선고된 판결문의 일부를 아래와 같이 발췌하여 제시한다.

서울중앙지방법원 2016. 4. 6. 선고 2015고단6614 판결문 3~4쪽 중 발췌

그러나 위 감정의뢰 회보에 의하더라도 현재까지 이른바 차량의 '급발진 현상'이라는 것의 실체와 그 원인이 과학적으로 밝혀져 있지 않아 현재의 과학기술 수준에서 이 사건 사고 차량에서 급발진 현상이 발생하였는지 여부를 직접적으로 증명하기는 곤란하다는 것이고, 또한 차량이 운행 당시에 무언가 이상을 일으켰지만 사후에 흔적이 발견되지 않는 경우가 있을 수 있고 이러한 가능성이 부정되지 않으므로(증인 H의 법정진술 참조), 위 감정결과는 위와 같은 본질적인 한계를 지녔다고 볼 수밖에 없다.

또한, EDR의 데이터 추출검사 결과는 사고 당시 가속장치가 최대로 작동되고 제동장치가 작동되지 않았다는 사실 자체를 증명할 수 있을지언정, 이를 사고 당시 차량이 정상적으로 기능하는 상태에서 피고인이 액셀 페달을 끝까지 밟아 가속장치를 최대로 작동하고, 반면에 브레이크를 밟지 않아 제동장치를 전혀 작동하지 않았다는 점에 관한 증명자료로 삼기에는 부족하다.

해당 판결문을 곱씹어 보면 EDR에 신뢰성에 대한 매우 중요한 판단을 내리고 있음을 알 수 있다. 판사는 EDR에 액셀 페달을 밟았고 브레이크는 안 밟은 것으로 기록되어 있다는 것은 그 당시의 차량의 작동 상태를 나타낼지언정 운전자가 그런 작동 상태를 유발하는 페달 동작을 했음을 의미하는 것은 아니라는 판단한 것이다.

이러한 논리는 UL4600이라고 불리는 국제표준의 초안에 그대로 등장한다. EDR은 완전히 신뢰할 수 없는 소프트웨어가 인식한 상황을 기록하는 것이지, 운전자의 동작을 그대로 기록하는 것이 아니라는 점을 UL4600은 명확히 언급하고 있다. 이에 대해서는 Chapter 8에서 상세히 살펴보기로 한다.

- 세일러(Saylor) 소송과 북아웃(Bookout) 소송을 구별하자
- 북아웃 소송 배심원 평결
- 카네기멜론대학의 쿠프만(Koopman) 교수에 대하여
- 안전필수 시스템에서의 Task Death: 쿠프만 교수의 블로그
- 북아웃 소송에서 쿠프만 교수의 증언
- 바그룹의 CTO 미스터 바(Mr. Barr)에 대하여
- 북아웃 소송에서 미스터 바의 증언

CHAPTER

3

Bookout 소송 파헤치기

세일러(Saylor) 소송과 북아웃(Bookout) 소송을 구별하자

전자제어장치에 의한 급발진 가능성을 부정하는 사람들이 사실관계를 호도하고 있는 것이 있다. 이들의 주장은 미국에서 인정된 급발진은 액셀 페달이 바닥매트에 끼어서 발생한 것이지 전자제어장치 결함으로 발생한 것이 아니라는 것이다. 이러한 주장은 미국에서 발생한 Saylor 소송, Bookout 소송을 구별하지 못하고 팩트 자체를 부정하는 것이다. 언론보도 등을 통해 쉽게 확인할 수 있는 사실들을 왜 이렇게까지 억지를 부리면서 왜곡하려는지 도저히 이해할 수가 없다. [표 3-1]은 두 사건을 비교분석한 것이다.

표 3-1 Saylor 소송과 Bookout 소송 비교

	Saylor 소송	Bookout 소송
사고 발생일	2009. 8. 28.	2007. 9.
사고 발생 장소	캘리포니아 샌디에고	오클라호마
사고차량	렉서스 ES350	토요타 캠리(2005년식)
사고원인	바닥매트에 액셀 페달이 끼여서 발생	전자제어스로틀(ETCS) 소프트웨어 결함
운전자	Mark Saylor(45세 남자)	Jean Bookout(76세 여자)
피해	탑승자 4명 전원 사망	운전자 부상, 동승자 사망

	Saylor 소송	Bookout 소송
사건경과 및 소송결과	- 토요타, 렉서스 자동차 대규모 리콜을 진행 ✓ 바닥매트 리콜(2009년 10~ 11월) ✓ 액셀페달 리콜(2010년 1월부터) - 2010년 12월 23일 토요타는 피해자 가족에게 1천만 불을 지급하는 데 합의	- 카네기멜론 대학의 Phil Koopman 교수와 소프트웨어 전문 컨설팅 업체 바 그룹의 CTO인 Michael Barr가 전문가로서 증인으로 참여함 - 2013년 10월 24일 배심원단은 토요타가 총 3만달러(부상당한 운전자와 사망한 동승자의 가족에게 각각 1.5백만 달러)를 배상하라는 평결을 내림 - 2013년 10월 25일 토요타가 징벌적 손해배상을 막기 위해 피해자와 즉각적으로 합의함. 합의금 액수는 알려지지 않음.
특징	911과의 급박한 통화내용이 언론에 보도되며 알려짐	북아웃 소송이라는 이름으로 언론을 통해 잘 알려짐.

Bookout 소송에서 캠리 차량의 소프트웨어 결함으로 인해 급발진을 유발할 수 있다는 것이 인정되었고, 해외 유수의 언론에서 대대적으로 보도된 바 있다. 대표적인 기사 몇 개를 아래와 같이 소개한다.

1. 토요타가 치명적인 급발진 소송에서 합의하다(Toyota settles fatal acceleration case), *USA Today* 2013. 10. 25.[1]
2. 토요타가 3백만 달러를 배상하라는 배심원 평결 후에 급발진 소송에서 합의하다(Toyota settles U.S. acceleration case after $3 million verdict), *Reuters* 2013. 10. 26.[2]
3. 토요타가 치명적인 급발진 사고에서 합의에 동의하다(Toyota Agrees to Settlement in Fatal Acceleration Crash), *The New York Times* 2013. 10. 25.[3]

1 https://www.usatoday.com/story/money/cars/2013/10/25/toyota-sudden-acceleration-lawsuit/3187369/

2 https://www.reuters.com/article/idUSBRE99O130/

3 https://www.nytimes.com/2013/10/26/business/toyota-agrees-to-settlement-in-fatal-acceleration-crash.html

북아웃 소송 배심원 평결

북아웃 소송은 토요타 캠리의 급발진으로 인한 제조물 책임 손해배상 청구 소송이며, 원고들(plaintiffs)이 입은 손해를 피고들(defendants)이 배상하라는 배심원 **평결**(veridict)이 나온 것은 명백한 팩트이다. 법제도하에서 세계 최초로 급발진을 인정한 기념비적인 평결이라 할 수 있다.

원고들은 캠리 자동차를 운전한 진 북아웃과, 사망한 동승자 바바라 슈바르츠의 유가족 2명이며, 피고들은 토요타 및 토요타 판매사이다. 손해배상액은 진 북아웃에게 150만 달러, 바바라 슈바르츠의 유가족에게 150만 달러, 총 300만 달러이다.

배심원제(jury system)는 영미권 국가의 중요한 사법제도로서 배심원단은 증거를 청취하고, 사실을 확인하고, 공정한 평결을 내리거나, 처벌이나 판결을 정하기 위해 소집된 사람들이다.[4] 배심원은 사건의 사실적 측면을 판단하여 형사소송에서는 유·무죄를 민사소송에서는 보상액이나 책임을 결정하는 역할을 수행한다. 판사의 **판결**(judgement)은 배심원의 평결을 법적으로 확정하는 단계이다.

원고들을 변호한 **비슬리 앨런 로펌**(Beasley Allen Lawfirm)의 웹사이트에는 평결문 스캔본 2개가 게시되어 있다.[5] 하나는 진 북아웃과 피고들 간의 손해배상, 다른 하나는 바바라 슈바르츠의 유가족과 피고들 간의 손해배상에 관한 것이다.

4 https://en.wikipedia.org/wiki/Jury

5 https://www.beasleyallen.com/article/toyota-sudden-unintended-acceleration-lawsuit-ends-in-landmark-verdict/

원고만 다를 뿐 내용과 배상금액이 동일하므로 피고들이 진 북아웃에게 배상할 책임 있다는 배심원 평결문만 아래와 같이 발췌하여 제시한다.

그림 3-1 Bookout 소송 배심원 평결문

VERDICT FORM – Claims of Jean Bookout

You must complete both Section I (manufacturers' products liability claim) and Section II (deceit claim) of this verdict form. If you find in favor of Plaintiff Jean Bookout, then you must also complete Section III (damages) and Section IV (punitive damages).

Section I – Manufacturers' Products Liability Claim

We, the jury, empaneled and sworn in the above entitled cause, do, upon our oaths, find as follows with respect to the manufacturers' products liability claim of Plaintiff Jean Bookout (check one):

X In favor of Plaintiff Jean Bookout and against Defendants.

____ In favor of Defendants and against Plaintiff Jean Bookout.

Section II – Deceit Claim

We, the jury, empaneled and sworn in the above entitled cause, do, upon our oaths, find as follows with respect to the deceit claim of Plaintiff Jean Bookout (check one):

____ In favor of Plaintiff Jean Bookout and against Defendants.

X In favor of Defendants and against Plaintiff Jean Bookout.

IN THE DISTRICT COURT OF OKLAHOMA COUNTY
STATE OF OKLAHOMA

JEAN BOOKOUT; CHARLES SCHWARZ, Individually and as Personal Representative of the Estate of Barbara Schwarz, deceased; RICHARD FORRESTER BRANDT as Personal Representative of the Estate of Barbara Schwarz, deceased,

Plaintiffs,

vs. Case No. CJ-2008-7969

TOYOTA MOTOR CORPORATION; and TOYOTA MOTOR SALES, U.S.A., INC.;

Defendants.

Section III – Damages

[Complete Section III only if you have found: (1) in favor of Jean Bookout on her manufacturers' products liability claim, or (2) in favor of Jean Bookout on her deceit claim.]

We, the jury, empaneled and sworn in the above entitled cause, do, upon our oaths, find the dollar amount of damages sustained by Plaintiff Jean Bookout is the sum of $1,500,000.

Section IV – Punitive Damages

[Complete the following only if you have found in favor of Plaintiff Jean Bookout and awarded her damages in Section IV.]

1. We do X do not ____ (check one) find by clear and convincing evidence that Defendants acted in reckless disregard of the rights of Plaintiff, Jean Bookout.
2. We do ____ do not X (check one) find by clear and convincing evidence that Defendants acted intentionally and with malice towards Plaintiff, Jean Bookout.

Foreperson

토요타가 배심원 평결이 나오자 마자 원고들과 합의를 해버리는 바람에 판결이 나오지 못했다는 점은 아쉽지만 법조인들은 이러한 평결을 당연하게도 원고 승소와 다름없는 것으로 해석한다.

우리는 이처럼 정보가 만천하에 공개되는 세상에 살고 있음에도, 급발진 관련 언론 기사의 댓글을 보면 거의 대부분 '급발진으로 인정된 사례가 없다'는 댓글이 달린다. 왜 이런 억지들이 계속되는지 정말 안타깝다.

카네기멜론대학의 쿠프만(Koopman) 교수에 대하여

토요타 캠리의 급발진으로 인한 북아웃 소송에서 **전문 감정인**(expert witness)으로 참여하여 공학적 · 기술적인 부분에서 전문가로서 증언하였던 **필립 쿠프만**(Philip Koopman)은 미국의 명문 사립대인 카네기멜론의 공과대학 전기&컴퓨터공학부[6] 교수이다. 카네기멜론은 특별히 컴퓨터공학 분야에서 세계 최고의 대학 중 하나로 정평이 나있다.

쿠프만 교수의 전문분야는 **임베디드 시스템 소프트웨어**(embedded system software)이며 특별히 자동차, 기차, 항공기 등 안전이 필수적인 임베디드 시스템(safety critical embedded systems) 분야에 많은 경험과 전문성을 보유하고 있다. 현재 연구 주관심 분야[7]는 자율주행차 안전, 임베디드 시스템 신뢰성 등이다.

쿠프만 교수는 2012년 여름 무렵부터 소송에 관여하였는데 그가 요청받은 것은 토요타의 ETCS(전자식 스로틀 제어 시스템)가 과연 안전한지를 살펴보고 의견을 내는 것이었다. 그는 미항공우주국 보고서, 토요타의 설계 관련 극비문서, 토요타와 덴소(Denso)[8] 직원들의 증언 녹취록, 토요타 소스코드에 접근권한을 지닌 Mr. Barr의 전문가 보고서 등을 분석하고 법정에서 의견을 제시하였다.

쿠프만 교수는 2010년 『더 좋은 임베디드 시스템 소프트웨어(Better Embedded System Software)』라는 저서를 출간했으며, 그는 실제 제품에 탑재되는

6 정식 명칭은 'Department of Electrical and Computer Engineering'이며 약어로 ECE로 지칭된다.

7 https://www.ece.cmu.edu/directory/bios/koopman-philip.html

8 세계 2위의 매출 규모를 가진 자동차 부품회사로 토요타에 부품을 공급한다.

임베디드 소프트웨어를 코딩한 사람들 또는 팀들이 저지른 실수들을 수집하였고, 또한 저지르기 쉬운 실수들까지 저서에서 다루고 있다.

그는 교수가 되기 전에 미 해군에서 장교로 복무하였고, 보직은 고속 공격 잠수함(fast attack submarines)에서 모든 컴퓨터 시스템을 책임지는 일이었다. 또한 해리스 반도체(Harris Semiconductor)에서 근무하며 컴퓨터에 들어가는 CPU 설계 업무를, 유나이티드 테크놀로지(United Technologies) 연구센터에서 임베디드 시스템 설계 업무를 담당한 경력이 있다. 그는 소프트웨어뿐만 아니라 하드웨어 분야까지 전문성을 갖춘 보기 드문 전문가이다.

안전필수 시스템에서의 Task Death: 쿠프만 교수의 블로그

쿠프만 교수의 블로그[9]에 2014년 3월 19일자로 게시된 Task Death(작업중단)에 관한 내용을 아래와 같이 번역하여 제시한다.

안전이 필수적인 시스템은 동일한 CPU 내에서 한 개 이상의 Task가 중단되어 실패하거나, 예약되지 않거나, 의도한 주기대로 실행되지 않음으로써 부분적인 소프트웨어 고장이 발생할 수 있다는 점을 예상하여 설계되어야 한다.

Task Death의 결과들

각각의 모든 작업들을 모니터링하는 데 실패하고, 작업 실행 결함을 완화시키는 데 실패하면 **작업이 복구되지 못한 채 중단(dying)될 수 있다.** 만약 어떤 작업이 중단되면, 비록 다른 작업들은 여전히 계속 작동하더라도 그 작업은 더 이상 기능을 수행하지 못한다. 이로 인해 **시스템은 제어되지 않는 상태가 된다.** 고장안전대책이 중단된 작업에 심겨져 있는 경우 **고장안전대책도 기능을 상실한다.** 데이터를 수집하는 작업이 중단되는 경우 오래된 오류 데이터가 기록되는 문제를 초래한다.

허용되는 관행

각 작업은 정의된 시간 내에 완료되는지 지속적으로 모니터링되어야 한다. 이렇게 하면 작업이 예약되고 제시간에 완료될 수 있다. 이를 위해서 적절하게 설계되어 **모든 작업을 모니터링하는 감시타이머(Watchdog timer)**가 허용되는 방법이다. 작업이 완전하게 실행되는데 주기적으로 실패하는 경우, 결함을 완화하는 기법이

9 https://betterembsw.blogspot.com/2014/05/task-death-in-safety-critical-systems.html

수행되어야 한다. 일반적인 기법은 **작업을 다시 시작하거나 시스템 전체를 다시 시작**하는 것이다.

논의

임베디드 시스템에는 일반적으로 최대치의 기한 내에 실행을 완료해야 하는 주기적인 작업이 있다. 즉 각 작업에는 고유한 마감 시한(deadline)이 있다. 적절하게 설계된 시스템에서는 최악의 작동조건에서도 각 작업이 계속 실행되고 마감 시한을 준수할 수 있도록 신중한 분석과 테스트가 수행된다.

그러나 유능한 안전필수 임베디드 시스템 설계자는 결함이 발생하여 소프트웨어 시스템이 부분적으로 고장을 일으킬 수 있음을 인식하고 이에 따른 계획을 세운다. 다음 사항들을 보장하기 위해 각 작업은 모니터링 되어야 한다.

☞ 각 작업은 실행이 예정되어 있는 매 기간마다 적어도 한 번 실행될 것

☞ 각 작업은 비정상적으로 종료되지 않고 실행이 완료될 것

☞ 각 작업은 미리 결정된 마감시한 내에 실행이 완료될 것

임베디드 CPU에는 빼먹은 작업을 알아차리고 체크하는 기능이 없다. 문제는 작업 중단으로 인해 수행되어야 할 작업 중 한 개가 작업 스케줄 목록에서 제외된다는 것이다. 컴퓨터는 모든 작업을 실행하고 있다고 생각하지만 실제 현실에서는 작업 중 한 개가 실행되지 않는다. 해당 작업이 할일 목록(to-do list)에 조차도 존재하지 않기 때문이다.

북아웃 소송에서 쿠프만 교수의 증언[10]

1 ETCS(전자식 스로틀 제어 시스템) 설계에 결함이 있었고 위험했다.

자동차에는 엔진을 구동하는 컴퓨터가 존재한다. 운전자가 액셀 페달을 밟으면 실제로 발생하는 일은 차량 엔진의 기계적인 파트를 움직이는 것이 아니며 운전자는 '액셀 페달이 내려가고 차량이 달리기 원함'이라는 신호를 컴퓨터에게 보내는 것이다. 그리고 컴퓨터 소프트웨어와 하드웨어는 해당 신호를 명령어로 변환하여 스로틀에게 명령을 내린다. 스로틀은 엔진으로 유입되는 공기의 흐름을 제어하는 역할을 하는데 공기의 흐름은 차량 엔진이 얼마나 빠르게 구동되는지와 관련이 된다.

랜덤한 하드웨어 및 소프트웨어 결함들이 실제상황에서 발생한다는 것은 팩트이다. 랜덤하다의 의미는 ETCS가 완벽하게 설계되었다고 하더라도 뭔가가 말썽을 부리는 일이 항상 발생한다는 것이다. 안전 **아키텍처**(architecture)[11]의 결함은 명백한 **단일고장지점**(SPoF, Single Point of Failure)[12]이며, 단일고장지점

10 2013년 10월 11일 오전에 작성된 미국 오클라호마주 재판 'Case No. CJ-2008-7969'의 증인 신문 녹취록(77페이지 분량)의 내용이다. 본 절에서 1부터 12까지의 번호와 소제목은 쟁점을 일목요연하게 정리하기 위해서 필자가 임의로 붙여본 것이다. 녹취록 출처는 다음과 같다. https://www.sensitiveresearch.com/Code/Toyota%20unintended-accelleration%20code%20debacle/bookoutvToyota-11oct2013.pdf

11 아키텍처란 컴퓨터 시스템의 구성을 지칭하는 용어이다.

12 필자는 이 책에서 'Failure'를 '고장'이라고 번역하는 원칙을 따르되 반도체와 관련해서는 업계에서 많이 사용하는 '불량'으로 번역하였다. 'Failure'는 '실패', '장애' 등으로 번역되기도 한다. SPoF를 '단일실패지점 또는 단일실패점', '단일장애지점 또는 단일장애점'으로 번역하는 것이 그 예이다.

은 안전이 필수적인 시스템에서 치명적이다.[13]

2 설계와 엔지니어링 프로세스가 엄격함과 질적인 측면에서 부적절했다.

토요타가 안전을 보장하기 위한 방법론 자체에 결함이 있었다. 안전이 필수적인 시스템에서는 세심한 주의를 기울여야 함에도 불구하고 토요타는 안전 시스템을 설계함에 있어 일반적으로 인정되는 업계 관행의 수준에 도달하지 못하였다.

오작동 시 인명 피해를 초래할 수 있는 시스템을 설계한다면 매우 신중해야 한다. 나는 수업시간에 학생들에게 '카우보이 코딩자가 되면 안 된다. 체계적이고 철저한 엔지니어가 되어야 하며 세부사항에 주의를 기울여야 한다'고 가르친다. 이런 관점에서 볼 때 토요타는 엄격함과 질적인 측면에서 부적절했다.

3 안전문화(safety culture)에 결함이 있었다.

안전문화란 조직 전체가 안전을 어떻게 다루는가를 의미한다. 안전을 심각하게 고려하는가? 어떤 재수없는 날이 있다고 해보자. 바로 그날에 어떤 실수가 발생하지 않고 모든 것이 잘 작동하리라는 것을 담보할 수 있는 프로세스가 있는가?

나는 토요타의 안전문화에 결함이 있음을 알려주는 몇 가지 심각한 징후를 발견했다. 한 가지 예는 토요타가 사고를 조사할 때 소프트웨어 결함이 매우 심각할 가능성 자체를 대수롭지 않게 여긴다는 것이었다. 그들의 입장은 단지 '소프트웨어에 결함이 있을 수는 없어'라고 말할 뿐이다.

내가 컨설팅 업무에 투입되면 회사들의 제품에 따라 다르기는 하지만, 많은 시간을 할애하여 이런 부분들을 살펴본다. 당신 회사의 안전문화는 양호합니

---

13 단일고장지점이란 쉽게 말해 어느 구성요소(한 지점)에서 고장이 발생하면 전체 시스템이 중단되거나 오작동하게 되는 취약 지점을 뜻한다.

까? 회사의 프로세스는 양호합니까? 좋은 레시피를 따르고 있습니까? 시스템 안전을 위한 표준을 준수하고 있습니까? 이러한 컨설팅을 통해 안전문화와 프로세스가 잘 작동하도록 돕고 있다.

안전과 관련한 업무를 수행할 때 좋은 안전문화는 항상 사각지대가 존재한다는 것을 인지하고 외부인을 데려와서 모든 것이 적절한지 검증하는 것이다.

4 차량 테스트 훨씬 너머의 것을 했어야 했다.

토요타는 최종적으로 차량을 테스트 했다. 차량 테스트는 매일 발생하는 상황에서 모든 것이 문제없이 작동하는지 살펴보는 좋은 방법이다. 그러나 차량 테스트는 수많은 차량이 존재하는 경우에 안전을 보장하기에는 절대적으로 불충분한 방법이다.

그래서 **결함주입**(fault injection)을 해보는 것이 **결함반응**(fault response)을 측정하는 좋은 방법이 된다. 이러한 방법론에 숨어있는 아이디어는 뭔가가 잘못되더라도 시스템이 안전한지 살펴보는 것이다.

어떤 문제가 발생할 수 있는지 정확하게 알고 있다고 하더라도, 차량 전체를 가지고서는 문제를 재현해 낼 수가 없다. 왜냐하면 재현을 위해서는 뭔가를 바꾸거나 특정 결함을 도입해야 하기 때문이다. 결함이 스스로 발생하기를 아주 오랜 시간 기다리는 것 말고는 방법이 없다.

일반적으로 용인되는 실무 관행을 따라야 한다. 겨우 차량 1개를 테스트하고서 해당 차량이 안전한지 알 수 없다. 다양한 것들을 해봐야 한다. 엄격한 엔지니어링이 필요하다. 차량 테스트와 함께 엄격한 프로세스를 준수하는 것이 필요하다.

5 토요타의 소스코드 품질이 형편없었다.

하위 레벨에서 개별 코드 라인을 살펴볼 필요도 없이 상위 레벨에서만 보더라도 심각한 문제가 존재한다는 명백한 징후가 있었다. 대표적인 것이 1만 개의

전역변수(global variables)[14]이다. 만약 전역변수가 100개 정도만 된다고 하여도 절대로 안전하다고 말할 수가 없다. 학계의 기준치는 전역변수가 0개가 되는 것이다. 어떻게 세느냐에 따라 조금 달라지지만 토요타의 시스템은 1만 개의 전역변수를 사용했다.

6 동시성(concurrency)과 타이밍(timing)에 대한 토요타의 접근법에 결함이 있었다.

운전자가 차량을 운전할 때 엔진은 돌고 연료를 점화시키기 위해 스파크가 튀는데 매우 정확한 시점에서 발생해야 한다. 그리고 **안전이 필수적인 시스템**(safety critical system)에서는 시간 데드라인이 충족되어야 한다. 100분의 1초, 10분 1초 단위로 수행해야 하는 많은 명령들이 있다면 바로 그 시간까지 반드시 수행되어야 한다. 데드라인을 놓치게 된다면 해당시스템은 안전하지 못한 것이다. 안전이 필수적인 시스템(safety critical system)이란 소프트웨어 또는 하드웨어에 결함이 있을 때 누군가가 다치거나 죽게 되는 경우를 의미한다.

토요타의 ETCS는 안전이 필수적인 시스템에서 사용되기에는 안전하지 않고, 부적합했다. 게다가 급발진이 처음으로 발생하는 것을 방지하는 것보다 급발진에서 회복되는 것에 초점을 맞추고 있는 것이 위험했다. ETCS 설계로 인하여 급발진이 야기될 수 있음이 합리적으로 예상되었다. 많은 고장안전대책(fail safe)이 설계되었는데 급발진이 발생하고 나서 일정 시간 후에 고장안전대책이 작동하게 되어 있었다. 그 시간 동안에 차량은 위험한 동작을 나타내게 될 것이었다. 토요타 캠리는 고장안전대책을 가지고 있었으나 적절하지 못하였다.

14 컴퓨터 프로그래밍 용어로서 함수 외부에서 선언되어 프로그램 전체 영역에서 접근 가능한(accessible) 변수를 의미한다. 전역변수를 사용하면 프로그램의 복잡성이 증가하게 된다. 이와 반대로 **지역변수(local variable)**는 프로그램의 특정 영역(또는 특정 함수)에서만 접근 가능하다.

7 소프트웨어의 안전을 어떻게 담보할 수 있는가?

소프트웨어의 결과물이 사고를 유발하지 않는다는 확증할 수 있어야만 안전하다고 말할 수 있다. 단지 소스코드만을 살펴보고 안전을 논할 수는 없다. 만약 누군가 나에게 소스코드를 주면서 그것이 안전한지를 묻는다면 나는 **공학적인 전체 프로세스**(whole engineering process)를 살펴봐야만 한다고 대답할 것이다. 소스코드의 버그를 발견했다고 해서 문제가 해결되었고 이제는 안전하다고 할 수는 없다. 어느 누구도 모든 버그를 발견할 수 있을 만큼 똑똑하지 않고, 모든 버그를 발견하고 테스트하는 것은 불가능하다. 그러므로 프로세스를 제대로 작동시키 위해 점검하고, 균형을 갖추고, 도구를 확보하는 것이 필요하다.

나는 소프트웨어가 개발될 때 엄격한 프로세스를 준수했다는 문서화된 증거를 살펴본다. 토요타의 경우 그러한 서면 증거가 많지가 않다. 나는 안전을 평가할 때 **동료검토**(peer review)[15]를 받은 평가서를 요청하는데 만약 그런 평가서가 없다는 것은 안전의 관점에서 말이 안 되는 것이다.

8 ETCS 작동 중 메모리 변질(memory corruption)이 우려되었다.

2종류의 메모리가 있는데 메모리에는 소스코드를 저장하는 프로그램 메모리와 작업데이터를 보관하는 작업 메모리(working memory) 램(RAM)이다. 임베디드 시스템에서도 마치 엑셀 스프레드시트처럼 어떤 셀에 특정 변수 값이 들어있다. 문제는 이런 값이 하드웨어 결함이나 소프트웨어 결함으로 인해 한 번씩 변질되는 경우가 발생하는 것이다.

① 하드웨어 결함

하드웨어 결함으로 인해 메모리가 변질되는 경우는 항상 발생한다. 이상하

15 시스템이나 시스템 컴포넌트 또는 소프트웨어 프로그램의 결함이나 개선 사항을 발견하기 위하여 개발 당사자를 제외한 주변 동료가 시스템 문서 및 프로그램 코드(code)를 검토, 분석하고 개선 사항을 제안하는 작업(출처: IT용어사전)

게 들릴지 모르지만 우주로부터 유입되는 우주방사선(cosmic rays)이 대기 중으로 들어와서 에너지를 띤 하전된 입자(energized charged particles)를 방출하게 되고 이것이 반도체 칩을 때려 작업 메모리에서 **0을 1로 뒤집거나, 1을 0으로 뒤집는(flip) 현상**을 유발시킨다.[16] 이러한 현상들이 항상 발생한다는 것을 증거하는 데이터가 존재한다. 그렇다고 해서 모든 자동차에서 날마다 발생한다는 것은 아니다. 만약 당신에게 노트북 컴퓨터가 있다면 이런 현상이 1년에 한 번쯤 발생할 수 있다. 그러나 백만 개의 노트북이 있다고 가정해 보자. 그러면 1년에 백만 번 발생하는 것이 된다. 그렇기 때문에 안전이 필수적인 시스템에서는 이러한 문제를 완화할 수 있는 설계가 필요한 것이다.

이러한 **랜덤 하드웨어 결함**(random hardware faults)은 토요타 케이스에서 어떻게 관련지을 수 있을까? 나는 토요타의 소프트웨어가 완벽했다고 믿지 않지만, 설사 소프트웨어가 완벽했다고 하더라도 랜덤 하드웨어 결함이 마치 소프트웨어에 버그가 있었던 것처럼 소프트웨어 작동에 문제를 일으켜 잘못된 값을 도출할 수 있다. 플러스를 마이너스로 바꿔버릴 수도 있고, 스토틀의 열림량을 바꿔버릴 수도 있다. 이런 일이 이따금씩 한 번 발생하는 일이라고 하더라도 우리는 안전을 보장할 수 있어야만 한다.

메모리 변질로부터 안전을 확보하기 위해서 **두 개 이상의 컴퓨터를 사용하는 것은 업계의 표준적인 관행**(standard practice)이다. 철도 시스템, 항공 시스템, 화학 플랜트 시스템 등에서 모두 여러 개의 CPU를 사용한다. 왜냐하면 소프트웨어가 완벽하다고 하더라도 랜덤 하드웨어 결함이 우려되기 때문이다.

그렇다면 소프트웨어 엔지니어로서 완전한 안전을 어떻게 보장할 수 있을까? 해답은 자명하다. 두 개의 복사본(copies)을 가지고 있으면 된다. 만약 하나가 변질되고 다른 하나가 변질되지 않았다면, 두 개를 비교해 봄으로써 불일치

16 이러한 현상을 비트플립(bit flip)이라고 부른다.

를 발견하게 된다. 그때 **안전폐쇄**(safety shutdown)[17] 조치를 발동시키면 된다.

마리아니(Mariani)의 2003년 연구논문을 보면 랜덤 하드웨어 결함을 소프트 에러(soft errors)라고 지칭한다. 하드웨어 결함을 소프트에러라고 부르는 게 다소 이상하게 보일 수 있다. 랜덤 하드웨어 결함은 전원을 끄고 전원을 다시 켜면 사라져 버린다. 마치 스프레드시트가 엉망이 되었는데 닫아버리고 다시 불러오기 하면 정상으로 돌아가는 것과 같다. 이런 이유에서 소프트 에러라고 지칭하는 것이다.

전자식 차량(drive-by-wire)을 **전자식 스로틀 차량**(throttle-by-wire car)이라고 부르는데 여기서 **와이어**(wire)는 컴퓨터가 스로틀에게 명령을 내리는 것을 의미한다. 모든 안전 표준들은 전자식 차량을 제조할 때 랜덤 하드웨어 결함을 고려해야 한다고 규정하고 있다.

② 소프트웨어 결함

나는 소프트웨어를 연구해 왔고 학계의 연구 문헌에 의하면 소프트웨어에 결함이 존재하여 메모리를 엉망으로 만들어 버린다는 것은 충분한 근거가 있다. 마치 스프레드시트에 답을 잘못된 위치에 입력하거나, 이상한 작업을 수행해 엉망이 되어버리는 것에 비유할 수 있다.

소프트웨어에 대해 잘 모르는 사람들은 그런 일이 발생한다면 시스템이 충돌하고 재부팅되지 않느냐고 하는데, 그렇지 않다. IBM의 연구에서 시스템 충돌에 대해 언급을 하는데 때때로 부정확한 결과값이 도출된다는 것이다. 만약 첫 번째 시스템 이외에 독립적으로 작동하는 두 번째 시스템이 없다면 결과값이 잘못된 것인지 확인할 수 있는 방법은 전혀 없다.

17 자동차의 경우 엔진출력을 제한하고 경고메세지를 띄우는 **안전모드**(Limp-home mode)를 예로 들 수 있다.

9 자동차에서 랜덤 결함은 얼마나 자주 발생하는가?

자동차 대수가 무수히 많기 때문에 랜덤 결함은 충분히 자주 발생한다고 말할 수 있다. 그러나, 대부분의 경우 시스템을 테스트할 때에는 자주 발견되지가 않는다. 바로 이 점이 문제를 어렵게 만드는 부분이다.

랜덤 하드웨어 결함을 예로 들어보겠다. 랜덤 결함은 반도체 칩당 1만 시간에서 10만 시간마다 한 번 발생한다. 이 수치는 문헌에서 밝혀진 일반적인 수치이다. 랜덤 결함 중에서 대략 2%가량이 위험하다. 자동차와 달리 당신의 PC에서 가끔 한 번 발생하는 랜덤 결함은 그다지 문제가 되지 않는다. 시스템이 충돌하고 재부팅되면 그만이다.

그러나 랜덤 하드웨어 결함이 안전에 치명적인 부분을 변질시키면 얘기가 달라진다. 소프트웨어 버그에 의한 것일 수도 있고, 우주 방사선에 의한 것일 수도 있다.

43만 대의 캠리 차량이 도로에 굴러다니고 있고, 각 차량이 하루에 1시간씩 운행한다고 가정해보자. 연간 총 운행시간은 156,950,000시간이며, 10만 시간당 2% 확률로 위험한 결함이 발생하므로 대략 1년에 31회의 위험한 불량이 발생하는 것이다.[18] 자동차 테스트의 문제점은 1년 동안 겨우 10대의 차량으로 테스트를 한다면 이러한 위험한 불량을 발견할 수 없다는 것이다. 반면에 현실에서는 수십만 대의 차량이 존재하고 위험한 결함이 실제로 발생한다.

앞서 설명한 결함 가능성 수치들은 현업에서는 모두가 알고 있는 것들이다. 만약 이번 소송 이전에 누군가 나에게 질문했다면, 나는 10만 시간당 한 번이라고 대답했을 것이다. 안전이 필수적인 시스템을 설계할 때에는 결함이 발생할 것이라는 것을 알아야만 한다.

18 법정 증언 녹취록에는 계산과정이 생략되어 있다. Chapter 6의 '쿠프만 교수의 사례연구'에서 자세한 계산과정과 시사점을 다시 살펴보기로 한다.

10 랜덤 결함에 대한 대비책은 무엇인가?

랜덤 결함은 열차, 항공기, 우주선 등 제품이 무엇이든지 간에 누구에게나 발생한다. 위험한 결함이 연 31회 정도 발생한다는 것은 매주 또는 격주에 한 번 발생하는 것이므로 반드시 어떤 조치를 취해야만 하는데, 완전하게 독립적인(completely independent) 두 개의 CPU를 사용하는 것이 필수적이다. 토요타는 두 개의 CPU를 사용하긴 했지만 CPU들이 충분하게 독립적이지 못했다.

나는 선행연구를 살펴보았다. 찰머스 공과대학교(Chalmers University of Technology)[19]의 컴퓨터공학 연구자들의 연구논문인 Vinter et al.(2001)[20]을 소개하겠다. 찰머스는 볼보자동차로부터 스폰서를 많이 받는다. 해당 논문이 볼보로부터 스폰서를 받았는지 정확히 알 수는 없지만, 나는 저자들을 알고 있다.

저자들은 자동차의 엔진 스로틀 제어시스템에 비트플립을 주입시켰다. 말하자면 우주방사선이 메모리의 특정 비트를 플립시켰다거나, 소프트웨어 결함으로 인해 어떤 메모리 위치를 오염시켰다는 가정하에 무슨 일이 발생하는지를 살펴본 것이다. 아니나 다를까 저자들은 급발진 현상(자동차의 스로틀이 최대치로 열리는 것)을 발견했다. 이는 학계에서 너무나 잘 알려진 연구 결과이며 비트플립이 스로틀을 활짝 열어버리고 그로 인해 안전에 문제가 생길 수 있음을 말해주는 것이다.

말하고자 하는 요점은 안전이 필수적인 시스템을 설계할 때에는 하드웨어 결함이 위험한 동작을 초래할 수 있으며, 소프트웨어 버그가 메모리를 오염시킬 수 있음을 고려해야 한다는 것이다. 그리고 이런 일을 막기 위해서 뭔가 조치를 취해야만 한다.

---

19 스웨덴 예테보리에 소재한 명문 사립대학교이며 2024년 QS 세계대학 순위에서 129위를 차지하였다. 법정증언 녹취록에는 'Chowmers (phonetic) Group'이라고 기록되어 있는데 이는 녹취록을 작성하는 속기사가 Chalmers의 발음을 듣고 본인이 정확하게 스펠링을 알지 못해서 잘못 기록한 것으로 보인다.

20 Chapter 1의 '스웨덴 컴퓨터 공학자들의 연구'에서 언급한 논문이다.

11 메모리 변질(memory corruption)에 대한 대비책은 무엇인가?

두 가지 기법이 존재한다. 첫 번째 기법은 변수에 대하여 두 개의 복사본을 사용하는 것인데 마치 스프레드시트의 2개의 셀에 같은 숫자를 동시에 기록하는 것과 같다. 한 개의 셀이 엉망이 되면 2개 중에 어떤 값이 정확한 것인지 알 수 있는 방법이 없다. 하지만 2개를 비교하여 일치하지 않는다면 뭔가 문제가 생긴 것을 알아차릴 수 있다. 적어도 불일치를 감지하는 것이 가능한 것이다. 이러한 기법은 하드웨어와 소프트웨어에서 발생하는 메모리 변질에 대해서 어느 정도의 보호막이 되어준다.

두 번째 기법은 EDAC(error detection and correction), ECC(error correction codes)라는 이름으로 지칭되는데 어떤 값(value)이 있을 때 **패리티**(parity)**라는 체크값**(check value)[21]을 집어넣어 값이 맞는지 체크해보는 것이다. IBM PC에서는 1982년도 이미 패리티를 사용했다. 패리티는 쉽게 말해서 여분의 비트인데 예를 들어 페달 위치와 관련된 모든 비트를 더하면 짝수가 나오든지, 홀수가 나오든지 해야 한다. 만약 한 개의 비트가 뒤바꼈다면(bit flip) 짝수가 홀수로 바뀔 것이고, 뭔가 잘못 되었음을 알게 된다.

토요타는 메인 CPU 내의 몇몇의 변수들에 대해서는 첫 번째 기법인 미러링(mirroring)을 사용했으나 모든 변수에 대해서 사용한 것은 아니었다. 모니터 CPU 내의 변수들에 대해서 미러링을 했다고 볼만한 정보도 없다. 또한 토요타는 2005년식 차량에 두 번째 기법인 EDAC을 갖추고 있지 않았다.

---

21 이러한 체크값을 **패리티 비트**(parity bit)라고 부른다. 패리티 비트는 정보가 전달되는 과정에서 오류발생 여부를 검증하기 위해 추가되는 비트이다. 예를 들어 8비트로 표현되는 정보는 0 또는 1이라는 정보가 8개인데, 여기에 오류검증을 위한 패리티 비트 1개가 추가되면 정보가 9개가 된다. 8비트의 데이터에서 1의 개수를 다 더하면 짝수(0, 2, 4, 6, 8)가 되거나 홀수(1, 3, 5, 7)가 되는데, 이와 같은 짝수 또는 홀수 여부에 따라 패리티 비트 값이 0 또는 1로 정해진다.

12 단일고장지점(SPoF, Single Point of Failure)에 대하여

단일고장지점은 시스템을 불안전하게 하는 문제가 어떤 위치에서 발생하는 것을 지칭하는 용어이다. 단일고장지점은 아마도 안전이 필수적인 시스템을 디자인하는 데 있어서 가장 중요한 점이다. 어떠한 단일고장지점이 존재할 때 시스템은 당연히 안전하지 않다. 모든 안전표준은 단일고장지점이 하나라도 있어서는 안 된다고 규정하고 있다.

단일고장지점은 어떤 하드웨어나 소프트웨어가 시스템 안전성 여부에 절대적 지배권을 가지는 것이다. 그래서 소프트웨어 버그나 랜덤 하드웨어 이벤트가 발생하면 시스템은 고장을 일으키고 안전하지 않게 된다.

그리고 시스템이 고장나는 다섯 가지 경로를 생각해 냈고, 다섯 가지를 모두 방지하는 조치를 취했으니 충분하다고 말해서는 안 된다. 도로 위에 굴러다니는 차가 수백만 대가 존재하기에 우리가 미처 생각해 보지 못한 경로로 고장이 발생할 것이기 때문이다. 토요타의 ETCS 소프트웨어에 틀림없는 단일고장지점이 있었다.

바그룹의 CTO 미스터 바(Mr. Barr)에 대하여

본명은 마이클 바(Michael Barr)인데 언론에서 주로 미스터 바로 호칭되고 있다. 2012년에 설립된 소프트웨어 컨설팅 업체 바그룹(Barr Group)의 공동창업자(co-founder)이자, 최고기술경영자(CTO, Chief Technology Officer)이다. 토요타 캠리의 급발진으로 인한 북아웃 소송에서 외부인의 접근이 불가능한 토요타의 **소스코드실**(source code room)에 접근권한을 부여받아 급발진을 유발할 수 있는 소프트웨어의 결함을 밝혀낸 **임베디드 소프트웨어**(embedded software) 전문가이며 수많은 기술적인 분쟁과 소송에서 증인으로 참여한 경력을 가지고 있다.

북아웃 소송 증인신문 녹취록에 따르면 12살 때부터 소프트웨어 프로그래밍을 시작했다고 하며, 북아웃 소송이 있었던 2013년 당시에 그의 프로그래밍 경력이 대략 30년이라고 증언하였다. 미스터 바는 북아웃 소송관련 급발진 의심사고 차량인 2005년식 캠리 **엔진제어장치**(ECM, Engine Control Module)의 소프트웨어 소스코드를 분석하고 해당 사고가 소프트웨어와 관련이 있는지 의견을 제시하는 역할을 담당하였다.

바그룹 보고서 내용에 따르면 미스터 바는 18개월 동안 자신 및 다른 3명의 엔지니어와 함께 캠리의 소프트웨어를 분석하였는데 'MISRA-C'라는 소프트웨어 코딩 가이드라인을 **8만 건 이상 위반**하였음을 명시하고 있다.

그가 증인신문에서 캠리의 소프트웨어 분석에 투입한 시간을 정확하게 밝히지는 않았으나 수천 시간 정도(probably be thousands of hours)이며, 자신의 인건비가 시간당 400~525달러 수준이라고 증언하였다. 만약 동료들을 제외하고 미스터 바 혼자서 3천 시간[22]의 분석, 시간당 인건비 400달러, 원달러 환율 1,400원이라는 최소한의 가정을 해보더라도 소프트웨어 결함 검증에 최소 **16.8억원**[23] 이상의 금액이 투입되었음을 의미한다.

22 1년 동안에는 대략 250영업일이 있고, 미스터 바가 1.5년(18개월) 동안 검증작업을 하였으므로 대략 375일(=250×1.5) 동안 일한 셈이다. 하루에 8시간 일을 했다고 가정하면 3,000시간(=375×8)이 도출된다.

23 3,000시간×400달러×1,400원=1,680,000,000원

북아웃 소송에서 미스터 바의 증언[24]

1 자동차에 탑재되는 임베디드 시스템 소프트웨어

자동차에 컴퓨터가 탑재되기 시작한 이유는 배출가스 제어와 관련이 있었다. 수십년 전부터 자동차의 중심에 프로세서와 소프트웨어를 집어넣음으로써 점화 타이밍을 제어하려고 했던 것이다.

2006년에 BMW 7시리즈를 본적이 있는데 자동차의 내부에 100개가 넘는 프로세서가 탑재되어 있다고 적혀 있었다. 전자식으로 올라가고 내려오는 자동차 시트에도 소프트웨어가 적용된다. 원격으로 자동차 사이드 미러를 조정하거나, 자동으로 접히게 하는 기능에도 소프트웨어가 적용된다.

기본적으로 현대식 자동차는 컴퓨터들로 이루어진 네트워크이다. 자동차의 엔진제어장치(ECM), 에어백장치, ABS브레이크장치, 많은 안전 시스템들이 컴퓨터가 탑재되는 임베디드 시스템이다.

2 소스코드에 대한 접근 권한 및 보안

토요타의 기밀인 소스코드와 관련문서들이 보관되어 있는 메릴랜드(Maryland)주의 **기밀실**(secure room)에 들어갈 수 있는 권한을 부여받았다. 2005년식 캠리를 포함하여 렉서스 ES, 타코마 등 토요타의 수많은 기존의 엔진 제

---

24 2013년 10월 14일 오전에 작성된 미국 오클라호마주 재판 'Case No. CJ-2008-7969'의 증인 신문 녹취록(286페이지 분량)의 내용이다. 본 절에서 1부터 18까지의 번호와 소제목은 쟁점을 일목요연하게 정리하기 위해서 필자가 임의로 붙여본 것이다. 녹취록 출처는 다음과 같다. https://www.safetyresearch.net/Library/Bookout_v_Toyota_Barr_REDACTED.pdf

어 소스코드에 접근할 수 있었다. 토요타가 처음으로 전자식 스로틀 제어를 도입한 2002년식 모델부터 2010년식 모델까지 많은 연식을 살펴보았다. 토요타의 소스코드는 아무나 볼 수 없고 오직 12명의 전문가만 기밀실에 들어가서 소스코드를 분석할 수 있도록 허가를 받았다. 내가 본 것은 **기밀유지계약**(confidentiality agreements)의 적용을 받는다. 이후에 기밀실이 캘리포니아 주로 이전하였다.

작은 호텔 룸 크기의 소스코드 기밀실은 인터넷이 되지 않으며, 핸드폰을 가지고 들어갈 수도 없다. 기밀실에는 5대의 컴퓨터가 있으며 소스코드가 적힌 책 같은 건 없다. 컴퓨터 스크린을 통해서만 소스코드를 볼 수 있다. 기밀실에 들어갈 때는 어떠한 종이도 소지하고 들어갈 수 없으며, 벨트나 시계를 소지할 수도 없었다. 들어가고 나갈 때, 심지어 화장실 갈 때에도 공항의 보안 검색보다 더 철저하였다.

3 소프트웨어 리뷰

2002년식부터 2010년식까지 토요타가 사용한 운영체제는 두 가지가 있다. 하나는 Itron이고 다른 하나는 OSEK이다. 2005년식 캠리는 OSEK과 관련된다. 캠리, 렉서스 ES, 타코마 등에서 2002년식부터 2010년식까지 사용된 소프트웨어는 대체적으로 비슷하다.[25]

대략 **18개월** 동안 소스코드에 접근할 수 있었다. 다른 엔지니어들의 도움을 받았으며 그 중에서 3명은 바그룹의 내 팀에서 일하는 직원들이었다.

4 토요타 급발진 관련 미항공우주국(NASA) 분석과의 차별성

직원 중에 소프트웨어 엔지니어가 한 명도 없는 미도로교통안전국(NHTSA)

25 여러 차종의 소프트웨어가 대체적으로 비슷하다는 증언은 소프트웨어 결함으로 인한 자동차 급발진이 특정 기종에만 국한된 문제가 아님을 시사한다.

은 문제의 핵심을 파악할 수 없었기 때문에 미항공우연주국(NASA)이 투입되어 소스코드를 살펴보게 되었다. NASA는 캠리의 몇 가지 연식에만 접근할 수 있었고 분석할 시간이 많지 않았다. 그래서 우리는 NASA의 작업을 기반으로 하여 더 깊게 파고들어 소프트웨어 설계의 다양한 측면을 연구하면서 다양한 주제를 다뤘다.

NASA의 분석을 내부적으로 논의하는 토요타의 문서에 따르면 NASA의 분석 기간이 매우 짧고, NASA가 결론에 도달하는 데 불과 몇 달 밖에 걸리지 않았다고 언급되고 있다.

우리는 2005년식 캠리에만 국한하더라도 NASA보다 더 많은 소스코드와 더 많은 문서들을 분석했다. 토요타의 메인 소스코드 프로그래밍에는 **C언어**가 사용되었다. 소스코드는 영어로 작성되지만 코멘트들은 거의 다 일본어로 작성되어 있어서 Atlas라는 번역 툴을 사용하였다.

실제로 토요타가 사용하였던 그린힐스(Green Hills) 컴파일러를 포함하여 관련된 유틸리티들을 기밀실에서 사용할 수 있도록 요청하였다. 컴파일러란 인간이 읽을 수 있는 코드를 기계가 읽을 수 있는 바이너리(0 또는 1) 코드로 변환시켜주는 소프트웨어를 지칭한다. 또한 그린힐스 컴파일러가 제공하는 시뮬레이터를 사용하였다. 시뮬레이터의 기능은 명령어를 하나씩 실행시키거나 멈춰가면서 무슨 일이 발생하는지 관찰할 수 있도록 해주는 것이다. 시뮬레이터는 데스크탑 컴퓨터상에서 구동된다.

5 미스터 바가 소스코드 기밀실에서 수행한 테스트

운영체제가 어떤 방식으로 작동하는지 시험하였고, 시뮬레이터를 이용해 컴퓨터가 작동하는 동안 자동차에서는 무슨 일이 발생하는지 시험하였다. 소스코드를 리뷰하면서 많은 코딩 규칙 위반을 발견하였다.

정적 분석 툴(static analysis tools)이라고 불리는 툴들이 있는데 특정 타입의 코딩 규칙 위반을 발견할 수 있도록 도와주는 역할을 한다. 소스코드 기밀실에서 몇 가지 툴을 사용하였다.

소스코드는 일반적으로 모듈이라고 불리는 파일 단위로 그룹화되는데 토요타의 경우도 마찬가지이다. 토요타는 그들의 소프트웨어를 대략 **4,000개의 모듈**로 쪼개 놓았다.

전자식 스로틀 제어와 밀접하게 관련되는 일부 모듈들이 존재하는데, 모든 모듈이 같은 프로세서에서 실행되기 때문에, 다른 의미에서는 모든 모듈이 전자식 스로틀 제어와 관련이 된다고도 할 수 있다. 따라서 스로틀 제어와 관련된 이름이 붙어있지 않은 코드라고 할지라도, 스로틀 제어를 방해하거나 스로틀 제어에 문제를 일으킬 수 있다.

6 수많은 버그

토요타의 소프트웨어에서 버그들이 발견되었다. 특정 모듈이 어떻게 작동하는지 읽어들이는 작업을 하면서 대부분의 버그들이 의도하지 않게 발견되었다. 또 다른 방법은 정적 분석 툴을 이용해 코딩 규칙 위반을 살펴보는 것인데 툴이 어떤 지점에 버그가 존재할 수 있음을 알려주면 우리는 그곳을 조사하고 버그를 발견하였다.

우리가 모든 버그들을 발견한 것은 아니다. 수많은 버그가 존재하기 때문에 더 많은 버그들이 존재할 가능성이 있음을 말해준다. **코드복잡성**(code complexity), 다수의 **전역변수**(global variables)와 같은 측정 항목은 수많은 버그가 존재함을 나타낸다. 또한 전반적인 코딩 스타일을 볼 때 우리가 발견하지 못한 더 많은 버그들이 존재할 것이라는 것을 암시해준다.

소프트웨어 버그는 소프트웨어가 제대로 작동하지 않게 만든다. 버그는 별거 아닐 수도 있다. 컴퓨터에서 Word 문서를 편집하는 경우 갑자기 화면의 한 영역이 제대로 그려지지 않는 경우를 볼 수 있는데, 프로그램을 새로 고치거나 닫았다가 다시 실행해야 한다. 이러한 작은 순간적인 결함일 수도 있고 또는 프로그램 전체가 또는 컴퓨터 전체가 충돌하여 처음부터 다시 시작해야 하는 큰 문제일 수도 있다. 내가 알고 있는 소프트웨어 중에 버그가 없는 소프트웨어는 존재하지 않는다.

7 Task Death

당신이 사용하는 스마트폰에서 다른 앱들은 정상 작동하는데, 어떤 한 가지 앱이 작동하지 않는 경험이 있는지 모르겠다. 그러한 상황에서 우리는 대부분 스마트폰을 재부팅한다. 그러면 금새 모든 앱이 정상 작동하곤 한다. 2005년식 캠리도 앱들이 있다. 그런데 자동차에서는 앱이라고 부르지 않고 태스크라고 부른다. Task Death란 어떤 태스크가 작동을 멈추는 것이다.

간단히 설명하자면 일종의 소프트웨어 오작동이다. 우리는 소스코드 기밀실에서 Task Death를 발생시킬 수 있었다. 우리는 토요타 ETCS에서 Task Death가 발생할 수 있고 소프트웨어 오작동을 일으킬 수 있음을 확인하였다.

8 ECM의 구조에 대하여

ECM(engine control module)이라고 불리는 장치에는 큰 반도체 칩 2개, 다른 칩들, 커패시터(capacitors), 회로추적기(circuit tracers)가 탑재되어 있다.[26] 가장 큰 칩이 V850이라고 불리는 **'메인 CPU'**이다. V850은 프로세서의 모델번호이고 토요타에 해당 프로세서를 공급하는 회사는 NEC이다. 두 번째로 큰 칩이 **'모니터 CPU'**라고 불리기도 하고 **'서브 CPU'**라고 불리기도 하는 ESP-B2 프로세서이다.

메인 CPU와 모니터 CPU에는 고유한 소프트웨어가 탑재되어 있다. 메인 CPU에 탑재된 소프트웨어는 스로틀 제어, 연소, 액셀 페달 위치 모니터링, 크루즈 컨트롤 등을 수행한다.

26 Chapter 5의 '결함 재현에 실패한 NASA'를 참고할 것. 해당 절에서 ECM 내부 사진을 제시하였다.

9 전자식 스로틀 제어 시스템의 위험

전자식 스로틀 제어 시스템은 안전 필수 시스템(safety critical system)이다. 안전 필수 시스템은 임베디드 시스템이지만 누군가를 죽게 하거나 상해를 입힐 수도 있다. 이러한 시스템의 위험에는 여러 측면이 있다.

첫째, 이러한 전자장치가 일반적으로 거친 환경에서 구동된다는 것이다. 자동차는 매우 가혹한 환경이며 노이즈가 있는 환경이다. 전기적인 노이즈가 있고 진동이 많다. 따라서 문제가 될 수 있는 것 중 하나가 전자장치에서 발생가능한 하드웨어적 결함이다. 결함은 모든 전자 장치에서 발생가능 하지만, 특히 자동차 전자장치에서 발생가능하다. 이는 반도체 칩 내부의 비트 한 개가 순간적으로 뒤집히거나 전기적 충격으로 인해 잘못된 값을 취할 수 있다는 것을 의미한다. 디지털 값의 경우 0V와 5V 사이의 숫자가 있으면 의도하지 않게 순간적으로 잘못된 신호를 얻을 수 있으며 이는 소프트웨어의 기능에 영향을 미칠 수 있다. 이것은 하드웨어의 결함이다.

둘째, 소프트웨어 버그가 있을 수 있으며 언제든지 활성화될 수 있다는 것이다. 소프트웨어 버그가 잠재되어 있는데 어느날 우연히 자동차를 운전하고 있을 때 자동차에서 발생한 어떤 상황이나 전자장치의 결함 등으로 인해 소프트웨어 버그가 갑자기 활성화되고 자동차가 오작동하게 된다. 합리적인 규모의 모든 프로그램에는 버그가 있을 수 있으므로 설계자는 랜덤 하드웨어 결함과 소프트웨어 버그를 반드시 예상해야 한다. 소프트웨어는 내부적으로 **수천 개의 변수**를 포함하고 있는데 변수값들은 가속, 감속, 크루즈컨트롤 등 여러 가지 자동차 동작 조건에서 각 순간마다 다른 값을 가지게 되어 **수많은 '상태(states)'**가 만들어진다. 경우의 수로는 **수십억 개 또는 수조 개에 달하는 '소프트웨어 상태 공간(space of software states)'**이 되는 것이다. 소프트웨어가 그러한 상황 중 하나에 도달했을 때 버그가 나타날 수 있다. 운전자가 특정한 날에 어떤 행동을 해서 버그가 발현되는 것이 아니라 소프트웨어가 특정 상황을 맞닥뜨렸기 때문에 버그가 발현되는 것이다.

셋째, 자동차 제조사는 버그를 예상하고 안전기능을 집어넣는다. 예를 들어 스로틀 열림량은 100%가 최대값인데, 만약 150%라는 값이 도출이 된다면 뭔가 심각한 문제가 있음을 판단하고 컴퓨터를 리셋하는 기능이다. 이러한 기능이 **고장안전대책**(failsafes)인데, 엔지니어가 100가지 또는 1,000가지 문제를 예상하고 고장안전대책을 만들었다고 가정해 보자. 여기에도 또 두 가지 문제가 존재한다. 먼저, '**예측 가능성의 실패**(failure of imagination possibility)'이다. 특정 문제가 발생 가능하고 이로 인해 Task가 중단될 수 있음에도 이것을 예상 리스트에 포함시키지 못하는 것이다. 다음으로 **고장안전대책 그 자체에 버그가 있는 경우**이다. 예를 들어 필수적인 변수들은 모두 복사본을 만들었다고 생각했는데 실제로는 만들지 않았다거나 '와치독 감시기능(Watchdog supervisor)'이 태스크 중단을 감지한다고 생각했는데 실제로는 작동하지 않거나, 항상 작동하지 않는 경우이다.

때때로 위에서 언급한 세 가지 위험이 모두 한 번에 발생하여 자동차가 비정상 작동하게 된다. 예를 들면 하드웨어 비트플립에서 시작하여 어떤 버그를 초래할 수 있고, 그러한 버그가 미처 감지되지 못할 수 있다.

10 불합리한 품질의 토요타 소프트웨어

2005년식 캠리의 전자식 스로틀 제어 관련 소프트웨어는 버그를 포함할 뿐만 아니라 여러 측면에서 불합리한 품질(unreasonable quality)이었다. 버그들이 하드웨어 결함과 결합할 때 급발진을 야기할 수 있었다.

① 코드 복잡성(code complexity)

McCabe의 코드 복잡성 지표가 있다. 토요타의 코드 복잡성은 매우 높았고 많은 함수들이 과도하게 복잡해서 업계의 표준적인 지표를 사용하여 신뢰가능한 테스트가 불가능할 정도였다. 어떤 코드들의 복잡성은 더욱 심각하여 유지관리가 불가능(unmaintainable)하였다. 만약 누군가가 코드를 변경하거나 버그를 수정하는 작업을 하면, 새로운 버그가 만들어질 개연성이 높았다. 비유하자면 자동차 소프트웨어를 최신의 펌웨어 버전으로 업데이트 하더라도 기존 버전보다 안전하다고 장담할 수 없는 지경이다.

② 부적절한 고장안전대책(inadequate failsafes)

결론적으로 고장안전대책이 부적절하였다. 고장안전대책에 결함이나 틈이 있었다. 스로틀 제어 기능이 상실됨과 동시에 고장안전대책의 상당부분이 비활성화 될 수 있었다. 부연하자면 랜덤한 하드웨어 결함이 때때로 발생하고, 잠재되어 잠복하고 있는 소프트웨어 버그가 특정한 날에 특정한 조건에서 발생할 수 있으며, 수립된 고장안전대책을 무너뜨리거나 통과해버릴 수 있음을 의미한다.

③ 소프트웨어 오작동이 급발진을 유발할 수 있음

나의 최종적인 결론은 토요타의 전자제어 시스템의 소프트웨어 오작동이 급발진을 유발할 수 있다는 것이다. 그것이 이번 소송 건에서 사고의 원인이라는 결론이다.

11 급발진의 정의

미도로교통안전국(NHTSA)과 미항공우주국(NASA)은 급발진에 대하여 운전자가 원하거나 의도하지 않았음에도 차량에서 가속을 경험하는 것으로 정의한다. 나는 이러한 급발진의 정의를 수용한다. 급발진 현상의 패턴은 다르게 나타날 수 있다. 자동차가 갑자기 가속되어 버릴 수도 있고, 액셀 페달에서 발을 떼었는데도 같은 속도가 유지될 수도 있다. 나는 여기에 더해 **운전자가 스로틀밸브에 대한 제어능력을 상실하는 경우도 급발진**이라고 부른다.

12 미항공우주국 보고서에 대한 비판

미항공우주국(NASA)은 단순히 급발진을 유발하는 버그를 찾을 수 없었다고 단순하게 결론지었다.

① 스로틀 열림량을 특정한 범위로 한정함

NASA는 급발진에 대해 매우 좁은 정의를 사용했다. NASA는 스로틀을 25도 이상으로 개방하면서 **고장코드**(DTC, diagnostic trouble code)가 증거로 남지 않는 경우만 고려하였다. 왜 그렇게 특정한 방식으로 범위를 지정했는지 잘 모르겠다.

② 미러링(mirroring)에 대한 잘못된 이해

NASA는 중요한 변수들의 값에 대하여 사본(second copy)이 만들어진다고 잘못 이해했다. 이것을 미러링(mirroring)이라고 부른다. 실제로 미러링 되지 않은 중요 변수값들이 존재했다.

③ EDAC 채택 여부에 대한 잘못된 이해

반도체 내에 저장된 정보 0이 1로 바뀌거나, 1이 0으로 바뀌는 비트플립(bit-flips)이 실제 현실에서 발생한다. NASA는 비트플립을 방지하는 메커니즘이 존재한다고 잘못 이해했다. 이러한 메커니즘을 NASA의 보고서에서 언급되는 바와 같이 전문용어로 'EDAC(error detection and correction)' 코드라고 부른다. 2005년식 캠리에는 EDAC가 없었음에도 NASA는 그 사실을 알지 못했다.

만약 비트플립이 발생한다면 하드웨어에서 그것을 감지하는 메커니즘이 없다. 그렇기 때문에 미러링되어 있지 않은 중요한 변수값에서 비트플립이 발생하면, 소프트웨어적으로 비트플립에 대항하는 보호장치가 전혀 없는 것이다. 2005년식 캠리에는 EDAC가 없었다. 2008년식 캠리에는 EDAC가 있다. 토요타는 EDAC를 뒤늦게 집어넣은 것이다. NASA가 분석한 캠리 차량에는 EDAC가 없었다.

④ 스택오버플로우(stack overflow)[27] 가능성을 파악하지 못함

토요타의 코드에는 **메모리 변질**(memory corruption)을 유발하는 숨겨진 버그들이 있었다. 그중에 하나가 스택오버플로우인데 NASA는 그 가능성을 파악하지 못했다. 우리는 메모리 변질을 유발하는 잠재된 버그들을 발견했는데 중요한 변수들이 새로운 값을 갖게 되는 버그이다. 예를 들면 스로틀 개방정도가 20%가 되어야 하는데 50%가 되어 버리는 것이다. 이로 인해 엔진에 훨씬 많은 공기가 유입되고 훨씬 더 큰 출력이 생성된다. 메모리 변질은 급발진을 발생시키는 하나의 경로이다.

13 토요타 소프트웨어의 태스크(task)

엔진 내부에는 ■[28]개의 태스크가 있다. 한 가지 태스크의 예를 들어보자. 자동차가 얼마나 빨리 달리고 있는지 계속해서 추적 관찰하는 태스크가 있다. 해당 태스크가 중요한 이유는 크루즈컨트롤 기능 사용시 운전자가 얼마의 속도로 달리고 싶은지도 알아야 하지만 현재 자동차의 속도가 실제로 얼마인지도 알아야 하기 때문이다.

토요타의 소프트웨어 설계에서 몇몇의 태스크들은 시간 기준으로 일을 수행한다. 이러한 태스크들은 세 가지가 있는데 하나는 매 ■밀리초(millisecond)마

---

27 스택이란 데이터가 후입선출(Last In First Out) 구조로 입력 및 출력되는 구조를 가리킨다. 즉 나중에 들어온 데이터가 먼저 나가는 구조로 데이터를 저장한다. 한편 오버플로우는 한정된 저장 용량을 지니고 있는데 이것을 초과하는 양의 데이터가 입력되었을 때 발생하는 현상이다. 오버플로우된 데이터는 기존의 데이터를 삭제하거나 전혀 다른 방향으로 변화시킬 수 있다. 스택형 자료 구조는 흔히 데이터의 저장 총량을 지닌다. 그러나 이 총량이 꽉 찬 상태에서, 이것을 넘어서는 양의 데이터가 새로 입력된다면 오버플로우가 일어나게 된다. 이는 곧 다양한 문제로 이어질 수 있다. 흔히는 기존에 스택에 저장되어 있던 자료 중 일부가 지워지는 현상이 발생한다. 이러한 현상은 오류로 인식되지도 않기 때문에, 사전에 적절한 조치를 취해 놓지 않았다면 전체 프로그램의 구동 중 사용자가 인식하지 못하는 사이에 데이터가 소실되는 문제를 일으킬 수 있다.
출처: 네이버 지식백과 AI 용어사전(제공처: 서울대학교 AI연구원)

28 토요타 자동차의 영업기밀에 관한 사항으로 증인신문 녹취록상에서 블랭크(blank)처리 되어 있다.

다 어떤 일을, 다른 하나는 매 ■밀리초마다 많은 일을, 나머지 하나도 역시 매 ■밀리초마다 많은 일을 수행한다. 대부분의 다른 태스크들은 엔진속도에 따른 어떤 속도에서 연소 프로세스를 수행하는 것과 관련되어 있는데, 시간 기준으로 수행되지 않는다. 또한 몇몇의 비동기식(asynchronous) 태스크들은 엔진속도, 시간과는 구분되어 수행된다.

14 Task X

태스크 명칭에 대해서는 토요타에서 기밀 유지를 요청하였기 때문에 나의 리포트에서 모두 검게 처리되었다(blacked out). 이 소송에서는 주로 ■라는 명칭의 태스크에 대해 이야기 할 것이다. 이야기 할 때마다 방청객들을 퇴장시키는 일을 피하기 위해 그것을 'Task X'라고 부르기로 한다.

Task X가 수행하는 기능들은 광범위하다. 자동차 시스템에서 매우 많은 일을 하기 때문에 나는 해당 태스크를 주방 싱크대(kitchen-sink) 태스크라고 부르기도 한다. Task X는 스로틀을 제어한다. 다시 말해서 스로틀 개방정도를 20%, 50%, 100% 등으로 결정하는 것이다. 스로틀 제어는 액셀 페달 위치(밟힘 정도)를 관찰하면서 이루어진다. Task X는 크루즈컨트롤 코드를 실행한다. 즉, 크루즈컨트롤 기능을 켜기, 유지하기, 끄기를 담당한다. 또한, Task X는 메인 CPU에 코딩된 고장안전대책을 담당한다.

DTC는 고장코드(diagnostic trouble codes)를 지칭한다. 예를 들어 엔진점검 경고등이 들어와서 서비스센터에 차를 가져가면 자동차의 컴퓨터를 읽어서 센서 고장 같은 문제가 있다는 것을 알려준다. 이것이 DTC의 예이다. 주로 센서나 엔진 부품에 문제가 발생했다는 것을 DTC로 알 수 있다. DTC는 Task X와 관련이 있다. 대부분의 DTC 코드는 Task X가 제 역할을 하지 못하는 경우 기록되지 않는다.

Task X처럼 한 가지 태스크 내에 수 많은 태스크들이 들어 있는 방식은 소프트웨어 설계에 있어 좋은 방법이 아니다. 특히, 스로틀 열림 정도를 계산하는 시스템을 고장안전대책 및 고장코드와 결합시키는 것은 잘 알려진 나쁜 설계 방법이다. 사람들은 일반적으로 제어기(controller)와 모니터를 따로 사용한다. 소프트웨어에서도 이처럼 스로틀 제어는 스로틀 및 센서들과 관련된 고장안전대책과는 독립되어 설계되어야만 한다.

15 운영체제에 대하여

토요타의 자동차에는 OSEK라고 불리는 운영체제(operating system)가 있다. 시속 60마일(약 96km/h)로 달리고 있더라도 11피트(약 3미터) 이내에서 재부팅이 가능할 정도로 윈도우에 비해 훨씬 작고 단순한 운영체제이다.

운영체제는 어떤 태스크가 프로세서(CPU)를 사용할지 결정한다. ■개의 태스크가 단 한 개의 메인 CPU에서 실행된다. 따라서 운영체제는 시간을 쪼개는 기능을 하는데 Task 3, Task 4, Task X, Task 24, Task 2 등을 선정하여 잠시 동안 수행되도록 한다. 이러한 선정 프로세스는 운영체제의 주요 임무이다.

운영체제 내부에서는 필수적인 데이터 구조를 유지하는 기능을 수행한다. 비유컨대 운영체제는 3×5카드들(세로 3인치, 가로 5인치의 전형적인 크기의 종이로 써 각 카드에는 해야 할 일이 적혀 있다)을 가지고 있는 어떤 사람이다. 지금 처리해야 하는 일, 나중에 기회있을 때 처리해야 하는 일, 할 필요가 없는 일 등 중요도 순으로 정렬이 되어 있다. 운영체제는 이러한 카드들(데이터 구조)을 섞는 일을 수행한다.

전자식 스로틀 제어 시스템(ETCS) 설계를 위해 운영체제는 건물을 지탱하는 기둥처럼 매우 중요하다. 어떤 운영체제를 선택할지, 운영체제를 어떻게 구조화할지는 시스템의 신뢰성을 위에 필수적으로 중요하다.

이 운영체제에 급발진과 관계가 있다고 생각되는 결함이 있었다. 토요타는 이 운영체제를 자세히 살피지 않은 것으로 드러났다. 우리가 이 운영체제의 내부를 살펴봤을 때 필수적인 데이터 구조가 전혀 보호되지 않는다는 것을 발견했다. 랜덤 하드웨어 결함에 대한 보호 수단이 없을 뿐 아니라 데이터를 변질시키는 소프트웨어 버그에 대한 보호 수단도 마련되어 있지 않았다. 특정 비트 하나를 1에서 0으로 바꾸면 태스크 하나가 중단되어 버리는 일이 발생하게 된다.

이러한 태스크 중단이 발생하는 경우 자동차 전원을 껐다 켜서 시스템을 재부팅하기 전까지 해당 태스크가 전혀 실행되지 않을 가능성이 있다.

16 비트플립에 대하여

비트플립은 쿠프만 교수가 언급한 것처럼 **전자기간섭**(EMI, electro-magnetic interference), **알파입자**(alpha particle) 등에 의해 하드웨어(반도체 칩)에서 발생하는 것이 한 가지 경로이다. 다른 경로는 소프트웨어 버그에 의해 발생하는 것이다. 버그는 운영체제의 내부 또는 외부에 존재할 수 있고 한 번에 한 개의 비트 이상에 영향을 줄 수 있다.

쿠프만 교수와 NASA가 언급한 비트플립은 **'단일 이벤트 효과**(single event effects)' 또는 **'단일 이벤트 뒤집힘**(single event upsets)'이라고 불리기도 하는데 단지 하나의 비트에만 영향을 준다. 그러나 소프트웨어 버그는 한 개의 비트, 여러 개의 비트, 또는 메모리 전체를 변질시킬 수 있다. 그러한 변질이 발생하게 되면 한 개 또는 여러 개의 태스크를 일시적으로 또는 영구적으로 중단시킬 가능성이 있다.

우리는 토요타의 소스코드 기밀실에서 토요타가 사용했던 그린힐(Green Hill) 시뮬레이터를 가지고 시뮬레이션을 했기 때문에 이런 일들이 발생할 수 있다는 것을 알게 되었다. 또한 우리는 여러 대의 캠리 자동차에서도 시뮬레이션을 수행했다.

하드웨어에 EDAC이 탑재되어 있다면 하드웨어적으로 발생하는 한 개의 비트플립은 방지할 수 있다. 그러나, 소프트웨어 버그에 의한 메모리 변질은 가능성은 여전히 잔존한다. 따라서 EDAC만으로는 문제의 해결책이 아니다.

17 토요타 소프트웨어에서 실제로 발견된 버그들

다음은 메모리 변질을 유발하는 소프트웨어 버그들 중에서 2005년식 캠리에서 실제로 발견된 것들이다.

① 버퍼 오버플로우(buffer overflow)

특정 버퍼[29] 저장 영역을 위해 할당된 100바이트의 메모리 공간이 있다고 가정해보자. 만약 소프트웨어에 버그가 있어서 100바이트가 넘어가는 101바이트를 기록하려고 할 때 100바이트의 공간을 흘러넘치게(오버플로우) 되어 인접한 메모리까지 덮어쓰는 일이 발생하게 된다. 인접한 메모리에는 다른 변수가 기록되어 있는데 오버플로우로 인해 새로 덮어쓰기가 되어 엉뚱한 변수값을 가지게 된다. 비유하자면 여러분이 공책을 가지고 있고 특정 페이지에만 기록을 해야 하는데 뜻하지 않게 다음 페이지의 시작부분에 기록을 하는 것이다.

② 무효 포인터[30](invalid pointer)

하나의 메모리 셀이 있는데 여기에는 다른 셀의 주소에 대한 정보가 저장되어 있으면 그것을 포인터라고 부른다. 만약 E5 셀로 이동해야 하는데 잘못된 포인터로 인해 의도치 않게 A1 셀로 이동했다면 소스코드의 다른 부분이 사용해야만 하는 메모리를 사용해 버리게 된다.

2005년식 캠리에서 포인터가 유효한지 확인하지 않고 역참조되는 곳이 많았다. 안전필수 시스템에서는 포인터가 유효한지 확인하는 것이 중요하다. 만약 포인터들 중 한 개가 변질되면 메모리에 추가적인 손상을 주는 연쇄 반응을 유발할 수 있다.

---

29 버퍼는 사전적으로 완충장치라는 의미를 갖는다. 컴퓨터 분야에서는 일시적인 데이터 저장장소를 의미하며 데이터가 속도가 다른 두 장치 사이를 이동할 때 데이터가 안정적으로 전달될 수 있도록 중간에서 완충역할을 한다.

30 포인터란 메모리의 주소값을 저장하는 변수이다.

③ 경합조건(race condition)

경합조건은 미묘한 타이밍 버그이다. 토요타에서는 **작업간섭**(task interference)이라는 용어를 사용하며, NASA도 작업간섭을 언급하였다. 전역변수(global variables) 중 하나가 은행 당좌계좌의 잔액이고, 해당계좌를 근거로 두 사람이 수표북(checkbook)을 가지고 수표를 발행하여 사용하고 있다고 가정해 보자. 계좌 잔고가 거의 바닥이 났는데 두 사람이 수표를 발행한다면 해당 계좌는 초과인출(overdraft) 상태에 빠지게 된다. 두 사람 중 누가 수표금액을 청산하고 누가 수표의 밸런스를 맞추게 되는지 확실치 않게 되는 경합이 발생하게 된다.

소프트웨어에서도 두 개 이상의 태스크가 있는 경우 이와 유사한 일이 발생 가능하다. 비유컨대 두 개의 태스크는 동일한 전역변수를 참조하는 두 개의 수표북과 같다. 만약 두 개의 태스크가 시간적으로 매우 인접하여 실행되면 각각의 태스크가 서로 상대의 발가락을 밟으려는 현상이 발생한다. 하나의 태스크가 값을 얻거나, 다른 태스크가 값을 얻거나, 또는 두 개의 태스크가 해당 전역변수를 변질시켜 제3의 값이 산출되는 피해가 발생할 수 있다. 이 경우 메모리가 변질되어 수표잔액을 알지 못하게 된다.

④ 중첩된 스케줄러 잠금해제(nested scheduler unlock)

소프트웨어가 운영체제에게 “내가 지금 일을 하고 있으니, 끝날 때까지는 다른 태스크들이 프로세서를 사용하지마!”라는 지침을 주거나, “오케이. 이제 어떤 변수 업데이트하는 일이 끝났으니 이제 다른 태스크들을 실행해도 좋아”라고 지침을 주는 역할을 하는 것을 **스케줄러**(scheduler)라고 한다.

토요타의 코드에는 스케줄러가 운영체제에게 잠금(lock)을 시켜놓고 조금 후에 다시 잠금을 시키는 나쁜 관행이 있었다. 그러한 관행이 운영체제에서 특별히 위험한다.

마치 당신이 현관문을 잠그고 다른 사람은 그 문으로 들어오려고 하는 **교착상태**(deadbolt)에 비유될 수 있으며, 처음으로 잠금해제(unlock)되는 시점에 안전상태에 영향을 미친다.

운영체제 내부에서도 마찬가지이다. 잠금을 위해 운영체제에게 **중첩된 호출**(nested call)을 하는 경우 첫 번째로 잠금해제(unlock)를 지시하는 스케줄러가 **경합조건**(race condition)을 생성하게 된다.

매번 그런 일이 발생하는 것은 아니다. 매번 발생한다면 토요타 공장에서 차량테스트를 하게 될 것이다. 미묘한 시간 관련 버그이기 때문에 매우 드물게 발생한다. 이러한 버그들이 바로 내가 임베디드 소프트웨어에서 찾아내려고 노력하고 실제로 찾아내는 버그들이다. 토요타의 코드에서 이러한 버그들이 발견되었다.

⑤ 불안전 캐스팅(unsafe casting)

불안전 캐스팅이란 숫자 값이 의도하지 않게 반올림되어 새로운 값의 형태를 취하게 되는 경우이다. 이와 관련된 버그가 토요타의 소프트웨어 코드에 존재한다. 실제 자동차에서는 엔진속도계(RPM tachometer)가 있는데 분당회전수 0RPM에서부터 빨간색 경고선인 최대 6,400RPM까지의 범위이다. 엔진속도계가 멈추는 빨간색 선에 위치해 있는데, 그 상황에서 다양한 RPM 값이 존재한다. 토요타 소프트웨어 코드의 캐스팅 버그로 인해 해당 값이 음수가 될 수 있으며, 코드에서 100개 정도가 최종 엔진 속도를 확인하는 부분이 있다. 값이 음수가 되면 소프트웨어가 매우 혼란스러워질 수 있다. 또한 값이 13,000RPM처럼 매우 커져서 소프트웨어를 다른 방식으로 혼란시킬 수도 있다.

⑥ 스택오버플로우(stack overflow)[31]

스택오버플로우는 버퍼오버플로우와 비슷한데 매우 특별한 버퍼에 해당하는 매우 위험한 문제이다. 이 버퍼는 모든 태스크가 내부 의사결정의 트래픽을 유지하기 위해 사용하며, 마지막으로 프로세서를 빠져나올 때 무슨 작업을 하

31 소프트웨어 분야에서 매우 잘 알려진 버그를 지칭하는 용어인데, 소프트웨어 관련 지식공유 및 질의응답 플랫폼(https://stackoverflow.com) 이름으로도 프로그래머들 사이에서 세계적으로 유명하다.

고 있었는지 기록해두는 역할을 한다. 그 스택은 정해진 크기가 있는데, 토요타의 경우 4킬로 바이트 정도로 매우 작은 영역이며 해당 버퍼가 오버플로우되면 결국 메모리에서 그 너머에 있는 모든 내용을 덮어쓰게 된다.

18 메모리 변질이 심각한 문제가 되는 이유

메모리 변질이 심각한 문제가 되는 이유는 그것이 Task Death를 유발하고, Task Death는 일반적으로 예측 불가능한 결과를 초래하기 때문이다. Task X에 Death가 일어나는 경우 스로틀 제어가 상실되며 여러 고장안전대책이 작동하지 않게 된다.

- ISO 26262란?
- ISO 26262는 어떻게 작동하는가?
- 결함, 오류, 고장의 차이
- 감지되거나 인지되지 않는 잠재된 결함
- ASIL과 고장률 목표치
- ASIL 등급별 신뢰성 테스트 방법론
- ASIL D등급은 급발진을 막는 충분조건인가?
- 결함의 재현 및 입증이 어려운 이유

CHAPTER

4

ISO 26262

ISO 26262란?

ISO는 'International Organization for Standardization'의 약어로서 우리말로는 **'국제표준화기구'**로 번역된다. ISO는 국제표준을 개발하는 단체 중에서는 세계에서 가장 큰 규모의 기구이며 스위스 제네바에 본부를 두고 있다.

2024년 7월 현재 172개의 회원국을 거느리고 있고 기술, 관리, 제조의 모든 측면을 포괄하는 25,484개의 국제표준을 보유하고 있으며, 표준개발을 담당하는 839개의 기술위원회와 하위위원회가 있다.[1]

ISO 26262는 전기/전자 시스템의 오작동으로 인한 사고 및 인명손실을 최소화하기 위해 ISO에서 제정한 **자동차 기능 안전성**(Road vehicles-Functional safety) **국제 표준**이다. 해당 표준은 자동차 제조사 및 공급업체가 준수해야 하는 기능 안전 개발 프로세스를 규정한다.

ISO 262622 초판(first edition)은 2011년 11월에 출판되었으며 개정판(second edition)은 2018년 12월에 출판되었다.

1 https://www.iso.org/about

ISO 26262는 어떻게 작동하는가?

본 절의 내용은 미국에 본사를 둔 글로벌 기업 **시놉시스**(Synopsys)의 웹사이트에서 설명된 자료를 활용하였다.[2] 1986년 설립된 시놉시스는 반도체 칩 설계와 전자 설계 자동화 소프트웨어 시장의 선도기업이다. ISO 26262가 실제 산업 현장에서 어떻게 작동하는지 살펴보기로 하자.

ISO 26262는 전기/전자 시스템과 관련된 위험을 관리하고 줄이기 위한 프로세스를 제공하며 다음 단계를 포함하는 **안전 수명 주기 개념**(concept of a safety life cycle)을 기반으로 한다.

1. 계획(Planning)

시스템의 안전 요구 사항을 정의하고 안전 계획을 개발하는 단계

2. 분석(Analysis)

위험과 잠재적 고장 모드를 식별하기 위해 시스템을 분석하는 단계

3. 설계 및 구현(Design and Implementation)

계획 단계에서 정의된 안전 요구 사항을 충족하고 분석 단계에서 식별된 위험을 제거하거나 완화하도록 시스템을 설계하고 구현하는 단계

4. 확인(Verification)

시스템이 안전 요구 사항을 충족하고 모든 위험이 제거 또는 완화되었는지

2 https://www.synopsys.com/glossary/what-is-iso-26262.html

확인하기 위해 시스템을 테스트하는 단계

5. 검증(Validation)

시스템이 예상대로 작동하는지 확인하기 위해 의도된 환경에서 시스템을 테스트하는 단계

6. 생산, 운영 및 해체(Production, Operation and Decommissioning)

안전 요구 사항이 유지되고 시스템이 해체되는 단계

또한 ISO 26262는 안전 수명 주기(safety life cycle)의 각 단계에서 생성해야 하는 문서와 각 단계에서 사용할 수 있는 도구(tools)를 명시해 준다.

결함, 오류, 고장의 차이

급발진은 자동차의 결함일까? 오류일까? 고장일까? 언론에서 소위 자동차 전문가라고 섭외한 사람들이 "급발진은 전자제어장치(ECU)의 오류로 인해 발생한다"고 발언하는 것을 자주 접하게 된다. 이는 그들이 용어의 정확한 뜻에 대한 이해가 없는 비전문가라는 방증이다.

자동차에서 **'결함**(fault)', **'오류**(error)', **'고장**(failure)'은 엄밀하게 구분하면 다른 의미를 가지고 있다. ISO 26262 Part1에서 정의하는 용어의 설명과 의미를 [표 4-1]과 같이 인용하여 의미의 차이를 명확히 구분해 보고자 한다. 용어의 정의 부분은 ISO의 Online Browsing Platform 사이트에서 쉽게 확인할 수 있다.[3]

표 4-1 결함, 오류, 고장의 개념

용어 구분	용어 정의	부연 설명
결함 (fault)	어떤 구성요소 또는 아이템의 **고장을 유발할 수 있는 비정상적인 조건**	- 영구적, 간헐적, 일시적 결함이 고려됨 - 어떤 하위 시스템이 오류상태에 있을 때, 시스템 전체에 결함을 초래할 수 있음 - 간헐적 결함은 때때로 발생했다가 다시 사라짐
오류 (error)	계산된, 관찰된, 측정된 값(또는 조건)과 참, 지정된, 이론적으로 올바른 값(또는 조건) 간의 **불일치**	오류는 시스템 또는 구성요소 내의 결함으로 인해 발생할 수 있음
고장 (failure)	결함 발현으로 인하여 어떤 구성요소 또는 아이템의 **의도된 동작 종료**	고장은 영구적이거나 일시적일 수 있음

3 https://www.iso.org/obp/ui/en/#iso:std:iso:26262:-1:ed-2:v1:en

[표 4-1]에서 정의하는 개념에 비추어 본다면 고장은 결과적인 현상을 지칭하고 결함은 고장의 원인이 되는 조건을 지칭한다. 반면에 오류는 두개의 값(또는 조건) 간의 불일치를 지칭한다.

직관적인 이해를 돕기 위해 [표 4-2]와 같은 예를 들어보자. 어떤 은행 컴퓨터의 계산 프로그램에서 두 숫자를 서로 더하는 계산을 시켰는데 다음과 같은 결과가 출력되었다고 가정해 보겠다. 여기서 위험한 경우는 사례 B가 아니라 사례 C이다. 사례 B는 사용자에게 프로그램에 뭔가 문제가 있다며 오류 메시지를 띄워주므로 그동안 감지되거나 인지하지 못했던 어떤 결함이 있다는 것을 파악할 수 있으므로 큰 문제가 아니고 오히려 다행스런 일이다. 심각한 문제를 발생시키는 것은 사례 C인데, 예컨대 잔고가 2원이 되어야 계좌가 잔고 1억원으로 돌변하여 은행에 큰 손해를 끼치게 된다.

표 4-2 결함, 오류, 고장의 예시

사례	연산	결과	설명
A	1+1=	2	정상(의도된 동작)
B	1+1=	#VALUE!	결함(fault)에 의해 발생한 **오류(error)**
C	1+1=	100,000,000	결함(fault)에 의해 발생한 **고장(failure)**

위에서 살펴본 가상의 은행 컴퓨터 프로그램의 사례를 이해했다면 다시 자동차 이야기로 돌아가 보자. **자동차 급발진**이 발생하였다는 것은 **제조사가 파악하지 못한 결함(fault)의 발현**으로 인해 브레이크와 액셀에서 의도된 동작이 되지 않은 것이므로 **고장(failure)에 해당**한다. 고장의 직접적인 원인이 되는 것은 하드웨어적 · 소프트웨어적 결함(fault)이지 오류(error)가 아니다.

ISO 26262에서 명확히 정의하고 있는 바와 같이 오류란 A값(계산값, 관찰값, 측정값)과 B값(참값, 지정된값, 올바른 값) 간의 불일치를 의미한다. 따라서 언론 등에서 자동차 분야의 전문가라고 자처하는 사람들이 출연하여 전자장치의 오류로 인해 급발진이 발생한다고 설명하는 것은 매우 잘못된 표현이다.

예를 들면 차량에서 운전자의 액셀 페달 강도를 0부터 255까지의 단계로 처리하는데, 정상 범위를 벗어나는 극단값(outlier)이 관찰되면 기준값을 벗어나므로 오류 처리를 하게 된다.[4] 오류가 발생했다는 것은 설계자가 미리 예측한 오류 조건이 발생하였고 차량이 스스로 이상하다는 것을 판단했다는 것이므로 차라리 다행스런 일이다.

요약컨대 자동차의 '결함(fault)'은 어떠한 '오류(error)'를 유발하지 않으면서도 급발진과 같은 '고장(failure)'을 일으킬 수 있는 것이다. 따라서, 자동차 제조사가 "차량에 오류 처리 로직이 있기 때문에 급발진은 발생하지 않는다"라는 주장을 펼친다면 급발진 문제에서 결함, 오류, 고장이라는 개념을 구분하지 않고 혼용하는 비논리적인 주장이다.

4 컴퓨터에서 8비트 2진수(0 또는 1)로 정보를 처리하는 경우 표현 가능한 숫자의 범위는 0(2진수 : 00000000)부터 255(2진수 : 11111111)까지 256(= 2^8)개이다.

감지되거나 인지되지 않는 잠재된 결함

자동차 제조사에서 급발진을 유발할 만한 결함이 없고, 결함이 있더라도 적절히 걸러낼 수 있으므로 급발진 현상으로 연결되지 않는다는 취지의 주장을 펼치는 경우, '**잠재된 결함**(latent fault)'의 개념에 위배되는 것이다.

표 4-3 결함의 분류 및 정의

결함 구분	용어정의	부연설명
A.단일지점 결함 (single-point fault)	안전목표에 대한 위반을 가져오며, 안전 메커니즘에 의해 다루어지지 않는 어떤 구성요소 내의 하드웨어 결함	
B.잔여 결함 (residual fault)	하드웨어 구성요소에서 발생하는 랜덤 하드웨어 결함의 일부가 안전 메커니즘에 의해 제어되지 않는 상황에서, 해당 결함이 그 자체로 안전 목표에 위반되는 결함	잔여결함은 안전 메커니즘이 하드웨어 구성요소 결함들의 일부만을 커버한다고 가정
C.다중지점 결함 (multiple-point fault)	개별 결함이 다른 독립적 결함과 결합된 것	감지되거나 인지되지 않는다면 다중지점 고장(failure)으로 이어질수 있음
① 감지된 결함 (detected fault)	안전 메커니즘에 의해 정해진 시간 안에 존재가 감지되는 결함	정해진 시간이란 결함 발생부터 감지까지의 시간
② 인지된 결함 (perceived fault)	차량 수준의 이상 동작을 통해 간접적으로 인지될 수 있는 결함	
③ 잠재된 결함 (latent fault)	안전 메커니즘에 의해 감지되지도 않고, 운전자에 의해 결함 감지시간 안에 인지되지도 않는 다중지점 결함	다중지점 결함 감지시간이란 다중지점 결함이 다중지점 고장에 기여하기 전에 결함을 감지하기까지의 시간
D.안전한 결함 (safe fault)	결함이 발생해도 안전목표를 위반할 확률이 유의미하게 증가하지 않는 결함	

[표 4-3]은 ISO 26262에서 정의된 결함의 종류별 설명을 요약한 것이다. ECU의 반도체처럼 안전과 관련되는 하드웨어 구성요소의 결함은 단일지점 결함, 잔여 결함, 다중지점 결함, 안전한 결함으로 구분된다.

[그림 4 - 1]은 ISO 26262의 Part 5[5]의 39쪽에 있는 Figure C.1을 발췌한 것으로 위의 표에서 설명한 결함의 구분을 도식화하여 보여준다.

그림 4-1 안전과 관련된 하드웨어 구성요소의 결함 분류

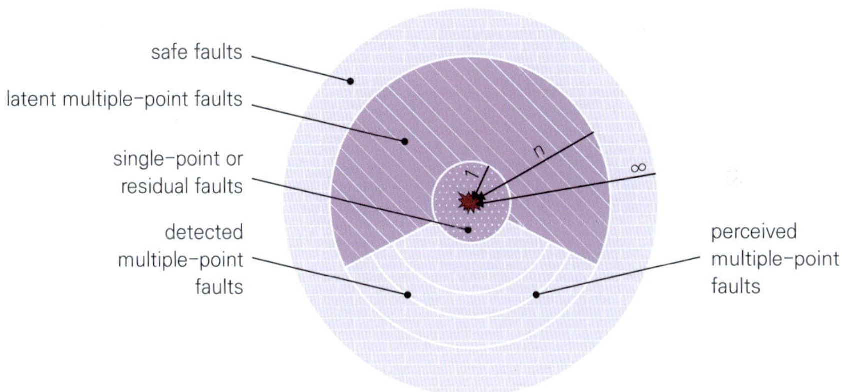

그림의 정중앙 원에서 갈색으로 강조된 영역은 안전 메커니즘에 의해 다루어지는 결함이며, 연보라색과 벽돌모양으로 채워진 영역은 감지된 결함, 인지된 결함, 안전한 결함을 나타낸다. 진보라색과 점(dot)으로 채워진 영역은 단일지점 결함 및 잔여 결함, 진보라색과 사선으로 채 워진 영역은 잠재된 다중지점 결함을 나타낸다. 진보라색 영역이 안전 문제를 발생시킬 수 있는 결함이다.

만약 제동장치와 동력발생장치가 완전히 독립적으로 작동한다고 가정하면[6]

5 Part 5의 제목은 『Product development at the hardware level』이다.

6 독립적으로 작동한다는 것은 제조사들의 주장이다. 이러한 주장을 반박하는 많은 증거들이 있다. 이에 대해서는 Chapter 14에서 자세히 살펴볼 것이다.

자동차 급발진은 통상 원하지 않는 급가속 및 제동장치 먹통 증상이 함께 나타나므로 다중지점 결함(multiple-point fault)이 야기한 다중지점 고장(multiple-point failure)으로 볼 수 있다.

다중지점 결함은 다시 ① 감지된 결함, ② 인지된 결함, ③ 잠재된 결함으로 나눠진다. 표의 설명처럼 어떠한 결함은 차량에 의해서 감지되지(detected)도 않고, 운전자에게 인지되지(perceived)도 않음으로써 잠재된(latent) 특성을 지니고 있다.

결함을 모두 걸러낼 수 있고 급발진은 발생할 수 없다는 주장은 ISO 26262의 잠재된 결함(latent fault) 개념 자체를 부정하는 것이다. 이는 마치 감지된 결함과 인지된 결함이 결함의 전부인 것처럼 주장하는 셈인데 이는 국제 표준에도 반한다는 점을 지적한다.

ASIL과 고장률 목표치

ASIL이란 **'Automotive Safety Integrity Level'**의 약자로서 우리말로는 **'자동차 안전 신뢰성 등급'**으로 번역할 수 있으며 자동차 하드웨어에 부여되는 등급을 의미한다. ISO 26262에서는 신뢰성이 가장 낮은 A등급부터 가장 높은 D 등급까지 4가지 등급으로 구분한다.

ISO 26262에서 규정하는 ASIL 등급별 고장률(random hardware failure) 목표치(target values)는 [표 4-4]와 같다. 신뢰성이 가장 낮은 A등급에 대한 목표치에 대한 언급은 없으며, D등급은 B, C 등급에 비해서 10배의 신뢰성을 요구하고 있음을 알 수 있다.

표 4-4 ISO 26262에서 규정한 ASIL 등급별 고장률 목표치

ASIL 등급	B	C	D
고장률 목표치	$<10^{-7}h^{-1}$	$<10^{-7}h^{-1}$	$<10^{-8}h^{-1}$
고장률 목표치 의미	1천만 시간당 1회 미만	1천만 시간당 1회 미만	1억 시간당 1회 미만

ASIL 등급별 신뢰성 테스트 방법론

신뢰성을 테스트 함에 있어 높은 등급일수록 보다 엄격한 방법론이 사용된다. [표 4-5]는 ISO 26262에서 권고하는 ASIL 등급별 신뢰성 테스트 방법론을 나타낸다. 해당 테스트들은 하드웨어 안전 요구사항 구현에서 **완결성과 정확성**(completeness and correctness)을 확인하는 방법론이다.

표 4-5 ISO 26262에서 규정한 ASIL 등급별 신뢰성 테스트 방법론

방법론		ASIL 등급			
		A	B	C	D
1	기능 테스트(functional testing)[a]	++	++	++	++
2	결함주입 테스트(fault injection testing)[b]	+	+	++	++
3	전기 테스트(Electrical testing)[c]	++	++	++	++

a: 기능 테스트는 아이템의 지정된 특성이 달성되었는지 확인하는 것을 목표로 한다. 아이템에는 예상되는 정상 작동을 적절히 특성화하는 입력 데이터(input data)가 제공된다. 출력(outputs)을 관찰하고 그 응답을 사양(specification)에 의해 주어진 응답과 비교한다. 사양과 관련된 이상 현상(anomalies) 및 불완전한 사양의 징후를 분석한다.

b: 반도체 구성 요소의 결함 주입에 대한 자세한 내용은 ISO 26262 Part 11의 4.8절을 참조할 것.

c: 전기 테스트는 지정된(정적 및 동적) 전압 범위 내에서 하드웨어 안전 요구 사항이 준수되는지 확인하는 것을 목표로 한다. 기존 표준에는 ISO 16750 및 ISO 11452가 있다.

표에서 덧셈기호 '+'와 '++'는 각각 해당 ASIL 등급에서 **권고됨**(recommended)과 **강력권고됨**(highly recommended)을 의미한다. 낮은 등급(A,B)과 높은 등급(C, D) 간의 차이점은 결함주입 테스트를 권고하느냐 강력히 권고하느냐이다. 결함주입은 Chapter 1에서 살펴보았던 스웨덴 컴퓨터 공학자들의 연구 Vinter et al.(2001)에서 사용하여 급발진 현상을 규명한 방법론이다.

ASIL D등급은 급발진을 막는 충분조건인가?

자동차 제조사에서는 ISO 26262 및 ASIL 등급과 관련하여 어떤 부품이 몇 등급의 인증을 받았는지 구체적으로 공개하지 않지만, 자동차의 두뇌인 ECU에 대해서는 최고등급인 ASIL D 부품을 사용하고 있는 것으로 알려져 있다. ASIL D 등급이면 급발진을 막기에 충분할까?

앞서 본 바와 같이 급발진은 차량이 감지하지 못한 잠재적 결함에 의해 유발된 것으로 볼 수 있는데 ASIL D 등급이라도 잠재적 결함을 전부 검출하지 못한다.

[표 4-6]은 ISO 26262에서 정의된 결함 검출 지표에 대한 목표치(target value)를 나타낸다. ASIL D 등급이라도 단일지점 결함의 1%, 잠재적 결함의 10%는 검출하지 못할 가능성이 있음을 보여주고 있다.

표 4-6 ISO 26262에서 규정한 ASIL 등급별 결함 검출 목표치

ASIL 등급	B	C	D
단일지점 결함 검출 지표(Single-point fault metric)	≥90%	≥97%	≥99%
잠재적 결함 검출 지표(Latent-fault metric)	≥60%	≥80%	≥90%

따라서 ASIL D등급이 급발진을 막는 충분조건이 아니며, 제조사 측에서 ASIL D 등급을 사용했으므로 급발진은 발생할 수 없다는 취지의 주장을 한다면 이는 대단히 무리한 것이다. 제조사가 충분한 다중화(redundancy) 설계를 통해 급발진을 유발할 수 있는 잠재적 결함에 대비하지 않았다면 급발진의 책임으로부터 자유로울 수 없다.

결함의 재현 및 입증이 어려운 이유

자동차 제조사는 피해자들이 결함에 대해 증명책임을 다하라고 주장한다. 피해자들이 차량을 보존시키고 국과수에 보내서 결함을 조사해달라고 요청했다고 가정해보자. 결함재현이 가능할까? 현행 급발진 의심사고 조사체계 내에서는 불가능하다.

급발진의 원인으로는 자동차 전자제어장치(ECU)가 내리는 잘못된 명령이 가장 유력하게 지목되고 있다. ECU의 주요 구성요소는 반도체와 그 안에 탑재된 소프트웨어이다.

먼저, 소프트웨어는 사고 차량이 보존되었다고 검증 가능한 것이 아니라 제조사에서 소프트웨어 소스코드를 공개해야 검증이 가능하다. 자동차 제조사에서 소스코드를 공개하지 않고, 국과수에서도 문제가 되는 차량의 소스코드를 분석한 적이 없다.

다음으로, 반도체에서 발생하는 비트플립과 같은 결함은 랜덤하게 발생하였다가 사라지는 **일시적 결함**(transient fault)의 특성을 지니기 때문에 사고차량이 보존되었다고 하더라도 결함 재현이 불가능하다.[표 4-7]은 ISO 26262에서 정의하고 있는 영구적 결함과 일시적 결함에 대한 설명이다.

급발진 피해자에게 결함을 재현하고 입증할 것을 요구하는 것은 비트플립과 같은 일시적 결함의 개념을 고려할 때 대단히 무리한 처사이다. 필자가 만나보았던 반도체 전문가 L 박사에 따르면 비트플립이 태양광에 존재하는 **알파입자**(alpha particle)[7]에 의해서 랜덤하게 발생되기도 하며, '전원이 다시 가해지거

7 고등학교 화학 교과서에 등장하는 러더퍼드(Rutherford)의 알파입자 산란시험을 기억하는 독

나 리셋되면 사라지는 것이 당연한 현상'이다.

표 4-7 영구적 결함과 일시적 결함 비교

결함 구분	용어정의	부연설명
영구적 결함 (permanent fault)	발생 후 제거되거나 수리되기 전까지는 지속되는 결함	
일시적 결함 (transient fault)	발생하였다가 사라지는 결함	일시적 결함은 전자기적 간섭으로 인해 나타날 수 있으며, 이로 인해 비트플립이 발생가능함

자들이 있을 것이다. 알파입자는 중성자 2개와 양성자 2개로 구성되어 양(+) 전하를 띠고 있는 2가 헬륨 양이온(He2+)이다. 알파입자의 흐름을 알파선(alpha ray)이라고 하며, 알파선은 투과력이 약한 방사선이다.

- ECU 소프트웨어 엔지니어 인터뷰
- 인터뷰를 통해 얻을 수 있는 교훈
- 공개석상에 모습을 드러낸 ECU 엔지니어 출신 변호사
- 박정철 변호사의 패널토론 내용
- 강릉 급발진 의심사고 손해배상소송 증인신문
- NASA의 급발진 보고서
- 결함 재현에 실패한 NASA
- NASA가 결함 재현에 실패한 이유
- TRL 보고서
- 국과수는 자동차 ECU를 조사할 역량이 있는가에 대한 전문가 의견
- 국과수 보고서 사례: 강릉 급발진
- ECU가 잘못되면 고장코드가 남는다?

CHAPTER

5

ECU 오작동 가능성

ECU 소프트웨어 엔지니어 인터뷰

ECU 오작동 가능성 여부에 대해서는 실제로 ECU를 개발해 본 사람이 제일 잘 알고 있을 것이다. 백방으로 수소문 한 끝에 국내 자동차 제조사의 계열사에서 ECU의 소프트웨어 개발을 담당했던 엔지니어와의 전화 인터뷰를 성사시킬 수 있었다. 인터뷰이(interviewee)의 실명을 밝힐 수 없는 점에 대해 독자들의 양해를 구한다.

반 주 일: 자동차 제조사와 일을 하시면 제 질문에 대답하시기 난처하지는 않으신지?

엔지니어: 가능한 부분만 답변하겠습니다.

반 주 일: **ECU 고장률(failure rate)이라는 개념**이 있다. 그러면 ECU가 결함이 있을 수 있다. 오작동 할 수 있다. 그런 개념이죠?

엔지니어: 그렇죠. 근데 ECU를 떠나서 센서(sensor)든 액추에이터(actuator)든 **어떤 부품이던지 하드웨어는 다 고장률이라는 게 정해져 있거든요.** 부품마다 신뢰도가 정해져 있어서 조금 더 안전한 시스템에 대해서는 좀 더 고장률이 낮은 부품을 적용하게 되어 있고요, 아실(ASIL)이라는 걸 저한테 문의하신다고 하셨잖아요. ASIL은 'Automotive Safety Integrity Level'이거든요. 자동차의 안전등급인 거에요. 안전등급이 높을수록 당연히 고장률이 낮은 부품을 써야 하는 거고, 정해져 있습니다.

반 주 일: 변속기 제어시스템은 ASIL C등급을 만족해야 한다고 나오는데 혹시 ECU(엔진 제어시스템)나 브레이크 제어시스템은 몇 등급을 만

족해야 하는 것인가요?

엔지니어: ECU가 종류가 여러 개 있어요. ECU가 수행하는 범위에 따라서 달라지거든요. 그래서 통상적으로는 B에서 C 이상으로 보시면 될 것 같습니다..

반 주 일: ASIL에 대해서 논문을 찾아보니까 ISO 26262가 전자제어장치를 규정하는 것인데 ASIL B등급에서 고장검출률[1]이 90% 이상이라고 나옵니다. 그러면 10% 정도는 고장을 검출하지 못한다고 봐야 하는 것인지?

엔지니어: 조심스런 부분이긴 한데, 제조사에서 그런 준비는 다 되어 있어요. 2017년식 OOO 차량은 당연히 기능안전 적용이 되어 있죠. 2011년 이후 양산 차량들은 기능안전 적용이 되어 있거든요.

반 주 일: 그러면 **기능안전 적용이 되어있다는 것이 목표치인 것이지 실제로 고장이 나지 않는다는 것은 아니죠**?

엔지니어: **그럼요. 그럼요.** 그건 맞습니다.

반 주 일: 그러면 자동차 회사들도 **내부적으로 고장률 데이터를 가지고 있는 것인지**? 공개는 안 하겠지만.....

엔지니어: **다 (데이터를 가지고) 있습니다**. 요즘에는 ASIL이라는 등급을 판정을 할 때 'ECU가 C등급', '브레이크가 C등급'이라는 것을 판정을 하려면 그런 고장률 데이터를 가지고 판정을 해야 되거든요.

반 주 일: 그러면 특정 제조사에 들어가는 어떤 부품이 ASIL C등급이라고 인증해 주는 기관이 있을까요?

엔지니어: 가장 신뢰성있는 기준이 ISO 인증이잖아요. 아직까지 ISO로 기능안전에 대한 인증은 하지 않고 있고요, 다만 그런 것을 위임받

1 참고한 논문은 채승엽, 김원종(2012)이며, 인터뷰 중에 필자가 언급한 고장검출률은 SPFM(single point failure metric)이라 불리는 단일지점 고장검출률이다. 기준치는 ASIL B등급은 90%, C등급은 97%, D등급은 99%이다. D등급의 부품이 가장 신뢰성이 높다.

아서 하는 사설 인증기관이 있는데, 대표적인 게 독일계 기업들이 좀 있어요. 자동차가 ISO 인증을 만족한다는 것이 아니라, 자동차에 들어가는 부품이 ASIL 몇 등급을 만족한다고 써티(certify)를 하는 거죠.

반 주 일: 제조사들은 그런 써티를 받은 부품들을 사용하는 거죠?

엔지니어: OOO 제조사 같은 데가 그런 것을 사용하는 거죠.

반 주 일: 논문에 나와있는 고장률 목표치는 설계 목표치라고 해석을 하면 될까요? 제품을 만들어 놓았을 때 실제로 고장이 얼마나 발생할지는 모르겠지만 일단 우리가 이런 목표를 가지고 설계를 하고 사용을 하겠다는 거죠?

엔지니어: 그렇죠. 그렇죠. 그런데 그 데이터는 과거 데이터이기 때문에 지금 데이터하고는 많이 다를 겁니다.

반 주 일: 그러면 결함률 목표치와 실제치에 대한 최근 자료가 있을까요? 공개된 자료가....

엔지니어: 그건 제가 가지고 있지 않구요. 부품 제조사에서 예를 들어 반도체, 센서 회사들에서 Datasheet라는 걸 줍니다. 거기에 고장률에 대한 정보가 다 들어있습니다. 토요타 급발진 사고에 대한 시뮬레이션 자료는 보셨나요?

반 주 일: 소프트웨어 코딩결함이라고 언급된 것도 보았고 바그룹(Barr Group) 리포트 같은 거 돌아다니는 걸 보았습니다.

엔지니어: 그게 그래도 최근에 증명이 된거니까. 사실 소프트웨어 결함은 찾기가 힘들거든요. 사실 하드웨어 같은 건 고장률이 명확하게 측정이 되요. 근데 **소프트웨어는 고장률을 측정할 수가 없거든요.**

반 주 일: 아.... 소프트웨어는 고장률이 없어요? 측정이 안 된다는 거죠?

엔지니어: 어렵죠. **변동성이 너무 크다보니까 고장률을 측정하는 것이 어렵고,** 토요타 사건은 시뮬레이션을 통해 소프트웨어 오작동을 증

명한 것입니다. 소프트웨어적인 것은 이런 사례를 레퍼런스(인용) 하시면 됩니다.

반 주 일: 혹시 **ECU가 오작동할 가능성**은 어떻게 보세요? 조금 난처한 질문인가요?

엔지니어: 어려운 질문입니다. **오작동이 없을 수는 없어요**. 사실 뭐 거의 없다라고 설계하더라도 실제로는 상황(오작동)이 발생하잖아요. 제가 수치적으로 어느 정도 발생한다라고 말씀드리기 어렵습니다.

반 주 일: 급발진이 일어난 것이 결국 운전자가 어떤 신호를 줬는데 운전자가 원하지 않는 방향으로 아웃풋(output)이 나온 거잖아요. 논문을 찾아보면 센서가 ECU에게 정보를 주고 ECU가 액추에이터에 명령을 전달하는 것으로 나옵니다. 그러면 그 과정상에서 뭔가가 망가진 거라고 봐야 하는 거죠?

엔지니어: 상황은 다 다를 수 있습니다. 단계별로 문제가 있을 가능성은 다 있는 거거든요. 센서에서 들어온 정보자체가 원래 잘못될 수도 있는 거고, 정보가 들어왔는데 그걸 잘못 점검할 수도 있는 거고, ECU쪽으로 잘못 전달이 될 수도 있는 거고, 거기서(ECU) 잘못 처리가 될 수도 있는 거고, 원인이 너무 다양할 수 있을 것 같습니다. 그런 것들을 막기 위해서 오류가 왔음에도 불구하고 정상적으로 동작하도록 하는 메커니즘 같은 게 설계가 되어 있는 거거든요.

반 주 일: 설계 시에는 반영이 되어있는데, 그게 '반드시 설계대로 오작동 안 하게 되어 있는 것은 아니다', 그리고 '오작동 가능성은 있다'라는 생각이신 거죠?

엔지니어: 그렇죠. 맞습니다. 제가 조심스런 말씀인데 2017년식 차량이라 하면, 그 당시의 최신의 기술들, 'state of art'라고 하거든요. 그 기술들이 적용이 되어서 프로세스에 따라 산출물을 만들었다는 에

비던스(증거)를 제조사에서는 가지고 있을 거예요.

반 주 일: EDR에 액셀 페달 강도 데이터는 0%부터 99%로 나오지만 브레이크는 ON/OFF로만 나옵니다. 액셀센서(APS)와는 달리 브레이크에 센서가 있다는 내용은 찾기가 어려운데 실제로 브레이크는 어떤 방식으로 작동하는 걸까요?

엔지니어: 제가 직접 뜯어본 건 아니지만 브레이크도 강도가 있습니다. 압력정보를 통해서 강도를 측정하는 것으로 알고 있어요.

반 주 일: 자동차 전자제어 관련 논문을 살펴보면 고장에 대비하기 위해서 리던던시(redundancy)를 확보를 해야 한다는 설명이 있습니다. 지금 자동차들은 리던던시를 확보하지 못하지 않았나요?

엔지니어: 리던던시 컨셉이 있습니다. 예시라고 말씀드리는 이유가 리던던시 컨셉을 어디에서 하냐에 따라 다르기 때문입니다. 센서에서 이중화를 할 수가 있는 거고요......

반 주 일: 찾아보니까 액셀레이터 센서는 2개로 이중화가 되어 있다는 건 잘 알려져 있습니다. ECU를 2개를 심어놓는 건 자율주행차나 전기차에 그렇게 시도를 하고 있고, 내연기관 차들에서 **ECU 리던던시를 확보했다는 것은 찾아보지 못했습니다.**

엔지니어: 그럼요. 맞습니다. 리던던시 컨셉을 ECU 레벨에서도 할 수 있고, **ECU 자체를 이중화하면 비용 자체가 너무 커지다 보니까 소프트웨어 레벨에서 할 수 있어요.**

반 주 일: 한 개의 ECU에 소프트웨어를 이중으로 심어 놓는다는 거죠?

엔지니어: 네 채널(channel)을 다르게 해가지고...

반 주 일: 아까 인증제도가 없다고 말씀하셨는데, 우리나라에서 바그룹처럼 누군가가 소프트웨어를 뜯어본 사람은 없을 거잖아요. 자동차 제조사가 현재 시스템하에서는 소프트웨어적으로 안정성이 있다라는 것을 증명하는 것은 어렵다는 거죠?

엔지니어: 아까 말씀 드린대로 소프트웨어에 대해서 고장률을 측정하기 어렵다는 거잖아요. 대신에 그거를 보완하는 수단은 있어요.

반 주 일: 인증을 대체할 수 있는 어떤 수단이 있어요?

엔지니어: 인증을 받기보다는 많은 시뮬레이션이나 테스트를 하죠.

반 주 일: 소프트웨어에 대한 자체적인 시뮬레이션 자료라고 봐야 할까요?

엔지니어: **시뮬레이션하고 소프트웨어를 탑재해서 도로에서 운행하면서 시험**을 하잖아요. 고장률을 설계 단계에서 측정하기 어렵지만, **고장이 발생할 수 있는 케이스들을 만들어서 테스트**를 하는 거죠.

반 주 일: 혹시 제가 전문가 의견서를 부탁드려도 괜찮을까요?

엔지니어: 그건 좀 어려울 것 같습니다.

반 주 일: 귀한 시간 내 주셔서 감사드립니다.

인터뷰를 통해 얻을 수 있는 교훈

ECU 개발 및 설계 경력이 있는 엔지니어와의 인터뷰를 통해서 급발진 문제와 관련하여 주목해야 할 사실을 간추려보면 다음과 같다.

1 모든 하드웨어 부품에는 고장률(failure rate)이 존재한다.

고장에 대한 공학적인 목표는 고장을 없애는 것이 아니고 일정 기준치 이하로 관리하는 것이다. 이 세상에 고장이 없는 부품은 존재하지 않는다. 자동차 제조사도 내부적으로 고장률 데이터를 반드시 보유하고 있다. 반도체, 센서 등 주요 부품 회사들에서 고장률 데이터를 제공할 뿐만 아니라 고장률에 대한 데이터 없이는 부품에 대한 안전등급 판정이 불가능하기 때문이다. 급발진 의심 사고에서 자사 자동차 부품의 고장은 없다는 것을 전제로 무조건 운전자가 페달을 착오한 것이라고 몰아가기에 앞서 제조사는 고장률 데이터를 공개하고 재판에서는 그 고장가능성을 따져 볼 필요가 있다고 판단된다.

2 기능안전을 적용한다는 것이 목표치의 충족을 보장하는 것은 아니다.

국제표준화기구 ISO는 자동차 전기/전자 시스템에 관한 기능안전(functional safety)의 국제규격으로 ISO 26262를 제정하였다. ISO 26262는 전기/전자 시스템의 안전 요구수준에 따라 안전등급 ASIL(Automotive Safety Integrity Level)을 A등급부터 D등급(D등급이 가장 엄격)까지 정의한다. 예를 들어 A등급은 자동차의 오디오 시스템처럼 사고발생 가능성이 없거나 위협요소가 매우 낮은 부품들이 충족시켜야 할 등급이고, D등급은 자동차 조향장치, 에어백 등 가장 생명과 직결되는 부품들이 충족시켜야 할 등급이다. 기능안전을 적용한다는 것은 이러한 목표를 가지고 설계하고 생산하였다는 것을 의미하는 것일 뿐, 현실에서 이러한 목표치가 충족된다는 것을 보장하는 것은 절대 아니라는 점을 인터뷰를 통해 알 수 있었다.

3 ECU를 포함하여 다양한 오작동 가능성이 존재한다.

센서에서 생성된 잘못된 정보를 생성할 가능성, 정보가 ECU 쪽으로 잘못 전달될 가능성, ECU가 정보를 잘못 처리할 가능성 등 다양한 오작동 가능성이 존재한다. 이러한 비정상 상황을 막기 위한 메커니즘이 설계에 반영이 되어 있는데 반드시 설계대로 작동하는 것은 아니기 때문에 오작동 가능성이 반드시 존재한다.

4 ECU 수준에서 리던던시를 확보하지 못하고 있다.

한 개의 ECU 내에서 채널을 다르게 하여 소프트웨어를 이중[2]으로 심어놓는 리던던시 컨셉이 적용이 되어 있다. 그러나 ECU 자체를 다중화하는 경우 비용자체가 너무 커지다 보니 ECU 수준에서의 리던던시를 확보하지 못한 상태이다.

5 소프트웨어는 고장률 측정이 어렵다.

소프트웨어에 대해서 고장률을 측정하기 어렵기 때문에 대체 수단이 존재하는데, 많은 시뮬레이션을 해보고, 소프트웨어를 탑재해서 도로에서 운행하면서 테스트를 하게 된다. 고장이 발생할 수 있는 상황들을 케이스로 만들어서 테

2 예를 들면, 메인칩과 서브칩에 각각 메인 소프트웨어와 모니터링 소프트웨어를 심어놓는 것이다.

스트 함으로써 소프트웨어에 결함이 있는지를 살펴보는 것이다. 테스트를 통해서 결함이 사전에 전부 걸러진다는 보장은 없다. 소프트웨어 업계 전문가들은 대부분 **"결함은 존재하지 않는 것이 아니라 아직 발견되지 않은 것이다"**라는 견해를 가지고 있다. 인터뷰에 응해준 ECU 소프트웨어 엔지니어도 결함에 대하여 비슷한 입장인 것으로 판단된다.

자동차 제조사들은 급발진 의심사고에서 무조건 자사의 소프트웨어에 문제가 없다고 주장할 것이 아니라 아직 문제가 발견되지 않았으나 언제든지 문제가 발견될 수 있다는 유연한 자세를 가져야 할 것이다.

공개석상에 모습을 드러낸 ECU 엔지니어 출신 변호사

급발진의 가장 유력한 원인으로 ECU의 오작동이 지목되고 있으므로 ECU를 직접 설계 및 개발에 참여한 경력을 가진 엔지니어의 전문가 증언은 귀담아 들어볼 가치가 있을 것이다. 꽁꽁 숨어있던 ECU 전문가가 공개석상에 처음으로 모습을 드러낸 기념비적인 사건을 소개하고자 한다. 필자는 2024년 9월 30일 국회 의원회관에서 개최된 『제2차 제조물 책임법 개정을 위한 국회 정책세미나』에서 『자동차 급발진 주요 쟁점 및 소비자보호에 관한 공학·기술적 고찰』이라는 주제로 메인 발제를 맡았다. 발제 후 패널토론이 있는데 토론자로 ECU 엔지니어가 나와줬으면 하는 바람이 간절했다. 인터넷에서 검색을 하다가 우연하게도 특이한 이력의 전문가 한 명을 발견했는데 독일계 오토모티브시스템 회사에서 전직 ECU 엔지니어로 근무하였던 『㈜로데이터』의 박정철 변호사이다.

정책세미나 행사를 주관하는 『(사)소비자와함께』 대표에게 박정철 변호사를 패널로 꼭 섭외하면 좋겠다고 강력 추천을 했고, 다행히 섭외가 성사되었다. 패널토론에는 총 7명의 패널이 참여하였는데 당연하게도 가장 스포트라이트를 받은 패널은 박정철 변호사였다.

박정철 변호사는 엔진 ECU 엔지니어로서 수년간 ECU 개발부터 양산차량의 후속 관리까지, ECU의 라이프사이클(life cycle) 전반을 경험하였고 현대·기아차의 다양한 차종(쏘나타, 그랜저, 제네시스 G80, K5, K7 등)에 참여한 것으로 알려진다.

박변호사의 경험에 따르면 독일계 오토모티브 시스템 회사에서 엔진 ECU

를 설계하고 국내 부품회사는 그 설계 사양을 바탕으로 방대한 양의 소프트웨어 코딩을 하여 ECU를 제작하는 것으로 알려진다. ECU 제조 관련 생태계에서 국내 부품회사 또는 제조사들은 ECU를 100% 순수 제작할 기술 수준에 이르지 못한 것으로 판단된다. 박변호사는 차량 출력 결함 가능성, 급발진 가능성이 충분히 존재한다고 보고 있으며, 제조사들도 급발진이 일어날 수 있음을 당연히 알고 있다고 언급한다.

박정철 변호사의 패널토론 내용

국회 정책세미나에 제출된 박변호사의 패널토론문 주요내용을 살펴보기로 하자. 아래의 번호와 소제목은 필자가 붙여본 것이며 내용은 원문을 그대로 발췌하여 인용하였다.

1 엔진 ECU 제조와 관련된 생태계

"다양한 부품을 컨트롤하는 엔진 ECU 소프트웨어 로직은 매우 복잡하다. **소프트웨어 사양서는 수만 페이지**에 달하며, **코드의 양은 수백만 줄**에 이른다.[3] 이처럼 복잡한 구조로 인해 엔진 ECU 소프트웨어를 개발할 수 있는 업체는 자동차 업계에서도 손에 꼽힌다. 엔진 ECU는 차량 안전에 직결되면서도 여러 부품을 제어하는 핵심 장치이기 때문에 개발 진입 장벽이 높고, 개발 과정에서 상당한 비용이 발생하기 때문이다. 우리가 흔히 아는 여러 자동차 제조사들은 사실 부품 업체가 개발한 ECU를 조립하는 회사에 불과한 경우가 많다."

2 차량 출력 결함의 발생 가능성

"ECU의 구조가 복잡한 만큼, 차량 출력 결함이 발생할 수 있는 경우의 수는 매우 다양하다. 여기에 가속 페달 장치, ETC,[4] 인젝터,[5] 크루즈컨트롤, TCU[6] 등

3 사양서란 쉽게 말해 설계도라고 보면 된다.

4 전자식 스로틀 제어를 뜻하는 'Electronic Throttle Control'의 약자이다.

5 연료분사장치(injector)

6 변속기 제어장치를 뜻하는 'Transmission Control Unit'의 약자이다.

차량 출력을 형성하는 데 관여하는 부품의 결함까지 고려하면, 그 가능성은 셀 수 없을 정도로 많아진다. 따라서 개발 과정에서도 다양한 문제가 발생하며, 여러 검증 테스트를 통해 하드웨어 부품과 소프트웨어 로직을 지속적으로 보완해 나가게 된다."

"그럼에도 불구하고 많은 사람들은 급발진은 절대 발생할 수 없다고 주장한다. 다양한 자동차 결함이 발생할 때마다 제조사들은 소프트웨어 업데이트나 리콜로 문제를 개선하고 있지만, 유독 급발진에 대해서는 이를 인정하지 않는 것이다."

3 급발진은 존재하는가?

"**급발진은 분명히 존재**한다. 비록 발생 확률은 낮지만, 운전자가 의도하지 않은 가속이 일어나는 경우가 있다. 제조사들도 이를 당연히 알고 있으며, 이를 **방지하기 위해 다양한 에러 진단 로직과 엔진을 limp-home mode[7]로 전환하는 기능**을 적용하고 있다. 그리고 그 로직은 세대를 거듭하며 발전되고 있고, 캘리브레이션(calibration) 데이터[8]들도 업데이트되고 있다. 만약 급발진이 존재하지 않는다면, 이런 기능을 적용할 이유가 없을 것이다. 이는 마치 질병이 없는데 치료제를 개발하는 것과 같다."

"그리고 그 진단 로직 자체로는, **엔진 ECU 소프트웨어의 소스코드에 결함이 있을 경우 발생하는 급발진을 진단하기 어렵다.** 이 경우에는 다양한 데이터를 측정해 시스템 로직과의 차이를 분석함으로써 급발진의 존재를 찾아낼 수밖에 없다."

---

7 직역하면 다리를 절뚝거리면서 집에 간다는 뜻이다. 자동차가 스스로 이상을 감지하여 엔진출력을 제한하고 경고메세지를 띄우는 안전모드를 뜻한다.

8 일반적으로 캘리브레이션은 보정, 조정으로 번역된다. 자동차 엔진 ECU에서 캘리브레이션은 차량의 성능 및 운전자의 경험을 최적화하기 위해 ECU에서 사용중인 데이터를 보정하는 작업을 의미한다. 따라서 캘리브레이션 데이터란 보정작업을 거쳐 최종적으로 사용되고 있는 데이터로 이해할 수 있다.

강릉 급발진 의심사고 손해배상소송 증인신문

필자는 국회 정책세미나를 통해 알게 된 박변호사를 2024년 10월 무렵에 이도현 군 사망 강릉 급발진 의심사고에 대한 손해배상소송에서 원고측 변호를 맡고 있는 하종선 변호사에게 소개하고 급발진에 진심인 사람들끼리 점심을 하면서 이런저런 얘기를 나눴다. 때마침 원고 측에서 증인으로 나서줄 ECU 전문가가 필요한 상황이었고 박변호사는 도현이네를 돕기 위해 전문가 증인 참여요청을 수락하였다.

증인신문은 2024년 12월 10일 강릉급발진 의심사고에 대한 손해배상소송 8차 변론기일이 열린 춘천지법 강릉지원 제307호 법정에서 2시간 가량 진행된 것으로 알려진다. 강원도민일보를 통해 공개된 증인신문 내용[9]을 아래와 같이 발췌하여 인용한다.

원고측의 증인신문 내용

Q. ECU 소프트웨어 결함으로 인한 급발진 발생 여부

A. 엔지니어링 회사를 다녔던 입장에서 감정하기 어렵지만 소프트웨어 개발은 사람이 하는 거라 꼭 급발진에 국한되지 않더라도 차량 양산 이후 소프트웨어 결함이 발생하는 경우가 있다. 단지 급발진에 관련된 소프트웨어라고 꼭 결함이 발생하지 않을거라 생각하지 않는다.

9 2024년 12월 10일자 강원도민일보, 『강릉 급발진 8차 변론기일…국내 첫 ECU 전문가 나서』 출처: https://www.kado.net/news/articleView.html?idxno=1281879

Q. 소프트웨어 결함으로 급발진 발생 가능성이 천문학적으로 낮은가?

A. ECU 내부에서 의도치 않은 가속이 발생할 경우 엔진을 컷오프 시켜 운전자 생명을 보호하는 로직이 있다. 급발진 방지 로직은 아니지만 그런 현상을 막는 로직이 있는데, 만약 천문학적으로 급발진 현상이 발생될 확률이 낮다면 그런 진단은 없지 않을까 싶다. 제가 경험하기에 소프트웨어 결함은 양산 이후에도 나타났고, 이에 급발진도 충분히 있을 수 있다 생각한다.

NASA의 급발진 보고서

미국에서 토요타 자동차의 급발진(UA) 사례들이 지속적으로 보고되자 미도로교통안전국(NHTSA)에서는 **'미항공우주국 공학안전센터(NESC, NASA Engineering and Safety Center)'**에 기술적인 조사를 해달라고 요청하게 된다. NASA는 2011년 1월 18일에 해당사안에 대하여 『토요타 자동차 급발진 조사에 대한 미도로교통안전국을 위한 기술지원』[10]이라는 제목의 기술평가보고서(Technical Assessment Report)[11]를 발표하였다.

해당 보고서에 따르면, 토요타 자동차는 2002년식(MY, model year) 캠리에서 액셀 페달과 스로틀밸브 사이를 연결하는 기계식 스로틀 제어 방식을 대체하여 **전자식 스로틀 제어 시스템(ETCS-i, Electronic Throttle Control System)**을 도입하였다.

보고서의 목적은 급발진을 야기할 수 있는 ETCS-i '설계 및 제조상의 결함(design and implementation vulnerabilities)'이 존재하는지 여부, 그러한 결함이 소비자가 이 차량을 운전하는 상황에서 현실적으로 발생하는지 여부를 조사하는 것이었다.

ETCS-i는 액셀 페달과 스로틀에 부착된 전자식 위치 센서, 스로틀을 움직이는 구동모터(actuator motor), 배선, 엔진제어모듈(ECM) 내부의 전자회로 및 소프트웨어로 구성되어 있다.

10 원제: Technical Support to the National Highway Traffic Safety Administration (NHTSA) on the Reported Toyota Motor Corporation (TMC) Unintended Acceleration (UA) Investigation

11 출처: https://static.nhtsa.gov/odi/inv/2014/INRP-DP14003-61483.pdf

[그림 5-1]은 ETCS-i가 어떻게 작동하는지 도식적으로 보여주고 있다.[12] 운전자의 가속의지는 액셀 페달에 부착된 센서들(Accelerator Pedal Position Sensors)에서 전기신호로 측정되어 ECM에 전달되고 ECM은 스로틀밸브를 어느정도 개방할 것인지에 대한 명령을 '스로틀 제어 모터(Throttle Control Motor)'에 하달하게 된다.

그림 5-1 토요타 자동차의 전자식 스로틀 제어 시스템

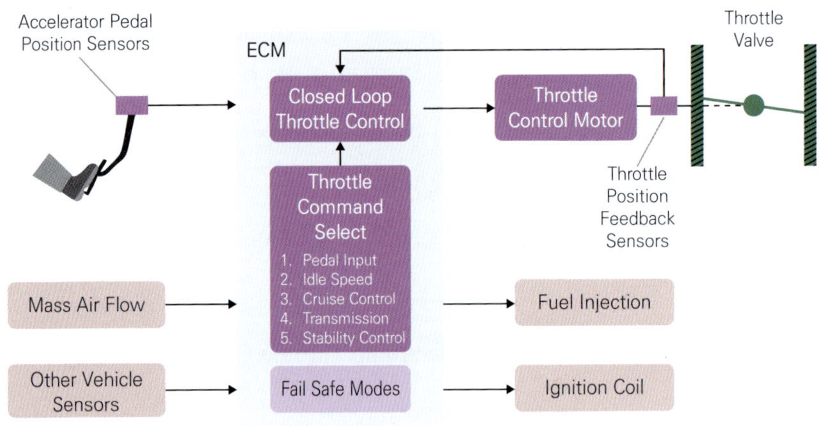

12 해당보고서의 13페이지에서 발췌한 Figure 4.0-1. TMC ETCS-i

결함 재현에 실패한 NASA

NASA가 급발진을 유발할 수 있는 결함 재현을 못한 것은 팩트이다. 그러나 이러한 사실이 결함 재현을 못했으니 급발진은 존재하지 않는다는 논리적 비약으로 연결 되어서는 안 된다.

해당보고서는 17페이지에서 "ETCS-i가 보고되는 급발진을 야기한다는 증거를 발견하지 못했다는 사실이 급발진이 발생할 가능성이 없다는 것을 의미하는 것은 아니다(Because proof that the ETCS-i caused the reported UAs was not found does not mean it could not occur)"라는 점을 명확하게 언급하고 있다.

NASA는 급발진을 일으킬 수 있는 다양한 시나리오를 상정하고, 가능성이 없는 시나리오를 배제하면서 가능성 있는 시나리오를 선별하는 방법을 사용하였는데, **보고서 78페이지를 보면, 핑크색으로 음영처리된 두 가지 시나리오**가 있다. 보고서는 두 시나리오가 비록 NASA에서 **재현되지는 않았지만 최종적으로 발생가능성이 있는 시나리오**라고 밝히고 있다. [표 5-1]은 두 시나리오를 한글로 번역한 것이다.

용어 중에서 DTC란 'Diagnostic Trouble Code'의 약어로 차량이 스스로 진단한 고장코드를 의미하며, EDAC란 'Error Dectection and Correction'의 약어로 반도체 칩에서 발생하는 비트플립(bit flip)을 탐지하고 수정하는 기능을 지칭한다.

표 5-1 NASA 보고서가 제시한 급발진 발생가능 최종 시나리오 두 가지

기능적 영역	전자식 부품	고장이 발생하기 위해 필요한 조건, 고장 모드	고장 조건 및 고장 증상이 현실에서 발견되는지? Note 1*	물리적 또는 전자적 증거, 고장 감지	스로틀 개방 범위	고장이 제동에 미치는 영향	시스템 고장 반응, 적용가능한 안전 모드	시스템 레벨에서의 보호장치
페달 명령	액셀 페달 센서	작동 범위 내의 전압 값을 발생시키는 **이중 고장(dual failures)** (페달 센서 2개 모두 고장)	NESC 엔지니어링 테스트 결과 이중 **고장의 징후는 없음**	작동 범위 내의 공학적 결함, **정상 페달 신호는 감지를 벗어남, DTC가 생성되지 않음** 전기적 고장이라면 흔적이 남았을 것임	비록 실제 현실에서 발견되지 않았지만 **스로틀을 완전 개방하는 것은 개념적으로 가능함**	스로틀 개방이 35°를 초과, **브레이크가 펌핑되면 진공배력이 급감**할 수 있음	없음, 정상 페달 신호 또는 **정상처럼 보이는 신호를 발생시키는 이중 고장은 감지될 수 없음**	정상 페달 신호처럼 보이는 **이중 고장에 대한 보호는 불가능**
스로틀 제어, 컴퓨터	메인 CPU 소프트웨어	액셀 페달에서 발을 뗀 상태에서 **소프트웨어가 일방적으로 스로틀을 개방시킴**, 공회전 연료 차단기능이 활성화되지 않음, 감시기능(watchdog) 작동됨, EDAC 오류 없음, **서브 CPU가 고장을 감지하지 못함**	테스트를 설계할 수 없음. 급발진을 야기하는 단일 메모리/변수의 **변질된 부분을 소프트웨어에서 찾을 수 없음**	이론적인 **결함이 감지를 벗어남**	비록 실제 현실에서 발견되지 않았지만 **스로틀을 완전 개방**하는 것은 개념적으로 가능함	스로틀 개방이 35°를 초과, **브레이크가 펌핑되면 진공 배력이 급감**할 수 있음	공학적인 **결함이 감지를 벗어남**	**불가능함**, 오작동하는 컴퓨터가 스로틀을 개방하더라도 DTC, 감시 시간초과, 림프 모드 및 기타 오류가 나타나지 않아 **마치 정상처럼 보임**

* Note 1: DTC가 생성되는 고장을 지칭하며 급발진을 지칭하는 것이 아니다.

첫 번째 시나리오는 액셀 페달에 붙어있는 **센서 두 개 모두 고장**(dual failures)**나는 경우**이며, 이러한 고장에 대해서는 '징후가 없고(No signs of dual resistive failures)', 마치 유효한 페달 신호처럼 인식되기 때문에 '시스템 수준에서 막지 못한다(System Level Protection: None possible for multiple failures that look like a valid pedal signal)'고 밝히고 있다.

그리고 이러한 시나리오는 클렘슨대학교(Clemson Univ.)에서 자동차 전자제어(vehicular electronics)를 전공하는 **토드 허빙 교수**(Prof. Todd Hubing)의 실험결과[13]에 의해 지지되고 있다. 실험결과는 허빙 교수의 자료 18페이지에서 발췌된 [그림 5-2]와 같다.

그림 5-2 센서에 공급되는 전압에 따라 급발진이 발생할 수 있다는 실험결과

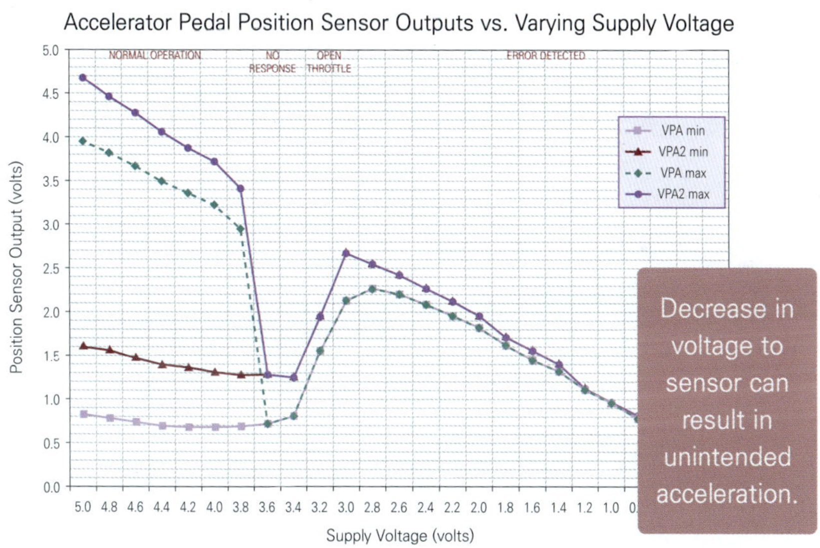

13 2010년 7월 1일 자 발표자료, Hubing(2010)_Analyzing Unintended Acceleration and Electronic Controls

주목할 만한 점은 액셀 페달 센서가 2개 장착되어 있음에도 불구하고 센서에 공급되는 전원의 전압이 약해졌을 때 스로틀을 개방해 버리는 급발진 현상이 발생했다는 것이다.

두 번째 시나리오는 ECM 내부의 **Main CPU에서 소프트웨어 결함으로 인해 스로틀을 개방해 버리는데 Sub CPU(Main CPU를 모니터링함)에서 이러한 결함을 감지하지 못하는 경우**이다. 역시나 해당 시나리오는 시스템 수준에서 막지 못한다고 분석하고 있다.

[그림 5-3]은 쿠프만(Koopman) 교수의 자료 7페이지에서 발췌한 것으로서 토요타 자동차 ECM의 실제 모습을 보여준다.

그림 5-3 ECM 내부에 탑재된 Main CPU 칩 및 Sub CPU 칩

대략 가로 길이가 15cm인 ECM의 내부에 소프트웨어가 코딩된 두 개의 반도체 칩을 볼 수 있는데 크기가 큰 칩이 Main CPU이며, 크기가 작은 칩이 Sub CPU이다.

ECM 내부에 코딩된 소프트웨어 결함으로 인한 급발진 시나리오 역시 실제 현실에서 발생할 수 있다는 것이 북아웃 소송에서 소프트웨어 전문가 Mr. Barr에 의해 밝혀졌다.

따라서, NASA 보고서가 결함재현에 실패했다는 것을 이유로 급발진 현상 자체가 존재하지 않는다고 주장하는 것은 대단히 무리한 주장이다. NASA가 가능성을 열어둔 시나리오가 실제로 현실이 되었다는 본질적인 면에 주목해야 한다. NASA가 사용한 데이터와 방법론하에서 결함재현에 실패한 것일 뿐이며, 결함이 존재하지 않는다는 뜻이 아니기 때문이다.

NASA가 결함 재현에 실패한 이유

NASA가 결함 재현에 실패한 이유로서 쿠프만 교수는 먼저 **'빡빡한 일정**(tight timeline)**'**과 '**제한된 정보**(limited information)**'**를 꼽았다. 다음으로 NASA에서 수행한 소프트웨어 분석이 ECM의 Main CPU 칩에 코딩된 소프트웨어에 국한되어 있었고, 모니터링을 수행하는 Sub CPU 칩의 소프트웨어를 분석하지 않았음을 지적하였다.

또한 비슬리 앨런 로펌(Beasley Allen Lawfirm) 웹사이트의 북아웃 소송의 전말에 대해 상세한 설명에서 보듯이 토요타는 캠리 차량의 ECM에 **'메모리 보호 특성**(memory protection characteristics)**'**이 없음에도 불구하고 있는 것처럼 거짓말을 하였다.

비슬리 앨런 로펌에서 언급한 '메모리 보호 특성'이란 반도체 분야에서 사용하는 전문용어 EDAC(Error Dectection and Correction)을 지칭하고 비트플립을 탐지하고 수정하는 기능을 말한다. 이러한 기능에 대해 NASA 보고서 54페이지에 등장하는 내용을 아래와 같이 발췌하였다.

> Main CPU와 Sub CPU는 두 종류의 메모리 반도체(비휘발성 ROM과 휘발성 SRAM)를 사용한다. SRAM에는 EDAC 로직에 의해 달성되는 보호기능이 있어서 1개의 비트플립을 탐지하고 수정하는 기능, 2개의 비트플립을 감지하는 기능이 있다.

전 세계의 수재들이 모두 모인다는 미국의 NASA가 자동차 제조사 토요타의 거짓말에 어이없게도 속아 넘어간 것이다.

TRL 보고서

영국의 교통연구재단(TRF, Transport Research Foundation) 산하의 연구소 TRL(Transport Research Laboratory)에서는 『자동차 전자제어 시스템의 신뢰성(The reliability of electronically controlled systems on vehicles)』이라는 제목의 연구보고서[14]에서 자동차 긴급출동(roadside recovery) 데이터를 분석하였다.

표 5-2 영국 긴급출동 서비스 업체의 차량 고장 통계

고장원인	긴급출동 횟수	비중
전기시스템	2,334,527	44.8%
전자시스템	**191,236**	**3.7%**
기계장치	300,599	5.8%
연료	563,723	10.8%
차체	137,181	2.6%
엔진	1,160,013	22.3%
동력전달장치	523,064	10.0%
합계	**5,210,343**	**100%**

연구 표본이 된 긴급출동업체는 영국에서 대략 10%의 시장점유율을 가지고 200만 명의 회원을 거느리고 있다. 연구에서는 1995~1997년의 총 5,210,343건의 긴급출동 데이터베이스를 활용하여 전자시스템 고장이 원인인 사례가

14 해당 보고서는 다음의 사이트에서 다운로드 가능하다. https://citainsp.org/wp-content/uploads/2016/01/ECS-RSP-Study-1a-reliability-ECS.pdf

191,236건에 달했고 이중에서 64,026건(33.48%)은 ECU 고장이 원인이었다는 통계자료를 제시한 바 있다.

또한 ECU 고장 64,026건 중에서 가장 빈번한 고장을 나타낸 것은 22,379건(35%)을 차지한 ECM(엔진을 제어하는 ECU) 고장으로 나타났다.

표 5-3 영국 긴급출동 서비스 업체의 ECU 종류별 고장 통계

고장원인	긴급출동 횟수	비중
ECU - Engine Management	**22,379**	**35.0%**
ECU - Ignition	20,710	32.3%
ECU - Fuel	19,004	29.7%
ECU - Air Conditioning	705	1.1%
ECU - Suspension	603	0.9%
ECU - Auto Gearbox	330	0.5%
ECU - ABS	295	0.5%
합계	**64,026**	**100%**

보고서에서는 전자장치의 결함이 자동차 사고와 극도로 관련이 깊고 차량의 안전에 영향을 미친다고 명확하게 언급하고 있는데, 보고서 21페이지 및 67페이지에서 관련 내용을 아래와 같이 번역하여 제시한다.

> 전자장치에서 발생하는 결함이 BVK[15](billion vehicle kilometers)마다 1,770건으로 추정되었다는 것이 중요한 수치로 보이지 않을지도 모른다. 그러나 영국의 사고율과 비교하면 이 추정치의 중요성이 드러난다. 1998년 영국 도로교통사고에서 상해율(casualty

15 **교통량(traffic volume)은 한 나라(또는 지역)에서 모든 차량의 주행거리를 합산하여 측정**한다. 이때 수치가 지나치게 커지게 되므로 14억(billion) 단위를 사용하여 간략하게 표기하기 위하여 널리 사용되는 개념이 BVK이다. 예컨대 총 5천만 대의 차량이 각각 20킬로미터씩 주행하면 1 BVK (=50,000,000vehicle × 20km = 1,000,000,000 vehicle kilometers)가 된다.

rate)은 BVK마다 70이다.[16] 이러한 수치들을 비교한다면 전자 시스템 결함은, 사고와 극도로 관련이 깊고(extremely relevant) 상당한 고장 건수를 나타내며, 그 중 다수의 고장이 차량의 안전에 영향을 미친다.

전자적으로 제어되면서 안전과 관련되어 대단히 중요한 시스템의 고장은 도로에서의 상해사고에 비해 25배[17]나 빈번하게 나타난다는 통계를 고려하면 어떤 전자제어 시스템 고장이 상해사고를 유발하는 경우는 매우 드물다. 그러나, 상해사고를 유발할 가능성이 있다는 것은 명확하다. 어떤 결함이 사고를 유발하게 된다면 그 결과는 매우 심각할 수 있다.

필자가 급발진 의심사고를 당한 부모님을 대리해 소송을 했던 자동차 제조사에서는 급발진과 관계되는 APS(액셀 페달 포지션센서) 오작동 및 ECU의 소프트웨어 오류로 인한 스로틀 개방 등은 TRL 보고서에 등장하지 않으므로 결함의 존재 확률이 극히 희박하다는 의견을 냈었다.

APS 및 ETC(전자제어스로틀)가 2000년대 이후에 활발하게 채택되었고, 보고서에서 사용한 데이터의 샘플링 기간이 1995~1997년이라는 점을 감안하면 APS 오작동 및 ECU 오류로 인한 스로틀 개방 등이 보고서에 등장하지 않는 것은 지극히 당연한 것임에도, 이것을 마치 액셀 페달이나 스로틀 제어 관련 결함이 희박하다는 근거로 제시하는 것은 보고서의 내용을 곡해한 억지 주장에 불과하다.

TRL 보고서는 영국에서 한 해에만 무려 637,451건의 전자장치 고장이 발생하는 것으로 추정하였으며, 그 중에서 엔진을 제어하는 ECU의 고장이 무려 74,597건에 달하는 것으로 추정하고 있다. 보고서의 결론 및 시사점은 누가 보아도 오해의 여지 없이 매우 상식적이다. 전자장치의 고장이 빈번하기 때문에 자동차에서 전자장치 채택이 더욱 가속화되는 상황에서 전자장치를 잘 점검해야 한다는 것이다.

16 영국에서 교통량 1 BVK마다 죽거나 다치는 사람이 70명이라는 의미이다. 영국 정부의 도로교통 통계자료(https://www.gov.uk/government/statistical-data-sets/road-traffic-statistics-tra)에 따르면 1998년 한 해 동안 총 교통량은 458.5 BVK이다. 따라서 교통사고로 한 해 동안 죽거나 다친 사람은 대략 32,095명(= 70명 × 458.5)임을 알 수 있다.

17 $1,770 \div 70 \approx 25$

국과수는 자동차 ECU를 조사할 역량이 있는가에 대한 전문가 의견

비영리, 비당파 독립언론을 표방하며 유튜브 구독자수 129만 명을 확보하고 있는 뉴스타파는 2017년 1월 26일 방송된 자동차 급발진 이슈를 다룬 프로그램('급발진 사고'의혹...현대기아차 · 국과수가 덮었나)[18]에서 국과수가 급발진 사고를 정밀조사할 수 있는 역량이 있는지 따져보았다.

내용 중에서 특히 흥미로운 부분은 국과수가 급발진을 조사할 수 있는 장비와 인력을 확보하고 있느냐는 기자의 질문에 국과수 교통사고분석과의 현직 박종찬 과장과 전직 과장이었던 대전보건대학교 박성지 교수의 인터뷰 내용이 전혀 딴판이라는 점이다. 현직과 전직 두 사람 중에 누가 조직의 눈치를 보지 않고 진실을 말할 개연성이 높겠는가? 또한 박성지 교수는 Chapter 1에서 소개하였듯이 급발진 재현실험에 성공하여 그 연구 결과를 SCI급 저널에 게재한 제1저자이다.

학자들은 오래전부터 급발진의 주요 원인으로 전자장치 ECU의 오작동을 지목하였음에도 불구하고 국과수에 ECU와 같은 전자적인 부분을 분석할 수 있는 장비도 없고, 인력도 없다는 것을 지적하는 내용은 가히 충격적이다. 뉴스타파의 방송 내용을 아래와 같이 발췌하여 소개한다.

18 https://www.youtube.com/watch?v=7N9qlQs_oHw

기 자: 자동차 회사들도 ECU 시뮬레이터를 활용해 가속, 제동, 전압변경과 같은 다양한 변수를 넣어 차량의 오작동 여부를 판단하고 있지만 우리나라의 대표적 과학수사 기관인 국과수에는 아직 이런 기본적인 장비조차 없습니다.

박종찬: 저희 나름대로는 충분히 장비를 갖출 수 있을 만큼 기준에 맞게끔 장비를 가지고 있다고 생각은 합니다.

기 자: 검증할 수 있는 장비들이 충분히 갖춰져 있나요 지금?

박성지: 그게 장비가 없다고 봐야죠. 예를 들어서 특히 ECU는 (자동차의) 제어장치니까 ECU가 제일 좋죠. ECU 원인이 제일 중요한데 ECU가 오작동 하냐 안 하냐에 대해서는 (살 수 있는) 테스트 장비가 있어요. 있는데 그게 좀 고가라서 좀 예산 확보가 어렵습니다.

기 자: 지금의 전자 장치로 구성된 자동차에 대해서 충분히 분석할 인력들이 좀 있나요?

박성지: 전기전자를 충분히 분석할 인력은 지금 없어요.

기 자: 자동차에 전자 장치들이 굉장히 많은데 전자 관련해서 다룰 수 있는 인력도 충분히 있다고 판단을 하세요?

박종찬: 저희 현실에 맞는 상태에서는 최상의 인력이라고 생각을 합니다.

기 자: 박성지 교수는 국과수의 교통사고 분석역량이 현재보다 더 뒤쳐질 것으로 내다봤습니다.

박성지: 전기차가 어떻고 자율주행이 어떻고 막 넘어가잖아요. 그런 쪽에서 사고가 났을 때 국과수 혹은 다른 조사기관이 제대로 할 수 있냐, 지금 상태로 이미 늦었다고 보고요.

박용진: 국과수가 자동차에 중대결함 내부의 상황을 정확하게 진단하고 증명해낼 만한 장비도 없고 실력도 갖추지 못한다 한다면 침몰하는 배에 갇혀있는 우리 국민이나 가습기 독성을, 독극물을 계속 마시기만 하는 국민을 방치하는 거 하고 뭐가 다릅니까? 정부 책임이죠. 정부가 그것에 대해서 준비를 지금 해내지 않으면 계속해서 이런 불행한 사고가 벌어질 수밖에 없고...

국과수 보고서 사례: 강릉 급발진

필자는 강릉 급발진 의심사고와 관련하여 2024.06.16.에 방송된 MBC강원영동의 시사반장 62회, 『강릉 급발진 의심사고 - 끝나지 않은 싸움』[19]에 패널로 출연하게 되면서 방송국 관계자로부터 강릉 급발진 국과수 보고서를 제공받아 검토하고 이에 대한 의견을 방송에서 개진한 적이 있다.

국민적 공분을 불러일으킨 사고였기에 국과수가 심혈을 기울여 조사를 했을 거라고 생각하는 독자들이 있을 것이다. 해당 사고에 대해 국과수 보고서는 **무려 45페이지**에 달하여 적어도 그럴싸한 외양은 갖추고 있다. 그러나, 실망스러운 대목은 이 많은 분량 중에서 ECU의 반도체 문제(랜덤 하드웨어 결함) 또는 ECU 소프트웨어 문제와 같은 **전자적 결함을 분석한 내용이 전혀 없고, 아예 언급조차 없다**는 점이다. 대신에 온통 기계적인 결함에 대한 언급뿐이다. 발췌해 보면 아래와 같다.

- 타이어의 마모 상태가 양호하다.
- 브레이크 페달 작동 시 정상적으로 동작한다.
- 브레이크 오일 누유 흔적이 없다.
- 브레이크 오일량이 규정치 범위 이내이다.
- 진공 배력장치에 부압이 정상적으로 생성되고 유지된다.
- 브레이크 유압 라인이 정상적으로 체결되어 있는 상태로 체결 부분에서 오일 누유 흔적이 식별되지 않는다.

19 https://www.youtube.com/watch?v=xXSFqYXJOLI

- 브레이크 패드 마모 상태가 양호하다.
- 브레이크 스위치가 정상 작동된다.
- 액셀 페달 작동 시 간섭없이 정상 동작하고 변형 및 마찰 흔적이 식별되지 않는다.

또한 보고서에서 '기계적 결함은 없는 것으로 판단'이라는 표현만 무려 5차례나 등장한다. 결론은 '운전자가 제동 페달이 아닌 가속 페달을 밟아 본 사고가 발생하였을 가능성이 있음'으로 끝나고 있다.

급발진 의심사고 피해자들은 ECU 오작동으로 인한 급발진 여부를 조사해 줄 것을 기대하고 있는데, 앞서 살펴본 박성지 교수의 뉴스타파 인터뷰 내용처럼 국과수가 ECU에 대한 조사 역량이 전혀 없다는 것을 보고서에서 스스로 입증하고 있는 셈이다. 이것이 바로 기계적 결함에 대한 분석으로 결론을 도출하는 국과수 조사에 대한 국민들의 불신이 팽배한 이유이다. 국가기관인 국과수의 보고서는 급발진 관련 소송에서 막대한 영향을 미치고 결함을 발견하지 못했다는 언급은 피해자들에게 매우 불리하게 작용할 수 밖에 없다. 전자적인 결함에 대한 조사할 역량이 없다면 보고서 결론이 '국과수도 원인을 밝히지 못했다'가 되는 것이 공정과 상식에 부합하지 않겠는가?

ECU가 잘못되면 고장코드가 남는다?

SBS 뉴스[20]에 국과수 차량안전실장과의 인터뷰 내용을 살펴 보자.

> **2024.6.6. SBS 뉴스, 잇단 '급발진' 미스터리…EDR 신뢰성 논란**
>
> **국립과학수사연구원 차량안전실장:**
> ECU(전제제어장치)가 만약에 잘못됐다라고 하면 ECU 내에는 고장코드가 남게 되고요.

필자는 이 뉴스를 보면서 국과수의 공학적 지식이 이정도 수준이라는 것과 저런 인터뷰 내용이 아무런 검증없이 언론에 그대로 노출된다는 것이 참으로 안타까웠다. Chapter 6에서 살펴보겠지만 ECU 반도체 칩에서 비트플립이라고 불리는 랜덤 하드웨어 페일리어(random hardware failure)가 발생하면 흔적이 남지 않는다. 반도체의 작동특성에 대해 조금이라도 이해한다면 저런 성급한 일반화를 하지 않았을 것이다.

ECU 내 고장코드라는 것은 북아웃 소송 증인신문 내용에도 나왔고, NASA 보고서에도 등장한 용어 DTC(Diagnostic Trouble Code)를 지칭한다. 소프트웨어 전문가 미스터 바의 DTC에 관한 증언내용을 다시 상기해 보도록 하자.

> 대부분의 DTC 코드는 태스크 X가 제 역할을 하지 못하는 경우 기록되지 않는다.

20 https://www.youtube.com/watch?v=srntayb4bEI

NASA 보고서에서 급발진 가능성을 열어둔 두 가지 시나리오에 언급되는 DTC에 관한 내용도 상기해 보자.

> 시나리오 1: 작동 범위 내의 학적 결함, 정상 페달 신호는 감지를 벗어남, DTC가 생성되지 않음
> 시나리오 2: 오작동 하는 컴퓨터가 스로틀을 개방하더라도 DTC, 감시 시간초과, 림프 모드 및 기타 오류가 나타나지 않아 마치 정상처럼 보임

ECU가 잘못되어 급발진이 발생하더라도 반드시 고장코드가 남는 것은 아니라는 점을 다시 한 번 강조하고 싶다. 이는 전문가들이 말하는 과학적 사실이며 급발진을 경험한 사람들이 서비스센터에 차를 가지고 가서 ECU를 스캔해 보면 특별한 고장코드를 발견할 수 없었다는 증언과도 부합한다.

- 반도체 전문가 L 박사님을 만나다
- 자동차 ECU에 탑재되는 반도체 칩에 대한 이해
- 반도체의 불량, 품질, 신뢰성에 대하여
- 통계적으로 관리되는 반도체 제조 과정에 대한 이해
- 반도체 불량의 종류
- 반도체 불량의 종류별 특징 및 발생 원인에 대한 이해
- 자동차용 반도체 불량률 목표치
- 불량률 목표치 1ppm은 충분한가?
- ECU 반도체 칩에서 불량이 발생하는 메커니즘
- 비트플립을 방지하기 위한 EDAC
- 반도체 칩 관점에서 ECU를 100% 신뢰할 수 없는 이유
- 급발진 의심 사고 이후 불량이 재현되기 어려운 이유
- 쿠프만 교수의 사례연구
- L 박사님 작성 전문가 의견서의 마지막 강조점
- YTN 탐사보고서 기록: 급발진, 액셀 vs. 브레이크

CHAPTER 6

반도체 이슈

반도체 전문가 L 박사님을 만나다

Chapter 6의 내용을 서술하는 데 있어서 머리말에서 잠깐 언급한 L 박사님의 도움을 많이 받았다. L 박사님은 국내 최상위권 대학에서 반도체 분야 연구로 박사학위를 받았으며, 학교와 현업에서 30년 이상 반도체 연구 및 개발 경력을 가지고 있다. 또한 해외 유명 제조사의 자동차에 탑재되었던 MCU(Micro Controller Unit)[1] 제품의 설계 경험을 포함하여 다양한 반도체 칩의 설계 책임자로 활동한 명실공히 최고의 반도체 전문가라 할 수 있다.

L 박사님은 급발진 소송 과정에서 제공해 주신 전문가 의견의 내용을 필자가 이 책에 직·간접적으로 사용해도 좋다는 허락을 흔쾌히 해주셨다. 필자는 L 박사님이 가진 반도체에 대한 전문지식을 비전공자 또는 일반인이 이해할 수 있는 언어로 풀어내기 위해 여러 차례 미팅을 갖고 의견을 교환했다.

자동차 ECU의 오작동으로 인한 급발진 가능성 및 그로 인해 EDR 데이터가 잘못 기록될 가능성을 배제할 수 없음을 반도체 관점에서 살펴보기로 한다.

1 마이크로프로세서, 메모리, 프로그램 가능한 입출력 모듈을 하나의 칩으로 만들어 정해진 기능을 수행하면서 전자제품의 두뇌 역할을 한다. 자동차의 ECU에 탑재되는 핵심적인 반도체 칩이다.

자동차 ECU에 탑재되는 반도체 칩에 대한 이해

자동차 ECU에 탑재되는 반도체 칩은 일종의 작은 컴퓨터라고 이해하면 좋다. 그 내부에는 명령을 처리할 수 있는 프로세서(processor, 일종의 CPU), 명령을 저장하는 메모리 장치인 소프트웨어 코드용 메모리(code memory), 데이터들을 저장하기 위한 데이터용 메모리(data memory), 입출력 장치를 기본으로 이 장치들이 내부 연결장치(In-Chip BUS)로 연결되어 있다.

이외에 특정 연산기능을 빠르게 처리하기 위한 DSP(Digital Signal Processing Unit), 아날로그 신호를 디지털 신호로 바꾸는 ADC(Analog-to-Digital Converter), 디지털 신호를 아날로그 신호로 바꾸는 DAC(Digital-to-Analog Converter), 특정 기능의 연산 로직 장치 등을 포함하기도 한다.

반도체의 불량, 품질, 신뢰성에 대하여

ISO 26262에서 정의하는 결함, 고장이라는 용어의 차이에 대하여 Chapter 4에서 살펴보았는데 보통 고장은 결과로 나타나는 현상을, 결함은 고장의 원인이 되는 조건을 지칭한다. 이번 Chapter에서는 **'불량'이라는 용어를 추가로 사용**하려고 한다. 반도체 분야에서는 결함, 고장이라는 용어보다 불량이라는 용어를 널리 사용하기 때문이다. 불량은 결함과 고장을 모두 포괄하는 개념이다. 엄밀한 구분이 필요한 경우 반도체를 만들고 검사하는 도중에 발생하는 불량을 결함으로 지칭하고, 반도체를 실제로 사용하는 중에 발생한 불량을 고장으로 정의한다.[2]

우리나라의 대표적인 반도체 회사 SK하이닉스의 공식 미디어 채널 'SK hynix Newsroom'에서는 **반도체의 품질과 신뢰성의 차이**를 아래와 같이 설명한다. 품질은 반도체의 특성과, 신뢰성은 반도체의 수명과 관련됨을 알 수 있다.

> '반도체의 품질'은 제품의 정해진 요구 기준과 특성 충족 여부에 따라 규정할 수 있다. 그리고 '반도체 신뢰성'은 이러한 충족된 품질이 보장된 기간 동안 기능을 잘 수행할 수 있는지를 나타내는 척도이다. ...... 결함이 많으면 품질이 나쁜 것이고, 고장이 기준보다 빨리 나거나 빈도가 많으면 신뢰성이 나쁜 것이다. 신뢰성은 어떤 시스템이나 부품, 소재 등이 주어진 조건(사용, 환경 조건)에서 고장 없이 일정 기간(시간, 거리, 횟수) 동안 최초의 품질 및 성능을 유지하는 특성을 말한다.

2 https://news.skhynix.co.kr/post/seominsuk-column-package-reliability

통계적으로 관리되는 반도체 제조 과정에 대한 이해

ECU에 들어가는 반도체 칩을 포함하여 모든 반도체 칩은 제조 과정에서 수백 단계 이상의 다양한 화학적, 물리적 처리 공정을 거친다. 이러한 공정들의 품질관리는 모두 통계적으로 이루어진다.

즉, 제조 과정에서 각 공정 단계마다 목표들을 설정하고 실제 공정 진행 단계마다 제작된 칩의 특성을 측정하는데, 이때 목표치(규격) 대비 공정에서 실제 얻어진 특성 값의 분포를 평균과 표준편차 등의 통계치로 표현하여 관리한다.

또한 이러한 수많은 공정 단계를 거쳐 최종 제품이 제조된 이후에도, 그 최종 제품의 특성 또한 목표한 특성과 비교하여 통계적으로 처리하고 제품의 불량 여부를 판단할 뿐만 아니라 공정의 적정성 여부까지 평가하게 된다.

즉, 제조되어 평가된 특성들이 최초 목표치에서 벗어난 정도가 크고 벗어난 양이 많은 경우 제작 공정 중에 문제가 있다고 판단하고 원인을 찾아 문제를 해결한다. 이러한 반도체 제조 공정의 **통계적 품질관리에 담겨진 함의**는 어떤 반도체 칩이 최종적으로 양품이라고 판정된다고 하더라도 **일정 정도의 불완전성을 내포**하고 있을 수 있으며 이런 잠재적인 불완전성은 특정한 환경에서 원치 않는 특성을 나타낼 수 있다는 것이다.

그러므로 자동차용 반도체의 경우, 모바일용 및 일반 소비자용 반도체와 비교할 때 각 공정 단계마다 측정되고 관리되는 항목들과 최종 평가 항목들이 훨씬 많고 그 관리 기준 또한 엄격하다. 예를 들어 모바일용 반도체의 특성 항목들이 3시그마 기준으로 관리되고 불량률은 백만 개당 1,000개의 불량을 의미하는 1,000ppm(parts per millions) 이내로 관리된다면, 자동차용 제품은 4~6시그마(공정 단계나 특성마다 다를 수 있음) 기준으로 관리되고, 불량률도 10ppm 이하로 관리되는 것이다. 기업의 품질경영 기법(또는 목표)으로 자주 언급되는 **6시그마는 1백만 개 샘플 중 3.4개에서 불량이 발생하는 것을 의미**하며 불량률로 표시하면 3.4ppm이다.

반도체 불량의 종류

반도체에서의 불량은 ① 제품이 생산되어 자동차에 탑재되어 출하되는 시점부터 불량이 포함되는 **'초기불량(early failure)'**, ② 제품의 사용 수명 기간 중에 랜덤하게 불량 현상이 발생하지만 이후 다시 복구되는 **'랜덤불량(random failure)'**,[3] ③ 칩의 동작시간이 길어지면서 초기에는 불량이 아니지만 칩 노화(aging)[4]에 의하여 불량으로 발전하는 **'마모불량(wear out)'**[5] 등으로 나눌 수 있다.

그림 6-1 시간에 따른 불량의 종류와 불량률

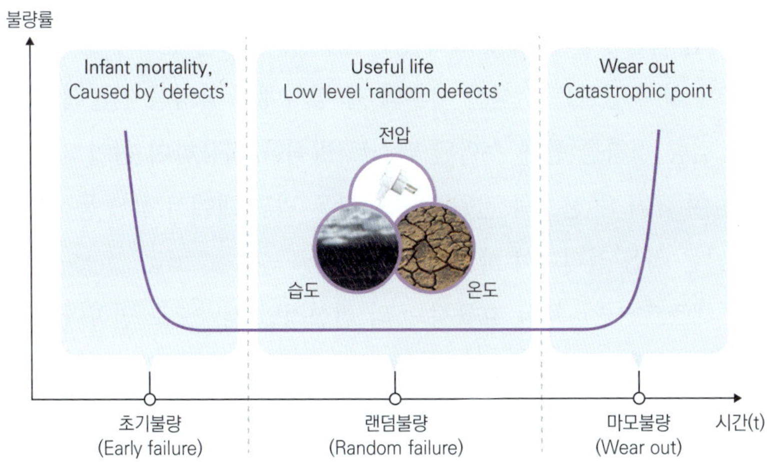

출처: 서민석(2024), 『반도체의 부가가치를 올리는 패키지와 테스트』, 한올출판사, p.14

3 '사용 수명 기간 불량'으로 지칭하기도 한다.

4 사용시간이 늘어남에 따라 칩의 성능이 저하된다.

5 '신뢰성불량'으로 지칭하기도 한다.

반도체 불량의 종류별 특징 및 발생 원인에 대한 이해

앞에서 정의한 반도체 불량 세 가지의 종류별 특징 및 발생원인에 대하여 좀 더 자세히 살펴보도록 하자.

1 초기불량(early failure)

제품이 생산되어 **자동차에 탑재되어 출하되는 시점부터 불량 칩이 혼입되는 경우**로 출하 검사 시 테스트의 불완전성에 기인한다. 반도체 공장에서 칩을 생산하게 되면 자동차용 ECU 반도체 칩뿐만 아니라 모든 반도체 칩에는 반드시 불량 칩이 섞여 있으므로 생산 이후의 칩 검사에서 불량을 검출해 내야 한다. 철저한 검증 절차를 통해 수립된 테스트 방식을 적용하여 칩이 가진 모든 기능에 대하여 규격 내 온도와 전원 전압의 모든 범위 내에서 정상 동작하는 칩과 그렇지 않은 칩을 걸러내야 하는 것이다.

그러나 테스트 시간, 비용 효율성 등의 현실적인 제약으로 인하여 칩의 특성을 대표하는 규격 내 특정 조건(온도, 전압, 습도 등)에서 칩의 동작을 대표하는 제한된 테스트 절차만을 진행할 수밖에 없는 것이 현실이다. 따라서, 칩이 동작하는 모든 실제 환경적 상황을 모두 고려할 수는 없으므로 통계적인 불량률 범위 내에서 칩의 합격과 불합격을 제대로 판단하지 못하는 한계가 분명히 존재한다.

이러한 제약 및 한계로 인하여 칩의 테스트 과정이 완전하다고 할 수 없고, 테스트 조건에서 발견되지 않는 불량이 실제 사용 중에 발생할 수 있으며 이는 반도체 분야 종사자들이 인정하는 상식이다.

다만 제품의 응용처에 따라 모바일용이나 일반 소비자용 반도체 허용 불량률을 1,000ppm 또는 100ppm 미만, 자동차용은 10ppm 또는 1ppm 미만 등으로 정하여 테스트하게 된다. 10ppm은 일백만 개의 칩 중 10개의 불량 칩이 포함되는 것을 허용하는 것이며, 1ppm은 일백만 개의 칩 중 1개의 불량 칩이 포함되는 것을 허용하는 것이다.

그러나 이러한 불량의 존재는 반도체 제조사에서 양품으로 판정하여 자동차 제조사에 전달한 칩을 가지고 수행한 입고 테스트 중에 발견되거나, 자동차에 탑재되어 실제 현장에서 동작하다가 발견되는 경우도 있다.

입고 테스트 자체도 불완전하므로 모든 불량을 다 발견할 수 없다는 점과 실제 자동차 내에서 동작 중 불량이 발생하지만 감지되지(detected) 못하는 불량이나 감지되더라도 보고되지(reported) 않는 불량 등을 감안할 때 실제 불량률은 반도체 업체에서 품질수준으로 제시하는 불량률보다 통상 높을 수 있으며, 또한 1ppm의 엄격한 허용치를 적용하더라도 자동차에 탑재되는 반도체 칩이 대략 200개 이상이라는 점을 감안하면 차량 한 대가 경험할 수 있는 불량률은 200ppm 이상으로 치솟게 된다.

2 랜덤불량(random failure)

제조 공정 및 이후의 모든 테스트를 통과한 양품 칩의 경우에도 제품의 동작 중에 랜덤하게 불량 현상이 발생하기도 한다. 랜덤불량은 **제품의 사용 수명 기간 중에 랜덤하게 불량 현상이 발생하지만 이후 전원이 리셋되거나 하면 불량이 사라지는 특징**을 나타낸다. 랜덤불량의 원인으로는 전원 전압의 불안정, 태양광에 존재하는 알파입자 등이 지목되는데 이러한 불량이 발생하는 자세한 메커니즘에 대해서는 다시 자세히 살펴보기로 하자.

3 마모불량(wear out)

반도체 칩은 **처음 출하 시에는 불량이 아니었지만 사용되는 시간이 지남에 따라 불량으로 발전하는 경우**가 반드시 존재하며 이를 마모불량(또는 신뢰성불량)이라고 지칭한다. 이러한 불량 발생은 특수한 통계적 분포를 따르며 이를 최소화하기 위한 최선의 노력을 기울이더라도, 모든 생물에게 수명이 있듯이 반도체 칩에도 수명이 존재하기에 피할 수 없는 현상이다.

일반적으로 10~20년의 수명을 갖는 것을 품질관리의 목표로 하지만, 수명기간 내에서도 실제 사용 중에 비정상적으로 불량이 발생하기도 하며 이를 미리 100% 예측하는 것은 불가능하다는 것을 주지할 필요가 있다.

자동차용 반도체 불량률 목표치

자동차용 반도체는 제조 이후에 평가 시험에서도 일반 소비자용 반도체와 다르게 관리된다. 일반 소비자용 제품은 평가 시험 이후에 소비자에게 전달되어 불량이 발견될 확률이 통상 1,000~100ppm 이하가 되도록 관리하는데, 자동차용 반도체는 10ppm 미만으로 관리되는 것이 일반적이고, 1ppm 이하를 목표로 하기도 한다.

자동차 제조사가 불량률이 0ppm이 되도록 반도체 제조사에 요청하더라도 반도체의 제조 특성 및 제조 후 평가 시험의 기본 특성상 불가능하다. 결국 반도체 제조사는 제품에 따라 자동차 제조사와 불량률을 합의하고 그 합의된 불량률 범위 안에서 품질관리를 하게 된다.

여기서 예컨대 1ppm의 불량률은 1백만 개의 칩들 중에서 1개의 불량이 발생함을 의미하며 반도체 제조사의 오랜 경험이 아니면 달성할 수 없는 매우 엄격한 품질관리 수준이다.

그러나, 이러한 목표치는 감지되거나 보고되는 불량을 기준으로 한 것이며 실제로는 감지되지 않거나 보고되지 않는 불량도 상당하다는 것이 반도체 분야의 전문가들이 인정하는 통상적인 견해다.

불량률 목표치 1ppm은 충분한가?

1ppm은 6시그마 기준치 3.4ppm보다 훨씬 엄격한 수치로서 얼핏 보면 자동차용 반도체가 매우 안전하다고 생각할 수 있다. 그러나 확률·통계적으로 조금만 생각해 보면 1ppm의 불량률 목표치가 결코 충분하지 않다. 상당한 수준의 불량을 내포할 수밖에 없는 이유를 살펴보자.

내연기관 자동차에 탑재되는 반도체가 대략 **200개** 정도이며, 전기자동차에 탑재되는 반도체가 **800~1,000개**[6] 정도라고 알려져 있다. 우리나라를 예로 들면 2022년 말 기준 자동차 등록대수는 **2,500만 대**를 돌파하였다. 반도체 칩 200개가 한 대의 차량에 탑재된다고 최소한의 가정을 하는 경우 2,500만 대의 차량에는 총 50억(200×2,500만) 개의 칩이 탑재되는 셈이다.

50억 개의 칩에서 평균적으로 1ppm의 불량률이 나타날 것이므로 불량 칩의 개수는 50억×(1/100만)=5,000이다. 지금 이 시간에도 우리나라의 총 2,500만 대의 자동차 중 대략 5,000대가 반도체 불량 현상을 경험할 수 있음을 의미한다. 물론 자동차 반도체의 모든 불량이 위험한 고장으로 연결되는 것은 아니다. 반도체 불량 현상이 발생하는 일부의 차량에서 급발진과 같은 위험한 고장이 초래될 수 있다.[7]

6 2021. 4. 3. SBS뉴스, https://news.sbs.co.kr/news/endPage.do?news_id=N1006267108&plink=ORI&cooper=NAVER

7 이에 대하여는 카네기멜론 대학의 쿠프만(Koopman) 교수의 자료를 인용하여 다시 살펴보기로 하자.

ECU 반도체 칩에서 불량이 발생하는 메커니즘

ECU 반도체 칩의 작동방식 및 불량이 발생하는 메커니즘에 대해 살펴보도록 하자. ECU에서는 센서에서 감지한 데이터를 입출력 장치로 받아들여 데이터 메모리에 저장하고, 소프트웨어가 저장되어 있는 코드용 메모리에서 소프트웨어에 기술된 절차대로 수행을 명령하는 코드를 읽어들여 순차적으로 처리한다.

이때 코드용 메모리는 통상 **'롬**(ROM)**'**[8] 또는 **'플래시메모리**(Flash Memory)**'**[9]에 인간이 작성한 소프트웨어 코드를 번역하여 **기계가 이해할 수 있는 0과 1로 이루어진 기계어 코드를 저장**하게 된다.

그런데 여기서 주목해야 할 부분은 0과 1이라는 정보는 절대적인 숫자 0이나 1의 형태로 저장되어 구분되는 것이 아니라 메모리를 구성하는 각 셀(Cell)의 전류의 양(또는 전압의 크기)에 의해 상대적으로 구분된다는 점이다.

전류의 양으로 0과 1을 구분하는 메모리 회로의 경우를 예로 들면, 가령 1μA(마이크로 암페어)[10] 이하의 전류를 흘리면 0이 되고 5μA 이상의 전류를 흘리면 1이 되는 형태이다. 그런데 메모리 안에는 정보를 저장하는 수백만 개 이상의 셀(cell)이 존재하며 그 셀들에 흐르는 전류 값들은 통계적으로 분포되어 있다.

예컨대 0인 셀들은 0.01μA에서 1μA까지 1인 셀들은 5μA에서 50μA까지 분포되어 있고 0과 1을 판단하는 기준은 그 중간인 3μA로 정해져 있다. 그런데

8 Read Only Memory의 약자로 한 번 기록한 데이터를 빠른 속도로 읽을 수 있지만, 다시 기록할 수 없는 저장장치를 말한다.

9 전원이 꺼지더라도 저장된 데이터가 사라지지 않는 비휘발성 메모리를 지칭한다.

10 1μA(마이크로 암페어)란 1A(암페어)의 100만분의 1에 해당하는 작은 전류량의 단위이다.

판단 기준이 되는 전류 값도 반도체의 통계적 특성에 의해 칩에 따라 또는 온도나 전압의 변화에 따라 2~4μA 분포를 가지게 된다.

[그림 6-2]는 지금까지의 설명을 도식화 한 것인데, **0과 1이 문제없이 잘 구분되는 정상상태**라고 칭할 수 있을 것이다.

그림 6-2 정상 상태에서 셀 내부의 데이터가 0과 1로 구분되어 저장되는 원리

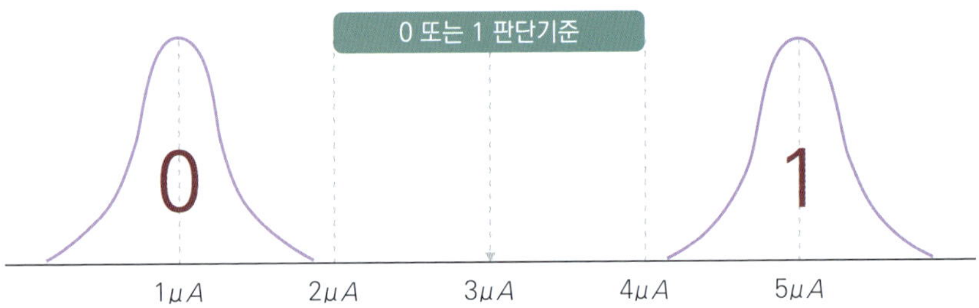

그런데, 엄격한 품질 기준 및 테스트 절차에 따라 제조된 반도체라고 하더라도 차량 배터리로부터 반도체 칩에 공급되는 전압이 불안정하거나, 칩 내부 전원 전압이 불안정하든지 하면 셀의 전류 기준점과 0과 1을 나타내는 셀에 흐르는 전류 값 간의 차이가 적어져 0을 1로, 또는 1을 0으로 오인식하게 되므로 소프트웨어 코드가 설계 의도와 다르게 잘못된 동작을 수행할 수 있다. 쉽게 말해 **0과 1이 헷갈리는 비정상 상태**라고 칭할 수 있는데 이를 **전문용어로 비트플립**(bit-flips)이라고 한다. 이러한 상태를 도식화 한 것이 [그림 6-3]이다.

즉 자동차 소프트웨어 코드 자체의 결함에 의해서도 자동차의 비정상적인 동작이 발생할 수 있지만, 소프트웨어 코드에 결함이 없더라도 반도체 칩에서 발생하는 불량으로 인하여 해당 코드를 저장한 메모리 반도체에서 명령을 읽어오는 과정에 문제가 생겨 자동차의 비정상적 동작이 발생할 수 있는 것이다.

그림 6-3 비정상 상태에서 셀 내부의 데이터 0과 1이 헷갈리는 원리

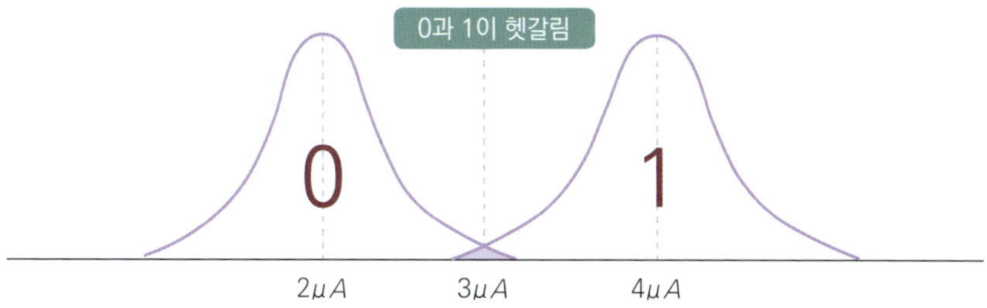

또한, 센서에 입력된 정보를 ECU로 읽어들여 저장하는 장치인 '데이터 메모리' 또는 '레지스터 장치'에서도 불량이 발생할 수 있다. ECU에서는 통상 데이터 메모리 역할을 **'에스램(SRAM)'**[11]이 담당한다. SRAM도 앞서 설명한 ROM 및 Flash Memory와 유사한 개념의 감지(sensing) 장치를 써서 0과 1을 판단한다. 따라서 전원의 불안정에 의해 불량 발생이 가능할 뿐 아니라 SRAM에서는 특히나 태양광에 존재하는 **알파입자**(alpha particle)[12]에 의해 0이 1로 변경되거나 1이 0으로 변경될 수 있다.

저장할 정보의 크기가 크지 않은 데이터의 경우에는 레지스터 장치에 저장되는 경우도 있는데, 이 경우에도 SRAM보다 불량 발생확률 자체는 낮지만 빛 또는 칩의 전원 전압 변화로 인해 0이 1로 변경되거나 1이 0으로 변경되는 비트플립(bit flip)이 여전히 발생할 수 있다.[13]

통상적으로 이러한 현상은 단일 셀에서 정보가 바뀌는 1bit 비트플립이 일반적이지만 2bit 비트플립 또는 그 이상의 멀티비트(multi bit) 비트플립도 발생 가능하다.

11 Static Random Access Memory의 약자로 전원이 공급되는 동안에만 저장된 데이터가 보존되는 저장장치이다.

12 자연상태에 존재하는 방사선의 하나로 높은 이온화 특성을 지닌다.

13 보안장치의 경우 이러한 SRAM이나 레지스터 장치의 취약성이 해킹에 활용되는 사례도 많다.

비트플립을 방지하기 위한 EDAC

비트플립 가능성을 줄이기 위해 복수의 셀을 사용하여 통계적인 불량 가능성을 감소시키기 위한 방법론을 칩의 설계 단계에서부터 적용하기도 한다. 가장 일반적인 방법은 Chapter 3의 북아웃소송 전문가 증언 및 Chapter 5의 NASA 급발진 조사보고서에 등장한 EDAC(Error Detection and Correction)이다. **EDAC은 추가적인 Cell을 사용하여 EDC(Error Detection Code), ECC(Error Correction Code)를 구동함으로써 비트플립을 감지(detection)하고 수정(correction)하는 방법론**이다.

반도체 설계 현장에서는 설계의 복잡성, 원가상승 부담, 기술적 어려움 등으로 인해 선택적 또는 전략적으로만 앞서 설명한 방법론들을 사용하는 것이 일반적이다. 따라서 급발진 의심사고 차량에 탑재된 반도체 칩의 EDAC 스펙 등에 대한 정확한 확인을 통해서만 불량 발생 가능 확률을 추정가능할 것이다. 그러나 현재 국과수의 급발진 의심사고 차량에 대한 조사에서는 ECU 반도체 칩의 불량 가능성을 전혀 고려하지 않고 있으며 감정서에 일언반구 언급도 없는 것이 현실이다.

더구나 자동차용 반도체에 아무리 특별한 설계와 장치를 적용하더라도 불량률을 감소시킬 수는 있을지언정 불량률을 제거하여 완전히 제로(0)로 만드는 것은 공학적으로 불가능하다. 따라서 자동차 제조사가 사용한 반도체 칩의 내재적인(inherent) 불량가능성과 관련하여 어떤 설계방법론과 절차를 따라 설계 및 제조되었는지에 대한 설명, 통계적 불량률이 얼마인지에 대한 명확한 데이터를 제시하지 않으면서 자사의 자동차는 안전하고 급발진 현상은 없다고 단정하는 것은 지나치게 무리한 주장이라 할 수 있다.

반도체 칩 관점에서 ECU를 100% 신뢰할 수 없는 이유

앞 절에서 비트플립을 방지하기 위한 방법론 EDAC에 대해 살펴보았다. 그러나 ECU 반도체 칩에서 EDAC를 채택했다고 하여 ECU를 100% 신뢰할 수 있는 것은 아니다.

통상의 ECU 칩에서 불량이 발생하는 경우 이를 인지하여 우회하거나 주 제어장치의 동작을 모니터링하여 불량 발생 여부를 감지하고 기억하는 등의 하드웨어적 또는/그리고 소프트웨어적 처리 절차를 만들어 비정상적인 상황에 대처하게 된다. 하지만 이는 예상되는 불량 모델링에 근거한 대책들이며 미리 고려치 못한 불량에 대하여 모든 처리를 할 수 있지는 않다.

예를 들면, 1bit 비트플립을 감지(detection)하고 수정(correction)하는 장치의 경우 2bit 비트플립이 일어나는 경우는 감지하여 수정하지 못할 수 있고, 2bit 비트플립을 감지하고 수정하도록 했다면 3bit 비트플립은 감지하고 수정할 수 없는 것과 같다.

또 다른 예를 들면, 반도체 칩에서 발생한 불량으로 인해 설계 단계에서 규정된 '명령어 집합(instruction set)'에 없는 명령어 코드가 수행되었다면, 당연히 이는 이상 현상으로 감지될 수 있지만, 불량 발생으로 인해 설계자가 원래 의도한 명령어 코드가 아니라 의도하지 않은 명령어 코드(명령어 집합 내의 다른 명령어 코드)가 수행되었다면 감지하기가 어렵게 된다.

ECU를 100% 신뢰할 수 없다면 해결책은 무엇인가? 같은 기능을 하는 여분의 장치를 채택하는 **다중화(redundancy)만이 오작동을 막을 최후의 보루**이다. 다중화에 대해서는 Chapter 12에서 자세히 살펴보기로 하자.

급발진 의심 사고 이후 불량이 재현되기 어려운 이유

급발진 의심 사고 이후에 동일한 현상을 재현하려고 하였으나 재현되지 않았다는 이유로 차량에는 결함이 없고 급발진이 아니라고 결론 내리는 것은 반도체 특성을 전혀 이해하지 못한 대단히 잘못되고 성급한 판단이다. 비트플립에 의한 불량은 급발진 의심사고 이후 반도체 칩에 전원이 다시 가해지거나 리셋되면 불량이 사라지는 것은 당연한 현상이기 때문이다.

급발진 의심사고 차량을 가져다가 ECU 오작동 여부를 통해 다시 사고를 재현하고자 한다면 통상 제한된 환경 내에서 실험을 하는 것이다. 이런 방법으로는 급발진 의심사고 당시에 ECU 반도체 칩 데이터 메모리 내부의 수만 개 셀 중 어느 셀에서 비트플립이 일어난 것인지 재현 불가능하다.

사고 당시에 태양광의 알파입자가 어느 특정 셀을 때려서 비트플립이 생긴 것이라고 한다면, 사고 당시의 차량상태 및 외부환경을 정확히 동일하게 맞추는 것이 불가능하기 때문이다. 혹 사고 당시와 동일한 조건에서 재현한다고 하더라도 동일한 불량이 발생할 확률은 지극히 낮을 수밖에 없다.

이와 같은 반도체 고유의 특성을 감안할 때 급발진이 재현되지 않았기 때문에 급발진이 아니라고 말하는 자동차 제조사, 국과수 측의 주장은 설득력이 없음을 강조하고 싶다.

쿠프만 교수의 사례연구

미국 카네기멜론대학[14] 전기&컴퓨터공학(electrical and computer engineering) 전공 쿠프만(Koopman) 교수의 2014년 『토요타 급발진과 소프트웨어 안전성에 대한 사례연구』[15] 30페이지 내용을 통해 비트플립의 위험성을 구체적인 수치로 살펴보기로 하자. 1 부터 7 까지의 번호와 소제목은 계산과정에 대한 독자들의 이해를 돕기 위해 필자가 임의로 부여한 것이다.

1 랜덤불량 가능성

랜덤불량이 칩당 10만 시간마다 한 번 발생한다고 가정하였다.[16]

2 위험한 불량 가능성

쿠프만 교수의 추정치에 따르면 랜덤불량의 2% 정도가 급발진처럼 위험한 상황을 야기할 수 있는 '**위험한 불량**(dangerous fault)'이라고 하였다.

3 캠리 차량 연간 생산량과 운행시간

미국에서 캠리차량 생산량은 연간 430,000대, 각 차량이 하루에 1시간씩 운

14 컴퓨터 분야에서 세계 최고의 수준을 인정받고 있는 미국의 명문 사립대학이다.

15 Koopman(2014)_A Case Study of Toyota Unintended Acceleration and Software Safety

16 Obermaisser, A Fault Hypothesis for Integrated Architectures, International workshop on Intelligent Solutions in Embedded Systems, June 2006, pp. 1-18.

행한다고 가정하였다.

4 캠리 차량 43만 대의 연간 운행시간

캠리 차량 43만 대의 연간 운행 시간은 365일×430,000대×1시간 =156,950,000시간이다.

5 캠리 차량 43만 대에서 발생하는 연간 랜덤불량 횟수

앞서 10만 시간마다 랜덤불량이 발생한다고 가정하였으므로 156,950,000/100,000=1,569.5회이다.

6 캠리 차량 43만 대에서 발생하는 연간 위험한 불량 횟수

랜덤불량 중 2%가 위험하다고 가정하였으므로 캠리차량 전체가 1년 동안 경험할 수 있는 위험한 불량은 1,569.5회×2%=31.4회로 계산된다.

7 캠리 차량은 며칠에 한번 위험한 불량을 발생시키는가?

위험한 불량이 며칠 만에 한 번 발생하는지 환산을 해보면 365/31.4=11.6일로 계산된다.

쿠프만 교수는 미국에서 운행되는 수많은 차량 중 고작 1년 동안 생산되는 1개 차종 생산량 43만 대를 예로 들었고, 차량 한 대에 반도체가 1개 탑재된다는 지극히 보수적인 가정을 하였다. 2024년 12월 현재 미국에는 2억 8천만 대의 차량이 등록되어 있다는 통계가 있다. 쿠프만 교수의 사례연구가 시사하는 바는 자명하다. 소프트웨어 결함을 논외로 하고 반도체의 비트플립과 같은 하드웨어 랜덤불량만을 고려하더라도 자동차 급발진과 같은 위험한 불량의 발생 횟수는 상당한 수치일 것으로 추정된다는 것이다.

L 박사님 작성 전문가 의견서의 마지막 강조점

반도체 전문가 L 박사님이 작성하여 제출한 전문가 의견서에서 재판부에 마지막으로 강조하고 있는 내용은 크게 세 가지로 정리될 수 있다.

1 ECU 반도체 칩에서 불량이 발생하면 오류 처리되며 불량을 모두 걸러낼 수 있다는 자동차 제조사 측 주장에 대하여

> ECU에서 불량이 발생하면 반드시 흔적(기록)이 남게 되고, 적절한 절차를 통해 걸러내어 모두 오류 처리할 수 있다는 제조사 측의 주장은 반도체의 기본적인 특성을 고려할 때 과도한 주장이라고 판단합니다. 랜덤불량, 감지되거나 보고되지 않는 불량, 칩의 수명(aging)에 의한 신뢰성불량까지 감안하면 불량 가능성은 더욱 증가합니다. 자동차 제조사가 불량 가능성이 없다거나 불량이 발생하면 모두 걸러낼 수 있다고 말하는 것을 반도체 분야의 전문가라면 아무도 믿지 않는다고 자신있게 말씀드릴 수 있습니다.

2 EDR 장치의 기록을 신뢰할 수 있다는 제조사 측의 주장에 대하여

> ECU가 모든 불량 현상을 감지, 보고할 수 있는 것은 아니므로, 자동차에서 반도체 칩 불량 등으로 ECU가 오작동하여 발생하는 급발진 가능성을 완전히 배제하는 것은 불가능하며, ECU의 오작동 가능성이 존재하는 상황에서 ECU의 데이터를 받아 기록하는 EDR을 절대적으로 신뢰할 수 없다는 의견을 드립니다.

3 정보공개 없이 자사 자동차가 안전하다는 제조사 측의 주장에 대하여

급발진 의심사고 차량에 탑재되었던 ECU 및 EDR에 탑재된 반도체 칩의 정확한 ASIL 등급과 차량 설계 및 제조과정에서 참조하거나 준수했던 ISO 26262에 따른 절차들에 대한 세부적인 설명과 인증 결과에 대한 공개 없이 절대적으로 안전하다고 주장하는 것은 대단히 무리한 주장이며 반도체 전문가 입장에서는 납득하기 어렵습니다.

YTN 탐사보고서 기록: 급발진, 액셀 vs. 브레이크

반도체에서 발생하는 비트플립을 전부 막을 수 없다는 것은 반도체 전문가 뿐만 아니라 소프트웨어 전문가도 인정하는 사실이다. YTN에서 급발진 관련 프로그램을 기획하면서 PD들이 2023년 7월 필자의 연구실에 찾아온 적이 있다. 인터뷰도 진행하고 이런저런 이야기를 나누느라 반나절이 훌쩍 지나갔다. 필자는 YTN PD들에게 의미 있는 프로그램을 만들기 위해서는 그동안 언론에 자주 출연하여 뻔한 얘기하시던 분들이 아니라, 한 번도 모습을 드러내지 않은 자동차 ECU와 관련된 진짜 전문가들을 꼭 취재해야 한다고 신신당부를 했다.

그리고, 자동차 전자제어 전공, 자동차 소프트웨어 전공 교수 몇 명을 추천했다. PD들에게 전해 들은 바로는 여러 차례 자동차 전자제어 전공 교수와의 연락을 취하였으나 응답이 없어 만나지 못하였고, 자동차 소프트웨어 전공 교수와는 어렵사리 인터뷰가 성사되었다고 한다.

필자가 아는 한 학계의 자동차 소프트웨어 전문가가 방송에 출연하여 급발진 문제에 대해 발언한 것은 우리나라에서 최초이다. 기념비적인 사건의 주인공은 국민대학교 자동차IT융합학과에서 '차량 임베디드 소프트웨어' 연구실을 책임지고 있는 김종찬 교수이다.

김종찬 교수는 2023. 9. 9.자 YTN의 '탐사보고서 기록: 급발진, 액셀 vs. 브레이크'이라는 방송 프로그램[17]에 출연하여 **"이 비트플립이라고 불리는 현상은 현재 기술로는 100% 방지할 수가 없습니다"**라는 의견을 피력하였다. 김종찬

17 해당방송은 아래의 유튜브 주소에서 다시 시청 가능하다.
https://www.youtube.com/watch?v=8_mAxUw-zWs

교수의 나머지 발언들도 좀 더 따라가 보도록 하자.

> 랜덤 하드웨어 페일리어(Random Hardware Failure)는 어떤 시스템 메모리의 특정 비트가 0과 1이 순간적으로 뒤집히는 현상을 의미합니다. 이 비트플립이라고 불리는 현상은 현재 기술로는 100% 방지할 수가 없습니다. 하지만 시스템 설계 단계에서 부품의 랜덤 하드웨어 페일리어 확률을 엄청나게 낮출 수는 있습니다. 예를 들어서 ISO 26262의 최고 등급인 D등급을 만족하려고 하면 랜덤 하드웨어 페일리어의 확률이 1억 시간에 한 번으로 낮춰져야 합니다. 그렇기 때문에 굉장히 발생할 확률이 낮은 것이죠. 그런데 문제는 지구상에 현재 15억 대의 자동차가 운행하고 있다는 것입니다. 그렇기 때문에 ETCS(전자식 스로틀밸브 제어장치)를 설계할 때는 비트플립이 기본적으로 발생한다고 가정합니다.

Chapter 4에서 ISO 26262가 규정하는 ASIL 등급별 고장률(랜덤하드웨어 페일리어 확률) 목표치를 살펴보았듯이 ASIL D등급의 고장률 목표치는 1억 시간당 1회이다. 이 수치와 김종찬 교수의 발언을 우리나라 상황에 대입해보자.

앞서 언급하였듯이 우리나라에는 2,500만 대의 자동차가 있다. 모든 차량이 최고 등급인 ASIL D 부품만을 사용하고 차량 1대에 반도체 칩이 단 1개만 존재한다고 손쉬운 가정을 하더라도 각 차량이 모두 4시간씩만 운행을 하면 1억 시간이 충족된다. 쉽게 말해 우리나라에서 운행시간 4시간마다 운이 없는 어떤 차량 1개가 비트플립을 경험하고 있다는 얘기가 된다.

- 자동차 소프트웨어의 중요성, 주요 현안 및 쟁점
- 자동차에 탑재되는 소프트웨어 코딩량
- 임베디드 시스템과 임베디드 소프트웨어
- 결함 감내성(fault tolerance)이란 무엇인가?
- 소스코드(source code)란 무엇인가?
- 경합조건(Race Condition)에 대하여
- ECM에서 연산 도중 오류가 발생하였다면 프로그램이 작동을 멈추고 종료되거나, '연산불가'의 결과를 내놓게 된다는 주장에 대하여
- 평화주의자 간디가 전쟁 미치광이로 돌변하다
- 잘못 입력된 값에 취약한 소프트웨어
- 인간은 착오할 수 있어도 기계는 착오하기 어렵다는 주장에 대하여
- 소프트웨어 결함으로 인한 리콜 및 무상수리 사례

CHAPTER 7

소프트웨어 이슈

자동차 소프트웨어의 중요성, 주요 현안 및 쟁점

미국의회조사국(CRS, Congressional Research Service)의 2010년 보고서[1]에서 언급하고 있는 자동차 소프트웨어의 중요성, 주요 현안 및 쟁점에 대하여 살펴보기로 하자.

자동차에서 소프트웨어 애플리케이션은 1980년에 점화 시스템에 처음 도입되었다. **자동차의 총생산비용에서 전자장치와 소프트웨어가 차지하는 비중은 40% 이상**에 달하며, 고급 자동차에서 수백에서 수천 개의 기능들을 수행하고 수십 개의 전자부품을 작동시키기 위해서 **1천만 라인 이상의 소프트웨어 코드가 필요**하다고 할 수 있다.

GPS(Global Positioning System), 무선 통신, 크루즈 컨트롤, 자동 주차 제어, 다양한 엔진 관련 기능을 갖춘 자동차에서는 항공기처럼 정교한 장비와 경쟁할 수 있는 수준의 소프트웨어가 코딩되어 있다.

자동차 제조업체는 외부 공급업체로부터 부품을 조달한 다음 조립라인에서 완성차를 만들어 낸다. 일부 전문가들은 이러한 제조 시스템이 수천 개의 소프트웨어 기능을 제어하는 수십 개의 데이터 프로세서가 포함된 자동차에서 적합하지 않을 수 있다는 점을 지적한다. 서로 다른 소프트웨어와 하드웨어 구성 요소 간의 의도하지 않은 상호작용 이슈가 발생될 수 있기 때문이다. 일부 소프트웨어의 경우 장기적인 신뢰성 데이터가 확보되지 않을 수 있다.

소프트웨어 개발은 자동차 제조업체에게 점점 더 비용이 많이 드는 영역이 되어가고 있으며, 이로 인해 표준화 정도를 증가시키려는 노력이 확대되고 있

1 https://www.everycrsreport.com/reports/R41205.html (Chapter 1에서 살펴본 보고서임)

다. 업계가 소프트웨어 설계를 체계화하려는 움직임에 영향을 미치는 또 다른 요인은 자동차에 탑재된 컴퓨터가 자동차 제어에 더욱 직접적인 영향을 미치는 기능을 수행하기 시작하면서 안전에 대한 우려가 높아졌다는 점이다.

자동차 제조업체는 소프트웨어를 개발할 때 **MISRA**(Motor Industry Software Reliability Association)[2]라는 국제 협회에서 제정한 가이드라인을 포함하여 다양한 표준을 사용한다. MISRA 가이드라인은 소프트웨어 코드가 표준화되고 신뢰할 수 있음을 보장하기 위해 제정되었으며 안전 분석에 대한 지침 또한 제공하고 있다. MISRA 가이드라인은 항공 및 철도를 포함한 다른 운송 시스템에서도 널리 사용된다.

2 안전 및 보안 관련 전자 시스템과 소프트웨어 집약적 애플리케이션 개발의 모범사례를 장려하기 위한 자동차 제조업체, 부품 공급업체, 엔지니어링 컨설팅업체 간의 협력으로 1990년대 초반에 조직된 국제 협회이며 영국에 소재하고 있다. 오늘날에는 자동차 산업분야뿐만 아니라 안전 관련 임베디드 시스템 분야 다른 산업의 업체까지 아우르는 구성원(mebership)을 확보하고 있다. 협회 웹사이트 주소는 다음과 같다. https://misra.org.uk/

자동차에 탑재되는 소프트웨어 코딩량

클렘슨대학교 **허빙**(Hubing) 교수는 자동차가 복잡한 전자장치임을 강조한다('Automobiles are complex electronic systems!'). 고급 승용차 1대에 들어가는 소프트웨어 코딩량이 무려 1억[3] 라인에 육박한다고 밝히고 있다. 코딩량이 대략 5천만 라인이라고 알려져 있는 마이크로소프트 윈도우10보다 2배나 많은 막대한 코딩량이 필요한 것이다. [표 7-1]은 허빙 교수의 자료[4] 13페이지를 우리말로 번역한 것이다.

표 7-1 소프트웨어 코딩 라인수 비교

종류	사진 예시	소프트웨어 코딩 라인수
F-35 전투기 (Joint Strike Fighter)		5백7십만
보잉 여객기 (787 Dreamliner)		6백5십만
고급 승용차		1억

3 이 수치는 엔진 ECU뿐만 아니라 다른 ECU를 포함하여 자동차 전체에 들어가는 코딩량으로 판단된다.

4 Hubbing(2010)_Analyzing Unintended Acceleration and Electronic Controls

임베디드 시스템과 임베디드 소프트웨어

'임베디드 시스템(embedded system)'이란 쉽게 말해 어떤 제품 안에 탑재되어 있는 컴퓨터 장치를 의미한다. 흔한 전자제품인 TV를 예를 들어보자. 보통 사람들이 TV를 구입하면서 컴퓨터를 구입했다고 생각하지는 않는다. 그러나 TV 속에도 작은 컴퓨터가 탑재되어 있다. 이것을 임베디드 시스템이라 부르며 임베디드 시스템에 들어가는 소프트웨어를 **'임베디드 소프트웨어**(embedded software)'라고 부른다.

임베디드 시스템은 자동차, 철도, 항공기, 우주선, 플랜트, 발전소, 에너지, 의료, 금융 등 매우 다양한 산업에서 광범위하게 사용되고 있다. 자동차의 경우를 예로 들어보자. 자동차 전자제어장치의 대표 격인 ECM(Engine Control Module)이 바로 임베디드 시스템이며, ECM에 들어가는 소프트웨어가 임베디드 소프트웨어이다.

자동차에서 임베디드 소프트웨어는 컴퓨터 역할을 하는 ECM 내부의 핵심 반도체 칩에 특정 기능들을 수행하는 소프트웨어를 미리 심어놓은 것이라고 이해하면 된다.

일반적인 소프트웨어는 운영체제를 켜고 프로그램(앱)을 실행해야 수행이 되는 데 반하여 임베디드 소프트웨어는 전원이 켜지자마자 동작을 하고 전원을 끌 때까지 멈추지 않고 계속 실행된다.

결함 감내성(fault tolerance)이란 무엇인가?

결함 감내성(fault tolerance)은 어떤 시스템 내에서 결함이 발생하더라도 결함에 대응하는 프로세스를 갖춤으로써 시스템이 고장을 일으키지 않고 원래 의도했던 기능의 전부 또는 일부가 작동 가능하도록 해주는 능력으로 정의된다. 특정 시스템이 결함 감내성을 갖추고 있을 때 **결함 감내 시스템**(fault tolerant system)이라고 지칭한다.

결함 감내성은 자동차, 철도, 항공기, 의료기 등 사람의 생명과 직결되는 **안전 필수 임베디드 시스템**(safety critical embedded systems)에서 반드시 갖추어야 할 특성이다.[5] 자동차에서 지속적으로 급발진 이슈가 터져 나온다는 사실은 자동차가 과연 결함 감내성을 제대로 갖추고 있는지 의문을 갖게 한다. 결함 감내성의 작동형태는 크게 두 가지로 나눠볼 수 있다.[6]

① 정상작동(normal functioning)

결함 감내 시스템에 결함이 발생했지만 평소와 같이 계속 작동하는 상황이다. 시스템에서 처리량(throughput)이나 응답시간(response time)과 같은 성능 지표에 아무 변화가 없음을 의미한다.

② 우아한 성능저하(graceful degradation)

특정 결함이 발생할 때 성능이 점진적으로 저하되는 상황이다. 결함이 시스

5 결함으로 인해 고장이 발생하여 임무(mission)를 적절하게 수행하지 못하게 되면 막대한 피해나 손실이 발생하는 보안, 금융, 빅데이터 등 임무 필수 임베디드 시스템(mission critical embedded systems) 분야에서도 필수적이다.

6 https://www.fortinet.com/resources/cyberglossary/fault-tolerance#:~:text=Fault%20Tolerance%20Defined,operating%20despite%20failures%20or%20malfunctions.

템 성능에 미치는 영향은 결함의 심각도(severity)에 비례한다. 다시 말해서, 작은 결함은 전체 시스템에 고장을 일으키거나 주요한 성능 문제를 일으키기보다는 시스템 성능에 작은 영향만 미칠 뿐이다.

소스코드(source code)란 무엇인가?

급발진 의심사고 차량의 EDR 데이터 5초만으로는 결함 여부를 알 수 없으니 자동차 ECM에 들어가는 임베디드 소프트웨어의 소스코드를 분석해야 한다는 의견이 지속적으로 제기되고 있다. 미국에서 토요타 캠리의 급발진을 발생시키는 결함을 발견할 수 있었던 것은 북아웃 소송에서 전문가들에 의해 캠리에 탑재되는 소프트웨어 소스코드가 철저히 분석되었기 때문이다. 쿠프만 교수가 법정에서 소스코드에 대해 설명한 내용을 발췌하여 아래와 같이 번역하여 제시한다.

> 질문: 소스코드란 무엇입니까?
>
> 답변: 컴퓨터에 들어가는 명령어를 인간이 읽을 수 있는 언어로 변환시킨 버전입니다. 컴퓨터는 상당히 멍청합니다. 컴퓨터는 당신이 시키는 일을 곧이곧대로 합니다. 그게 좋기도 하지만 나쁘기도 합니다. 컴퓨터는 시키는 것만 합니다. 소스코드는 명령어들의 목록입니다. 예를 들면,
>
> '이 숫자를 취하고, 거기에 1을 더하고, 그 값을 어딘가에 저장해라', '또 다른 어떤 숫자를 취해서 그걸 네 번째 숫자에 더해주고 결과값을 다른 곳에 저장해라', '다 마치면 여기로 와서 다른 일을 해라'
>
> 소스코드는 명령어 목록을 명시합니다. 마치 일종의 레시피가 있는데 이걸 얼마만큼 취하고 저건 얼마만큼 취하라는 것과 비슷하죠. 쉽게 말해 컴퓨터가 해야 할 계산 작업을 어떻게 수행할 것인지에 대한 레시피입니다.
>
> 질문: 소스코드 자체는 인간이 작성하는 것이 맞습니까?
>
> 답변: 맞습니다. 인간이 소스코드를 작성합니다.
>
> 질문: 소스코드와 인간의 상호작용에 대해 설명해 주십시오.

답변: 때때로 소스코드는 이미 존재하는 경우가 있고 인간은 특정한 라이브러리들을 사용하기도 합니다. 그러나 점점 특정 시점에서는 어떤 사람들이 소스코드를 직접 작성해야 합니다. 그들이 레시피를 작성하는 것입니다. 당신이 최초로 레시피를 작성했다면 그 레시피엔 아마도 버그(bug)가 있을 것입니다. 왜냐하면 누구라도 완벽하지는 않기 때문입니다. 그때 당신은 버그가 없음을 확증하기 위해서 프로세스를 점검하게 됩니다. 제가 여기서 말씀드리는 버그란 결함(defect)을 의미합니다. 어떤 레시피에 50컵의 밀가루를 넣으라고 쓰여있다고 해봅시다. 산업용 주방에 있는 것이 아니라면 그 레시피는 아마 틀렸다는 것을 당신은 알아차릴 것입니다.

질문: 당신 설명대로라면 소스코드를 작성함에 있어 표준(standard)이 중요한 이유가 되겠군요?

답변: 버그를 줄이는 한 가지 방법은 표준적인 방법을 사용하는 것입니다. 이 소송에서 우리는 소스코드, 스타일, 소스코드 형식, 언어사용에 대한 표준을 말하고 있습니다. 예를 들어, 50이나 5라는 숫자를 사용하는 대신에 숫자의 스펠링을 적을 수 있습니다. 실제로 해군의 통신에서는 숫자를 사용하지 않고 스펠링을 적습니다. 그렇게 하면 five를 six로 착각하기가 어렵기 때문입니다. 그래서 스타일 가이드라인과 언어사용 가이드라인이 존재하여 실수가 발생하는 것을 어렵게 해주는데, 이 언어들의 어떤 요인들은 정말로 실수를 유발하기 십상이기 때문입니다.

경합조건(Race Condition)에 대하여

자동차의 ECM은 액셀 페달 신호를 받아, 스로틀밸브 제어, 연료분사, 점화, 배출가스 제어 등 많은 작업을 동시에 수행한다. 따라서 ECM 소프트웨어에서 각 작업을 독립적, 병렬적으로 처리해야 하는데, 각 작업이 본연의 기능을 다하면서도, 다른 작업들과 반드시 조화를 이루어야 함을 의미한다. 이를 위해서는 매우 복잡하고 신중한 설계와 테스트가 요구된다.

여러 가지 일(process)을 동시에 처리하는 방식을 **멀티스레드**(multi-thread) 또는 **병렬처리 아키텍처**라고 표현하는데, 이런 아키텍처에서는 유능한 프로그래머라고 하더라도 발견해 내기 어려운 **'경합조건**(Race Condition)'이 발생 가능하다.

'경합조건'이란 여러 프로세스가 적절한 동기화 없이 동일한 공유 리소스에 접근하려고 할 때, 데이터 손상, **교착상태**(Dead Lock),[7] **무한루프**(Infinite Loop)[8]와 같은 예기치 않은 동작이 발생하여 소프트웨어가 충돌하거나 응답하지 않는 것을 지칭한다.

그래서 소위 프로그램이 "먹통이 되었다"는 말이 바로 '경합조건'으로 인해 소프트웨어가 통제 불능 상태에 들어갔다는 말이며 이때는 강제적인 종료 또는 재부팅을 해야 문제가 해결된다.

'경합조건'의 구체적인 예를 게임에서 살펴보자. 많은 사용자들이 동시 접속

7 멀티스레드 아키텍처에서 두 개 이상의 프로세스들이 각각 어떤 자원(resource)을 점유한 상태에서 다른 프로세스가 점유하고 있는 다른 자원을 요구함으로써 필요한 자원을 사용하지 못하고 무한정 대기하는 상태를 지칭하는 용어이다.

8 프로그램이 종료되지 않고 끝없이 동작하는 상황을 지칭한다.

하는 온라인 밀리터리 게임에서 주인공(게이머)이 총쏘기 및 이동을 할 수 있다고 가정해 보자. 적군(상대 게이머)의 방향을 예상하고 정지 상태에서 총쏘기 동작을 활성화시켜 총을 계속 쏘는 중인데, 예상치 못한 방향에서 여러 적군이 쳐들어 온다면 총쏘기를 중지하고 이동(후퇴)을 해야 한다.

이때 주인공이 총쏘기 중지 명령(A)을 내렸는데, 적군은 주인공을 향해 총쏘기 개시 명령(B)을 내려서 두 가지 명령이 발생한 상황이다. 만약 네트워크 지연 및 동기화 실패로 두 가지 명령이 동시에 서버에 도달하면 소프트웨어는 어느 것을 먼저 처리할지 몰라 A는 B가 처리되기를 기다리고, B는 A가 처리되기를 기다리면서 A, B 둘 어느 것도 처리되지 않는 **'교착상태'**에 들어가고, 한편 주인공은 총쏘기가 중지되지 않아 계속해서 총을 쏘는 **'무한루프'** 상황에 빠지게 된다. 주인공의 목적은 총쏘기를 중지하고 후퇴하는 것인데, 소프트웨어 먹통으로 아무것도 할 수 없는 난감한 상황에 처하게 될 수 있다.

만약 이런 경합조건 상황이 자동차에서 발생하면 어떻게 될까? 급발진과 같은 위험한 상황이 발생할 수 있다. 자동차 스로틀밸브가 열린 상태에서 스로틀밸브를 닫고, 차량을 정지시키고 싶은데, 액셀 페달에서 발을 떼도 소용이 없고, 브레이크 페달을 밟아도 제동이 되지 않는 이도 저도 안 되는 먹통 상황이 자동차 급발진이다. 소프트웨어에 버그(결함)가 있다면, 프로그래머가 예상하지 못한 오작동이 발생하여 자동차 급발진은 얼마든지 발생할 수 있다.

자동차를 제조하는 거대기업에서 그런 위험성에 대비하지 못하겠냐고 반문할지 모른다. 물론 프로그래머는 소프트웨어 개발 과정에서 오류 시나리오를 예측하고 테스트하여 대비하려는 노력을 기울일 수 있다.

그러나 소프트웨어 사용자들은 개발 환경에서의 테스트 시나리오대로만 사용하는 게 아니며 무수히 많은 랜덤 시나리오 조건에서 사용하기 때문에 오류 예측에 실패하는 경우도 많다.

또한 오류 예측은 잘 하였더라도 소프트웨어에 버그가 있는 경우도 비일비재하다. 내로라 하는 프로그래머들이 개발하고 수없이 많은 사람들이 사용하는 윈도우, 카카오톡 소프트웨어도 개발자들이 테스트하지 못한 버그가 끊임없이 발견되어, 패치와 업데이트를 통해 해결하고 있다. 유독 자동차 소프트웨어만은 절대적으로 안전하고 급발진 같은 건 일어날 가능성이 없다고 일축해 버리는 것은 소프트웨어의 특성을 고려한다면 대단히 무리한 주장이다.

ECM에서 연산 도중 오류가 발생하였다면 프로그램이 작동을 멈추고 종료되거나, '연산불가'의 결과를 내놓게 된다는 주장에 대하여

자동차에서 소프트웨어적인 '고장안전대책(fail safe)'이 어떠한 경우에라도 반드시 작동한다'는 무리한 주장이다. 이러한 주장이 성립하기 위해서는 매우 강력한 전제조건이 필요하다.

첫 번째, 프로그래머가 발생가능한 모든 오류(또는 오류가 발생하는 시나리오)를 사전에 예측할 수 있어야 한다. 만약 가능한 오류 99개를 예측하고 오류 발생 시 모두 '연산불가' 처리되도록 프로그램을 코딩해 두었는데, 미처 생각지도 못한 오류가 1개 더 존재한다고 하면 이러한 미예측 오류에 대해서는 고장안전대책이 작동하지 않는다.

두 번째, 오류에 대비하는 코딩에 버그가 전혀 없어야 한다. 철저한 체계를 잡고 완벽한 코딩을 했다고 판단하였는데 실제로는 설계 및 프로그래밍 과정의 실수 또는 실력 부족으로 인해 오류를 감시, 검증, 처리하는 로직에 버그가 있는 경우에도 역시 고장안전대책이 작동하지 않는다. 현업에 종사하는 프로그래머들이 인정할 수밖에 없는 확실한 사실은 모든 오류를 미리 예측하는 것은 불가능하며, 프로그램에 버그가 전혀 없는 수준의 완벽한 코딩도 매우 어렵다는 것이다. 결론적으로 어떤 오류는 발생 시 파악조차 안 되므로, 모든 오류에 대해 '연산불가'의 결과가 도출되는 것은 아니다.

평화주의자 간디가 전쟁 미치광이로 돌변하다

소프트웨어 분야에서 너무나 잘 알려진 **오버플로우**(overflow)[9]라는 문제가 얼마나 황당한 결과를 초래하는지를 보여주는 흥미로운 사례가 있다. 해당 사례는 컴퓨터 게임 개발자의 코딩 실수로 인한 해프닝으로, **매트 파커**(Matt Parker)의 책 『세상에서 수학이 사라진다면(원제: Humble Pi)』에 소개되고 있는데 책에서는 오버플로우라는 명칭 대신에 '롤오버(roll-over)오류'라고 지칭하고 있다. 해당 사례를 아래와 같이 소개한다.

미국의 게임 제작자 시드 마이어(Sid Meier)의 **『문명 5(Civilization V)』** 시리즈는 전 세계에서 3,300만 장이 넘게 팔린 인기 게임인데, 게이머들이 가장 위대한 문명을 건설하며 역사 속의 세계적인 지도자들과 힘을 겨루는 게임이다. 각국의 지도자들은 **8비트로 공격성 값이 코딩**되어 있었는데 인간의 언어로는 **10진수 0부터 255까지**의 값이고, 컴퓨터의 언어로는 **2진수 00000000부터 11111111까지**의 값이다. 지도자 중의 한 사람이 평화주의자 간디였고 개발자는 간디에게 가장 낮은 공격성 값인 1을 부여했고 2진수로는 00000001에 해당한다.

그런데 게임이 진행되어 문명이 발전하게 되면 각국의 지도자는 공격성 값이 2만큼 떨어지게 코딩되어 있었는데, 간디의 공격성 초기값이 1이므로 1만큼 떨어지면 최소값 00000000이 되고, 여기서 다시 1만큼 떨어지면서 표현할 수 있는 범위를 벗어나게 되자 공격성이 11111111이라는 최대값이 되고 말았다. 비폭력주의자 간디가 핵무기를 사랑하는 전쟁 미치광이 핵 간디(Nuclear Gandhi)

9 컴퓨터에서 한정된 용량이나 연산 단위를 벗어나는 데이터가 주어지는 경우에 발생하는 문제들을 지칭하는 용어이다.

로 변한 것이다.

그림 7-1 버그로 인해 최대치의 공격성을 갖게 된 간디 캐릭터

이 황당한 사례에 대해 자세한 내용이 궁금한 독자들을 위해 『The Story Behind 'Nuclear Gandhi'』라는 제목의 글을 게시한 웹사이트 (https://www.anshuanand.in/the-story-behind-nuclear-gandhi/)를 소개한다. [그림 7-1]은 해당 웹사이트에서 발췌한 것으로서 실제 게임에서 간디 캐릭터가 전쟁을 선언하고 상대방을 위협하는 모습을 보여준다.

급발진을 논하다가 갑자기 게임 이야기를 꺼낸 이유가 있다. 흥미롭게도 자동차 ECU에서 운전자의 액셀 페달 강도를 기록·처리하는 방법이 8비트(0~255)이고 간디의 공격성을 코딩하는 방법과 본질적으로 동일하기 때문이다. 만약 이런 어이없는 버그가 자동차 ECU에서 발생한다면 자동차는 어떻게 되는지 묻는다면 답은 자명하다. 차가 미쳐서 급발진하는 것이다.

잘못 입력된 값에 취약한 소프트웨어

앞서 살펴본 '문명5' 게임의 오버플로우 문제에서 얻을 수 있는 시사점은 무엇일까? 컴퓨터는 시키는 일을 충성을 다해 수행하는 외골수로 원래부터 융통성이 없다는 것이다. 매트 파커는 다음과 같은 코멘트를 하고 있다.

> 컴퓨터는 정해진 규칙을 맹목적으로 따르며, 무엇이 '합리적'인가는 따지지 않고, 단지 '논리적'으로 일을 처리한다. 이 말인즉, 컴퓨터 코드를 작성하는 일이란 모든 가능한 결과를 확인하여 컴퓨터가 정확히 무슨 일을 할지 확실히 말해 주는 것이다.

소프트웨어가 코딩되고 기계어로 번역되면 그 로직이 절대 변하지 않으므로 잘못 입력된 값에 대하여 매우 취약하다. 예를 들면, 기계어에서는 음수를 표현할 때 부호를 사용하지 않고 비트만을 사용하는데 소프트웨어가 정상 범위의 양수 값만 예상하여 설계되었다면 오류신호로 음수가 들어왔을 때 오버플로우(overflow)가 발생하고 이를 오류로 판정할 능력이 없다.

구체적인 예를 들어보자. 기계어에서 음수를 표현할 때 **2의 보수**(two's complement)를 사용한다. 여기서, 2의 보수란 2진수 표시에서 0과 1을 모두 역전(flip)시킨 후 1을 더해준 수를 의미한다. 양수 2는 8비트로 '00000010'인데 음수 2로 표현하는 경우 2의 보수를 취하여 '11111110'을 도출한다. 이것은 양수 254를 8비트로 표현했을 때와 정확히 똑같다. 즉 기계어에서 8비트 사용시 음수 2와 양수 254가 표현 형태에서 동일하다는 것이다. 기계는 음수 2와 양수 254를 구별하지 못한다. 그러므로 프로그래머에 의해 예측되고 의도된 소프트웨어의 판단 로직이 필요한 것이다.

표 7-2 자동차에서 액셀 페달 강도를 8비트로 처리하는 사례 예시

10진수	8비트 2진수	비고
0	00000000	운전자의 가속의지 없음으로 처리
+1	00000001	
+2	00000010	
+3	00000011	
...	...	
+128	10000000	
...	...	
+253	11111101	
+254	**11111110**	**강도 99%(풀액셀)로 처리됨**
+255	**11111111**	**강도 100%로 오류 처리됨**
-1	**11111111**	**양수 255와 형태가 동일함, 강도 100%로 오류 처리됨**
-2	**11111110**	**양수 254와 형태가 동일함, 강도 99%(풀액셀)로 처리됨**
-3	11111101	양수 253과 형태가 동일함
...	...	
-128	10000000	양수 128과 형태가 동일함
...	...	
-253	00000011	양수 3과 형태가 동일함
-254	00000010	양수 2와 형태가 동일함
-255	00000001	양수 1과 형태가 동일함

자동차에서 이러한 판단 로직이 미흡한 경우 심각한 문제가 발생하게 될 것이다. 예를 들어 자동차의 '액셀 페달 센서(APS)'의 정상적인 입력 범위가 0(강도 0%)~254(강도 99%)로 설정[10]되어 있다고 가정해 보자. ECU의 오작동으로 인하여

10 EDR에 표시되는 액셀 강도의 최대값이 100%인 제조사가 있고, 99%인 제조사가 있다. 여기서는 최대치가 99%인 제조사를 예로 들었다.

운전자의 가속 의지가 0임에도 불구하고 정상적인 입력 범위를 벗어난 음수값 -2가 들어온다면 스프트웨어는 이것을 양수 254로 판단한다. 254는 액셀 강도 99%를 의미하므로 운전자의 가속 의지가 없음에도 차량이 풀액셀 상태로 급발진할 수 있는 가능성을 시사한다.

이는 소프트웨어가 왜 취약한지, 얼마나 취약할 수 있는지 직관적인 예시를 든 것이다. 자동차에서 반드시 저러한 메커니즘으로 버그가 발생한다고 주장하려는 것은 아니다. 실제 자동차에서 어떤 식으로 코딩을 하였는지, 판단 로직이 얼마나 탄탄한지는 제조사에서 ECU 소프트웨어 소스코드를 완전히 공개하거나 내부 직원이 고발을 하지 않는 이상 정확한 검증은 원천적으로 불가능하다. 자동차 제조사에서 결함이 있다면 피해자가 결함을 입증하라고 하면서 소스코드는 단 한 줄도 공개하지 않는 것은 참으로 무책임한 태도이다.

인간은 착오할 수 있어도 기계는 착오하기 어렵다는 주장에 대하여

자동차의 전자제어장치에서 사용하는 2진수와 비트플립을 이해하지 못하는 지극히 편협한 주장이다. 필자가 만나본 베테랑 프로그래머 S 이사님은 오히려 정반대의 생각을 가지고 있었다. 인간에게 보여지는 언어가 무엇인지에 상관없이 기계(또는 컴퓨터) 내부에서는 2진수(0 또는 1)로 의사소통을 한다. 그러므로 인간이 도무지 착오하기 어려운 것들을 컴퓨터는 착오할 수 있다는 것이다.

자동차 ECU 소프트웨어 코딩에는 C언어를 사용하고 있다. 앞 절의 오버플로우 버그 사례는 C언어에서 부호가 필요 없는 8비트 정수형 변수 **'unsigned char'**[11]를 선언하여 사용할 때 발생 가능하다. 이러한 코딩에서 기계는 -2와 +254를 구별하는 것이 불가능하였다. 반면에 인간이 -2와 +254를 착오할 가능성은 희박해 보인다.

또 다른 예를 들어보자. 인간이 사용하는 10진수 0과 128을 8비트로 표현하면 각각 '00000000'과 '10000000'이다. 상식적으로 인간이 0과 128을 착오하는 것은 거의 불가능하다. 기계는 맨 앞 1개 비트에서만 bit flip이 발생해도 0과 128을 착오하게 된다.

11 'unsigned char'는 **부호 비트가 없고 8개의 비트가 모두 숫자 크기를 표현**하는 데 사용되므로 0부터 255까지의 정수 256개를 표현 가능하다. 반면 **맨 앞에 부호비트가 있는** 'signed char'의 경우는 **7개의 비트가 숫자 크기를 표현**하는 데 사용되므로 -128부터 127까지의 정수 256개를 표현 가능하다.

소프트웨어 결함으로 인한 리콜 및 무상수리 사례

자동차 제조사가 생산 시점에서 인지하지 못한 소프트웨어 결함을 한참 뒤늦게 인지하고 시정하는 사례는 나열하기 힘들 만큼 많다. 그나마 결함이 밝혀지고 시정이 되어 다행스런 일이지만, 이러한 뒤늦은 시정조치가 많다는 것은 밝혀지지 않은 결함도 얼마든지 존재 가능하다는 점을 뒷받침 해준다.

빅데이터의 시대인 요즘 프로그래머들은 **웹 크롤링**(web crawling)이라 불리는 기법을 활용해 웹사이트에 있는 방대한 정보를 자동화된 방법으로 쉽게 수집하여 분류하고 저장한다. 웹 크롤링을 통해 **국토교통부 자동차 리콜센터**에서 리콜 및 무상수리 사례를 조사해보면 수천 건에 달한다. 전자제어장치 소프트웨어 결함으로 인한 사례도 수없이 많아서 일일이 열거하기 힘들 정도이다. 그 중에서 우리나라 대표 제조사인 현대자동차의 사례만 간추려 범주화한 후 [표 7-3], [표 7-4], [표 7-5]와 같이 정리해 보았다.[12]

소프트웨어 결함으로 인하여 엔진정지, 운전자 의지와 상관없는 가감속,[13] 간헐적으로 제동이 되지 않을 가능성, 브레이크 페달 무거움, 변속이 정상적으로 되지 않을 가능성, 주차브레이크 해제로 인한 사고 가능성, 에어백이 비정상 전개될 가능성, 차로 이탈사고 발생 가능성 등 차량 안전과 관련된 중차대한 문제들이 발생 할 수 있음을 알 수 있다.

그럼에도 불구하고 자동차 제조사들이 유독 소프트웨어 결함으로 인한 급발진 만은 발생하지 않는다고 주장하는 것은 쉽게 납득이 되지 않는다.

12 웹 크롤링은 2023년 4월 무렵에 수행되었다. 따라서 데이터가 최근 결함 사례는 포함하지 않음을 밝혀 둔다.

13 unintended acceleration이 가능하다는 것이므로 급발진의 개념에 부합한다.

표 7-3 엔진, 가속, 브레이크 관련 소프트웨어 결함사례

차종	생산기간	결함 시점기간	대상 차량수	결함내용
그랜저 XG	1998-09-01 ~ 1999-04-30	2000-09-25 ~ 2001-09-25	6,593	**ECU 결함으로 엔진 정지 가능성**
G90(HI PE)	2018-11-13 ~ 2019-05-15	2019-07-19 ~	93	특정 주행환경에서 스마트 크루즈컨트롤 기능해제가 되지 않아 **운전자 의지와 상관없는 가감속**에 의해 추돌 가능성
싼타페(TM PE)	2020-06-17 ~ 2020-08-21	2020-09-04 ~	2,097	ESC 모듈 **내부 신호처리 오류로 간헐적으로 제동이 되지 않을 수 있는 가능성**
코나(OS) EV, 코나(OS) HEV, 넥쏘(FE)	2018-01-10 ~ 2020-11-17	2020-12-09 ~	50,867	통합형 전동식 브레이크(IEB)의 간헐적 모터신호 이상발생 시에도 제동력은 유지되어야 하나, **FailSafe(고장안전대책) 로직구성이 미흡하여 브레이크 페달 무거움이 발생할 수 있는 가능성**
싼타페HEV(TM HEV), 투싼HEV (NX4 HEV)	2020-01-18 ~ 2022-11-30	2022-12-08 ~	53,242	오일 내 연료 및 수분 증발 지연이 발생될 수 있으며 **엔진오일량이 증가할 수 있는 가능성**
GV80(JX1), G80(RG3)	2020-11-23 ~ 2020-12-09	2021-01-29 ~	432	ECU 로직내부 TCS 관련 **변수 설정 오류로 TCS 작동시 엔진 RPM 유동현상 발생 가능성**
그랜드스타렉스(TQ), 포터II(HR), 쏠라티, 마이티내로우	2015-08-10 ~ 2019-07-30	2019-12-27 ~	433,426	DPF 재생시 공기량을 제어하는 흡입공기 제어밸브의 오작동시 작동하는 해제로직 실행중 **정상판정 정보전달 유예시간 설정오류로 간헐적 RPM 불안정 및 경고등 점등, 시동꺼짐 발생 가능성**
더뉴팰리세이드 (LX2 PE)	2022-05-04 ~ 2022-07-12	2022-07-21 ~	4,072	ECU **소프트웨어 반영 오류로 엔진 RPM이 떨어져 시동꺼짐이 발생가능**

표 7-4 변속기 관련 소프트웨어 결함사례

차종	생산기간	결함 시정기간	대상 차량수	결함내용
GV80(JX)	2020-01-07 ~ 2020-02-11	2020-02-27 ~	823	공회전 제한 시스템(ISG) 로직 설정 오류로 일부조건에서 **변속이 정상적으로 되지 않을 가능성**
아이오닉5(NE), G80 (RG3 EV), GV70 (JK1 EV), GV60(JW1)	2021-03-26 ~ 2022-05-09	2022-05-19 ~	39,804	주차중 주차위치(P단) 확인신호에 **순간적 오류 발생시 일시적 주차해제로 안전에 지장을 줄 수 있는 가능성**
아이오닉5 (NE)	2021-01-28 ~ 2023-02-03	2023-02-23 ~	51,471	차량제어장치(VCU) 소프트웨어의 오류로 특정 조건에서차량문을 열 경우 VCU는 운전자가 브레이크를 밟고 변속레버를 작동한 것으로 인식하여 **주차브레이크(P) 해제 및 차가 움직여 사고가 발생할 수 있는 가능성**
아반떼N (CN7N), 쏘나타N Line (DN8), 벨로스터N (JSN), 코나N (OSN), 싼타페 (TM PE)	2020-01-06 ~ 2022-05-31	2022-10-27 ~	68,973	변속기제어장치(TCU) 안전운행 모드에 대한 소프트웨어 설계 오류로 **습식 8단 변속기 경고등 점등 및 변속이 되지 않아 사고가 발생할 수 있는 가능성**

표 7-5 에어백, 배출가스, 반자율주행 관련 소프트웨어 결함사례

차종	생산기간	결함 시정기간	대상 차량수	결함내용
코나전기차(OS EV), 벨로스터N (JS N)	2018-05-11 ~ 2018-12-19	2019-01-10 ~	12,390	순간적인 전원 불안정시 **ACU 데이터 처리오류를 고장으로 오인식하여 에어백 경고등이 점등될 수 있고, 충돌 시 정면/측면 에어백 미전개 될 수 있는 가능성**
코나전기차, 벨로스터	2018-05-11 ~ 2018-11-28	2018-12-13 ~	10,531	충돌 센서에서 송출한 정상작동 자가진단 신호에 대해 **ACU(에어백제어기)의 판정범위 설정이 잘못되어 정상센서를 불량으로 인식하여 측면/커튼 에어백 미전개 될 수 있는 가능성**
i30 (FD)	2007-01-25 ~ 2011-09-04	2019-11-01 ~	78,729	전개조건 **판단 오류로 미전개 조건에서 정면 에어백이 비정상 전개될 수 있는 가능성**
그랜저HG 디젤	2014-05-12 ~ 2016-11-10	2019-01-10 ~	30,945	ECU 배출가스 제어 **소프트웨어가 적절하게 설정되어 있지 않아, 질소산화물(NOx)이 과다 배출될 가능성**
GV80(JX1)	2019-12-31 ~ 2020-06-02	2020-09-11 ~	8,035	ECU **소프트웨어 오류로 요소수 시스템에 문제가 발생될 수 있는 가능성**
벨로스터(FS)	2011-11-07 ~ 2013-10-21	2019-05-13 ~	3,135	터보엔진 ECU상에 조기연소 저감 프로그램이 적용되지 않아 **정상점화 시기 이전 조기연소 발생 가능성**
아반떼N(CN7 KN)	2022-12-19 ~ 2023-02-11	2023-03-23 ~	181	전동식조향장치(MDPS) 제어기 **소프트웨어 오설정으로 인해** 차로이탈방지보조(LKA), 차로유지보조(LFA) 기능이 미작동하여 **차로 이탈사고 발생 가능성**

- EDR이란 무엇인가?
- 태생적으로 운전자에게 불리한 EDR 데이터 항목
- EDR에 데이터가 기록되는 과정
- EDR에서 데이터를 추출하는 방법
- EDR 데이터의 한계
- EDR의 신뢰성
- 미도로교통안전국의 EDR 기록시간 연구
- 미연방교통안전위원회의 EDR 기록시간 및 기록주기에 대한 검토의견
- 충돌 전 5초는 너무 짧다
- EDR의 질적 신뢰성에 대한 국내 유명 대학 자동차 전자제어 연구실의 답변
- UL4600이 언급하는 EDR의 문제점
- EDR 데이터도 잘못 저장될 수 있다
- EDR 데이터 사례: 강릉 급발진 의심사고
- 경찰청장 기자간담회 질의응답
- 급발진이 발생하면 EDR 데이터가 엉터리가 된다?
- 폴란드 교통 공학자들의 연구
- EDR에 기록된 정보들 간의 비동기화(non-synchronization) 오류
- 비동기화(non-synchronization) 오류 사례 및 시사점
- 항공기 운항 및 사고분석 전문가 K 기장님을 만나다
- 자동차의 EDR과 항공기 FDR의 비교
- 자동차의 EDR 만으로는 사고원인 파악이 불가능하다

CHAPTER

8

EDR의 신뢰성 논쟁

EDR이란 무엇인가?

사고기록장치를 의미하는 EDR(Event Data Recorder)이란 자동차의 **'에어백 제어 장치**(ACU, Airbag Control Unit)**'**에 탑재된 데이터 기록장치이다.

우리나라 자동차관리법 제2조 제10호에서는 EDR을 다음과 같이 정의한다.

> 사고기록장치란 자동차의 충돌 등 국토교통부령으로 정하는 사고 전후 일정한 시간 동안 자동차의 운행정보를 저장하고 저장된 정보를 확인할 수 있는 장치 또는 기능을 말한다.

여기에서 '국토교통부령으로 정하는 사고'란 국토교통부령 제1155호 '자동차 및 자동차부품의 성능과 기준에 관한 규칙(약칭 자동차규칙)' 제56조2 제1항에서 설명된 2가지 경우이다. 첫째, 0.15초 이내에 진행방향의 속도 변화 누계가 시속 8킬로미터 이상에 도달하는 경우(측면 방향의 속도 변화가 기록되는 자동차의 경우에는 측면 방향 속도 변화 누계가 0.15초 이내에 시속 8킬로미터 이상에 도달하는 경우를 포함한다)이다. 둘째, 에어백 또는 좌석 안전띠 '프리로딩 장치(프리텐셔너, pre-tensioner)'[1] 등 비가역 안전장치가 전개되는 경우이다.

쉽게 말해 속도 변화가 매우 크거나, 에어백이 전개되는 등의 중요 사고에 대한 정보를 저장하는 역할을 하는 장치이다. 에어백이 전개되지 않은 상대적으로 경미한 사고의 경우 데이터 덮어쓰기(overwrite)가 가능하며, 에어백이 전개되는 중대한 사고에 대해서는 데이터가 영구 저장되어 삭제나 덮어쓰기가 불가

1 프리텐셔너는 자동차에서 충돌이나 급제동이 발생하는 경우 탑승자의 몸이 밖으로 튕겨 나가는 것을 방지하기 위해 느슨한 안전띠를 역으로 타이트하게 감아주어 탑승자를 최대한 시트에 밀착시킴으로써 상해를 최소화하는 안전장치이다.

능한 구조로 설계되어 있다.

자동차규칙 별표 5의25에서 규정하는 EDR의 필수 데이터 항목은 15개, 선택 데이터 항목은 30개이다. 국토교통부에서는 국제기준과 조화를 위해 필수 데이터 항목을 15개에서 55개로 확대하고, 선택 데이터 항목을 30개에서 12개로 축소하는 자동차규칙 일부개정안을 입법예고한 상태이다.[2]

EDR이 기록하는 데이터는 2가지로 나눠지는데, 사고발생 전 5초 동안의 **'사고 전 데이터**(pre-crash data)'와 사고발생 후 0.25~0.3초 동안의 **'사고 데이터**(crash data)'이다.

이 중에서 급발진 의심사고에서 쟁점이 되는 것은 사고 전 데이터이며 자동차 속도(km/h), 엔진 회전수(RPM), 스로틀밸브 열림량(%), 액셀 페달 변위량(%), 제동 페달 작동여부(on/off), 조향 핸들 각도(degree), ABS[3] 작동여부(on/off), ESC[4] 작동여부(on/off/engaged) 등의 항목이 0.5초 간격으로 저장된다.

그림 8-1 국산 자동차의 ACU 사진 예시(외부)

2 2023년 12월 26일자 국토교통부공고 제2023-1512호 내용을 참조하였다.

3 'Anti-lock Braking System'의 약자로서 브레이크 잠김 현상을 방지하는 안전장치이다.

4 'Electronic Stability Control'의 약자로서 노면이 미끄럽거나 급커브 상황에서 차량의 거동을 안정시켜주는 차체자세제어장치이다. 제조사에 따라 ESC라는 용어 대신에 VDC(Vehicle Dynamic Control), ESP(Electronic Stability Program) 등의 용어를 사용하기도 한다.

[그림 8-1]은 EDR이 탑재되는 ACU를 국산 자동차에서 적출하여 촬영한 사진이다. 필자가 크기를 측정해 보니 대략 가로 12.8cm, 세로 11.5cm, 깊이 4.5cm 정도이다. 상부 하우징(housing)[5]은 두께가 2mm정도로 꽤 견고하고, 소재는 자석이 달라붙지 않는 것으로 보아 알루미늄 합금으로 보인다.

[그림 8-2]는 ACU 하우징을 분해한 후 촬영한 ACU 내부의 인쇄회로기판(PCB, printed circuit board)[6] 사진이다. 하단에는 초록색의 커다란 입출력 단자가 위치하고 있으며, 중앙에 도드라져 보이는 파란색 원통형 장치는 커패시터(capacitor)[7]이다. 커패시터 바로 오른쪽에 자리잡은 가장 큰 정사각형의 반도체가 ACU에서 가장 핵심적인 두뇌 기능을 하는 MCU(micro controller unit) 칩이다. Chapter 6에서 설명하였듯이 MCU는 일종의 작은 컴퓨터이다.

그림 8-2 국산 자동차의 ACU 사진 예시(내부)

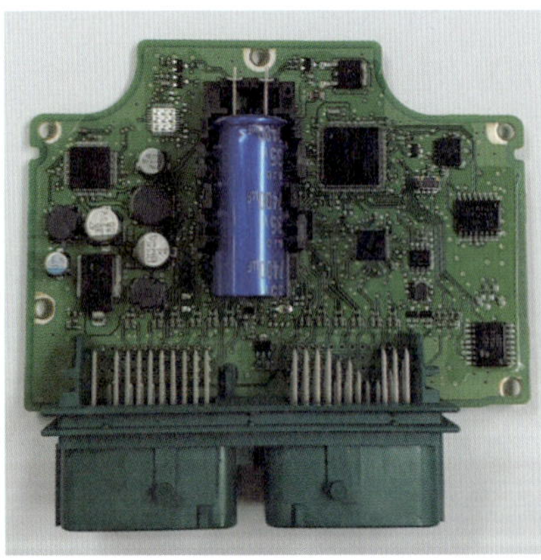

5 부품을 싸서 보호하는 외부 틀을 의미한다.

6 반도체, 저항, 커패시터 등 각종 전자부품을 인쇄된 배선판에 고정하고 부품 사이를 배선으로 연결하여 구성한 전자회로를 의미한다.

7 흔히 캡(cap)으로 줄여서 부르기도 한다. 저수지가 물이 충분할 때 모아두고 부족할 때 방출하는 역할을 하듯이, 커패시터는 전하(electric charge)를 모아두거나 방출하여 전압의 급격한 변화를 방지한다. 또한 차량의 충돌시점에 메인 배터리로부터의 전원 공급이 차단될 수 있는데, 이 경우 커패시터가 예비전원 역할을 하여 EDR에 데이터가 안전하게 기록될 수 있다.

MCU보다는 작지만 비슷하게 생긴 반도체 칩이 MCU 아래에 1개 있고, 기판의 좌측 상단에도 1개 관찰된다. 이외에도 사진상으로 커패시터에 가려져 잘 안 보이지만 커패시터 아래에 작은 정사각형 모양의 반도체 칩이 3개 더 존재한다. 5개 중 1개는 PMIC(power management integrated circuit)[8] 칩으로 보인다.

ACU에 포함된 여러 반도체 칩 중에서 EDR의 기능을 수행하는 칩은 어떤 칩일까? 그림에서 보듯이 칩의 마킹(marking)[9] 정보가 육안으로 뚜렷하게 식별되지 않는 관계로 EDR 기능을 어떤 반도체 칩이 담당하는지 ACU 제조사 또는 자동차 제조사가 아니고서는 사진만으로 정확히 특정하기 어렵다. EDR에 데이터를 저장하기 위해서는 비휘발성의 이이피롬(EEPROM, electrically erasable programmable read-only memory)[10] 또는 플래시 메모리(flash memory)를 사용하게 된다.[11] EDR 데이터의 양이 많지 않기 때문에 MCU 칩 내부에 이이피롬 또는 플래시 메모리가 삽입되어 MCU 칩이 EDR의 기능을 수행하는 것도 가능하며, 별도의 반도체 칩이 EDR의 기능을 수행할 수도 있다.

8 전압 변환, 전력 분배, 전력 모니터링 등을 담당하며 전자기기의 심장에 비유되기도 한다.

9 반도체 칩 표면에 제품의 제조사, 모델명, 사양, 기술적 세부사항, 일련번호, 기타 고객 맞춤형 정보 등을 새기는 작업을 의미한다.

10 필요할 때 전기적으로 데이터를 삭제하거나 기록할수 있는 메모리이다.

11 https://www.ednasia.com/driving-design-changes-in-edrs/

태생적으로 운전자에게 불리한 EDR 데이터 항목

앞서 살펴본 EDR 데이터 항목은 급발진 의심사고에서 태생적으로 운전자에게 불리한 구조이다. 운전자의 결백을 입증할 데이터는 고작 '제동 페달 작동 여부' 한 가지인데 그마저도 브레이크를 어느 정도 세기로 밟았는지 알 수 없는 on/off 데이터이다.

반면에 운전자가 가속했다는 것을 보여주는 데이터는 '엔진회전수', '스로틀밸브 열림량', '액셀 페달 변위량' 세 가지이고 더구나 엔진이 얼마나 빨리 회전하는지, 스로틀밸브가 얼마나 활짝 열렸는지, 액셀 페달을 어느 정도 세기로 밟았는지 알 수 있는 구체적인 수치 데이터이다.

비유컨대 운전자는 흑백 TV 1대로 결백을 입증해야 하고, 제조사는 컬러 TV 3대로 운전자의 실수를 입증할 수 있는 상황이다.

EDR 데이터 항목이 운전자에게 불리하다는 생각은 비단 필자만의 생각은 아닌 것 같다. 이와 관련한 논문 하나를 살펴보기로 하자. 2022년 9월 *자동차안전학회지*에 『친환경 자동차의 급발진 원인 규명을 위한 EDR 저장 데이터 개선 방안 연구』라는 제목의 논문이 게재되었다.[12] 논문에서 언급된 제동 관련 EDR 데이터 항목이 현재와 같이 운전자에게 불리하게 설정된 이유에 대한 설명은 다음과 같다.

12 https://www.koreascience.or.kr/article/JAKO202229156057164.pdf

이처럼, 운전자가 제동했다는 증명 확률을 향상할 수 있는 데이터의 종류가 한 가지뿐인 이유는 EDR 법규가 제정된 2012년에는 대부분의 차량에 바퀴잠김방지식 제동장치(ABS)만 장착되어 있었고, 이 장치에서 사용되는 제동데이터는 제동 페달 작동 여부(on/off) 한 가지뿐이었기 때문으로 추정된다.

개선 방안은 두 가지로 제시되고 있다. 첫째, 대부분의 차량에는 차량 자세제어시스템[13]이 탑재되고 이 장치에는 **'제동 압력 센서'**가 장착되어 있으므로 제동 압력 출력값을 EDR 데이터에 추가하자는 것이다. 둘째, 친환경 자동차(하이브리드차, 전기차)에는 **'제동 페달 트래블 센서(brake pedal travel sensor)'**[14]가 장착되어서 운전자가 제동페달 얼마나 세게 밟는지 전기신호로 변환시켜 ECU에 전달하므로 트래블 센서값을 EDR 데이터에 추가하자는 것이다.

이러한 두 가지 개선방안은 2023.03.10.에 강릉시가 지역구인 권성동 국회의원이 강릉 급발진 의심사고와 관련하여 원희룡 전 국토부장관을 면담하는 자리에서 그대로 전달한 것으로 보인다. 관련내용을 권성동 의원의 블로그[15]에서 아래와 같이 발췌하였다.

또한 법안 통과까지 기다리지 말고 당장할 수 있는 시행령 개정부터 착수해야 합니다. 현행 '자동차 및 자동차부품의 성능과 기준에 관한 규칙'에 따르면 사고기록장치(EDR)는 제동 페달 작동 여부만 기록하게끔 되어 있습니다. 기록 항목에 제동 압력 센서값 또는 제동 페달 트래블 센서값을 추가한다면 사고원인 규명 신뢰도 제고에 역할을 할 것입니다.

---

13 ESC(Electronic Stability Control), ESP(Electronic Stability Program), DSC(Dynamic Stability Control) 등으로 불린다.

14 제동 페달 트래블 센서는 하이브리드차(HEV), 플러그인 하이브리드차(PHEV), 전기차(EV)의 회생 제동을 최적화하기 위해 필요한 장치이다. 제동 페달 센서(brake pedal sensor), 제동 페달 위치 센서(brake pedal position sensor), 각도 위치 센서(angular position sensor) 등의 명칭이 사용되기도 한다.

15 https://blog.naver.com/ksdd22/223040462336

EDR에 데이터가 기록되는 과정

EDR은 전자제어장치와 연결된 통신선을 통해 데이터를 받아 기록한다. 액셀 페달 변위량(밟힘 정도)의 예를 들어, EDR에 데이터가 기록되는 5단계 과정을 살펴보기로 하자. 통상적으로 액셀 페달 변위량은 0~100% 범위로 EDR에 기록된다.[16]

1. 운전자의 발

가속 의지를 액셀 페달 밟힘 정도를 통해 표출

2. 액셀 페달 센서(APS, accelerator position sensor)

액셀 페달 밟힘 정도를 전압신호(아날로그)로 변환

3. 엔진제어장치(ECM, engine control module)

액셀 페달 센서가 보내주는 신호를 감지하여 디지털로 변환하고 데이터를 생산(판단 및 명령)

4. 통신(CAN, Controller Area Network)

전자제어장치들 간 데이터를 전달하는 네트워크 통신 표준[17]으로서 CAN을 통해 ECM이 생산한 데이터를 다른 전자제어장치와 공유

16 제조사에 따라 99%가 최대치인 경우도 있다.

17 1985년에 독일의 보쉬(BOSCH)가 개발한 차량용 통신 시스템 규격이다. 경제성과 안정성이 높다는 장점으로 인해 자동차 분야에서 널리 사용되고 있으며, 차량 내에서 여러 전자제어장치(ECU)들을 병렬로 연결한다.

5. 사고기록장치(EDR, event data recorder)

ECM이 CAN을 통해 공유해준 데이터를 최종적으로 기록

이상에서 살펴본 바와 같이 EDR은 본질적으로 전 단계의 데이터를 넘겨받아 기록하는 말단의 수동적 기록장치에 불과하기 때문에 전 단계에서 잘못된 데이터를 넘겨받는 경우 EDR에 잘못된 데이터가 기록되는 것은 얼마든지 가능하다.

만약 ECM 내부의 반도체(하드웨어) 또는 소프트웨어 이상으로 ECM이 오작동하여 잘못된 판단과 명령이 내려지는 경우 EDR은 잘못된 데이터를 수동적으로 기록하게 된다. 이러한 데이터를 신뢰할 수 없음은 당연한 것이다.

필자는 이와 같은 내용을 2023. 5. 26.에 국회 정책세미나에서 발표하였고, 2023.6.6. YTN 뉴스[18]에서 해당내용을 다루어 주었다. [그림 8-3]은 뉴스화면을 캡처한 것이다.

그림 8-3 EDR에 데이터가 기록되는 과정

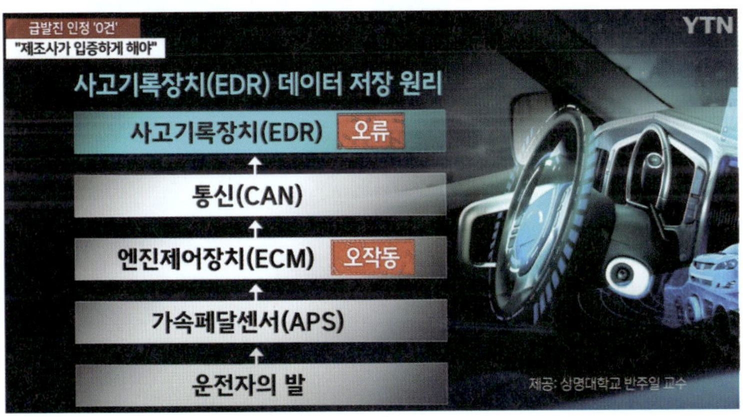

출처: 2023.6.6. YTN 뉴스화면 캡처

18 https://www.youtube.com/watch?v=nJ_LgdaNA-Q

EDR에서 데이터를 추출하는 방법

국과수의 EDR 분석은 본질적으로 사고 차량에서 적출한 EDR을 제조사가 제공한 EDR 툴(tool)에 연결하고, EDR 툴을 컴퓨터에 연결한 후 EDR에 기록된 데이터를 회수(추출)하여 사람이 읽을 수 있는 수치로 표현하여 리포트로 출력해주는 것이다. [그림 8-4]는 한국교통안전공단 자동차안전연구원의 '21년 안전기준 국제조화사업 최종보고회(2021.12.22)' 파워포인트 자료[19]에서 발췌한 것이다. EDR에서 데이터를 추출하는 방법을 시각화하여 쉽게 이해할 수 있도록 해주고 있다.

그림 8-4 EDR에서 데이터를 추출하는 방법

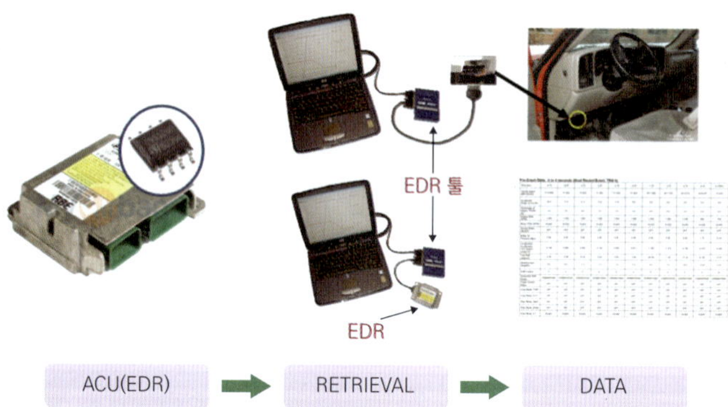

일반인들이 국과수에 거는 최첨단 수사에 대한 막연한 기대와는 다르게 EDR 툴과 컴퓨터만 있으면 할 수 있는 단순작업에 불과하다.

19 자료의 제목은 『자율주행차 사고기록장치 및 데이터저장장치(EDR/DSSAD)』이다.

EDR 데이터의 한계

중립적인 조사를 해야 하는 국가기관에서 제조사가 제공하는 EDR 툴이 없으면 EDR 데이터를 읽어들일 수조차 없다는 비판을 독자들도 언론에서 한번쯤 들어보았을 것이다. 필자도 부모님이 당하신 급발진 의심사고 차량의 EDR 리포트 초반부에 EDR 데이터의 한계가 명확하게 언급됨을 확인할 수 있었다. 해당 내용 중 일부를 아래에 발췌하였다.

국립과학수사연구원 2020. 12. 21. 16:28 EDR 리포트 중 발췌

□ **데이터 한계(Data Limitation)**

일반 정보(General Information)

○○자동차에서 제공하는 EDR 툴은 20■■년 ■■월 ■■일 이후 양산된 신차를 기준으로 공식 제공되며, 그 이전에 양산된 차량에 대해서 EDR 및 EDR 툴이 제공되지 않을 수 있다.

OO자동차에서 제공하는 EDR 툴을 사용하여 차량에 장착된 사고기록정보를 회수하는 것은 법적인 권한을 가진 경우나, ○○자동차에서 인정하는 자격 있는 자에 의해서만 가능하다.

데이터 한계에 대한 이러한 언급은 명시적인 표현은 아니지만 행간을 읽어보면 **디스클레이머**(disclaimer)[20]에 해당한다. EDR 데이터는 자동차 제조사의

20 어떤 일(또는 정보)에 대하여 **'책임지지 않겠다**(no responsibility)' 또는 **'아는 바가 없다**(no knowledge)' 등을 격식을 차려 표현하는 것이다.

배타적 지배영역하에 있는 것이고, 국과수는 제조사 도움을 받아 데이터를 출력했을 뿐, 데이터의 정확성 및 신뢰성에 대한 것은 판단 범위 밖이라는 것을 완곡하게 말하려는 것으로 보인다.

EDR의 신뢰성

경영학의 생산관리 분야 또는 공학 분야에서는 기본적으로 매우 높은 신뢰성을 요구한다. 예를 들면, 높은 신뢰성 수준의 목표치로 널리 알려진 **'식스 시그마(6-sigma)'는 99.99966%의 신뢰성**을 기준치로 삼는다. 이러한 기준치를 불량률로 환산하면 백만 개의 제품 중에서 3.4개 정도의 불량이 발생하는 수준을 의미한다.

EDR의 신뢰성은 데이터의 양적 및 질적 측면 모두에서 이러한 기준치 보다 현저하게 떨어지며 법적인 책임을 가릴 수 있을 정도로 충분하지 못하다. 그럼에도 불구하고, 우리나라의 급발진 의심사고 관련 경찰수사, 국과수 조사, 손해배상소송에서 EDR 보고서의 결과를 맹신하고 있다는 점은 참으로 안타까운 현실이다. EDR의 신뢰성을 데이터의 양적, 질적 측면으로 구분하여 신뢰성이 어느 정도인지 살펴보기로 하자.

여기서 **양적 신뢰성**이라 함은 EDR 기록하는 데이터의 양(기록시간)이 정확한 사고분석을 하기에 충분한가를 의미하며, **질적 신뢰성**이라 함은 EDR에 기록된 정보가 틀림없이 정확한가를 의미한다.

미도로교통안전국의 EDR 기록시간 연구

미도로교통안전국(NHTSA)에서 2022년 3월 발간한 보고서[21] 『EDR 기록시간 연구(Event Data Recorder Duration Study)』는 교통사고를 후방추돌사고(Rear-End), 교차로사고(Intersection), 차선이탈(Road Departure)라는 3가지 범주로 구분하여 EDR 데이터를 양적으로 신뢰 가능한지 분석하였다.

표 8-1 EDR이 운전자의 사고 전 개시 동작을 기록하는 데 실패할 가능성

충돌 전 운전자 동작 (Driver Pre-Crash Maneuver)		EDR이 개시 동작을 기록하는 데 실패할 가능성
후방추돌사고 (Rear-End)	브레이크 밟기	35%
	조향핸들 조작	80%
	액셀 페달에서 발 떼기	9%
교차로사고 (Intersection)	브레이크 밟기	35%
	조향핸들 조작	64%
	액셀 페달에서 발 떼기	5%
차선 이탈 (Road Departure)	브레이크 밟기	35%
	조향핸들 조작	88%
	액셀 페달에서 발 떼기	8%

출처: NHTSA(2022)의 Table 29

21 출처: https://rosap.ntl.bts.gov/view/dot/60878

분석 결과(보고서의 Table 29)에 따르면 EDR이 기록하는 사고 전 데이터가 5초에 불과하여 후방추돌이 발생한 실제사고 사례에서 **'동작 개시(maneuver initiation)'**를 분석하였을 때 운전자가 브레이크를 밟았는지, 핸들을 조향했는지, 액셀 페달에서 발을 떼었는지 파악하는 데 실패할(fail) 가능성이 각각 35%, 80%, 9%라고 제시되어 있다. 현재 우리가 사용하고 있는 EDR의 신뢰성이 데이터의 양적인 측면에서 브레이크 페달의 경우 65%, 조향 핸들의 경우 20%, 액셀 페달의 경우 91% 수준에 불과함을 말해 준다.

해당 보고서는 69페이지에서 현행 EDR의 5초 간의 데이터를 가지고선 사고 전 운전자의 동작을 파악하기에 충분하지 못하다는 점을 명확히 하고 있다. 아래는 보고서의 해당 내용을 발췌한 것이다.

> (....the current 5-second EDR recording duration was not sufficient to capture all driver pre-crash maneuver initiations....)

보고서는 이러한 분석 결과를 바탕으로 적어도 20초 정도의 데이터가 EDR에 기록되어야만 운전자의 사고 전 브레이크, 조향장치, 액셀 페달 조작을 적절히 파악할 수 있다는 개선안을 도출하고 있다. 아래는 보고서의 해당 내용을 발췌한 것이다.

> These findings suggest that an EDR recording duration of 20 seconds would adequately capture driver pre-crash inputs to the vehicle, i.e., braking, steering, and acceleration, in rear crashes, intersection crashes, and road departures.

미연방교통안전위원회의 EDR 기록시간 및 기록주기에 대한 검토의견

미국에서 주요 교통사고의 원인을 조사해 개선 방안을 제시하는 대통령 직속 **미연방교통안전위원회**(NTSB, National Transportation Safety Board)에서 작성한 '미도로교통안전국(NHTSA)이 EDR 데이터의 문제점을 개선하기 위해 도출한 개선안'에 대한 검토의견서(2022년 8월 22자)[22]를 살펴보자.

NHTSA의 개선안에 대하여 NTSB 의장인 **제니퍼 호멘디**(Jennifer Homendy)는 기록시간을 20초로 늘리는 것과 초당 10회의 주기로 데이터를 기록하는 것에 찬성한다는 입장과, 개선안을 시행하는 데 기술적으로 문제가 없다는 의견, 이미 한참 전에 개선되었어야 했다는 의견을 표명하였다. 아래는 의견서의 해당 내용을 발췌한 것이다.

> The NTSB agrees with NHTSA that increasing the precrash recording duration to 20 seconds with a data recording frequency of 10 Hz will improve the data available to manufacturers, crash investigators, and regulators. We also believe that the proposed changes should be practical to implement, given today's technology. We do not have specific input on memory capacity or cost estimates. We believe that updates to EDR regulations are long overdue, and a year of lead time is more than reasonable.

22 https://www.ntsb.gov/news/Documents/Response-NHTSA-NPRM-Event-Data-Recorders.pdf

충돌 전 5초는 너무 짧다

EDR 데이터의 양적 신뢰성에 대해 다룬 2023년 5월 22일자 KBS 뉴스 내용을 살펴보기로 하자.[23] 국내 자동차 제조사는 5초만 기록하지만 미국 포드사 등은 최대 25초까지 사고 기록을 저장한다는 사실을 언급하고 있다. 포드사는 자발적으로 25초를 기록하고 있다는 점과 국내 자동차 제조사는 정해진 기준 5초만큼만 딱 턱걸이하고 있다는 점이 대조적이다.

뉴스에 등장한 전문가들의 발언을 따라가 보도록 하자. 윤대권 교통사고공학연구소장은 다음과 같이 발언하였다.

> "충돌 전 5초 정도의 짧은 시간만 나오다 보니까, 전체적인 사고 분석이나 해석을 하는데 한계가 있습니다."

다음은 박요한 삼성교통안전문화연구소 수석연구원의 발언이다.

> "20초 정도의 긴 시간 동안 어떻게 조작이 됐는지 어떤 이유였는지 또한 그 전에 자동차의 고장이 발생했는지, 또 시동이 꺼졌는지 (분석할 필요가 있습니다)."

또한 뉴스 내용에서 EDR 데이터 기록주기에 대한 문제점도 제기하고 있다. 현대기아차는 2Hz(0.5초 간격)로 데이터를 기록하지만, 해외업체 상당수는 10Hz(0.1초 간격) 또는 5Hz(0.2초 간격)로 데이터를 기록하여 간격이 훨씬 촘촘해 정보의 오차가 적고 완결성이 높다는 평가를 받고 있음을 언급한다.

---

23 https://www.youtube.com/watch?v=cTr2vtifEqY

EDR의 질적 신뢰성에 대한 국내 유명 대학 자동차 전자제어 연구실의 답변

앞서 살펴본 EDR의 신뢰성 수치는 전자장치 결함 및 오작동 가능성은 논외로 하고 데이터의 양만을 고려하여 계산된 것이다. 자동차의 센서, ECU, 통신, EDR에서 발생가능한 전기 · 전자적인 결함 및 오작동 가능성을 반영한다면 신뢰성은 더욱 하락할 것이 자명하다.

이러한 결함 및 오작동 가능성을 최대한 객관적으로 파악해 보고자 국내 유명 대학의 자동차 전자제어 연구실에 질의하여 입수한 EDR의 질적 신뢰성에 대한 답변은 아래와 같다. EDR을 100% 신뢰할 수 없으며 신뢰성이 87% 정도라는 점을 언급하면서 신뢰성을 감소시키는 요인에 대하여 구체적인 수치(-3%, -7%, -3%)까지 제시하고 있다.[24]

EDR 데이터의 질적 신뢰성에 대한 질의와 응답

Q. EDR에 기록된 데이터는 100% 신뢰 가능한지?

A. 결론적으로 100% 신뢰 가능하다는 힘들 것으로 보이며, 87% 정도 신뢰되는 데이터로 사고 상황을 분석하는 데 도움이 된다고 생각하며 다음과 같이 신뢰도가 떨어질 것으로 보인다.

24 유명 대학의 연구실에서 아무런 근거 데이터 없이 위의 수치들을 제시할 가능성은 없어 보인다. 해당 연구실은 '자율주행정보 기록장치(DSSAD)', '자동차 규정 조화를 위한 국제포럼(UNECE WP.29)' 등에 관한 여러 자료들을 공유해 주는 등 필자를 성의껏 도와주었다. DSSAD, UNECE WP.29 등에 대해서는 이 책의 Chapter 14, 15에서 살펴본다.

☞ 센서 신뢰도: -3%

☞ 프로세스 처리 시간 및 단계 중 전원 관리 등: -7%

☞ 메모리: -3%

신뢰도가 100%가 되기 위해서는 아래 조건이 필요하며, 최근 자동차 반도체 기술 발전 방향도 함께 가고 있다.

☞ 센서에서 바로 기록한 데이터를 비교할 수 있으면 신뢰도 향상

☞프로세스 처리 시간을 최소화 한다면 신뢰도 향상

☞메모리 관련 신뢰성 향상

해당 연구실은 자동차 제조사와 산학협력 관계에 있기 때문에 필자가 대학 실명을 거론하는 경우 해당 연구실의 입장이 난처해질 수 있어 부득이 실명을 언급할 수 없는 점, 구체적인 근거 데이터는 해당 연구실에서 제공할 수 없는 점에 대해 독자들의 양해를 구한다. 계속되는 자동차 급발진 의심사고로 EDR의 신뢰성이 도마 위에 오른 상황에서 구체적인 데이터를 공개하기는 쉽지 않아 보인다. 주목해야 할 중요한 사실은 EDR 데이터를 100% 신뢰할 수 없다는 것을 자동차 전자제어 연구실에서도 인정하고 있다는 점이다.

UL4600이 언급하는 EDR의 문제점

한편, **『자율주행 자동차를 위한 안전성 평가 국제 표준**(Standard for Safety for the Evaluation of Autonomous Products)**』**인 **UL4600** 초안[25](2019년 12월 13일자)에서는 자동차 EDR의 문제점을 명확하게 언급하고 있다.

UL4600에서 EDR에 대해 언급하는 분량은 반 페이지 정도인데, 특별히 어려운 내용은 없다. 데이터와 관련하여 무결성, 정확성, 신뢰성 등으로 번역되는 'integrity'라는 단어가 등장한다. 먼저 **"현재 사용중인 EDR은 신뢰성**(integrity) **이 낮아 수용불가**(unacceptable)**하다"**라는 내용이 눈에 띈다. 신뢰성이 떨어지는 것에 대해 아래 3가지로 부연하고 있다.

① 페달 위치를 읽어들이는 소프트웨어(software pedal readings),

② 데이터 저장 작업(data storage operations)

③ 데이터를 보고하는 소프트웨어(data reporting software)

EDR 데이터가 운전자의 실제 페달동작과 자동차의 실제 움직임을 기록한 것이 아니라 자동차의 소프트웨어가 상황을 그와 같이 인식하여 기록한 것이라는 점이 EDR이 가지는 명백한 신뢰성의 한계라는 것도 주목해 볼 필요가 있다.

25 https://users.ece.cmu.edu/~koopman/ul4600/191213_UL4600_VotingVersion.pdf

UL4600에서 EDR에 관해 언급된 내용 발췌 및 번역

원문: A specific example of an unacceptable data reporting item in conventional vehicles is an Event Data Recorder (EDR) which captures accelerator pedal position. In at least some historical vehicles what is really being captured is not a high integrity recording of the pedal position, but rather the result of low integrity software pedal readings, low integrity data storage operations, and low integrity data reporting software.

Therefore, an EDR report of "foot on accelerator" does not mean that the human driver actually had foot on accelerator, but rather that a potentially defective piece of low integrity software thought that was the situation.

번역: 기존 차량에서 수용 불가능한 데이터 리포트 항목의 구체적인 예는 액셀 페달 위치를 캡쳐하는 EDR이다. 실제로 과거의 차량들에서는 액셀 페달 위치를 높은 신뢰성으로 캡쳐하지 못하며, 낮은 신뢰성의 소프트웨어 페달 판독치, 낮은 신뢰성의 데이터 저장작업, 낮은 신뢰성의 리포트 소프트웨어가 만들어내는 결과물들이 도출된다.

따라서, EDR 보고서에 액셀 페달을 밟은 것으로 기록되어 있다는 사실이 운전자가 실제로 액셀을 밟았다는 것을 의미하지 않는다. 오히려 잠재적 결함을 지닌 신뢰성 낮은 소프트웨어가 그 상황을 그렇게 인지했다는 것을 의미한다.

결론적으로 UL4600은 현재 우리가 사용 중인 EDR의 질적 신뢰성이 약하다는 것을 말해주고 있다. 상식이 있는 사람이라면 현재 자동차들이 탑재하고 있는 EDR을 맹신해서는 안 된다는 주의와 경고로 받아들여야 할 것이다.

EDR 데이터도 잘못 저장될 수 있다

Chapter 1에서 소개한 급발진 재현실험 연구 Park et al.(2016)를 상기해 보자. 해당실험은 ECU에 불안정한 전압을 인가하여 급발진 현상을 재현한 것이다. 연구의 공동저자인 최영석 원주한라대 미래모빌리티공학과 겸임교수가 2015년 9월 1일자 M이코노미뉴스[26]에서 EDR 데이터가 잘못 저장될 가능성이 있다고 발언한 내용을 발췌하여 살펴보자.

2015년 9월 1일자 M이코노미뉴스 중 발췌

"수년째 지속되고 있는 급발진 논란을 올해 12월부터 공개 의무화되는 EDR이 명쾌하게 잠재울 수 있을까. 이에 대해 최 대표는 EDR 자체의 오류 가능성을 제시했다. 그러면서 국내에서는 급발진을 해결하기 위한 방법이 EDR이라고만 알고 있는데 EDR 자체도 차량 내부 네트워크를 통해 수신되는 데이터라며 영상 하나를 보여줬다. 영상에서는 발은 움직이지 않고 전압에 변화를 줘 오류가 발생했을 때 액셀값이 움직이는 것을 확인할 수 있었다. 최 대표는 결론적으로 EDR 데이터도 전압의 변화에 따라서 잘못 저장될 가능성은 충분히 있다고 말했다."

기사에 따르면 최교수는 보도 시점에 교수가 아니고 현업에서 CM네트웍이라는 회사의 대표를 맡고 있었던 것으로 보인다. 놀라운 사실은 운전자의 발은 움직이지 않았는데도 불구하고 전압에 변화를 주었더니 EDR에 수신되는 액셀 페달 변위량 데이터가 움직였다는 것이다. 쉽게 말해 운전자가 액셀을 밟지 않았는데도 마치 밟은 것처럼 EDR에 잘못 저장될 가능성을 사례로 입증한 셈이다.

26 http://www.m-economynews.com/news/article.html?no=13464

EDR 데이터 사례: 강릉 급발진 의심사고

표 8-2 강릉 급발진 의심사고 EDR 데이터

기록 시간 (sec)	자동차 속도 (km/h)	엔진 회전수 (rpm)	액셀페달 변위량 [%]	제동페달 작동여부 (on/off)	ABS 작동 가능 상태	ESC 작동 여부	조향핸들 각도
-5.0	110	5900	100	OFF	지원하지 않음		
-4.5	111	5900	100	OFF	지원하지 않음		
-4.0	112	4500	100	OFF	지원하지 않음		
-3.5	113	4600	100	OFF	지원하지 않음		
-3.0	114	4500	100	OFF	지원하지 않음		
-2.5	113	4500	100	OFF	지원하지 않음		
-2.0	113	4500	100	OFF	지원하지 않음		
-1.5	114	4600	100	OFF	지원하지 않음		
-1.0	114	4600	100	OFF	지원하지 않음		
-0.5	116	4600	100	OFF	지원하지 않음		
0.0	116	4800	100	OFF	지원하지 않음		

출처: 국과수 감정서 28페이지 발췌

강릉 급발진 의심사고의 국과수 감정서에서 첫 번째 충돌(이벤트 1)[27] 전 5초 동안의 EDR 데이터를 살펴보기로 하자. EDR에는 도현이 할머니가 5초 동안 풀 액셀을 밟고 있는 것으로 기록되어 있다. 그런데 속도를 보면 110에서 116으로

27 Chapter 2에서 살펴본 민사재판 판결문에서는 이벤트 1을 두 번째 충돌로 언급한다. 이벤트 1이 발생하기 전에 모닝차량과 충돌했기 때문이다.

고작 6km/h 증가하였다. 상식적으로 납득이 안 되는 이러한 데이터를 누가 신뢰할 수 있을지 의문이다.

도현이 아빠 이상훈 씨는 상식에 어긋나는 국과수 감정내용의 맹점을 지적하기 위해 거액의 자비를 들여 사고 차량과 동일한 차량으로 재연시험을 했다. 우리나라에서 처음 있는 시도이며 경찰이 도로를 통제한 상태에서 법원에서 선정한 전문 감정인의 참관하에 이루어졌다.

재연시험의 내용은 RPM, 기어변속 단수, 속도 등 여러 가지인데 그 중에서 일반인들도 쉽게 직관적으로 납득할 만한 속도변화 시험 결과를 살펴보기로 하자. [표 8-3]은 시속 110km/h 조건에서 5초 동안 풀액셀을 밟았을 때 나타나는 재연시험의 속도변화를 국과수 감정서와 비교한 것이다. 재연시험 결과는 정상적인 차량에서 도현이 할머니가 풀액셀을 5초 동안 밟았더라면 EDR에 기록된 변화폭보다 2~3배 이상 속도변화가 나타나야 함을 말해주고 있다.

표 8-3 강릉 급발진 의심사고 재연시험 결과

시험	속도변화	변화폭
국과수	110 → 116	6 km/h
재연시험 1	110 → 124	14 km/h
재연시험 2	110 → 130	20 km/h

경찰청장 기자간담회 질의응답

2024년 11월 11일 경찰청장 기자간담회에서 강릉 급발진 의심사고 운전자 도현이 할머니의 무혐의[28] 처분과 관련된 질의와 응답이 있는데 녹취내용[29]을 살펴보기로 하자. 경찰청장이 속도가 조금만 증가한 것에 대한 의문점이 국과수 분석만으로 해소되지 않으며 일반적이지 않은 현상이라고 발언하고 있다. 경찰청장도 EDR을 100% 신뢰할 수 있는 것은 아니라는 점을 인정하는 발언이라고 판단된다.

2024년 11월 11일자 경찰청장 기자간담회 질의와 응답

Q. 강릉 급발진 사고 최종적으로 무혐의 결론. 국과수 감정 결과를 경찰이 받아들이지 않은 것은 이례적으로 보이는데 구체적인 이유 설명 부탁드림. 앞으로 급발진 의혹 사고에서 국과수 감정이 제한적으로 받아들여지는 등 변화 있을지?

A. ......그 정도 액셀 밟았으면 속도가 증가해야 하는데 미치지 못하게 조금만 증가한 그런 면이 있어서 일반적이지 않은 의문점이 국과수 분석만으로 해소 안 돼서 그런 거지, 국과수 감정결과를 받아들이지 않는 것은 아님.

Q. 강릉 급발진은 국과수 결과랑 다르게 결론 나온 건 이번이 처음인 건지?

A. ......동일 실험 민사적으로 당사자들이 했는데 그 속도까지 올라간게 아니라 이 케이스는 증가한 게 없었음. 일반적이지 않은 현상에 대해 국과수 결과만으로 기소하기 어려움.

---

28 도현이 할머니는 교통사고처리 특례법상 치사 혐의로 형사입건되었는데 2024년 10월 무혐의 처분을 받았다.

29 녹취 내용은 현직 경찰을 통해 입수하게 되었다.

급발진이 발생하면 EDR 데이터가 엉터리가 된다?

"급발진이 자동차의 비정상적인 상황(이를테면 ECU의 오작동)에서 발생하는 것이라면 그러한 상황에서 기록된 EDR 데이터를 어떻게 믿을 수 있겠는가?"라는 질문을 자연스레 던져볼 수 있겠다. 실제로 **급발진이 발생한 상황에서 EDR 데이터가 엉터리로 기록된다는 전문가 증언이 존재**한다.

토요타 캠리 관련 북아웃 소송에서 소프트웨어 결함을 입증한 소프트웨어 전문가 미스터 바의 법정 증언 녹취록을 보면 EDR의 신뢰성에 대한 의미심장한 내용이 있어 이를 발췌하여 소개하고자 한다.[30]

EDR 데이터가 잘못 기록될 가능성에 대한 Mr. Barr의 법정 증언 발췌

원문: A 2005 Camry wasn't equipped with that, but the point being that in this later Camry that had it, this is not something we can rely on to disprove a software malfunction. In fact, with the UA occurs and task X is dead, the pre-crash EDR will be wrong about the brake signal specifically.
we read the code and said and we even got the pre-crash EDR code and we saw that it could be confused also by task X death, specifically about the brake pedal.

30 녹취록에서는 제조사의 기술적인 정보가 노출되는 것을 방지하고자 ECM(엔진을 제어하는 ECU)이 수행하는 특정 기능을 task X라고 지칭하고 있는데, 비유컨대 핸드폰에 설치된 특정 앱이라고 이해하면 된다.

번역: 2005년식 캠리는 사고 전 정보를 기록하는 EDR이 없었지만 이후의 연식에서 캠리는 EDR을 갖추게 되었습니다. EDR은 우리로 하여금 소프트웨어 오작동이 없다는 것을 신뢰하도록 해주는 장치가 아닙니다. 자동차 급발진이 발생하고 task X가 무력화 되면 EDR은 특히 사고 발생 전 브레이크 신호를 잘못 기록하게 됩니다.
우리는 사고발생 전 EDR 소스코드를 가지고 있습니다. 그리고 우리는 EDR이 task X가 무력화되는 조건에서 혼동을 일으키는 것을 알고 있습니다. 특히 브레이크 페달에 관하여 그렇습니다.

Mr. Barr의 증언에서 보는 바와 같이 EDR은 소프트웨어 오작동이 없다는 것을 보장해 주는 장치가 아니다. EDR 데이터 또한 소프트웨어에 의해 기록되므로 EDR 데이터 자체를 신뢰할 수 없는 상황이 얼마든지 존재할 수 있음을 보여주는 사례라고 할 수 있다.

폴란드 교통 공학자들의 연구

폴란드 바르샤바대학교 교통공학 전공의 Guzek과 Lozia 교수는 **『EDR 장치는 교통사고 재구성에 의심의 여지없이 도움을 주는가?』**라는 제목 연구논문 Guzek and Lozia(2021)[31]에서 자동차 EDR은 항공기 블랙박스에서 사용하는 비행기록장치를 단순화시킨 장치에 불과하며 자동차 EDR을 이용해 교통사고를 재구성하는 경우 중대한 오차(significant error) 또는 전혀 믿을 수 없는(totally disqualifying) 재구성 결과가 도출될 수 있는 가능성을 경고하고 있다.

연구 결과는 자동차 센서오류(sensor error)나 EDR에 데이터를 기록하는 과정상의 오류(errors arising in the recording process)를 논외로 하고 얻어진 것임에 주목할 필요가 있다. 이러한 오류들이 추가되는 실제 현실에서는 EDR 데이터의 신뢰성은 더욱 감소할 수밖에 없음은 자명하다.

그들의 연구는 항공기에서 사용하는 방식의 EDR1과 자동차에서 사용하는 방식의 EDR2를 비교하는 방법을 사용한다. 중대한 오차가 발생하는 이유는 EDR1에서는 3차원의 거동 특성을 묘사하는 6개의 파라미터(parameter)를 사용하는 데 반하여 EDR2에서는 그 중 3개를 생략하기 때문이다. 둘 간의 차이를 비교하면 [표 8-4]와 같다.

31 원제목은 『Are EDR Devices Undoubtedly Helpful in the Reconstruction of a Road Traffic Accident?』이며 *Energies*라는 명칭의 저널에 2021년 10월에 게재된 논문이다. 출처는 다음과 같다. https://www.mdpi.com/1996-1073/14/21/6940

표 8-4 EDR에서 사용되는 파라미터 비교

파라미터 (Parameter)	EDR1 (항공기에서 사용하는 방식)	EDR2 (자동차에서 사용하는 방식)	비고
진행방향 가속도 (longitudinal acceleration)	O	O	진행방향으로 속도가 얼마나 크게 변화하는지를 나타냄
좌우방향 가속도 (lateral acceleration)	O	O	좌우방향으로 속도가 얼마나 크게 변화하는지를 나타냄
수직방향 가속도 (vertical acceleration)	O	X	수직방향으로 속도가 얼마나 크게 변화하는지를 나타냄
요잉 각 (yawing angle)	O	O	요잉이란 물체가 수직축을 기준으로 회전 진동하는 현상임 (자동차가 코너를 돌 때 바퀴의 접지력이 약해지면서 좌우로 회전하면서 발생)
피칭 각 (pitching angle)	O	X	피칭이란 물체가 횡축(좌우축)을 기준으로 회전 진동하는 현상임 (도로의 노면이 고르지 못할 때 차량이 전후로 기울어지면서 발생)
롤링 각 (rolling angle)	O	X	롤링이란 물체가 종축(전후축)을 기준으로 회전 진동하는 현상임 (고속으로 코너링할 때 차량이 좌우로 기울어지면서 발생)

EDR에 기록된 정보들 간의 비동기화(non-synchronization) 오류

국과수의 EDR 분석 보고서에는 '각 제어기의 신호 특성에 따라 그 정보가 상호 동기화되지 않을 수 있다'는 주의문구를 통해 EDR 데이터의 정확성에 한계가 있음을 명확히 밝히고 있다. 여기서 얘기하고자 하는 **동기화**(synchronization)는 정확히 말하면 시간동기화의 의미이며, 시간동기화란 **여러 개의 프로세스 또는 데이터가 서로 같은 시점**(time instant)**에 취득된 것인지 혹은 비교하고자 하는 다수 데이터의 정보가 동일한 시점에서 일치하는지를 결정하는 일련의 프로세스**를 의미한다.

비동기화 오류는 일반인들도 쉽게 이해하고 경험한다. 외국 영화 동영상 파일을 예로 들어보자. 데이터 안에는 영상정보, 음향정보, 자막정보가 동시에 기록이 되는데 이 중에서 어떤 데이터들이 시간적으로 차이가 나게 되면 '싱크(synch)가 안 맞다'고 표현하며 이런 경우 등장인물의 입모양, 소리, 자막이 서로 따로 놀아 도저히 영화감상을 하기가 힘들어진다. 즉, 다수 데이터들이 동일한 시점에서 일치하면(synch가 맞으면) 자연스럽게 동시간으로 인식되고, 그렇지 않으면(synch가 맞지 않으면) 데이터 간의 시간차를 사람들이 인식하게 되는 것이다.

국과수에서 EDR에서 발생가능한 동기화 오류를 경고하는 것은 일차적으로 EDR에 안에 기록되는 여러 가지 정보들이 동 시간대에 기록되지 않아 '싱크(synch)가 맞지 않을 가능성'을 경고하는 것이다. 또한 현행 EDR에서는 0.5초 단위로 상당히 띄엄띄엄 샘플링하므로, 정보가 생성되는 시간과 정보가 기록되는 시간 간에는 0.5초 정도의 불일치가 발생할 수도 있으며, 이러한 오류도 넓은 의미의 비동기화 오류에 포함된다.

전기·전자제어 전공 J 교수님이 제시한 보다 전문적인 설명을 살펴보자.

> 부연 설명하자면, N개 채널의 실시간 정보로부터 데이터를 취득하는 과정을 DAQ(Data Acquisition)라고 지칭한다. 한 개의 DAQ 장비를 통해 다수 채널의 데이터를 취득하는 Multiplexing(MUX) 방식과 채널별 DAQ 장비를 통해 데이터를 취득하는 Simultaneous 방식으로 구분된다. 만약 MUX 방식에서 샘플링속도가 2Hz(1초당 2개의 샘플링 = 0.5초 단위의 데이터 취득)라면, 연속되는 채널 간의 데이터는 1/(2N)초의 시간 차를 갖게 되고, 채널 간에 최대 (N-1)/(2N)초의 시간 차이가 발생한다. 결과적으로 느린 샘플링 속도로 데이터를 취득하는 경우, 각 채널별 데이터가 동일한 시간에 취득된 데이터라고 간주할 수 없게 된다.

비동기화(non-synchronization) 오류 사례 및 시사점

2024년 9월 30일에 개최된 제2차 '제조물책임법 개정을 위한 국회 정책세미나'에 오산대 미래전기자동차학과 문학훈 교수가 패널로 참여하였다. 문교수의 패널 토론 중 EDR 데이터 비동기화 오류 사례를 지적하는 내용을 소개한다. 먼저 문교수가 제시한 EDR 데이터를 살펴보자. 맨 마지막 행에서 액셀 페달이 더 깊게 밟혀 변위량이 상승하였는데 브레이크도 동시에 밟혀 브레이크 압력도 증가하는 납득하기 힘든 데이터를 볼 수 있다. 앞 절에서 설명했던 '싱크(synch)가 맞지 않을 가능성'이 실제로 나타난 것이다.

이에 대한 문교수의 설명을 정책세미나 패널토론문에서 발췌하여 살펴보면 아래와 같다. 문교수도 현행 EDR의 샘플링 주기 0.5초에 문제가 있으며 0.1초 주기로 세분화할 필요성을 언급하고 있다.

표 8-5 EDR 데이터 비동기화 오류 사례

액셀 페달 변위량 [%]	마스터 실린더 압력 [bar]	제동페달 작동여부 [on/off]
14	0.0	off
12	0.0	off
12	0.0	off
12	0.0	off
12	0.0	off
49	**64.3**	**on**

EDR 데이터의 오류로 보인다. EDR 데이터는 사고 전 5초 간의 기록을 하고 샘플링 속도는 0.5초 간격으로 기록이 되는데 이것은 브레이크 페달과 액셀 페달을 동시에 밟았다고 볼 수 없고 액셀 페달을 떼고 브레이크를 밟았다는 것이며 이것을 증명할 수 있는 것이 마스터실린더 압력 즉 브레이크 유압도 상승한 것을 볼 수 있다. 이것은 샘플링 속도가 0.5초 단위로 기록이 되기 때문이며 0.5초 이전에 액셀 페달을 떼고 브레이크 페달을 밟았다면 두 개 신호가 동시에 기록된 현상으로 보인다. 이러한 동작은 충분히 0.5초 이전에 밟을 수 있는 시간이므로 샘플링 속도를 0.1초 세분화할 필요성이 있다고 보는 것이다. 이런 것을 보고 많은 운전자 분들이 데이터의 조작이나 컴퓨터의 오동작으로 볼 수밖에 없고 국과수 및 경찰, 그리고 제조사에 대한 신뢰가 생기지 않는 것이다.

앞서 살펴본 미연방교통안전위원회(NTSB)의 검토의견서(2022년 8월 22자)를 살펴보면 EDR 데이터의 신뢰성을 담보할 수 없기에 저장시간을 5초에서 20초로 증가시키고, 샘플링하는 주기(frequency) 또한 현행 2Hz(0.5초간격)에서 10Hz(0.1초간격)으로 증가시키는 개선안에 대해 언급하면서 현행 EDR 데이터 자체가 0.5초 단위로 저장되므로 **비동기화된 데이터**(non-synchronized data)라고 표현하고 있다.

설명이 길어졌는데 유념해야 할 사실은 명확하다. **현재 사용 중인 EDR은 비동기화**(non-synchronization) **오류 가능성을 내포**하고 있다는 것이다.

항공기 운항 및 사고분석 전문가 K 기장님을 만나다

2000년대 이후부터 의무화되고 있는 자동차의 사고기록장치 EDR(Event Data Recorder)은 오래전부터 존재하던 항공기의 사고기록장치 FDR(Flight Data Recorder)[32] 기술에서 유래되었으며 이를 단순화시킨 것이다.[33] 왜 갑자기 화제가 자동차에서 항공기로 옮겨가는 것이냐고 반문할 독자들이 있을지도 모르겠다. 항공기와 비교해 보는 이유는 너무 자동차 분야에만 몰입하다 보면 문제점이 잘 보이지 않을 수도 있기 때문이다. 항공기와의 비교를 통해 문제를 더욱 객관적으로 조망해 볼 수 있을 것이다.

필자에게 급발진 소송 과정에서 전문가 의견을 제시해 준 K 기장님은 6천시간 이상의 비행경력을 가지고 있으며, 한국항공안전교육원의 사고조사 과정을 이수하였고, 항공운항품질보증(FOQA, flight operational quality assurance) 프로그램을 통해 위해요인, 안전요인을 식별하고 공시하는 안전보안실 소속으로 사고조사 업무를 담당한 경력을 가지고 있다.

K 기장님은 전문가 의견의 내용을 필자가 이 책에 직·간접적으로 사용해도 좋다는 허락을 흔쾌히 해주셨다. 자동차의 EDR을 이용한 사고분석이 왜 취약한지 '항공기 운항 및 사고분석 전문가'의 관점에서 살펴보자.

32 항공기의 사고기록장치 FDR(Flight Data Recorder)은 이미 1960년대부터 의무화되기 시작했을 정도로 그 역사가 깊다. 최초의 FDR은 1958년 호주 국방과학 기술 기구(Defense Science and Technology Organization)의 연구자인 데이비드 웨렌(David Warren)에 의해 개발되었다.

33 Guzek and Lozia(2021)_Are EDR Devices Undoubtedly Helpful in the Reconstruction of a Road Traffic Accident?

자동차의 EDR과 항공기 FDR의 비교

요즘의 항공기 FDR은 시간, 방향, 고도, 속도, 가속도, 항공기의 자세, 엔진 출력, 항공기 조종면 위치 등 당시 항공기가 인지한 상황 및 거동특성을 파악할 수 있는 수많은 데이터 항목들(대략 3000개[34]가 넘는 변수)을 0.1초 간격으로 샘플링하여 총 90,000초(25시간) 동안 연속적으로 저장한다. 이러한 많은 정보로 인해서 항공기 엔진 시동부터 이륙, 운항 중, 착륙 후, 시동을 끄기까지의 모든 정보를 파악하기에 유용하며, 이벤트(사고, 준사고, 항공안전장애)가 발생 시 이벤트 시점 및 이벤트 전후의 데이터를 비교 가능하므로 이벤트의 원인을 정확하게 파악할 수 있게 해준다.

반면에 자동차의 EDR은 사고 전(pre-crash) 데이터를 제한적인 항목(시간, 속도, RPM, 스로틀밸브열림량, 액셀 페달변위량, 제동페달작동 여부, ABS작동 여부, ESC작동 여부, 조향핸들각도 등)에 대해서 겨우 5초 동안 기록하며, 데이터의 샘플링 간격도 0.5초로 넓어서 매우 제한된 데이터만을 저장하고 있다는 점을 알 수 있다. 데이터 항목의 개수를 차치하고, 저장시간 면에서 자동차의 EDR은 항공기 FDR과 비교해 양적인 측면에서 0.0056%(=5초/90,000초)에 불과한 데이터이다.

또한, 이벤트 유무와 관계없이 데이터를 저장하는 항공기 FDR과 달리 EDR은 에어백이 전개되지 않으면 기록 자체가 남지 않으며, 에어백이 전개되기 전 5초 범위 내에서 일어난 이벤트에 대해서 제한적인 분석만 가능하다는 약점이 존재한다.

34 https://www.icao.int/SAM/Documents/2015-FDA/1.3%20AIRBUS%20PDubois%20FDA-Seminar_1%20Recording.pdf
*ICAO(International Civil Aviation Organization)는 1947년 4월에 발족한 UN산하 국제민간 항공기구이다.

자동차의 EDR만으로는 사고원인 파악이 불가능하다

항공기에서 발생하는 사고에 대해서는 항공기가 엔진 시동을 거는 상황부터 이벤트가 일어난 시점 및 이후 대처 상황 등을 복합적으로 분석하여 판단한다. 항공기 자체의 결함 또는 고장으로 발생한 것인지 조종사의 조작미숙으로 인한 것인지 분석하고 이를 바탕으로 똑같은 이벤트가 재발하지 않도록 하는 것이 사고분석에서 제일 중요한 목표라고 할 것이다. 그렇기 때문에 사고를 분석함에 있어 모든 가능성을 열어두고 분석을 실시하여 분석의 정확도를 높이고자 노력한다.

미국에는 항공사고, 도로교통사고 등 모든 교통사고 조사를 책임지는 기관인 미국연방교통안전위원회(NTSB, National Transport Safety Board)가 있다. NTSB에서는 항공기 사고기록장치 FDR뿐만 아니라, 조종사의 건강 상태, 조종사 면담, 목격자 진술, 조정석 음성녹음, 날씨, 엔진 시험보고서(Engine Exam Report), 엔진제어장치 시험보고서(ECU Exam Report) 등 수십 종류 이상의 조사분석을 통해서 정확한 사고원인을 찾아낸다.

이와 비교한다면 우리나라 자동차 급발진 의심사고의 조사는 결과를 신뢰할 수 있을 정도로 철저하게 이루어지고 있지 않다. 급발진 의심사고를 당하게 되면 경찰이 EDR을 추출하여 국과수에 보내고, 국과수에서는 EDR에 무슨 데이터가 기록되어 있는지 리포트를 작성하여 경찰로 송부하면서 EDR 리포트를 바탕으로 수사가 마무리 된다. 사고의 진실규명에 턱없이 모자란 5초 간의 데이터로 모든 결론이 지어지는 안타까운 현실이다.

- 브레이크 부스터란?
- 진공배력장치에서 진공이 생성되는 원리
- 브레이크 페달을 밟는 힘만으로 충분한 제동이 가능한가?
- 브레이크 홀드 테스트(Brake Hold Test)
- 시속 65마일(105km/h)에서의 브레이크 테스트
- 시청역 급발진 의심사고 차량에 탑재된 브레이크 시스템
- 액셀을 이기는 브레이크 BOS
- BOS로 급발진을 막을 수 있는가?
- BOS는 언제나 작동하는가?
- 필요충분조건 논쟁: 브레이크 밟음과 브레이크등 점등
- 필요충분조건 주장에 반대하는 전문가 의견

CHAPTER

9

브레이크 이슈

브레이크 부스터란?

일반적인 승용차의 공차중량은 1톤이 넘고 2톤에 육박하는 경우도 많다. 이렇게 무거운 물체의 막대한 운동에너지를 운전자의 발의 힘만으로 제압하는 것은 현실적으로 불가능하다.

자동차에서는 발의 작은 힘을 제동이 가능한 충분한 힘으로 증폭시키기 위해 **부스터**(booster)라고 불리는 배력장치가 필요한데, 기존의 차량에서는 진공의 힘을 사용하는 **진공배력장치**(vacuum brake booster)가 사용되었으며 현대식 차량에서는 전기모터의 힘을 사용하는 **전동배력장치**(electronic brake booster)가 사용되기도 한다.

[그림 9-1]은 운전자가 브레이크 페달을 밟는 힘이 부스터를 통해 증폭되고 마스터 실린더가 증폭된 기계적 힘을 유압으로 변환하여 브레이크 캘리퍼에 전달하는 과정과 원리를 도식화한 것이다.

그림 9-1 브레이크 작동원리

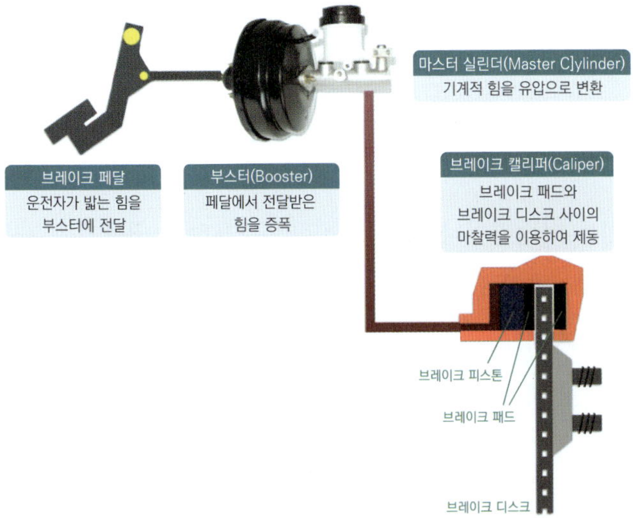

출처: https://www.donghyun53.net/브레이크-배력-장치의-이해/

진공배력장치에서 진공이 생성되는 원리

[그림 9-2]는 가솔린이나 LPG를 연료로 사용하는 내연기관 자동차에 주로 탑재되는 진공배력장치에서 진공이 형성되는 원리를 도식화한 것이다.[1] 내연기관 엔진은 통상 흡기(intake)-압축(compression)-폭발(ignition)-배기(exhaust) 순서의 4행정 사이클로 작동된다.

그림 9-2 진공생성원리

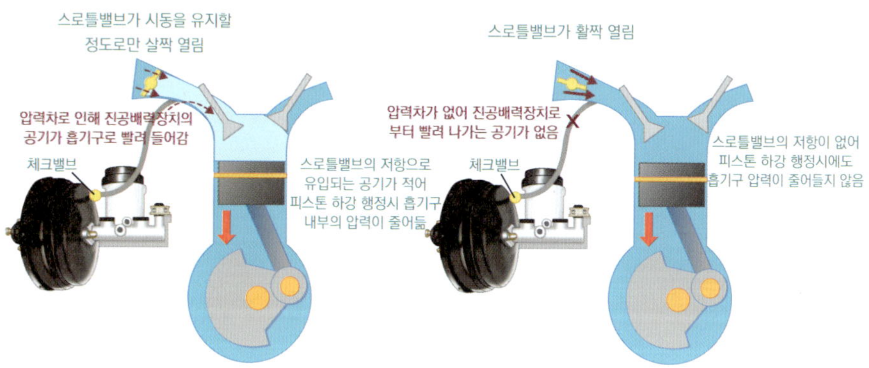

출처: https://www.donghyun53.net/브레이크-배력-장치의-이해/

[그림 9-2]의 왼쪽은 운전자가 액셀 페달을 밟지 않은 경우로 스로틀밸브가 최소로 열려있는 상태이며 흡기 행정에서 엔진 실린더 내부로 공기가 빨려 들

1 압축착화 방식으로 작동하는 디젤 엔진 차량에서는 별도의 진공 펌프를 사용하여 진공을 생성한다.

어오게 된다. **흡기다기관**(intake manifold)[2]과 **진공호스**(vacumm hose)로 연결되어 있는 진공배력장치는 이 힘을 이용해서 공기를 빼내어 진공을 생성하게 된다. [그림 9-2]의 오른쪽 그림은 자동차의 풀액셀 상황처럼 스로틀밸브가 활짝 열려있는 WOT(wide open throttle) 조건인데 이때에는 진공이 생성되지 않는다.

[그림 9-2]는 급발진이 발생되었을 때 브레이크가 딱딱하고 잘 밟히지 않는 현상에 대한 설명을 제시해 준다. 운전자가 의도하지 않았음에도 마치 풀액셀을 밟은 것처럼 스로틀밸브가 활짝 개방되는 WOT 상황에서 진공이 생성되지 않아 진공배력장치의 진공이 소실되므로 운전자가 브레이크 페달을 밟는 힘을 제대로 증폭시켜 주지 못한다는 것이다.

2 다기관(manifold)이란 여러 갈래로 갈라져 있는 관(pipe)을 의미한다. 흡기다기관(intake manifold)은 공기와 연료가 혼합된 가스를 엔진 실린더로 보내주는 역할을 한다.

브레이크 페달을 밟는 힘만으로 충분한 제동이 가능한가?[3]

전자장치의 오작동으로 의도하지 않은 가속이 발생하더라도 브레이크는 어떠한 경우에라도 밟으면 작동한다는 주장이 있다. 원론적으로 맞지만 현실성은 떨어지는 얘기다.

급발진을 경험한 운전자들은 공통적으로 **"브레이크가 딱딱해져 작동하지 않았다"**라는 진술을 하는 경우가 많은데 이는 부스터라는 배력장치가 정상적으로 작동하지 않아서 발의 힘만으로 차량 제어가 가능한 수준의 제동력을 얻지 못하였기 때문이다.

통합 전자 브레이크 시스템(IDB, Intergrated Dynamic Brake)[4]을 생산하고 있는 **자동차 부품회사 'HL만도'의 소속 그룹사인 '한라(HL)그룹'의 공식 블로그[5]에 게시된 Q&A**를 아래와 같이 인용한다.

부연하자면 HL만도의 주요제품 구성은 브레이크(34.1%), 스티어링(33.2%), 서스펜션(19.9%), ADAS(10.4%) 순으로 브레이크가 주력인 부품회사이며, 전체 매출의 47.2%가 현대차그룹 향(向)으로 발생한다.[6]

3 본 절의 내용은 저자의 견해이며 'HL만도'의 공식 입장과는 무관함을 밝힙니다.

4 브레이크 부스터, 마스터 실린더, ABS 및 ESC 모듈을 하나로 통합한 장치이다.

5 https://blog.naver.com/hallagroupblog/220969799033

6 2024.10.28. 삼성증권 기업리포트, 『HL만도 3Q24 Review: 변함없는 방향성』

HL그룹 공식 블로그 "[Auto Talk] HL만도, 브레이크를 말하다"(2017.3.29.)

Q. 그런데 페달을 밟는 힘은 아주 작잖아요. 그 정도 힘으로 어떻게 자동차가 멈출 수가 있나요?

A. 물론 페달을 밟는 작은 힘으로 자동차가 멈추기는 어렵습니다. 이 부분에 대해 이해하기 위해서는 브레이크의 각 부품에 대한 설명이 필요할 것 같네요.

브레이크는 크게 다섯 가지 부품으로 설명할 수 있는데요. 우선 페달입니다. 많은 운전자가 브레이크란 단어를 들으면 떠올리는 부품이죠. 운전자가 자동차를 멈춰야겠다는 의지가 있을 때 페달을 밟게 되고, 이때 지렛대의 원리에 의해 밟는 힘이 증폭됩니다. 하지만 그 정도 힘으로 1톤이 넘는 자동차를 세우긴 힘들겠죠.

그래서 페달에서 발생한 힘을 2차로 증폭시켜주는 마스터 부스터가 필요합니다. 마스터 부스터는 페달에서 전달된 힘을 차량을 세울 수 있을 정도로 증폭시키며, 그 힘을 유압으로 변환시켜 줍니다. 마스터 부스터에 의해 증폭된 유압은 캘리퍼에 전달되는데요. 캘리퍼는 바퀴와 함께 회전하고 있는 디스크를 꽉 잡아서 바퀴의 회전을 멈추는 역할을 합니다. 캘리퍼에 의해 멈춰진 디스크는 마찰을 통해 변환된 열에너지를 효과적으로 흡수/방출해주죠. 이렇게 여러 가지 제품이 연계해 제동의 모든 과정이 끝납니다.

필자가 부모님의 급발진 의심사고로 인해 소송으로 다퉜던 자동차 제조사는 전자장치의 고장으로 부스터가 작동하지 않더라도 폴백모드(Fallback Mode)에서 운전자의 발의 힘만으로 차량제어가 가능한 수준의 제동력이 형성된다는 주장을 펼쳤다.

설령 의도하지 않은 가속이 발생하더라도 발의 힘으로 차량을 세울 수 있다는 논리인데 위의 Q&A 내용을 살펴보면 원론적으로 가능하지만 현실성이 떨어진다는 점을 확인할 수 있다.

브레이크 홀드 테스트(Brake Hold Test)

급발진처럼 차량이 비정상적으로 작동하는 상황에서 브레이크를 밟기 위해서는 대체 어느 정도의 힘이 필요할까? 브레이크는 어떠한 경우에도 밟으면 작동한다는 억지 주장을 꺾기 위해서는 구체적인 실험 데이터가 도움이 될 것이다.

미도로교통안전국(NHTSA)의 차량연구실험센터(VRTC, Vehicle Research and Test Center)에서 2011년 1월에 발간한 『토요타 캠리의 차량 특성 및 성능 연구(Vehicle Characterization and Performance Study of Toyota Camrys)』라는 제목의 보고서[7]에는 차량제동을 위해서 어느 정도의 힘으로 브레이크 페달을 밟아야 하는지 구체적인 수치를 도출한 **브레이크 홀드 테스트**(Brake Hold Test) 결과가 담겨 있다.

구체적인 테스트 방법론은 다음과 같다. 정지된 차량에 브레이크를 밟는 일정한 힘이 가해진 상태에서 액셀 페달을 최대치로 밟고 차량이 움직이기 시작하는 시점까지 브레이크를 밟는 힘을 서서히 줄여보았다. 이러한 방법을 통해 차량이 정지상태를 유지하기 위해 필요한 브레이크 밟는 힘의 최소값을 알아보려는 것이다.

7 보고서는 아래의 주소에서 다운로드 가능하다. http://www.nhtsa.gov/staticfiles/nvs/pdf/NHTSA-Toyota_vehicle_characterization.pdf

표 9-1 토요타 캠리의 브레이크 홀드 테스트 결과

차량 ID	진공력 최대 상태(Full Vacuum)에서 브레이크 페달을 밟는 데 필요한 힘		진공력이 없는 상태(No Vacuum)에서 브레이크 페달을 밟는 데 필요한 힘	
	파운드(lbs)	킬로그램(kg) 환산	파운드(lbs)	킬로그램(kg) 환산
1	26.2	11.9	154.5	70.1
2	22.0	10.0	141.8	64.3
3	25.5	11.6	147.5	66.9
4	24.9	11.3	193.0	87.5
5	15.4	**7.0(최솟값)**	234.3	106.3
6	25.3	11.5	138.1	62.6
7	29.8	13.5	167.1	75.8
8	32.5	14.7	158.1	71.7
9	43.6	**19.8(최댓값)**	268.2	**121.7(최댓값)**
10	30.9	14.0	217.8	98.8
11	25.7	11.7	236.0	107.0
12	22.1	10.0	148.6	67.4
13	22.3	10.1	173.2	78.6
14	17.8	8.1	167.9	76.2
15	27.9	12.7	152.3	69.1
16	15.0	6.8	86.7	**39.3(최솟값)**
17	21.1	9.6	153.8	69.8
18	29.9	13.6	176.8	80.2
19	28.3	12.8	192.0	87.1
20	28.1	12.7	197.9	89.8
평균값	25.7	**11.7**	175.3	**79.5**

[표 9-1]은 브레이크 홀드 테스트의 결과를 보여준다. 각 수치들은 20대[8]의 토요타 캠리 자동차를 실험대상으로 하여 스로틀이 활짝 개방되어 있는 조건(WOT, wide open throttle)[9]에서 부스터(booster)라고 불리는 배력장치에 **진공배력(vacuum)이 있는 경우와 없는 경우로 나누어 측정**되었다. 실험결과는 미국에서 쓰는 단위는 파운드(lbs)로 제시되어 있으나 독자들의 가독성과 이해를 돕기 위해 필자가 킬로그램(kg)으로 환산[10]한 값과 평균값을 별도로 덧붙여 두었다.

먼저 진공력이 최대인 상태를 살펴보자. 진공력이 운전자의 발의 힘을 증폭시켜 주기 때문에 브레이크를 밟는 데 필요한 운전자의 힘은 평균적으로 **11.7kg**(7.0 ~ 19.8kg)에 불과하다. 다음으로 진공력이 소진되어 전혀 없는 상태를 살펴보자. 순수히 운전자의 발의 힘만으로 제동해야 하는 이 경우에 평균적으로 무려 **79.5kg**(39.3 ~ 121.7kg)의 힘이 필요하다. 성인의 평균 몸무게가 60kg이라고 가정할 경우, 오롯이 운전자의 오른발만으로 운전자의 몸무게보다 더 큰 힘으로 브레이크 페달을 밟아야 제동이 가능함을 의미한다. 특히나 여성 또는 노인 운전자들이 발생시키기 어려운 힘의 크기라고 판단된다.

급발진이 발생하면 죽을 힘을 다해 브레이크를 밟으라는 조언이 괜히 나온 것이 아니다. 또한 브레이크를 펌핑(여러번 나눠서 밟는 행위)하지 말고 한 번에 밟아야 한다. 급발진으로 인해 스로틀이 개방된 상태에서 브레이크를 펌핑하게 되면 진공력이 줄어들고 스로틀이 충분히 닫힌 상태가 되기 전까지 진공력이 재생성되지 않기 때문이다.

---

8 실험대상 차량 20대 중에서 9대는 실제로 급발진을 경험했다는 컴플레인이 발생한 차량이다. 20대의 실험대상은 다양한 사양의 차량을 포함한다(차량연식은 2001년식~2009년식, 차량 엔진은 4기통 또는 6기통, 차량 배기량은 2200~3500cc, 기어 단수는 3~6단).

9 액셀 페달을 밟지 않았음에도 쓰로틀이 개방되어 의도하지 않은 가속(UA, unintended acceleration)이 일어나는 상황을 가정하여 정상적인 제동이 가능할지 알아보기 위한 실험조건이다.

10 1파운드는 0.453592kg에 해당한다.

시속 65마일(105km/h)에서의 브레이크 테스트

앞서 언급한 NHTSA 보고서에서 분석하고 있는 또 다른 방식의 브레이크 테스트를 살펴보기로 하자. 테스트 방법은 **시속 105km/h에서 브레이크를 밟았을 때 제동거리를 측정**하는 것이다. 브레이크를 밟는 힘으로 15파운드(67N), 50파운드(222N), 112파운드(500N), and 225파운드(1,000N)처럼 다양한 기준값을 사용하였다.

여기서 **112파운드(50kg)라는 값에 주목**할 필요가 있다. 이 값은 3,500kg 이하 경량 차량의 브레이크 시스템의 표준을 규정하는 미연방 규정 49 CFR § 571.135에서[11] 운전자가 달성가능한 **브레이크 밟는 힘의 최대치에 대한 표준값**으로 사용된다. 독자 중에서 표준값이 다소 작다고 의아해 할 수 있을 것이다.

이 값은 연약한 여성 운전자 **5퍼센타일**(percentile)[12] 값과 관련이 있다. 차량을 설계 또는 테스트할 때 남성보다 약한 여성을 기준으로, 여성 중에서도 상대적으로 연약한 여성을 기준으로 삼는다는 것을 의미한다. 루돌프 림퍼트(Rudolf Limpert)가 저술하여 자동차엔지니어협회(SAE)[13]가 1999년 발행한 책자 『브레이크 설계와 안전(Brake Design and Safety) 2nd edition』에 따르면 5퍼센타일 여성이

11 https://www.govinfo.gov/content/pkg/CFR-2020-title49-vol6/pdf/CFR-2020-title49-vol6-sec571-135.pdf

12 이 값보다 더 작은 관측치가 5%이고, 더 큰 관측치가 95%라는 의미이다. 예를 들면 한 반에 100명이 있는데, 다섯 번째로 작은 학생의 키가 5퍼센타일 값이다.

13 공식 명칭은 SAE International이다. 전신은 SAE(Society of Automotive Engineer)이었으나, 2006년 자동차공학 및 자동차 산업의 범위를 넘어 항공우주 등의 다른 교통수단을 포함시키고 국제적인 멤버십을 반영하기 위해 현재의 명칭으로 변경되었다. 해당 책은 다음 주소에서 다운로드 가능하다. https://ia803101.us.archive.org/33/items/BrakeDesignAndSafetyRudolfLimpert2ed/Brake%20Design%20and%20Safety%20-%20Rudolf%20Limpert%20-%202ed.pdf

오른쪽 발로 만들어 낼 수 있는 최대 힘이 대략 100파운드(45kg)라고 서술되어 있다.

5퍼센타일 여성은 일종의 업계 관행이다. 자동차 제조사는 차량의 충돌 테스트에서도 5퍼센타일 여성 운전자 더미를 사용한다. 메르세데스 벤츠를 예로 들어보면 이러한 더미를 'Hybrid III 5th'라는 이름으로 명명한다. 더미는 여성의 골반, 가슴 등을 재현하며 몸무게는 49kg, 키는 150cm이다. 해당 제조사에서는 연약한 여성 운전자를 대표하는 더미를 20년 동안 사용해오고 있음을 밝히고 있다.[14]

그림 9-3 메르세데스 벤츠에서 사용중인 5퍼센타일 여성 더미

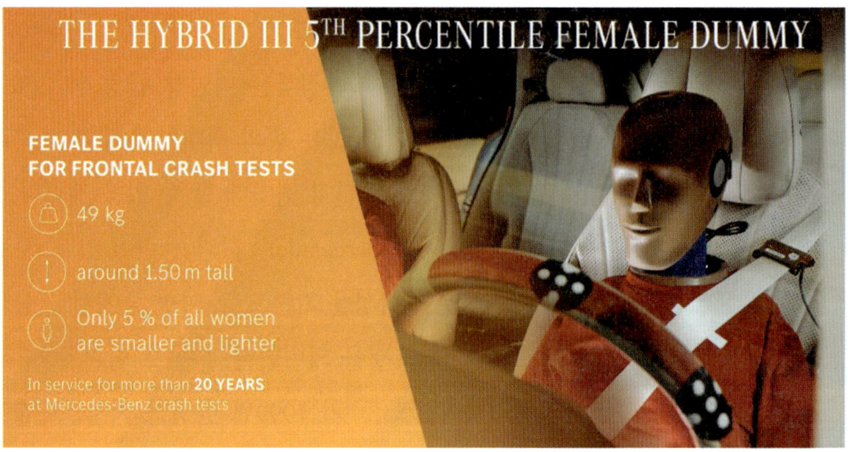

출처: https://group.mercedes-benz.com/innovation/product-innovation/technology/real-life-crashtest.html

112파운드(50kg)가 어떤 의미가 있는지 다시 브레이크 테스트로 돌아가서 결과에 대한 설명을 먼저 살펴보자.

14 https://group.mercedes-benz.com/innovation/product-innovation/technology/female-crash-test-dummies.html

브레이크를 밟는 동안에 액셀 페달을 최대로 밟았을 때 브레이크의 제동력이 차를 세우기에 충분치 못하여 테스트가 종료되는 상황이 발생하였다. 스로틀이 활짝 개방된 WOT 조건에서 112파운드 또는 더 작은 브레이크 밟는 힘으로도 진공배력이 최대일 때는 모든 차량이 정지할 수 있었거나 거의 정지하였다.

부스터의 진공력이 소진된 극단적인 상황(브레이크 페달이 한 번 이상 펌핑됨)에서 엔진이 출력을 만들어 내는 경우(스로틀 판이 개방됨)에는 운전자의 신체적 능력, 브레이크를 밟는 테크닉에 따라서 때때로 차량을 정지할 수가 없었다.

위와 같은 브레이크 테스트 결과는 브레이크를 밟기만 하면 차량은 어떤 상황에도 정지한다는 무리한 주장에 대한 충분한 반박이 되리라고 판단된다. 진공배력이 없는 상황에서 전형적인 제동 퍼포먼스를 보여준 4번째 실험차량의 테스트결과를 그림으로 살펴보도록 하자. [그림 9-4]는 보고서 159페이지의 그림을 발췌한 것이다.

그림 9-4 토요타 캠리의 시속 65마일 브레이크 테스트 결과

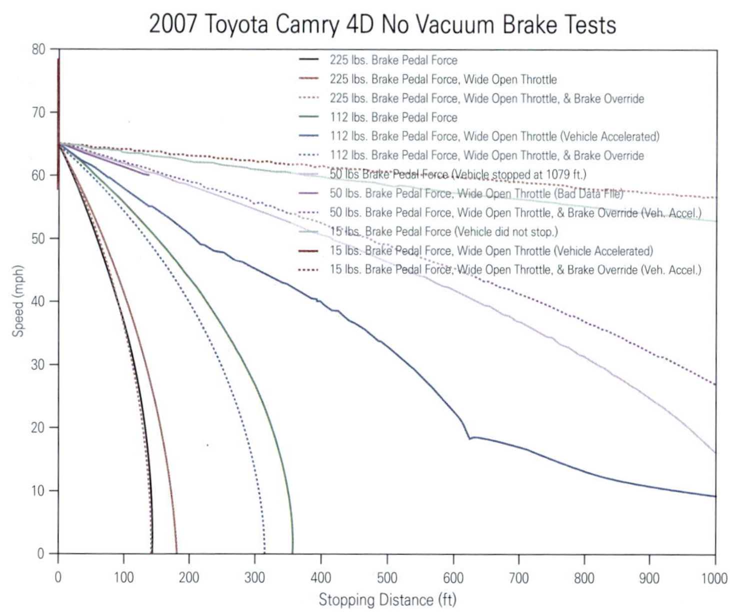

표준치로 사용되는 112파운드라는 힘으로 브레이크를 밟았을 때의 결과가 파란색 실선과 점선으로 나타나고 있다. 파란색 실선은 풀액셀로 가속되는 WOT 조건에서 차량이 정상적으로 정지할 수 없다는 것을 말해주고 있고, 파란색 점선은 브레이크 오버라이드 기능을 소프트웨어로 다시 프로그래밍하는 경우 차량의 엔진 출력을 전자적으로 감소시켜 차량정지가 가능함을 보여준다.

시청역 급발진 의심사고 차량에 탑재된 브레이크 시스템[15]

2024년 7월 1일 발생한 시청역 급발진 의심사고 차량은 현대자동차가 생산한 2018년식 제네시스 G80이라고 보도되었다. 자동차 부품회사 HL만도는 IDB(Intergrated Dynamic Brake)라고 일컬어지는 통합 전자 브레이크 시스템을 생산하여 제네시스 차량에 공급하는 것으로 알려져 있다. 해당 차량에는 1세대 IDB가 장착되어 있을 것으로 보이는데, 2세대 IDB는 2021년에 개발 완료되고, 2022년에서야 양산이 시작되는 것으로 언론에 보도되기 때문이다.

시청역 급발진 의심사고에 대해 많은 언론들이 운전자 페달착오에 무게를 두는 분위기다. 구독자 116만 명을 보유하여 우리나라에서 자동차 관련하여 가장 인기 있는 유튜브 채널로 알려진 『김한용의 MOCAR』에 2024. 7. 4.에 게시된 영상[16]을 보면 급발진이 아니라 페달착오라는 제조사 측의 주장을 뒷받침하는 내용들을 볼 수 있다. 그 중에서 필자가 주목한 내용은 아래에 인용하는 바와 같이 브레이크는 어떠한 경우에도 작동한다는 주장이다.

> 브레이크는 기계입니다. 항상 밟으면 서요. 만약에 만약에 이상하면 그럼 브레이크를 두 발로 꽉 밟으면 어쨌든 서요. 시동 꺼져도 서요. 무슨 일이 있어도 섭니다.

15 본 절의 내용은 저자의 견해이며 'HL만도'의 공식 입장과는 무관함을 밝힙니다.

16 https://www.youtube.com/watch?v=gxfYgkOoKic

과연 시청역 급발진 의심사고 차량에 탑재된 1세대 IDB 브레이크는 어떠한 경우에도 밟으면 설까? IDB 브레이크에 대해 설명하는 2021. 12. 6. 전자부품 전문 미디어 디일렉 기사[17]를 살펴보기로 하자.

2021년 12월 6일자 디일렉 기사 중 발췌

...만도는 최근 2세대 일체형 통합 전자브레이크(IDB, Integrated Dynamic Brake) 개발을 완료했다. 내년부터 상하이자동차(SAIC), 둥펑자동차(Dongfeng), 카누(Canoo) 등에 공급을 타진할 예정이다.

일체형 통합 전자브레이크는 전기신호를 받은 모터가 유압을 생성하는 전자식 브레이크 부스터와 주행 중 차량이 미끄러지는 것을 방지하는 ESC(Electronic Stability Control) 등을 하나로 묶은 제동장치다. 기존 유압식 브레이크는 운전자가 직접 발로 밟아야 동작했지만, IDB는 전기신호로 브레이크를 작동시킬 수 있어 자율주행차에 적합한 기술로 꼽힌다.

만도는 2세대 일체형 통합 전자브레이크의 모터와 전자제어장치(ECU, Electronic Control Unit)를 이중으로 구성해 안전성을 보다 향상시켰다. 배터리 라인이 고장이 나도 제동장치의 모든 기능은 정상 작동할 수 있다는 게 만도의 설명이다.

만도 관계자는 "1세대 IDB는 배터리 라인에 문제가 생기면 시스템 전체가 셧다운되는 리스크가 있지만, 2세대 IDB는 이를 분리하고 리던던시를 확보하는 시스템으로 개발해 안전성을 확보했다"며...

기사의 내용을 살펴보면 1세대 IDB는 전기모터[18]와 전자제어장치(ECU)가 다중화(redundancy)되지 않아 1개만 탑재되어 있었고, 이로 인해 리스크가 존재하며, 그 리스크란 시스템 전체가 셧다운[19]되는 것임을 알 수 있다. 따라서, 브레이크 제조사가 이런 **위험성을 스스로 인정하고 2세대 모델에서는 전기모터도**

17 https://www.thelec.kr/news/articleView.html?idxno=15335

18 일반적인 차량에서는 진공의 힘을 사용하는 진공배력장치(vacuum brake booster)가 사용되었으나 현대식 차량에서는 전기모터의 힘을 사용하는 전동배력장치(electronic brake booster)가 사용된다.

19 셧다운(shutdown)이란 어떤 시스템의 작동이 중지되는 상황을 일컫는 용어이다.

전자제어장치도 모두 2개씩 탑재하는 다중화를 통해 고장에 대비하겠다는 것이다.

앞서 브레이크 홀드 테스트 및 시속 65마일(105km/h)에서의 브레이크 테스트 결과에서 보았듯이 브레이크 시스템에서 부스터의 도움을 받지 못하는 **비정상적인 상황에서는 평소보다 7배의 힘이 필요**하고, 이 힘의 크기는 일반적인 성인 남성 체중을 넘어서는 큰 값이다. 또한 브레이크 설계 시 참조하는 5퍼센타일 여성 운전자의 힘 112파운드(50kg)로는 WOT 상황에서 배력장치의 도움 없이 차량을 정상적으로 정지시킬 수 없음을 보았다. 시청역 급발진 의심사고 차량 또한 브레이크를 밟았다면 무조건 멈췄을 거라는 주장은 원론적으로는 맞는 얘기지만 차량이 비정상적인 상황에서 부스터의 도움이 없는 경우 훨씬 큰 힘이 필요하기 때문에 현실에서 곧이곧대로 적용하기에는 분명 무리가 있다.

액셀을 이기는 브레이크 BOS

'브레이크 오버라이드 시스템(BOS, Brake Over-ride System)'의 뜻은 문자 그대로 '액셀과 브레이크를 동시에 밟았을 때 브레이크가 액셀을 이기도록 해주는 장치'이다. BOS는 액셀 페달이 바닥 매트에 끼어 고착되는 등 비정상 상황에서 브레이크를 동시에 밟을 경우 엔진 구동력을 강제적으로 줄여주어 제동력이 구동력을 제압할 수 있게 한 소프트웨어 로직이다.

그림 9-5 렉서스 ES300h 차량의 BOS 작동 사례

[그림 9-5]는 필자가 운전하는 차량에서 BOS 기능이 어떻게 작동하는지 테스트하고 찍은 사진이다. 액셀 페달을 충분히 밟은 상태에서 RPM이 올라가면서 요란한 엔진음이 날 때 브레이크 페달을 동시에 밟아 보았더니 곧바로 차량 계기판 화면에 경고 메시지가 출력되었고 엔진출력이 줄어들면서 RPM이 감소

하여 2300에서 고정되고[20] 차량이 제동되었다. 액셀 페달이 충분히 밟힌 상황임에도 차량이 그 밟힘 정도를 무시하고 강제적으로 구동력을 감소시킨다는 것을 알 수 있었다.

필자의 테스트 및 결과에 대한 해석은 제조사의 BOS 설명서에 명시된 작동원리와 정확히 부합한다. [그림 9-6]은 『Lexus Brake Override System Factsheet』[21]에서 발췌한 것이다. 초록색 선이 구동력인데 BOS가 활성화(activation)되면 감소하는 것을 볼 수 있다.

그림 9-6 BOS 작동원리

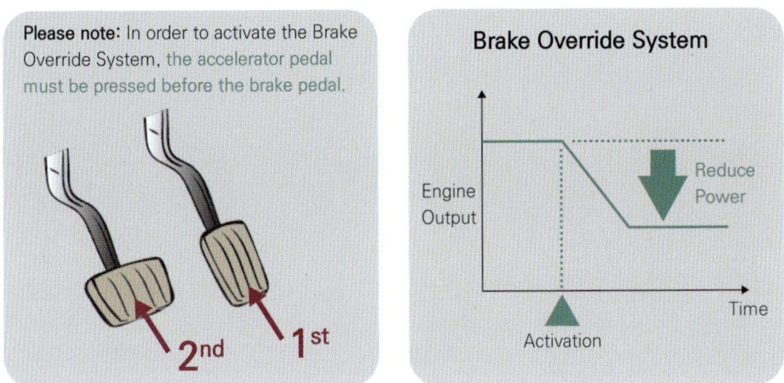

부산 감만동 싼타페 급발진 의심사고 2심 판결문에서 "모든 조건에서 최대 속력을 내는 경우에서도 제동이 가능하도록 구동력보다 제동력이 강하게 설계하므로"라는 내용은 재판부가 BOS를 잘못 이해한 것임을 지적한다. 팩트를 True/False로 정리해보면 아래와 같다.

20 해당 차종 ECU 소프트웨어의 BOS 로직이 액셀을 아무리 밟더라도 RPM이 2300을 넘지 않는 것으로 코딩되어 있음을 의미한다.

21 https://pressroom.lexus.com/lexus-brake-override-system-fact-sheet/

False: 제동력이 구동력보다 강하다.
True: BOS 소프트웨어가 액셀 및 브레이크 페달이 동시에 밟혔음을 감지(detect) 후 구동력을 강제로 감소시켜 제동력보다 작아지게 한다.

그런데 운전자 중에 두 페달을 동시에 밟으며 양발운전을 하는 경우가 과연 얼마나 될까? 급발진을 경험한 운전자들 중에 페달을 동시에 밟았다는 진술이 있던가? 한결같이 아무리 브레이크를 밟아도 제동이 되지 않았다고 진술하고 있다. 급발진은 차량이 비정상적으로 동작하는 상황으로서 운전자가 정상적인 운전 과정에서 단순히 액셀과 브레이크를 동시에 밟는 실수와 비교해서는 안 된다.

BOS로 급발진을 막을 수 있는가?

자동차 제조사는 차량에 BOS가 탑재되었기 때문에 설령 급발진이 발생하더라도, 브레이크를 밟기만 하면 가속보다 브레이크가 우선하여 차량은 감속된다고 주장한다. 과연 그럴까?

『급발진에 대한 보다 자세한 전자적 메커니즘(A More Detailed Electronic Mechanism for Sudden Unintended Acceleration)』이라는 제목의 논문 Belt(2013)[22]에는 BOS가 급발진을 방지하지 못한다고 언급되어 있다. 해당 내용을 발췌하여 살펴보면 아래와 같다.

> 1 page 내용 발췌:
>
> 급발진은 BOS를 갖춘 차량에서 발생하고 있다(Sudden unintended acceleration has occurred in vehicles having brake override)
>
> 9 page 내용 발췌:
>
> 따라서, BOS는 급발진을 방지하는데 전혀 쓸모가 없다(thus the brake override system is completely useless in preventing unintended acceleration).

무엇보다 BOS는 소프트웨어로 구현되기 때문에 ECU 소프트웨어 결함으로 인한 급발진이 발생하는 경우 BOS 자체가 무력화될 수 있다. 차량의 BOS 탑재 여부가 중요한 것이 아니라 BOS가 제대로 작동하느냐가 중요한 문제이며, '북

22 해당 논문은 다음의 사이트에서 다운로드 가능하다. https://www.autosafety.org/wp-content/uploads/import/A%20More%20Detailed%20Electronic%20Mechanism%20for%20Sudden%20Unintended%20Acceleration.pdf

아웃 소송'에서 토요타 캠리의 결함을 입증한 소프트웨어 전문가 Mr. Barr의 법정 증언 녹취록을 보면 이미 이에 대한 질의와 응답이 있다. 그 일부와 번역을 아래와 같이 인용한다.

Q. 이제 BOS에 대한 당신의 사례를 살펴봅시다. 만약 토요타의 시스템이 사용되었고, Task X가 무력화되고 급발진이 발생했다고 가정하면, BOS가 작동합니까?

A. 작동하지 않습니다.

Q. 왜 작동하지 않는 것이죠?

A. 왜냐하면 소프트웨어가 소프트웨어를 감시하기 때문이죠. 만약 소프트웨어가 오작동하고, 사고를 방지하게 되어 있는 동일한 프로그램 또는 앱이 충돌한다면 소프트웨어가 작동하지 않기 때문에 사고를 막지 못합니다.

Q. 당신이라면 그것을 어떻게 바로잡겠습니까?

A. 올바른 방법은 BOS 기능을 외부의 반도체 칩에 심어 놓는 것입니다. 단지 저의 생각만은 아닙니다. 이것은 자동차 제조사들 사이에서 EGAS라는 기준으로 불립니다. 그러한 설계에서는 별도의 반도체 칩이 운전자가 제동을 하는지 여부와, 스로틀 개방 여부를 감시합니다.

BOS는 언제나 작동하는가?

또한 BOS는 물리적으로 구현되는 것이 아니며 소프트웨어에 의해 전자적으로 구현되기에 언제나 작동하는 것이 아니라는 점을 유념할 필요가 있다. 설계자가 설정해 둔 특정한 조건이 충족되어야만 작동한다. 자동차 제조사에서는 이러한 기술적인 자료들을 공개하기를 꺼리는 측면이 있어 대부분의 차량에서 BOS 조건에 대해 알려진 바가 없다.

부득이 앞서 살펴본 『Lexus Brake Override System Factsheet』을 다시 한 번 보도록 하자. BOS가 작동 조건 및 해제 조건은 아래와 같다. 주목할 부분은 작동은 세 가지 조건이 모두 충족(and 조건)되어야 가능한 반면, 해제는 두 가지 조건 중 어느 하나라도 충족(or 조건)되면 가능하다는 점이다.

표 9-2 BOS 작동조건 및 해제조건 사례

구분	내용
작동조건 (and 조건)	1. 스로틀이 1/3보다 더 열려 있을 것 2. 차량 속도가 시속 5마일 이상일 것 3. 브레이크가 꽉 밟혀 있을 것
해제조건 (or 조건)	1. 추가적인 가속(additional accelerator application)이 이루어지는 경우 2. 브레이크에서 발을 떼는 경우

급발진 의심사고의 EDR 분석 결과를 보면 스로틀 열림양이 매우 작으면서 액셀 페달 강도가 최대치에 근접한 사례들도 얼마든지 관찰되는 것이 사실이다. 또한 액셀 페달 강도가 점점 증가하여 충돌 전에 100%에 육박하는 사례도 많다. 그리고 속도 방지턱 같은 곳을 지날 때 충격에 의해서 브레이크에서 발이 떼어지는 경우도 있을 것이다. 결론적으로 BOS는 언제나 작동하는 것이 아니다.

필요충분조건 논쟁:
브레이크 밟음과 브레이크등 점등

학창 시절 배웠던 **필요충분조건**(necessary and sufficient condition)에 대해서 떠올려보자. P이면 Q이다. Q이면 P이다. 두 가지가 동시에 성립하면 P는 Q이기 위한 필요충분조건, Q는 P이기 위한 필요충분조건이라고 정의하며, 이때 P와 Q는 동치(同値)라고 한다.

여기서 P를 브레이크 밟음, Q를 브레이크등 점등이라고 해보자. 브레이크등이 점등되었다면 반드시 브레이크를 밟은 것이고(Q이면 P), 브레이크를 밟았다면 브레이크등은 반드시 점등되므로(P이면 Q) 브레이크 밟음과 브레이크등 점등은 필요충분조건이라는 주장이 급발진 의심사고에서 힘을 얻고 있는 것으로 보인다. 과연 필요충분조건이 성립할까?

결론부터 얘기하면 필요충분조건이 아니다. 어려운 공학적 지식이 전혀 필요 없으며 건전한 상식만 있으면 된다. 간단한 **반례**(counter example) 한 개만 찾아내면 필요충분조건이 아님을 증명할 수 있다. 요즘 차량에는 대부분 오토홀드(auto hold) 기능이 탑재되어 도로에서 적색신호로 인해 정차했을 때 브레이크 페달을 계속 밟고 있을 필요가 없다. 브레이크에서 발을 떼더라도 브레이크등이 점등되고 차량이 알아서 전자적으로 제동을 한다.

이처럼 'Q이면 P이다(브레이크등이 점등되었다면 브레이크를 밟은 것이다)'가 거짓임이 쉽게 증명이 되는데 필요충분조건 주장은 왜 억지란 말인가? 브레이크등 점등 여부로 급발진 의심사고 원인을 판단하는 것은 상식에 반한다. 분명 P(브레이크 밟음)와 Q(브레이크등 점등)는 동치(同値)가 아니다.

판교 볼보 급발진 의심사고 판결문에서 **재판부는 국과수 직원 14인이 수행**

한 『자동차 급발진 원인 규명에 관한 연구』의 최종보고서[23]**를 언급하며 필요충분조건 주장을 수용**하고 있는 것으로 판단된다. 재판부에서 다양한 전문가 의견을 청취했었더라면 하는 아쉬움이 남는 판결문이다.

서울중앙지방법원 2024. 4. 17. 2021가합522145 판결문 중 발췌

국립과학수사연구원 산하 서울과학수사연구소 소속 R가 2013. 12. 5.에 발표한 자동차 급발진 원인 규명에 관한 연구(을 제6호증 22면)에서는, 일반적으로 제동등 전기회로는 시동과 관계없이 제동페달을 밟으면 바로 점등되는 구조이고, 제동등 점등소등은 제동페달 밟음, 안밟음의 필요충분조건이라고 하고 있다.

외부 전문가 참여 없이 국과수 내부 직원으로만 연구진을 꾸려 수행된 『자동차 급발진 원인 규명에 관한 연구』가 학계와 업계의 관련 전문가들의 논리와 의견을 균형있게 담기에는 한계가 있다고 판단된다. 급발진 의심사고에서 브레이크등 점등 여부가 차량결함인지 페달착오인지 판단하는 절대적인 기준이 될 수 있을까? 브레이크등이 점등되지 않았다는 사실 하나로 급발진 의심사고에서 차량에 아무 문제가 없고 운전자 페달착오로 인해 발생한 사고라고 결론지을 수 있을까? '그럴 수 없다', '그래서는 안 된다'는 전문가 의견을 살펴보기로 하자.

23 https://scienceon.kisti.re.kr/commons/util/originalView.do?cn=TRKO201400012137&dbt=TRKO&rn=

필요충분조건 주장에 반대하는 전문가 의견

1 A 교수의 의견

○○○ 급발진 의심사고 민사재판에서 브레이크등 점등 여부가 도마 위에 오르며 국내 유명 대학에서 박사학위를 받은 A 교수의 전문가 의견서가 제출되었다. 브레이크등에 관한 내용을 아래와 같이 발췌하여 제시한다.

> Belt(2012)[1]를 살펴보면 급발진을 경험한 운전자의 62%가 브레이크 페달을 정상적으로 밟고 있었을 때 급발진을 경험하였다고 진술하고 있다. 이는 운전자가 브레이크를 밟고 있는 중간에도 브레이크가 작동하지 않고 급발진을 경험함을 알 수 있다.
>
> ……만일 차량이 정상적으로 작동하는 상황에서는 브레이크를 밟지 않은 것으로 볼 수 있으나, 차체 후미의 브레이크등은 전기신호를 받아 작동하는 것이므로 브레이크를 밟았다 하더라도 전기적인 이유 및 기계적인 이유 등에 의해서 브레이크등은 얼마든지 점등되지 않는 상황이 발생할 수 있다.
>
> 따라서 "브레이크등이 점등되지 않았다는 사실은 운전자가 페달을 오인하여 브레이크 페달 대신 액셀 페달을 밟았다고 봄이 보다 합리적인 추론"이라는 제조사 측의 주장은 차량이 정상적으로 작동하는 통상의 경우를 전제로 한 것으로서, 어떤 이유로든 급발진 등 차량이 매우 비정상적으로 작동하는 상황에서는 타당한 주장으로 보기 어렵다. 제조사 측의 주장은 여러 가지 상황을 고려하지 않고 사태를 지나치게 단순하게 파악하는 것으로 판단된다.

1 논문제목은 『An Electronic Cause for Sudden Unintended Acceleration』이며 다음의 사이트에서 다운로드 가능하다. https://www.autosafety.org/wp-content/uploads/import/Belt%20An%20Electronic%20Cause%20for%20Sudden%20Unintended%20Acceleration.pdf

2 대림대 김필수 교수의 의견

앞서 언급한 민사재판에서 대림대 미래자동차학부 김필수 교수가 작성한 전문가 의견서 또한 제출되었다. 의견서에서 브레이크등에 관한 부분을 아래와 같이 발췌하여 제시한다.

> 자동차 급발진이 발생하였을 경우 일반적인 현상 중의 하나가 엔진 굉음과 더불어 브레이크가 딱딱하게 느껴지면서 전혀 눌리지 않는 특성이 있다는 것입니다. 즉 상황에 따라 운전자가 브레이크를 밟아도 딱딱한 브레이크 페달로 인하여 브레이크등이 켜지지 않을 수도 있다는 뜻입니다.
>
> 다시 정리하면 자동차 급발진이 발생하면 브레이크가 딱딱하게 굳어서 움직이지 않는 현상(브레이크 진공배력이 무력화됨)이 발생하고, 브레이크 페달이 적어도 수 cm가 밀려야 브레이크등이 켜지는 특성을 고려하면 등화의 유무로 운전자의 책임을 따지기 어렵다고 할 수 있습니다.

3 오산대 문학훈 교수의 의견

2024년 9월 30일에 개최된 제2차 '제조물책임법 개정을 위한 국회 정책세미나'에 오산대 미래전기자동차학과 문학훈 교수가 패널로 참여하였다. 문교수의 패널 토론문 중 브레이크등에 관한 부분을 아래와 같이 발췌하여 제시한다. 최근 차량은 스마트크루즈 도중 또는 전기차 회생제동 중에 브레이크를 밟지 않아도 차가 알아서 제동하고 브레이크등이 점등된다는 사실은 필요충분조건 주장을 반박하는 충분한 반례(counter example)라고 판단된다.

……최근 출고되는 차량은 브레이크등이 운전자의 페달로만 작동되는 것이 아니고 컴퓨터에 의해 급감속이 일어나면 자동으로 브레이크등이 점멸되거나 점등되는 구조이므로 단순히 브레이크등의 점등만으로 페달 오조작을 구분하기는 어렵다. 스마트크루즈 작동 중이거나 전기차 회생제동 중에는 앞차와의 거리가 급격하게 가까워지면 브레이크 페달을 밟기 이전이라도 제동등이 점멸되거나 점등이 된다. 전기회생제동장치의 제동등 작동 기준은 감속도 0.7㎨ 초과 ~ 1.3㎨ 이하 점등 가능, 1.3㎨ 초과 점등될 것으로 명시되어 있다.

4 ECU 엔지니어 출신 박정철 변호사 의견

위에서 언급한 세미나의 또 다른 패널인 박정철 변호사의 패널 토론문 중 브레이크등에 관한 부분을 아래와 같이 발췌하여 제시한다.

급발진 의심 사고가 발생하면 많은 이들이 가장 먼저 브레이크등이 켜졌는지를 확인하려 한다. 브레이크등이 들어오지 않았다면, 운전자가 가속 페달을 브레이크 페달로 착각했을 가능성이 제기되기 때문이다. 그렇다면, 브레이크등이 들어오지 않았다는 사실만으로 급발진이 없었다고 단정할 수 있을까?

결코 그렇지 않다. 급발진 사고의 핵심은 차량이 운전자의 의도와 달리 갑작스럽게 가속을 시작했다는 점에 있다. 이후 운전자가 당황하여 가속 페달을 브레이크로 착각하고 밟았다면, 이는 급발진 현상의 후속 결과에 불과하다. 이 경우에도 제조사가 사고의 원인을 제공한 만큼, 사고에 대한 상당한 책임을 져야 한다. 즉, 운전자가 급발진 상황에서 브레이크를 제대로 작동했는지는 제조사의 책임을 경감할 수 있는 요소일 뿐, 급발진 자체의 존재 여부와는 직접적인 관련이 있다고 보기 어렵다.

- 입증책임의 전환
- 도현이법 시즌1
- 21대 국회에서 발의된 제조물책임법 개정안
- 개정안에 대한 평가 및 논의 결과
- 정무위원회 검토의견
- 공정거래위원회 의견
- 산업계의 의견
- 도현이법 시즌2
- EU 제조물책임지침 개정의 의의
- EU 제조물책임지침
- 22대 국회에 계류중인 제조물책임법 개정안
- 공정위의 『제조물책임법 운용 실태조사』 연구용역

CHAPTER

10

제조물 책임법 개정 논의

입증책임의 전환

자동차 급발진 문제 해결을 위한 대책으로 가장 많이 듣게 되는 용어가 있다. 자동차와 같이 고난도의 기술이 들어가는 제조물에 대해서 **소비자가 '결함이 있다는 것을 입증'**하는 것은 거의 불가능하므로, 반대로 **제조사로 하여금 '결함이 없다는 것을 입증'**하도록 해야 한다는 논리로서 **'입증책임의 전환'**이라고 부르고 있다.

입증책임 전환 논리는 현행법에도 이미 존재한다. 문제는 입증책임이 전환되는 조건이 꽤나 까다롭다는 것이다. 제조물 책임법 제3조의2에서는 입증책임이 전환되기 위해서 아래와 같은 3가지 조건을 규정한다.

> **제3조의2(결함 등의 추정)** 피해자가 다음 각 호의 사실을 증명한 경우에는 제조물을 공급할 당시 해당 제조물에 결함이 있었고 그 제조물의 결함으로 인하여 손해가 발생한 것으로 추정한다. 다만, 제조업자가 제조물의 결함이 아닌 다른 원인으로 인하여 그 손해가 발생한 사실을 증명한 경우에는 그러하지 아니하다.
>
> 1. 해당 제조물이 정상적으로 사용되는 상태에서 피해자의 손해가 발생하였다는 사실
> 2. 제1호의 손해가 제조업자의 실질적인 지배영역에 속한 원인으로부터 초래되었다는 사실
> 3. 제1호의 손해가 해당 제조물의 결함 없이는 통상적으로 발생하지 아니한다는 사실

소비자가 자동차 급발진으로 피해를 입었다면, 첫 번째 관문이 자동차를 정상적으로 사용했다는 것을 증명하는 것이다. 여기서부터가 난관이다. 어떻게 사용하는 것이 정상적으로 사용하는 것인가를 명확하게 규정하고 있지 않기 때문이다.

급발진 의심사고 피해자 입장에서 제시할 수 있는 증거는 무엇이 있을까?

기껏 해봐야 다음과 같은 간접적인 증거가 대부분이다.

- 서행하고 있던 자동차의 속력이 갑자기 급격하게 높아졌다.
- 사고를 피하기 위해 이리저리 피해 다니며 혼신의 노력을 하고 있는 모습이 블랙박스에 영상으로 남아있다.
- 급박한 상황에서 나눈 대화나 혼잣말이 음성으로 남아있다.
- 자동차에서 비정상적인 굉음이 발생했다.
- 배기구에서 비정상적인 연기가 발생했다.
- 운전자는 건강상의 특별한 이상이 없다.
- 자동차 점검을 꾸준히 받았고 차량에 특별한 이상이 없었다.
- 운전자가 교통사고를 내거나 벌점을 받은 이력이 없거나 적다.

제조사에서 이러한 간접증거를 받아들이고 자사의 자동차가 결함에 의해 급발진이 발생했다고 시인할 리 만무하다. 제조사는 정상적으로 브레이크 페달을 밟았고 액셀 페달을 밟지 않았다는 직접 증거를 보여달라고 할 것이다. 그런데 페달에 카메라가 설치되어 있지 않는 이상 브레이크를 밟았다는 것을 직접 증명할 수 있는 소비자는 단 한 명도 없다. 오죽하면 '페달 블랙박스'라는 민간 자구책이 출현하고 있겠는가.

두 번째 관문은 제조사의 실질적인 지배영역에 속한 원인으로부터 초래되었다는 사실을 증명하라는 것인데, '실질적인 지배영역'이 무엇인가에 명확한 정의는 없다. 이를테면 급발진이 제조물의 설계, 제조공정 등의 결함으로 인해 발생하였다면 제조사의 지배영역이라 할 수 있을 것이다.

세 번째 관문은 자동차의 결함 없이는 급발진이 통상적으로 발생하지 않는다는 것을 증명하라는 것이다. 자동차의 하드웨어 및 소프트웨어 등 기술정보에 대하여 압도적인 정보비대칭 상황에 놓여있는 소비자가 급발진이라는 것이 통상적으로 자동차의 결함에 의해 발생한다는 것을 증명하는 것도 만만치 않다.

도현이법 시즌1[1]

2022년 12월 6일 강릉 홍제동에서 급발진 의심사고로 인해 12살 이도현 군이 사망하였다. 해당 사고는 급발진 문제와 관련하여 국민들의 이목을 가장 집중시켰던 사건이다. 운전자였던 도현이의 할머니는 형사 입건되었다. 도현이 아빠 이상훈 씨는 2023년 1월 10일 제조사를 상대로 민사소송을 제기하였고, 2023년 2월 22일 급발진 의심사고 발생 시 '결함 원인 입증책임 전환'을 위한 제조물책임법 개정에 관한 국민동의 청원서(청원번호 제2100119호)를 제출하였다. 해당 청원은 언론 등에서 국민들의 이목을 집중시켰고 이른바 **'도현이법'**으로 불리며 단 6일 만에 5만 명 동의 요건을 충족하여 국회 소관위원회에서 개정 논의가 이뤄질 수 있는 조건을 갖추게 되었다.

도현이 아버지가 청원한 내용은 크게 다섯 가지 내용으로 되어 있다.[2] 아래의 '가'는 현행법의 기존 조항에 대한 수정안이며, '나'부터 '마'까지는 새로운 조항을 신설하자는 것이다.

가. 결함 등의 추정 요건 완화(청원안 제3조의2 제1항)

현행법에서 피해자가 입증책임 전환 요건을 충족하기가 현실적으로 어려우므로 이를 완화하자는 취지의 청원안이다. '정상적으로 사용되는 상태'는 '정상적으로 사용하고 있다고 보여지는 상태'로, '초래되었다는 사실'은 '초래될 수 있다는 가능성'으로, '결함 없이는 통상적으로 발생하지 아니한다는 사실'은 '오작

1 21대 국회와, 22대 국회에 청원된 도현이법을 구분하기 위해 필자가 임의로 시즌1, 시즌2라는 부제를 붙여보았다.

2 국회 정무위원회의 검토보고서(2023년 4월, 전문위원 곽현준) 참조

동으로 발생할 수 있다는 가능성'으로 수정하자는 것이다.

> 제3조의2(결함 등의 추정, 입증책임의 전환)
> ① 피해자가 다음 각 호의 사항을 증명한 경우에는 제조물을 공급할 당시 해당 제조물에 결함이 있었고 그 제조물의 결함으로 인하여 손해가 발생한 것으로 추정한다. 다만, 제조업자가 제조물의 결함이 아닌 다른 원인으로 인하여 그 손해가 발생한 사실을 증명한 경우에는 그러하지 아니하다.
> 1. 피해자가 해당 제조물을 정상적으로 사용하고 있다고 보여지는 상태에서 피해자의 손해가 발생하였다는 사실
> 2. 제1호의 손해가 제조업자의 실질적인 지배영역에 속한 원인으로부터 초래될 수 있다는 가능성
> 3. 제1호의 손해가 해당 제조물의 오작동으로 발생할 수 있다는 가능성

나. 자동차 급발진 주장 시 입증책임 전환(청원안 제3조의2제2항)

여러 제조물 중 자동차에서 발생하는 급발진 문제만큼은 피해자의 주장만으로도 입증책임 전환을 해주자는 취지의 개정안이다.

> ② 피해자가 자동차관리법상 자동차의 비정상적인 가속에 의한 급발진사고로 인하여 손해가 발생하였다고 주장하는 경우에 제조자는 해당 자동차에 피해자가 주장하는 바와 같은 결함이 존재하지 않음과 결함에 의하여 급발진사고가 발생하지 않았다는 점을 입증하여야 한다.

다. 가속제압장치 미장착 시 결함에 의한 자동차 급발진 사고로 인정 (청원안 제3조의2제3항)

'가속제압장치'란 소프트웨어적으로 비정상적인 가속을 차단하는 프로그램을 의미하는데 일부 자동차 회사에서 도입하기 시작했다고 알려져 있고 국내 언론에서 **'킬프로그램**(Kill Program)**'** 등으로 지칭되고 있다.

토요타에서는 공식적으로 **'가속제압시스템**(ASS, Acceleration Suppression

System)'이라고 지칭하며 자사의 자동차에 이런 옵션 기능이 탑재되는 경우 [그림 10-1]처럼 계기판에 초록색 열쇠 모양 아이콘과 'PLUS'를 표시해 주는데 'Plus Support'라고 부르고 있다.[3]

그림 10-1 토요타의 가속제압장치 Plus Support 예시

청원안 제3조의2 제3항은 가속제압장치가 없는 자동차에서의 급발진 의심 사고를 차량 결함에 의한 급발진으로 인정함으로써 자동차 제조사로 하여금 가속제압장치 채택을 가속화 시키자는 취지의 개정안이라고 할 수 있다.

> ③ 위 2항과 같이 비정상적인 가속에 의한 급발진사고로 인하여 손해가 발생하였다고 주장되는 자동차에 자동차관리법상 자동차안전기준에 따라 비정상적인 가속을 인지 · 판별하여 가속을 차단하고 속도를 저하시키는 가속제압장치가 장착되지 않은 경우에는 자동차의 결함에 의하여 급발진이 발생한 것으로 인정한다.

3 https://www.youtube.com/watch?v=TQWfFz2jUYM

라. 소송전 피해자 자료 제출 요청 시 제조업자 자료 제출 의무 부과 등 (청원안 제3조의2제4항)

미국, 영국 등에서 시행되고 있는 **디스커버리**(discovery) **제도**를 급발진 의심사고에서 만큼은 우리나라도 도입함으로써 정보적 열위에 있는 피해자의 증거 확보권을 보장해야 한다는 취지의 개정안이다. 디스커버리 제도란 재판의 양 당사자가 재판이 개시되기 전에 양측이 가진 증거자료를 서로 공개하는 것을 말한다.

> ④ 자동차의 운전자가 비정상적인 가속에 의한 급발진 사고로 인하여 손해가 발생하였다고 주장하는 경우에 해당 자동차의 제조자는 피해자가 소 제기 전에 요청하는 결함과 관련된 내부 문서 및 자료를 법정 외에서 피해자에게 제출하고 제조자의 관련 내부 직원들은 피해자가 소제기 전에 신청하는 법정외 신문과 녹취에 응하여야 한다.

마. 첨단 운전자 지원시스템(ADAS) 작동 기록장치 장착 의무 (청원안 제3조의2제5항)

근래에 출시되는 차량들은 충돌위험 감지시 자동차가 스스로 속도를 줄이는 자동긴급제동(AEB, Autonomous Emergency Braking), 차선 이탈을 막아주는 차선유지보조(LKAS, Lane Keep Assist System), 운전자가 속도를 지정하면 앞차와 간격을 알아서 유지해주는 어드밴드스 스마트 크루즈 컨트롤(ASCC, Advanced Smart Cruise Control) 등의 첨단 기능 등이 탑재되는데 이를 **'첨단 운전자 지원시스템(ADAS, Advanced Driver Assistance Systems)'**이라고 부른다. 그런데 급발진 의심사고 피해자들은 이러한 ADAS 기능이 제대로 작동하지 않았다고 호소하는 경우가 많다. ADAS 기능의 작동과 관련한 데이터를 의무적으로 저장하자는 취지의 개정안이다.

⑤ 자동차의 제조자는 자동긴급제동장치 등 첨단 운전자 지원 시스템(Advanced Driver Assistance Systems, 이하 ADAS) 기능들을 장착한 자율주행 레벨2 차량에 자동차관리법상 자동차안전기준에 따라 이들 ADAS 기능의 작동과 관련한 데이터와 차량 주행데이터를 기록하는 ADAS 작동데이터 기록장치를 장착하여야 한다.

21대 국회에 발의된 제조물책임법 개정안[4]

1 정우택 의원 대표발의 개정안(의안번호 제2120550호)[5]

2023년 3월 10일에 정우택 의원 등 11인이 발의하였으며 제조물책임법에 제4조의2를 아래와 같이 신설한다는 내용이다.

> **제4조의2(자동차 제조업자등에 대한 특례)**
> ① 고도의 기술력을 요하는 제조물로서 「자동차관리법」의 적용을 받는 자동차 등 대통령령으로 정하는 제조물의 제조업자(이하 "자동차 제조업자등"이라 한다)가 2인 이상인 경우 해당 제조물을 제조 · 가공한 제조업자가 외국인(외국법인을 포함한다)으로서 국외에 있는 자이고, 국내에 그 제조물을 영리 목적으로 수입한 제조업자는 제3조에 따른 손해의 배상에 있어 연대하여 책임을 진다.
> ② 제3조의2에도 불구하고 피해자가 제1항에 따른 제조물의 결함으로 인하여 손해가 발생하였다고 추정할 수 있는 영상자료, 기록물 등을 법원에 제출하는 경우 자동차 제조업자등은 피해자가 그 손해를 입은 당시에 해당 제조물의 결함이 없었다는 사실을 입증하여야 이 법에 따른 손해배상책임을 면한다.

개정안의 취지를 살펴보자면 ①항은 수입차의 경우 해외의 제조사뿐만 아니라 국내의 수입판매업자 또한 손해배상의 연대책임을 진다는 내용이다. ②항은 영상자료, 기록물 등 손해 발생을 추정할 수 있는 자료가 법원에 제출되는

4 21대 국회에서는 총 5건의 제조물 책임법 개정안이 발의되었다. 그 중에서 정무위원회 법안심사소위원회 심사를 받은 3건의 개정안을 살펴보고자 한다.

5 https://likms.assembly.go.kr/bill/billDetail.do?billId=PRC_A2H3F0G3O0N8L1M6L0T7R4S5R6P3F8

경우 입증책임을 전환한다는 내용이다.

2 박용진 의원 대표발의 개정안(의안번호 제2121093호)[6]

2023년 4월 3일에 박용진 의원 등 11인이 발의하였으며 제조물책임법의 제3조 제2항 및 제3항을 각각 제3항 및 제4항으로 하고, 같은 조에 제2항을 아래와 같이 신설한다는 내용이다.

> **제3조(제조물책임)**
> ② 「자동차관리법」에 따른 자동차, 그 밖에 고도의 기술이 필요한 동력발생장치 또는 전자적 장치를 활용한 제조물로서 대통령령으로 정하는 제조물의 제조업자가 제1항에 따른 손해배상책임을 면하기 위하여는 해당 제조물을 공급할 당시 결함이 없었고 그 제조물의 결함으로 인하여 손해가 발생한 것이 아니라는 사실을 입증하여야 한다.

개정안의 취지를 살펴보면 자동차 제조업자가 손해배상책임을 면하기 위해서는 해당 제조물을 공급할 당시 결함이 없었고 그 제조물의 결함으로 인하여 손해가 발생한 것이 아니라는 사실을 입증하도록 하자는 것이다. 개정안은 앞서 살펴본 정우택 의원안과 비교했을 때 별도의 요건(영상자료, 기록물 등) 없이도 입증책임을 전환하겠다는 것이므로 피해자 보호가 더욱 강화된 안이라고 할 수 있다.

3 허영 의원 대표발의 개정안(의안번호 제2121924호)[7]

2023년 5월 11일에 허영 의원 등 11인이 발의하였으며, 제조물책임법 제3

6 https://likms.assembly.go.kr/bill/billDetail.do?billId=PRC_N2D3B0A3Z2H4I1H5F0E7M4L6J3I4J1

7 https://likms.assembly.go.kr/bill/billDetail.do?billId=PRC_O2P3N0V4U2S6T1S0O3N3L1M8C5A5Z9

조의 제목을 '제조물 책임'에서 '손해배상책임'으로 바꾸고, 제3조에 제4항부터 제8항까지와 제4조의2 '자동차에 관한 특례'를 아래와 같이 신설한다는 내용이다.

제3조(손해배상책임)

④ 법원은 제1항부터 제3항까지에 따른 손해배상청구소송에서 당사자의 신청에 따라 상대방 당사자에게 해당 결함의 증명, 해당 손해의 증명 또는 손해액의 산정에 필요한 자료의 제출을 명할 수 있다. 다만, 그 자료의 소지자가 자료의 제출을 거절할 정당한 이유가 있으면 그러하지 아니하다.

⑤ 법원은 자료의 소지자가 제4항에 따른 자료의 제출을 거부할 정당한 이유가 있다고 주장하는 경우에는 그 주장의 옳고 그름을 판단하기 위하여 자료의 제시를 명할 수 있다. 이 경우 법원은 그 자료를 다른 사람이 보게 하여서는 아니 된다.

⑥ 제4항 본문에 따라 제출되어야 할 자료가 「부정경쟁방지 및 영업비밀보호에 관한 법률」 제2조제2호에 따른 영업비밀에 해당하나 결함 · 손해의 증명 또는 손해액의 산정에 반드시 필요한 경우 제4항 단서에 따른 정당한 이유로 보지 아니한다. 이 경우 법원은 자료제출명령의 목적 내에서 열람할 수 있는 범위 또는 열람할 수 있는 사람을 지정하여야 한다.

⑦ 법원은 당사자가 정당한 이유 없이 자료제출명령에 따르지 아니한 경우 자료 제출을 신청한 당사자의 자료의 기재에 관한 주장을 진실한 것으로 인정할 수 있다.

⑧ 법원은 제7항에 해당하는 경우 자료의 제출을 신청한 당사자가 자료의 기재에 관하여 구체적으로 주장하기에 현저히 곤란한 사정이 있고, 해당 자료로 증명할 사실을 다른 증거로 증명하는 것을 기대하기도 어려운 경우 그 당사자가 자료의 기재에 의하여 증명하려는 사실에 관한 주장을 진실한 것으로 인정할 수 있다.

제4조의2(자동차에 관한 특례)

「자동차관리법」의 적용을 받는 자동차의 경우 제조업자가 이 법에 따른 손해배상책임을 면하기 위하여는 해당 자동차를 공급할 당시 결함이 없었다는 사실 또는 해당 자동차의 결함으로 인하여 손해가 발생한 것이 아니라는 사실을 입증하여야 한다. 이 경우 제조업자는 제4조제1항제2호부터 제4호까지에 따른 면책을 주장할 수 없다.

개정안을 살펴보면 제3조에서 제조물책임법에 따른 손해배상청구소송에 법원의 자료제출명령제도를 도입하여 제조업자가 영업비밀이라 하더라도 결함 · 손해의 증명 또는 손해액 산정에 반드시 필요한 경우 자료제출을 거부할 수 없도록 하고 제출명령 불응 시 자료의 기재로 증명하고자 하는 사실을 진실한 것으로 인정할 수 있게 하자는 것이 핵심취지이다.

도현이법 청원안에 언급된 디스커버리제도(자료제출 의무 부과)와 비슷한 면이 있지만, **자료제출명령제도는 소송제기 후에 재판과정에서 적용**되는 반면, **디스커버리제도는 소송제기 전에 적용**된다는 점에서 차이가 있다.

제4조의2는 제조물이 자동차인 경우에 그 결함 및 손해의 입증책임을 자동차 제조업자가 지도록 하는 특례를 둠으로써 피해자의 입증 부담을 완화하고 피해구제의 실효성을 제고하려는 취지이며 앞서 살펴본 박용진 의원안과 유사하다.

개정안에 대한 평가 및 논의 결과

이도현 어린이가 사망한 급발진 의심사고는 국민적 공분을 자아내며 언론의 주목을 받았고 도현이 아빠 이상훈 씨의 도현이법 청원으로 급발진 문제를 더 이상 방치해서 안 된다는 국민적 공감대가 형성되는 듯 하였다. 21대 국회에서 정우택, 박용진, 허영 의원이 제조물책임법 개정안을 잇따라 대표발의하면서 이제 뭐라도 조금은 개선이 되겠구나 싶은 일말의 기대가 있었던 것도 사실이다.

결함에 대한 입증책임을 완화·전환하자는 도현이 아빠의 절규 어린 국민동의청원과 더불어 국회의원들이 발의한 3건의 법률 개정안이 2023년 6월 22일에 국회 정무위원회 법안심사제2소위원회에서 논의되었다. 주무 부처인 공정위에서는 신중히 검토해야 한다는 의견을 피력하며 소극적인 자세를 보여 여러 국회의원들의 질타가 이어졌지만 아무런 진전없이 회의가 끝났다.

국회에서 제조물책임법이 개정되려면 ① **정무위원회 법안심사소위원회 →** ② **정무위원회 전체회의 →** ③ **법제사법위원회 →** ④ **국회 본회의**를 차례대로 통과해야 하는데 첫 문턱에서 좌초한 것이다. 왜 이렇게 법 개정이 어려운 것인지 개정안에 대한 평가 및 논의 결과를 살펴보기로 하자.

제조물 책임법 개정안에 대한 국회 정무위원회 『법안심사 제2소위원회 심사자료』를 통해 정무위원회 검토 의견, 주무부처인 공정거래위원회 의견, 산업계 의견의 주요내용을 발췌 및 요약하여 살펴보고자 한다. 내용 중에서 개정안은 앞서 살펴본 정우택 의원, 박용진 의원, 허영 의원 대표발의 법률안이며, 청원안은 이도현 군 아버지가 국민청원한 도현이법을 지칭한다.

정무위원회 검토의견

정무위원회의 검토의견을 요약해 보자면 개정안과 청원안의 취지가 바람직함을 인정하지만, 제조업자에게 부담이 될 수 있고, 취지가 실효적으로 달성될 수 있는지에 대한 논의가 필요하다는 입장이다.

1 입증책임의 완화 · 전환

○ 개정안과 청원안은 일정한 조건하에 입증책임을 제조업자에게 전환하여 제조업자가 제조물에 결함이 없다는 사실을 입증하도록 하려는 것임.

○ 현행법은 간접사실의 입증만으로 '결함으로 인한 손해 발생'의 인과관계가 입증된 것으로 추정하도록 하는 입증책임 완화 방식을 채택(2017년 개정 사항)하고는 있으나, 정보의 편재, 기술적 한계 등의 이유로 피해자의 손해 입증은 매우 어렵다는 현실을 고려할 때, 개정안과 청원안의 취지는 바람직한 것으로 보임.

○ 다만, 입증책임의 분배는 원칙적으로 '공평의 이념'에 근거하여 결정하여야 할 필요가 있는바, 개정안 및 청원안과 같이 '사고의 발생', '피해자의 주장' 등만으로 제조업자에게 전적으로 입증책임을 부담하게 하는 것의 합리성에 대한 신중한 논의가 필요함.

- 박용진 의원안은 정우택 의원안에 비해 입증책임 전환 요건을 더욱 완화하여(정우택 의원안은 필요한 요건으로 '자동차 등에 의한 피해'와 '피해자의 손해발생 추정 자료 제출' 두 가지 조건 충족을 요함) '자동차 등에 의한 손해 발생'만으로 바로 입증책임을 전환하는 내용임.

○ 또한, '결함으로 인한 손해 발생을 추정할 수 있는 자료(영상자료, 기록물 등)'의 범위를 엄격하게 해석할 경우, 현행법 제3조의2 대비 피해자를 보다 두텁게 보호하고자 하는 개정안(정우택 의원안)의 취지를 실효적으로 달성할 수 있을지 의문이며, 그럼에도 자동차 등에 특례를 둠으로써 최소한 자동차 사고에 있어서라도 제조사에 책임을 더 지우고자 하는 입법 취지가 향후 법원의 해석에 긍정적인 영향을 미치는 효과 측면도 고려할 수 있음.

○ 기술적인 분석 · 조사 결과가 손해배상청구소송 인용 가부 결정의 가장 중요한 요소 중 하나인데, 소프트웨어 조사 없이 EDR 분석 위주로 사고를 조사하는 방식의 개선 없이는 결함 인정이 어려울 수 있다는 사실도 함께 논의할 필요가 있음.

2 결함 등의 추정 요건 완화

○ 청원안은 간접사실 입증에 필요한 요건을 더욱 완화하려는 것으로 손해배상청구소송 시 피해자의 입증책임 부담을 경감하려는 취지로 이해됨.

현 행 법	청 원 안
제조물이 **정상적으로 사용되는** 상태	제조물을 **정상적으로 사용하고 있다고 보여지는** 상태
실질적인 지배영역에 속한 원인으로부터 **초래되었다는 사실**	실질적인 지배영역에 속한 원인으로부터 **초래될 수 있다는 가능성**
손해가 결함 없이는 통상적으로 **발생하지 아니한다는 사실**	손해가 오작동으로 **발생할 수 있다는 가능성**

○ 다만, '보여지는', '가능성' 등 비교적 주관적 · 추상적인 개념에 대한 증명을 요구하는 것의 적정성에 대한 논의가 필요할 것으로 보임.

3 손해배상청구소송에 법원의 자료제출명령제도 도입

○ 허영 의원안은 법원이 제조업자의 영업비밀에 해당하는 자료라고 하더라도, 필요할 경우 제출을 명할 수 있도록 하고, 자료제출명령에 따르지 아니한 경우 자료를 신청한 당자사의 주장을 진실한 것으로 인정할 수 있도록 함으로써 피해자의 실질적 구제에 기여할 수 있을 것으로 보임.

○ 다만, 손해배상청구소송 시 자료제출로 인한 영업비밀의 유출 위험을 방지하기 위하여 자료제출명령제도를 도입한 유사 입법례[8]를 참고하여 법원의 비밀유지명령 조항 및 관련 절차 마련, 위반 시 처벌 규정 등 추가적인 조치를 검토하여야 할 것으로 보임.

8 「독점규제 및 공정거래에 관한 법률」 제112조(비밀유지명령)

4 기타 청원안 개정 사항

(1) 가속제압장치 미장착 시 결함에 의한 자동차 급발진 사고로 인정

○ 청원안은 자동차 급발진 사고 시 가속제압장치가 장착되지 않은 경우 자동차의 결함으로 인한 급발진이 발생한 것으로 인정하려는 것임.

○ 다만, 이러한 설비를 부착하지 않았다고 해서 급발진 사고의 원인인 결함으로 간주하기 위해서는, 가속제압장치의 장착 여부와 급발진 사고의 인과관계 및 급발진 사고 방지 효과에 대한 검토가 선행되어야 할 것이며, 자동차관리법령 상 가속제압장치 장착 의무를 강화하는 방안에 대한 논의를 병행할 필요가 있음.

(2) 소송 전 피해자 자료 제출 요청 시 제조업자 자료 제출 의무 부과 등

○ 청원안은 자동차 급발진 사고 피해자의 요청 시 제조업자는 소송전에 요청받은 자료를 법정 외에서 미리 피해자에게 제출하여야 하고, 제조업자의 직원 등은 소송 전에 신문과 녹취에 응하도록 하려는 것임.

○ 정보가 제조업자 등 일방에만 편중되어 있고, 정보에 대한 해석 · 적용 또한 기술적인 한계가 있어 소송 시 피해자가 현저히 불리하다는 현실을 감안할 때 소송 전에 사고 피해자의 소송 수행에 필요한 자료 확보를 용이하게 하려는 취지는 바람직하나, 제조업자의 자료보호 권리 등 균형성을 갖추기 위한 논의가 필요한 것으로 보임.

(3) 첨단운전지원시스템(ADAS) 작동 기록장치 장착 의무

○ 청원안은 자동차 제조업자에게 첨단운전지원시스템(ADAS) 기능의 작동데이터와 주행데이터 기록장치 장착 의무를 부과하려는 것임.

○ 이는 사고원인의 객관적 파악에 도움이 될 것으로 보이나, 제조물책임법은 손해배상책임을 규정하는 법률이므로 제조업자의 자동차 제조에 관한 의무 규정은 「자동차관리법」 등 다른 법률에 규정하는 것이 바람직해 보임.

공정거래위원회 의견

주무부처인 공정위에서는 허영 의원안의 자료제출명령제도에 대한 '일부수용' 의견을 제외한 모든 안에 대해서 '신중검토' 의견을 피력했다. '신중검토'는 적극적으로 개선할 의향이 아직 없거나 곤란함을 말하는 수사적 표현이라는 점을 독자들도 쉽게 짐작할 수 있을 것이라 판단된다.

1 입증책임의 완화 · 전환

○ **정우택 의원안 ☞ 신중검토**

현행법 제3조의2(결함 등의 추정) 등에 의하여 제조물의 결함과 손해 발생 사이의 인과관계가 추정되므로, 고도의 기술력을 요하는 제조물에 대한 특례를 추가로 규정할 실익이 있는 것인지에 대한 검토 필요

○ **박용진 의원안, 허영 의원안 ☞ 신중검토**

입증책임 전환 입법례는 드물고, 산업계의 부담 발생도 고려 필요

○ **청원안 ☞ 신중검토**

피해자의 주장만으로 입증책임을 전환하는 입법례는 드물며, 산업계에 미치는 부담 또한 고려할 필요

2 결함 등의 추정 요건 완화

☞ 신중검토

○ 현행법상 증명 대상으로 삼고 있는 간접사실은 미국법에서 명시하고 있는 내용이고, 대법원 판례를 통해 확립된 것으로, 구체적 내용을 변경함에 있어서는 충분한 검토가 필요

3 손해배상청구소송에 법원의 자료제출명령제도 도입

☞ **일부수용**

○ 정보의 비대칭성을 고려할 때, 자료제출명령제도를 도입하여 피해자를 보호하고자 하는 개정안에 찬성하나, "비밀유지명령" 제도 및 "위반 시 형사처벌" 등 보완이 필요

4 기타 청원안 개정 사항

(1) 가속제압장치 미장착 시 결함에 의한 자동차 급발진 사고로 인정

☞ **신중검토**

○ 장착 여부가 결함과 인과관계를 간주하는 요건사실이 될 만한 것인지 충분한 실증 연구가 필요

(2) 소송 전 피해자 자료 제출 요청 시 제조업자 자료 제출 의무 부과 등

☞ **신중검토**

○ 모색적인 목적으로 증거개시를 이용하는 등 제도 남용의 가능성이 있고, 제조업자의 영업비밀 보호도 고려해야 하므로 충분한 검토 필요

(3) 첨단운전지원시스템(ADAS) 작동 기록장치 장착 의무

☞ **신중검토**

○ 제조상 의무 규정은 「자동차관리법」 등 타법에 정하는 것이 타당

산업계의 의견

전국경제인연합회(現 한국경제인협회), 한국수입자동차협회, 한국자동차 모빌리티산업협회 등 경제 단체들은 일제히 격렬한 반대의견을 표명하였다. 누구나 예상하다시피 이들은 자동차 제조사들의 이익을 대변할 수밖에 없는 단체들이다. 각 단체들이 제출한 의견은 아래와 같다.

1 한국경제인협회

법안심사2소위원회가 열릴 당시 명칭은 전국경제인연합회였으나 2023년 9월 한국경제인협회(FKI, The Federation of Korea Industries)로 이름을 바꾸었다. 대한민국 대기업들의 모임이라고 불릴 만큼 대기업들의 이익단체이며 역대 회장들도 대부분 대기업 총수들이 맡아왔다.

- ○ 자료제출 거부 및 비밀유지명령제 등 영업비밀 보호 장치가 없어 기업의 영업비밀 유출 우려
- ○ 제조물 결함으로 인한 모든 손해배상청구소송에 대해 규정하고 있어, 과도한 법 적용범위로 소송남발 우려
- ○ 민사소송법 제344조에 다른 문서제출의무로도 입법취지를 일정부분 달성 가능
- ○ 자료제출명령 불복신청 미비 등 소송 당사자의 권리보호 미흡

2 한국수입자동차협회

한국수입자동차협회(KAIDA, Korea Automobile Importers & Distributors

Association)는 국내에서 자동차를 수입하여 판매하는 총 20개 회사 29개 브랜드가 회원으로 가입하고 있으며 회원사의 권익을 대변하는 것을 목표로 하는 단체이다.

주요 업무 중 첫 번째로 '대정부 활동'을 표방하고 있으며 대정부 활동에는 수입자동차 업계를 대표하여 정부, 국회 등을 대상으로 제도개선 활동을 하는 것이 포함된다.[9] 궁극적으로 다른 나라 자동차 제조사의 이익에 기여하는 수입자동차 업계가 우리나라 법의 법리적 모순과 법적 안정성 훼손을 우려하는 것 자체가 너무 지나치다고 생각된다.

○ '17.4월 제조물책임법 개정을 통하여 피해자의 입증책임을 완화하여 시행해오고 있음.
○ 입증책임 주체의 변경은 민사소송의 입증책임에 관한 원칙에 위배되며, 주요 선진국에서도 제조물 결함의 입증책임은 피해자에게 있음.
○ 입증책임 주체의 변경 사항을 현행법에 새롭게 반영할 경우 기존 조항과의 상충으로 인한 법리적 모순으로 법적 안정성 훼손 우려
○ 과학적으로 검증되지 않은 자동차 사고와 관련하여 소송의 남발로 인한 기업경쟁력 약화 가능성 우려

3 한국자동차모빌리티산업협회

한국자동차모빌리티산업협회(KAMA, Korea Automobile & Mobility Association)는 국내 자동차 제조사를 지원하는 단체로 현대자동차, 기아, 한국지엠, 르노코리아, KG모빌리티를 회원사로 두고 있다.[10] 협회 의견은 사실상 국내 5대 자동차 제조사의 의견이라고 보아도 무방하다.

특징적인 점은 급발진이라는 현상이 확인되지 않았다는 의견을 내고 있다는 점이다. 학자 및 전문가들의 연구와 재현, 법정 증언 등으로 이미 급발진의

9 https://www.kaida.co.kr/ko/kaida/introduce.do
10 https://www.kama.or.kr/InfoController

원인 및 메커니즘이 상당 부분 규명되어 있음에도 불구하고 급발진 현상 자체를 부정하고 있다.

또한 급발진 피해자가 대기업인 제조사를 상대로 제기하는 손해배상 소송이 중소기업의 부담을 가중시킨다는 의견은 제조사가 져야 할 책임을 하청업체, 부품을 납품하는 협력업체에 떠넘기겠다는 뜻으로 들린다.

우리나라 내수시장에서 현대 · 기아차 시장점유율은 90%를 넘고 있으며[11] 2023년 연결재무제표 기준 당기순이익이 현대차 12조 2,723억원, 기아차 8조 7,778억원이다.[12] 이렇게 막대한 이익을 달성하고 있는 회사들이 급발진 사고 피해자 구제를 위해 수십억을 지출한다고 한들 재무적 부담은 크지 않다. 도산, 산업 생태계 붕괴를 운운하는 것은 엄살에 불과해 보인다.

> ○ 제작결함(급발진)이라는 피해자 주장만으로 제조사가 결함이 아님을 입증하라는 법률은 세계적으로 찾아볼 수 없으며, 자동차 제작결함(급발진)은 세계적인 조사에도 불구하고 확인(발견) 되지 않았으므로, 피해자의 주장을 사실로 전제하여 법률을 마련하는 것은 부작용만 초래
> ○ 소비자 입증책임 완화는 불필요한 분쟁과 소송의 남발으로 기업(특히 중소기업)의 부담이 가중되어 도산, 산업 생태계 붕괴 등 부작용 초래
> ○ 제조업자 및 공급업자의 입증책임 부담이 '공평의 이념' 측면에서 바람직한 것인가에 대한 신중한 검토가 필요하며, 제조사 입증책임은 현행과 같이 판례를 통한 접근이 가장 바람직
> ○ '자료제출명령제도' 도입은 산업의 규모와 특성, 영업비밀 유출 우려, 제도의 남용으로 인해 피해 등 형평성을 고려한 충분한 검토와 논의가 필요

11 보도(https://zdnet.co.kr/view/?no=20250103171650)에 따르면 2024년 현대 · 기아차의 내수 시장점유율은 91.77%이다.

12 금융감독원 전자공시시스템(https://dart.fss.or.kr)

도현이법 시즌2[13]

도현이법 청원안은 21대 국회에서 아무 성과 없이 폐기되었다. 도현이 아빠 이상훈 씨는 22대 국회에서 제조물책임법이 반드시 바뀌어야 한다는 대국민 호소문[14]과 함께 2024년 6월 14일 다시 한 번 국민동의 청원을 제출하였다. 해당 청원은 동의요건(5만 명)을 충족하여 6월 30일에 정무위원회에 회부[15]되었으며, 동의 기간이 종료되는 7월 14일에 총 동의 수 90,126명을 달성하였다.[16]

이상훈 씨는 호소문에서 입법례가 없으며 산업계에 미치는 영향이 크다는 이유로 주무부처인 공정거래위원회가 보이고 있는 미온적인 태도에 대해 "입증책임을 소비자에게 전가하는 국가폭력"으로 표현하며 강하게 비판하고 있다.

또한, **2024년 3월** EU에서 "소비자인 원고가 **기술적 또는 과학적 복잡성**으로 인해 제품의 결함과 인과관계를 입증하는 것이 과도하게 어려운 경우 결함과 인과관계를 추정해서 입증책임을 소비자에서 제조사로 넘기는 법안인 **제조물책임법 지침** 제9조 4항이 신설[17]되었다"는 사실을 언급하며 입법례가 없다는 공정위의 주장에 정면으로 반박하고 있다.

22대 국회에서 다시 청원된 '도현이법 시즌2'의 내용을 살펴보기로 하자. 이

13 22대 국회에 청원된 도현이법을 지칭한다.

14 https://www.tivolisua.kr/petitions/

15 심사진행 단계 및 소관위원회 정보는 국회 의안정보시스템에서 확인 가능하다. https://likms.assembly.go.kr/bill/billDetail.do?billId=PRC_P2H4S0Q6L2A8P1F0X1V4P3T2T2Q2N3

16 청원내용 및 달성한 동의수는 국민동의청원 사이트에서 확인 가능하다. https://petitions.assembly.go.kr/status/onGoing/1512948AABF90F25E064B49691C1987F

17 제조물책임지침 개정 발의안을 기준하여 언급한 것으로 보인다. 2024년 3월 12일에 유럽의회 본회의를 통과한 **채택안**(Texts adopted) 기준으로는 **제10조 4항**이다.

상훈 씨가 청원한 내용은 크게 세 가지 내용으로 되어 있다. 아래의 '가'는 현행법의 기존 조항에 대한 수정안이며, '나', '다'는 새로운 조항을 신설하자는 것이다.

가. 결함 등의 추정 요건 완화(청원안 제3조의2)

피해자가 입증책임 전환 요건을 충족하기가 현실적으로 어려우므로 요건을 완화하자는 것인데 개정안의 1호에서 '정상적으로 사용하고 있다고 보여지는 상태'는 도현이법 시즌1에서도 포함되었던 내용이며 새로운 내용은 2호이다. 기술의 복잡성, 정보비대칭, 인공지능으로 인하여 '결함 또는 인과관계를 입증하는 것이 과도하게 어려울 경우'라는 조항을 명시적으로 표시하여 결함 추정 요건을 더욱 완화시키려는 취지라고 할 수 있다.

현 행	청 원 안
제3조의2(결함 등의 추정) 피해자가 다음 각 호의 사실을 증명한 경우에는 제조물을 공급할 당시 해당 제조물에 결함이 있었고 그 제조물의 결함으로 인하여 손해가 발생한 것으로 추정한다. 다만, 제조업자가 제조물의 결함이 아닌 다른 원인으로 인하여 그 손해가 발생한 사실을 증명한 경우에는 그러하지 아니하다. 1. 해당 제조물이 정상적으로 사용되는 상태에서 피해자의 손해가 발생하였다는 사실 2. 제1호의 손해가 제조업자의 실질적인 지배영역에 속한 원인으로부터 초래되었다는 사실 3. 제1호의 손해가 해당 제조물의 결함 없이는 통상적으로 발생하지 아니한다는 사실	제3조의2(결함 등의 추정) 다음 각 호의 경우에는 제조물을 공할 당시 해당 제조물에 결함이 있었고 그 제조물의 결함으로 인하여 손해가 발생한 것으로 추정한다. 다만, 제조업자가 제조물의 결함이 아닌 다른 원인으로 인하여 그 손해가 발생한 사실을 증명한 경우에는 그러하지 아니하다. 1. 피해자가 해당 제조물을 정상적으로 사용하고 있다고 보여지는 상태에서 제조물의 오작동이 발생한 경우 2. 피해자가 해당 제조물의 **결함 또는 인과관계를 입증하는 것이 기술의 복잡성, 정보의 비대칭성, 또는 인공지능(AI)의 불투명성으로 인하여 과도하게 어려울 경우**

나. 자동차 급발진 사고에 대한 특칙 신설(청원안 제3조의3)

자동차에서 발생하는 급발진 문제만큼은 입증책임 전환을 해주자는 취지, 가속제압장치 채택을 가속화시키자는 취지, 디스커버리(discovery)제도를 급발진 의심사고에서 만큼은 우리나라도 도입하여 피해자의 증거 확보권을 보장하자는 취지, ADAS 기능의 작동과 관련한 데이터를 의무적으로 저장하자는 취지는 도현이법 시즌1과 유사하다.

새롭게 제시되고 있는 것은 두 가지라고 판단된다. 첫째, 자동차에 비상정지장치를 채택하여 운전자가 자동차를 정지시킬 수 있는 최후의 수단을 확보하자는 것이다. 둘째, 유럽연합(EU)에서 2024. 7. 7. 이후 판매되는 차량은 EDR이 의무화되고 사고 전 30초 간의 정보를 저장하는데 우리나라 자동차의 경우 고작 5초 간의 정보를 저장하여 사고원인 규명이 어려우므로 EU 차량과 동일한 스펙의 EDR을 장착하자는 것이다.

제3조의3(자동차 급발진 사고에 대한 특칙)

① 자동차관리법상 자동차의 비정상적인 가속에 의한 급발진사고로 인하여 손해가 발생하였다고 보여지는 경우에 제조자는 해당 자동차에 피해자가 주장하는 바와 같은 결함이 존재하지 않음과 결함에 의하여 급발진사고가 발생하지 않았다는 점을 입증하여야 한다.

② 위 ①항과 같이 비정상적인 가속에 의한 급발진사고로 인하여 손해가 발생하였다고 주장되는 자동차에 비정상적인 가속을 인지 · 판별하여 가속을 차단하고 속도를 저하시키는 가속제압장치 또는 스위치를 눌러서 비정상적으로 가속하는 자동차를 정지시키는 비상정지장치가 장착되지 않은 경우에는 자동차의 설계 결함이 있는 것으로 인정한다.

③ 피해자가 비정상적인 가속에 의한 급발진사고로 인하여 손해가 발생하였다고 주장하는 경우에 해당 자동차의 제조자는 피해자가 소제기 전에 요청하는 결함과 관련된 내부 문서 및 자료를 법정 외에서 피해자에게 제출하고 제조자의 관련 내부 직원들은 피해자가 소제기 전에 신청하는 법정외 신문과 녹취에 응하여야 한다.

④ 자동차의 제조자는 유럽연합(EU)에서 2024. 7. 7. 이후 판매되는 신차에 장착된 사고기록장치(EDR)와 동일한 사고기록장치(EDR)를 장착하여야 하고, 자동긴급제동장치 등 첨단 운전자 지원 시스템(Advanced Driver Assistance Systems, 이하 ADAS) 기능들을 장착한 자율주행 레벨2 차량에 자동차관리법상 자동차안전기준이 자율주행 레벨3 차량에 장착하도록 규정하고 있는 주행데이터와 ADAS 작동데이터 등 기록하는 장치를 장착하여야 한다.

다. 증명도 기준 신설(청원안 제3조의4)

현행법에서 피해자에게 요구되는 입증책임 수준인 '정상적으로 사용되는 상태', '초래되었다는 사실', '결함 없이는 통상적으로 발생하지 아니한다는 사실'을 증명하는 것은 지극히 어렵기 때문에 도현이법 시즌1에서 '정상적으로 사용하고 있다고 보여지는 상태', '초래될 수 있다는 가능성', '오작동으로 발생할 수 있다는 가능성'으로 문구를 수정하여 제시하였었다. 이에 대하여 정무위원회는 '비교적 주관적 · 추상적인 개념에 대한 증명을 요구하는 것의 적정성에 대한 논의가 필요할 것으로 보임'이라는 검토의견을 제시한 바 있다.

현행법 조항의 표현들을 수정하더라도 급발진 의심사고의 피해자가 도대체 어느 정도 증명을 해낸다면 입증책임을 전환하기에 충분한가에 대한 의문이 여전히 남아있는 상황이다. 이러한 문제에 대해서 도현이법 시즌2에서는 50%를 초과하는 정도의 증명이면 족하다고 봐야 한다는 객관적 · 구체적인 기준치를 제시하였다는 점에서 의의가 있다.

> **제3조의4(증명도 기준)**
> 제조물의 결함, 손해, 인과관계의 증명에 관하여 적용되는 증명도 기준으로서 이와 같은 결함, 손해, 또는 인과관계가 부존재한다기보다 존재한다고 볼 수 있는 50%를 초과(50%+α)정도의 증명이면 족하다고 보는 증거의 우세함 기준을 적용한다.

EU 제조물책임지침 개정의 의의

디지털 시대에 제조물이 더욱 복잡해짐에 따라 **유럽연합 집행위원회**(EC, European Commission)는 2022년 9월 결함 있는 제조물의 책임에 대한 새로운 지침안을 발표하였다. 충분한 의견취합 과정을 거쳐 **유럽연합**(EU)**의 입법부인 유럽의회**(EP, European Parliament)는 **2024년 3월** 본회의에서 새로운 **제조물책임지침**(PLD, Product Liability Directive)**을 승인**하였는데, 1985년에 채택된 기존 지침을 거의 40년 만에 개정하는 것이다.[18]

먼저 개정안이 가지는 의의에 대해 유럽의회는 2024년 3월 12일 자 보도자료를 냈다.[19] 자동차 급발진과 문제와 관련이 있다고 판단되는 보도자료의 주요 내용을 간추려보면 다음과 같다.

<피해자의 손해배상 청구가 쉬워짐>

업데이트된 지침은 손해배상을 청구하는 사람들의 **입증 요구 사항을 단순화**하고 최소 피해 기준(500유로)을 삭제하였다.

<기술적 · 과학적으로 복잡한 제조물의 결함 추정 가능>

보통 피해자는 제품에 결함이 있었고 그 결함으로 인해 손해가 발생했음을 입증해야 했었지만, 이제 법원은 특히 **기술적 · 과학적으로 매우 복잡한 사건**에

18 유럽의회 브리핑 자료를 참조하였으며 출처는 다음과 같다. https://www.europarl.europa.eu/RegData/etudes/BRIE/2023/739341/EPRS_BRI(2023)739341_EN.pdf

19 유럽의회 보도자료를 참조하였으며 출처는 다음과 같다. https://www.europarl.europa.eu/news/en/press-room/20240308IPR18990/defective-products-revamped-rules-to-better-protect-consumers-from-damages

서 제조물에 결함이 있다고 추정할 수 있다.

<증거 공개 명령 가능>

법원은 또한 피해자의 손해배상 청구를 돕기 위해 기업으로 하여금 **'필요하면서도 상응하는**(necessary and proportionate)**'** 증거를 공개하도록 명령할 수 있다. 또한 새로운 규정은 소비자보호 당국이 소비자에게 추가적인 지원을 제공할 수 있도록 허용한다.

<뒤늦게 나타나는 피해에 대한 책임 확대>

피해가 뒤늦게 나타나는 예외적인 경우에는 **소멸시효를 25년까지 연장**한다. 소멸시효 내에 소송이 개시된 경우, 피해자는 이 기간 이후에도 보상을 받을 수 있다.

<소비자와 기업 간의 신중한 균형 유지>

개정된 지침은 제조물의 결함으로 인한 피해자를 위한 효과적인 도구가 됨과 동시에 급변하는 시장에서 사업을 영위하는 **경제적 운영자**(economic operators)[20]에게 법적인 확실성을 제공해 준다. 개정된 지침은 결함 있는 소프트웨어, 앱, AI에 대해 책임을 지도록 하면서 동시에 디지털 부문의 스타트업 혁신을 보호한다. 디지털화, 순환경제 및 글로벌 가치 사슬에 대한 이러한 적응은 미래에도 사용가능한 새로운 법적 프레임워크를 보장한다.

20 개정된 지침 제4조(용어정의)의 (15)에서 경제적 운영자란 제품 또는 부품 제조업체, 관련 서비스 제공업체, 권한을 부여받은 대리인, 수입업체, 물류 일괄 대행 서비스(fulfilment service) 제공업체, 유통업체를 의미한다.

EU 제조물책임지침[21]

개정된 EU 제조물책임지침에서 주목할 만한 내용을 발췌 번역하여 제시하며 시사점을 살펴보고자 한다.

제4조는 용어정의(Definitions)로 제1장(Chapter I), 일반조항(General provisions)에 포함된다. 제9조는 증거공개(Disclosure of evidence), 제10조는 입증책임(Burden of proof)으로 제2장(Chapter II), 제조물 결함에 대한 책임에 관한 특정규정(Specific provisions on liability for defective products)에 포함되어 있다.

<제조물의 정의>

제4조(용어정의)

(1) 제조물이란 다른 동산이나 부동산에 통합되는 경우, 상호 연결되는 경우를 포함한 모든 동산을 의미한다. 여기에는 전기, 디지털 제조 파일[22], 원자재, 소프트웨어가 포함된다.

IT 기술의 발달에 따라 사람, 사물, 데이터, 프로세스 등 모든 것이 상호 연결되는 초연결 사회(hyper-connected society), 인공지능 기술이 인간의 삶과 산업계 전반에 깊숙이 파고들어 파급력을 행사하는 AI 사회가 도래하며 소프트웨어의 중요성이 갈수록 커지고 있는 상황에서 **제조물의 범위에 소프트웨어를 포함**시켰다는 사실을 주목할 만하다. 반면에 우리나라의 현행 제조물책임법상 제조

21 2024년 3월 12일에 유럽의회 본회의를 통과한 **채택안(Texts adopted)**을 참조하였다. 유럽의회 웹사이트에서 다운로드 가능하며 주소는 다음과 같다. https://www.europarl.europa.eu/doceo/document/TA-9-2024-0132_EN.html

22 기계 또는 도구의 자동화된 제어를 가능하게 함으로써 유형자산을 제조하는 데 필요한 기능정보를 포함하는 동산의 디지털 버전 또는 디지털 템플릿을 의미한다.

물의 범위에 소프트웨어는 포함되지 않는다.

<증거공개>

제9조(증거공개)

1. 회원국들은 제조물의 결함으로 인하여 국내법원에서 손해배상을 청구하고 청구의 타당성을 뒷받침하기에 충분한 사실과 증거를 제시한 피해자(원고)의 요청이 있는 경우, 피고가 본 조항에 명시된 조건에 따라 피고가 처분할 수 있는 관련증거를 공개하도록 보장해야 한다.

제9조의 1항은 법원이 피고로 하여금 증거자료를 제출하도록 명령할 수 있는 권한에 대한 것으로서 허영 의원이 21대 국회에서 대표발의한 제조물책임법 개정안에 포함된 자료제출명령제도와 유사한 내용이라 할 수 있다. 자동차 급발진 피해자들은 제조업자가 결함·손해의 증명에 필요한 자료를 제공하지 않기 때문에 결함 입증에 큰 어려움을 겪을 수밖에 없고, 손해배상 소송도 핵심증거가 없이 다투는 깜깜이 재판으로 흘러갈 가능성이 높다. 해당 조항은 **제조물책임지침상에 증거공개를 명령할 수 있는 권한을 명시**함으로써 증거에 입각한 공정한 재판을 가능하게 할 것으로 판단된다.

<입증책임>

제10조(입증책임)

1. 회원국들은 원고가 제조물의 결함, 발생한 손해, 결함과 손해 간의 인과관계를 입증하도록 해야 한다.
2. 다음 각 호의 어느 하나에 해당하는 경우에는 제조물의 결함으로 추정된다.
   (a) 피고가 제9조 1항에 따른 관련 증거를 공개하지 않은 경우
   (b) 해당 제조물이 피해자가 입은 손해의 위험으로부터 보호하기 위한 유럽연합법이나 국내법에 규정된 필수적 제조물 안전 요구사항을 준수하지 않는다는 것을 원고가 입증하는 경우
   (c) 손해가 합리적으로 예측가능한 사용 또는 일반적인 상황에서 제조물의 명백한 오작동으로 인해 발생했음을 원고가 입증하는 경우

3. 제조물에 결함이 있고 발생한 손해가 문제의 결함과 일반적으로 일치하는 종류인 경우, 제조물의 결함과 손해 사이의 인과관계가 추정된다.
4. 각 국의 법원은 다음과 같은 경우에 제9조에 따른 증거 공개에도 불구하고 사건의 모든 관련 상황을 고려하여 제조물의 결함이나, 제조물의 결함과 손해 간의 인과관계나, 또는 두 가지 모두를 추정한다.
   (a) 원고가 특히 기술적 또는 과학적 복잡성으로 인해 제조물의 결함이나, 제조물의 결함과 손해 간의 인과관계나, 또는 두 가지 모두를 입증하는 데 과도한 어려움에 직면하고 있는 경우
   (b) 원고가 제조물에 결함이 있거나, 제조물의 결함과 손해 간에 인과관계가 있거나, 또는 두 가지 모두이거나 할 '개연성이 있다'[23]는 것을 입증하는 경우
5. 피고는 제2항, 제3항, 제4항에서 언급된 추정을 반박할 권리를 갖는다.

제10조의 제2항, 제3항은 우리나라 제조물책임법 제3조의2(결함 등의 추정)와 유사한 내용을 담고 있는 데 반해 주목할 만한 내용은 제4항이다. 키워드는 **복잡성**(complexity)이며, 고도의 기술과 과학이 집약된 제조물에서 결함의 개연성이 있는 경우 결함으로 추정될 수 있도록 하여 피해자(원고)가 가지는 과도한 입증책임을 완화하겠다는 것이다.

또한, 제4항의 문장 주어가 법원으로 명시되어 있다. 추정의 주체는 법원이라는 것인데, 원고가 제1항에서와 같은 직접 입증 또는 간접 입증(제2항 (b), (c)호에서와 같은 입증책임 완화 요건을 충족)하지 못하였을 경우 법원의 판단에 의해 결함이 추정될 수 있도록 하자는 취지이다. **원고의 입증이 어려운 경우 법원이 보완적으로 입증할 수 있는 여지를 둔 셈**이다.

해당 입법례가 우리나라 제조물책임법에 도입되는 경우 자동차 급발진 피해로 인한 손해배상 소송에서 원고의 입증책임 부담이 더 완화될 수 있다는 것은 분명하다. 다만 재판부 재량으로 '얼마나 관련 상황을 고려하고 어느 정도의 보완적 입증을 적용해 줄 것인가'라는 측면에서 여전히 미흡한 점이 존재하는 것으로 판단된다.

23 원문의 'it is likely that'을 필자가 번역한 것이다.

22대 국회에 계류중인 제조물책임법 개정안

22대 국회는 2024년 5월 30일에 4년간의 임기를 시작하였다. 21대 국회에서 아무런 진전 없이 제조물책임법 개정안이 폐기되었던 것처럼 자동차 급발진 문제에 관심 자체가 식는 것 같아 보였다. 그러나, 22대 국회가 시작되고 얼마 지나지 않아 7월 1일에 발생한 시청역 급발진 의심사고 참사로 인해 제조물책임법 개정 논의가 다시 탄력을 받는 분위기다.

여야 가릴 것 없이 앞다투어 개정안을 발의하였고, 2024년 말 현재 국회에 계류 중인 개정안만 8건에 달한다. 대표발의 의원은 정준호(더불어민주당), 허영(더불어민주당), 채현일(더불어민주당), 서왕진(조국혁신당), 권성동(국민의힘), 염태영(더불어민주당), 주호영(국민의힘), 이헌승(국민의힘)이다.

모든 개정안을 세세히 살펴보기에는 지면 등의 제약이 있는 관계로 제안날짜 순서대로 제안자 및 개정안의 주요내용을 요약하여 [표 10-1]로 제시한다. 개정안들은 대체로 입증책임의 전환 또는 완화, 자료제출명령, 영업비밀 보호 등에 대한 내용을 담고 있다. 자세한 내용을 알기 원하는 독자는 국회 의안정보시스템에 접속하기 바란다.[24]

24 의안정보시스템 사이트(https://likms.assembly.go.kr/bill/main.do)에서 의안명 칸에 '제조물'을 입력하고 검색버튼을 누르면 된다.

표 10-1 22대 국회에 계류중인 제조물책임법 개정안

제안 날짜	제안자	주요내용
7.15	정준호 의원 등 15인	- 피해자가 해당 제조물의 결함으로 인하여 손해를 입었다고 추정할 수 있는 영상자료, 기록물 등을 법원에 제출하면 결함으로 인해 손해가 발생한 것으로 추정
7.16	허영 의원 등 10인	- 제조물이 정상적으로 사용되는 상태에서 손해가 발생한 경우에 제조업자가 결함으로 인하여 손해가 발생한 것이 아니라는 사실을 입증하지 아니하면, 결함으로 인하여 손해가 발생한 것으로 추정 - 법원은 손해배상청구소송에서 당사자의 신청에 의하여 상대방 당사자에게 해당 손해의 증명 또는 손해액의 산정에 필요한 자료의 제출을 명할 수 있음
7.17	채현일 의원 등 32인	- 법원이 당사자의 신청으로 다른 당사자에게 자료제출을 명할 수 있도록 하고, 결함·손해의 증명 등에 반드시 필요한 자료이면 영업비밀을 이유로 자료제출을 거부할 수 없도록 함 - 법원의 자료제출명령에 따르지 아니하거나 거짓으로 자료를 제출하고 제출되어야 할 자료를 뒤늦게 공격 또는 방어방법으로 제출하는 때에는 법원이 이를 각하할 수 있도록 함 - 당사자가 보유한 영업비밀을 상대방 당사자나 소송대리인 등이 소송 수행 외의 목적으로 사용 또는 공개하지 아니할 것을 명할 수 있도록 함
7.17	서왕진 의원 등 12인	- 「자동차관리법」에 따른 자동차가 정상적으로 사용되는 상태에서 피해자의 손해가 발생한 경우에는 제조업자가 결함이 없음을 입증 - 법원은 당사자의 신청에 따라 상대방 당사자에게 해당 결함의 증명, 해당 손해의 증명 또는 손해액의 산정에 필요한 자료의 제출을 명할 수 있음
7.18	권성동 의원 등 14인	- 「자동차관리법」의 적용을 받는 자동차 등 대통령령으로 정하는 제조물의 결함으로 인하여 손해가 발생하였다고 추정할 수 있는 영상자료, 기록물 등을 법원에 제출하는 경우에는 결함으로 인해 손해가 발생한 것으로 추정
8. 2	염태영 의원 등 11인	- 「자동차관리법」의 적용을 받는 자동차 등 대통령령으로 정하는 제조물의 제조업자가 손해배상청구소송에서 피해자가 피해를 입은 당시에 결함이 없었다는 사실을 입증 - 「민사소송법」상의 문서제출명령보다 강화된 자료제출명령을 도입하여, 불이행 시 자료의 기재로 증명하고자 하는 사실을 진실한 것으로 인정. 고의나 과실로 자료제출명령에 따르지 않거나 거짓으로 제출한 경우 법원이 실기 각하할 수 있도록 함 - 자료제출을 통한 영업비밀의 유출을 방지하기 위하여 비밀유지명령제도를 도입

제안 날짜	제안자	주요내용
9. 2	주호영 의원 등 11인	- 현행법에서 요구하는 ① 제조물이 정상적으로 사용되는 상태에서 손해가 발생하였다는 사실, ② 해당 손해가 제조업자의 실질적인 지배영역에 속한 원인으로부터 초래되었다는 사실, ③ 해당 손해가 해당 제조물의 결함 없이는 통상적으로 발생하지 아니한다는 사실. 세 가지를 모두 입증하는 것은 사실상 불가능하므로 ①만 입증하도록 함
9.20	이헌승 의원 등 15인	- 제3조의2 제2호(손해가 제조업자의 실질적인 지배영역에 속한 원인으로부터 초래되었다는 사실)에 대한 입증책임 삭제 - 제3조의3에 자료제출명령 관련 조항 신설하여 법원이 결함의 증명, 해당 결함과 손해 간 인과관계의 증명 또는 손해액의 산정에 필요한 자료의 제출을 명할 수 있도록 함 - 영업비밀에 해당한다고 당사자(제조업자)가 소명하는 경우 법원은 비밀유지명령을 내릴 수 있도록 함(제3조의4 신설) - 비밀유지명령의 요건을 갖추지 못한 경우 비밀유지명령을 취소할 수 있도록 함(제3조의5 신설) - 비밀유지명령이 내려진 소송의 열람청구를 제한하고 열람청구사실을 당사자에게 통지하도록 함(제3조의6 신설)

공정위의 『제조물책임법 운용 실태조사』 연구용역

2023년 5월 3일 공정거래위원회는 국가종합전자조달시스템 '나라장터'[25]에 『제조물책임법 운용 실태조사』라는 제목의 연구용역 입찰공고를 냈다. 담당부서는 공정위 소비자안전교육과, 용역비는 3천만원이다. 입찰마감은 5월 15일, 용역기간은 계약체결일로부터 9월 22일까지로 제시되었는데 굉장히 촉박해 보이는 일정이다. 연구용역 과업지시서의 연구목적 부분을 아래와 같이 발췌하여 살펴보면 일정이 촉박한 이유로 『도현이법 시즌1』 국민동의청원 및 급발진 문제에 대한 국민적 관심도가 높다는 점을 언급하고 있다.

연구용역 과업지시서 발췌

23.2.28. 급발진 관련 제조물책임법 입증책임 전환에 대해 국민동의청원이 접수되어 6일 만에 5만 명 동의를 얻는 등 국민적 관심도 높아 조속한 연구가 필요한 상황임

연구용역은 책임연구원 김세준 교수(성신여대 법학부)와 공동연구원 서종희 교수(연세대 로스쿨), 박신욱 교수(경상국립대 법학과), 이수경 연구교수(고려대)가 수주하여 수행되었다.

정책연구관리시스템 '프리즘(PRISM)'[26]에서 해당 연구과제를 조회해 보면 연구진들에게도 일정이 무리였는지 실제 연구기간은 애초의 일정보다 2개월 정

25 https://www.g2b.go.kr

26 https://www.prism.go.kr/homepage/

도가 늘어나 6월 19일부터 11월 20일까지 5개월 동안 연구가 진행되었다. 프리즘에서 '연구보고서' 및 '정책연구 평가결과서'를 살펴보면[27] 연구 결과 중 일부가 공개되었고 나머지 부분은 모두 비공개 처리되었다. 평가결과서에 언급된 비공개 사유는 아래와 같다.

정책연구 평가결과서 발췌

아직 내부적으로 검토 단계에 있는 제조물책임법 개정방향에 대한 내용이 포함되어 있어 정보공개법 제9조 제1항 제5호 '내부검토 과정에 있는 사항'으로 보아 비공개하는 것이 타당함

정보공개법(약칭)은 '공공기관의 정보공개에 관한 법률'을 지칭하는데 정보를 비공개할 수 있는 근거 조항을 살펴보면 아래와 같다.

제9조(비공개 대상 정보)

① 공공기관이 보유 · 관리하는 정보는 공개 대상이 된다. 다만, 다음 각 호의 어느 하나에 해당하는 정보는 공개하지 아니할 수 있다.

5. 감사 · 감독 · 검사 · 시험 · 규제 · 입찰계약 · 기술개발 · 인사관리에 관한 사항이나 의사결정 과정 또는 내부검토 과정에 있는 사항 등으로서 공개될 경우 업무의 공정한 수행이나 연구 · 개발에 현저한 지장을 초래한다고 인정할 만한 상당한 이유가 있는 정보. 다만, 의사결정 과정 또는 내부검토 과정을 이유로 비공개할 경우에는 제13조 제5항에 따라 통지를 할 때 의사결정 과정 또는 내부검토 과정의 단계 및 종료 예정일을 함께 안내하여야 하며, 의사결정 과정 및 내부검토 과정이 종료되면 제10조에 따른 청구인에게 이를 통지하여야 한다.

27 https://www.prism.go.kr/homepage/entire/researchDetail.do?researchId=1130000-202300017&gubun=totalSearch&menuNo=I0000002

결국 공정위는 연구용역 보고서의 내용 공개가 제조물책임법 개정 업무의 공정한 수행에 현저한 지장을 초래한다고 판단했다는 것인데, 필자는 개인적으로 잘 납득이 되지 않고 아쉬운 부분이다. [표 10-2]는 보고서 내용 중 공개/비공개된 부분의 목차와 분량이다. 가장 핵심적인 내용으로 보이는 4장(개선방안)과 5장(결론)이 비공개 처리되었음을 알 수 있다.

표 10-2 연구용역 보고서에서 공개/비공개 처리된 내용

보고서 목차	분량	공개/비공개
요약문	2쪽	공개
제1장 서론 제1절 연구의 필요성 제2절 연구의 목표	3쪽	공개
제2장 현행 제조물 책임법의 운용 현황과 한계점 제1절 연구의 필요성 제2절 연구의 목표	50쪽	공개
제3장 제조물 책임 관련 주요 입법례 제1절 유럽연합의 관련 법제 검토 제2절 영미법상 제조물 책임 관련 법제 동향 및 시사점	75쪽	공개
제4장 제조물 책임법의 개선방안 **제1절 제조물 개념의 재정립과 인공지능의 책임** **제2절 증명책임 완화의 필요성과 가능성** **제3절 현재 발의된 개정안 검토** **제4절 개정방향**	**64쪽**	**비공개**
제5장 결론	**4쪽**	**비공개**
참고문헌	7쪽	공개

용역보고서라는 것이 저자의 주관이 개입되기 마련이고 절대적인 정답을 제시하는 것은 아니다. 연구용역 수행자인 법학 교수들이 다른 나라 사례들을 살펴보고 시사점을 도출하여 우리나라 제조물책임법 개선방안을 제안했다면 그 내용을 투명하게 공개하고 개선방안이 타당한지, 현실성이 있는지 법학 전

공자뿐만 아니라 공대 교수, 엔지니어, 유관 공공기관, 소비자단체 등 관련자들의 의견을 청취해 보는 것이 바람직해 보인다.

실제로 연구용역이 발주 공고되는 시점에 제안요청서를 보면 연구용역의 주된 방법론으로 '문헌조사'와 함께 '의견청취'를 아래와 같이 명시하고 있다. 과연 발주자인 공정위의 최초 계획대로 '폭넓은 의견 수렴'이 이루어진 것인지 의문이 든다. 보고서의 핵심내용을 투명하게 공개하는 것이 선행되지 않고서 폭넓은 의견 수렴은 불가능하다고 판단된다.

연구용역 제안요청서 발췌

4. 연구용역의 방법

□ (문헌조사) 4차 혁명 또는 제조물책임법 입증책임 전환 관련 국내외 학설, 입법 동향, 사례 자료 및 언론보도, 논문 등 조사

□ (의견청취) 제조물책임법 개정방향 등에 대하여 소비자단체 · 사업자단체 · 학계 등의 폭넓은 의견 수렴

다행히 비공개된 제4장 및 제5장 내용에 대해서는 공개된 보고서 맨 앞부분의 2쪽 분량 요약문과 세계일보 기사를 조합해 보면 어느 정도 유추는 가능하다. 먼저 요약문을 살펴보자. 증명책임에 대하여는 단호한 어조로 전환이 불가능하다는 입장이다. 대신에 증명책임을 완화하는 방안으로 현행법 제3조의2에 대한 개정안을 몇 가지 제시한 것으로 판단된다. 또한 자료제출명령제도를 긍정적으로 제안하는 것으로 판단된다.

연구용역 결과보고서 요약문 중 발췌

현재 어느 입법례에서도 ......피해자의 증명책임을 전환한 경우는 없다. 다만 ......증명책임을 완화하는 방안은 각각의 입법례에서 나름대로 특색있게 마련하고 있다. 증명책임의 전환이 불가능한 이상, 제조물 책임법 제3조의2에서 규정하는 결함 등의 추정 요건을 몇 가지 안으로 제시함으로써 피해자 측의 증명을 더욱 용이하게 하고자 하였다. 나아가 자료제출명령제도를 도입함으로써 피해자의 증명에 기여하는 방안을 제시하였다.

세계일보 기자들은 비공개된 제4장 및 제5장 내용에 대해 단독 취재한 것으로 보인다. 세계일보 기사를 발췌하여 살펴보기로 하자. 요약문과 비교하면서 내용을 살펴보면 몇 가지 사실이 더욱 뚜렷해진다. 먼저, 급발진 문제에서 입증책임을 제조사로 전환하는 것은 불가능하다는 내용이 결론에 포함된 것으로 보인다. 또한 입증책임 완화를 위한 제안으로는 현행법 제3조의2의 3개 호를 모두 입증하게끔 되어 있는데 그 중에서 제2호를 삭제하자는 것이다. 1호 및 3호만 입증하도록 하면 피해자 측의 부담을 덜 수 있다는 논리이다. 마지막으로 자료제출명령 제도가 가장 적극적으로 제안되고 있음에도 여러 가지 부수 조건들이 따라붙음으로써 제조사들이 자료를 제출하지 않을 수 있는 방법이 여전히 잔존함을 알 수 있다.

세계일보 2024.2.8.자, [단독]"급발진 피해자가 입증 책임"... 바뀐 게 없다

......'제조물책임법 운용 실태조사' 용역보고서는 제조물 결함 입증책임을 제조사로 전환할 수 없다고 결론내렸다. 보고서는 해외 입법례를 주요한 이유로 들었다. 미국이나 유럽연합(EU) 등 해외 어느 곳도 제조사가 결함 여부를 입증하지 않고, 모두 피해자가 입증하는 것이 원칙이라는 설명이다.

다만 현행 제조물책임법 제3조의2(결함 등의 추정)의 피해자의 입증책임 요건을 줄이는 방법을 제안했다. 제조물책임법 제3조의2는 3개 호로 구성되는데, 2호에 해당하는 '손해가 제조업자의 실질적인 지배영역에 속한 원인으로부터 초래되었다는 사실'을 삭제하는 방안이다.

보고서가 가장 적극적으로 제안한 방법은 자료제출명령제도 신설이다. 하지만 피해자가 자료 제출을 요구한 지 3개월 동안 제조사가 응하지 않았어야 하고 피해자가 손해나 손해배상 청구의 타당성을 입증해야 한다. 또 제조사에 정당한 이유가 있다면 제출하지 않을 수 있게 했다. 영업비밀 보호 등 자료제출명령 남용을 방지할 규정을 마련해야 한다고도 했다. 차량 제조사가 소비자의 요구를 회피할 수단을 남겨 둔 셈이다.

공정위는 세계일보 기사에 대해 즉각 해명자료를 내며 입장을 표명했다. 기사 내용이 틀리다는 언급은 없고 보고서의 내용은 공정위의 공식입장이 아니라고 해명하는 것으로 보아 세계일보가 취재하여 보도한 보고서의 내용 자체는 사실인 것으로 판단된다. 아래는 공정위의 보도설명자료 내용이다.

공정위 보도설명자료
2024.2.8.자, "제조물책임법 개정 내용은 확정된 바 없습니다."

기사에서 언급하고 있는 용역보고서의 내용은 공정위의 공식적인 입장이 아닙니다. 현재 공정위는 「제조물책임법」 개정과 관련하여 관계부처와 긴밀히 협의하고 있으며, 피해자의 증명책임 완화 여부를 포함한 구체적인 개정안에 대해서는 아직까지 확정된 사항이 없습니다.

- 제조사의 전가보도: 운전자가 페달을 착오하다
- 미국 연구진의 페달착오 연구
- 미국 도로교통안전국의 페달착오 사고 충돌유형 분석결과
- 일본 연구진의 페달착오 연구
- 페달 블랙박스가 뜬다: 급발진 논란을 잠재울 수 있을까?
- 22대 국회에 계류중인 페달블랙박스 관련 자동차관리법 개정안
- 이헌승 의원 대표발의 자동차관리법 개정안(의안번호 제2201502호)
- 이양수 의원 대표발의 자동차관리법 개정안(의안번호 제2201893호)
- 자동차관리법 개정안에 대한 검토의견
- 자동차학과 교수가 페달 블랙박스 달았다
- 국토부 장관도 페달 블랙박스 달겠다
- 페달 블랙박스 설치 제조사에 리콜 과징금 깎아준다

CHAPTER

11

페달착오 및 페달블랙박스 이슈

제조사의 전가보도: 운전자가 페달을 착오하다

급발진 의심사고에서 제조사의 전가보도(傳家寶刀)는 운전자가 **페달착오**(pedal misapplication)를 일으켜 브레이크 페달 대신 가속 페달을 밟았다는 것이다. 물론 이러한 **휴먼에러**(human error)가 존재한다는 것은 엄연한 사실이다. 그러나, 모든 급발진 의심사고의 원인을 페달착오로 몰아가는 제조사의 행태는 바람직하지 않다.

학창시절에 한번쯤 '파블로프(Pavlov)의 개' 실험으로 유명한 **조건반사**(conditioned reflex)라는 용어를 들어봤을 것이다. 조건반사란 반복되는 경험을 통해 동물이 후천적으로 학습하게 되는 자극에 대한 반응으로서 조건반사가 형성되면 의식적으로 생각하지 않아도 신경 시스템이 자동적으로 반응을 나타내게 된다. 타이핑, 걷기, 달리기, 수영, 자전거 타기, **자동차 운전 등이 대표적인 조건반사**라고 알려져 있다. 자동차 운전자는 조건반사에 의해 적절한 페달을 자동적으로 밟게 될 가능성이 크다.

인지능력에 특별한 문제가 없는 운전자라면 설령 단시간 동안 페달을 착오하였더라도 점차 자신의 착오를 인지하고 페달을 수정하는 것이 일반인의 상식에 부합한다. 과연 운전자가 장시간 동안 페달을 착오하여 자신과 동승자에게 중상 또는 사망사고를 야기할 가능성이 얼마나 될까?

이러한 가능성이 크지 않다는 해외의 연구 및 조사 결과를 살펴보기로 한다. 또한 최근 급발진 의심사고의 현실적인 해법으로서 주목받고 있는 페달 블랙박스 설치를 의무화하거나 장려하려는 움직임에 대해 살펴보기로 하자.

미국 연구진의 페달착오 연구

1988년 *Human Factors*라는 저널에 페달착오에 관한 흥미로운 연구논문 Rogers and Wierwille(1988)이 게재되었는데[1] 그 내용 및 시사점을 살펴보기로 하자. 논문의 제목은 『모의 주행에서 나타난 가속 페달과 브레이크 페달 조작 착오(The Occurrence of Accelerator and Brake Pedal Actuation Errors during Simulated Driving)』이다.

연구는 미국 명문대학인 버지니아 공과대학교(Virginia Polytechnic Institute and State University)의 '자동차 분석 및 시뮬레이션 연구실(Vehicle Analysis and Simulation Laboratory)'에서 스티븐 로저스(Steven Rogers)와 월터 위어윌(Walter Wierwille)에 의해 수행되었다.

실험 방법론을 대략적으로 설명하면 다음과 같다. 실험 대상자는 남자 12명, 여자 12명이며 아쉽게도 나이에 대한 정보는 없다. 실험 대상자 조건은 유효한 운전면허증을 보유하고, 시뮬레이터(모의 주행) 경험이 없어야 하며, 시력은 나안시력 또는 교정시력이 최소 20/30 이상[2]이어야 한다.

실제 자동차에서 사용되는 페달, 바닥, 의자의 지오메트리(geometries)[3]가 각각 다르므로 대표성 있는 4가지 설정(configuration)을 사용한다. 또한 운전시에 발생하는 4가지 발동작 시나리오를 상정한다(브레이크에서 액셀러레이터, 액셀러레

1 http://journals.sagepub.com/doi/abs/10.1177/001872088803000107

2 보통 사람들이 30피트 떨어진 거리에서 볼수 있는 글자가 20피트 떨어진 거리에서 잘 보인다는 것을 뜻하므로 평균 이하의 시력보유자를 의미하지만 통상적으로 일상생활에 지장이 없는 정상범주의 시력으로 취급된다.

3 사전적으로 기하학적 배치를 의미한다. 차량마다 페달의 너비, 높이, 페달이 떨어져 있는 간격 등에 차이가 존재한다.

이터에서 브레이크, 바닥에서 브레이크, 바닥에서 액셀러레이터). 속도조건은 두 가지 상황으로 구분하였다. 20mph(32.2km/h) 이하 상황 또는 20mph(32.2km/h) 초과 상황이다.

[표 11-1]은 Rogers and Wierwille(1988)의 Table 3을 우리말로 번역한 것이다. 4가지 설정이 존재하므로 실험 합계 횟수는 설정 합계 횟수의 4배이다. 총 실험 횟수는 맨 아래 행의 맨 우측 열에서 보듯이 7,008회이다.

표 11-1 발동작 시나리오 및 속도 조건에 따른 실험 횟수

발동작	32.2km/h 이하의 속도	32.2km/h 초과의 속도	설정 합계	실험 합계 (4배)
브레이크에서 액셀러레이터	672	96	768	3,072
액셀러레이터에서 브레이크	384	288	672	2,688
바닥에서 브레이크	168	48	216	864
바닥에서 액셀러레이터	48	48	96	384
설정 합계	1,272	480	1,752	
실험 합계 (4배)	5,088	1,920		7,008

7,008회의 실험에서 페달착오는 297회인데 얼핏 보면 상당히 많이 발생한 것처럼 보이지만 착오의 성격을 세분하여 보면 실제로는 그렇지 않다.

(1) 심각한 착오(serious errors): 15회

액셀러레이터 대신에 브레이크를 밟는 경우, 브레이크 대신에 액셀러레이터를 밟는 경우, 두 페달을 동시에 밟는 경우이다.

(2) 캐치 착오(catch errors): 73회

페달의 정중앙이 아니라 모서리(edge) 또는 페달영역을 벗어난 부분(side) 등을 밟는 등 페달이 발의 움직임에 간섭을 일으킨 경우이다.

(3) 긁힘 착오(scuff errors): 209회

캐치 착오와 유사하나 발이 페달의 모서리에 긁히는 경우처럼 발동작에 대한 간섭이 최소한으로 발생하는 경우이다.

(4) 지시 착오(instructional errors)

위에서 언급한 3가지 범주와 전혀 성격이 다른 착오로서 실험 대상자가 지시자로부터 지시받은 과업 수행에 실패하는 경우이다. 예를 들면 발을 바닥에 놓으라고 했는데 발을 페달에서 뗀 상태에서 페달 위에 위치시키는 경우이다. 이러한 착오는 이 실험의 직접적인 관심 대상은 아니며, 실험설계에 결함이 있는지 알아보려는 의도이다. 4가지 설정(configuration)에 따라 지시 착오가 두드러지게 차이가 있다면 실험에 편의(bias)가 존재함을 의미한다.

가장 유심히 살펴봐야 하는 착오는 첫 번째 범주의 심각한 착오인데 총 7,008회의 실험에서 15회 발생하였다. 그런데 급발진과 관련하여 여기서 다시 한 번 짚고 넘어가야 할 부분이 있다. 액셀러레이터 대신 브레이크를 밟는 착오는 차량을 정지시킬 것이므로 실질적인 의미에서 심각한 착오라고 말하기 어려울 것이다. 심각한 착오 중에서 브레이크 대신 액셀러레이터를 밟는 경우가 사고를 초래할 수 있는 가장 심각한 착오이므로 논문의 저자들도 이러한 경우에 대해서 특별히 부연 설명을 하고 있다. 바로 이 경우가 급발진 의심사고에서 자동차 제조사들이 주구장창 주장하는 착오인데 이러한 착오는 총 7,008회의 실험에서 고작 2회 발생하였다. 발생확률은 2/7008=0.0285%에 불과하다.

흥미로운 내용이 한 가지 더 있다. 브레이크 대신 액셀러레이터를 밟은 가장 심각한 착오를 저지른 실험 대상자들이 어떻게 행동하였는가에 대해 언급된 내용이다. 아래와 같이 우리말로 번역하여 제시한다.

Rogers and Wierwille(1988)의 79페이지 내용 일부 발췌 및 번역

원문: In both cases the subject recognized the error immediately and made a correction. There were no instances, in other words, in which the subject persisted in mistaking the accelerator for the brake.

번역: 2회의 가장 심각한 착오의 경우 실험 대상자들은 착오를 즉각적으로 인지하고 페달 조작을 수정하였다. 다시 말해서 브레이크 대신에 액셀러레이터를 지속적으로 밟고 있는 실험대상자는 없었다.

미국 도로교통안전국의 페달착오 사고 충돌유형 분석결과

미국 도로교통안전국(NHTSA)에서 2012년 3월에 발표한 『페달착오(Pedal Application Errors)』라는 제목의 연구보고서[4]에서 분석한 페달착오 사고유형을 살펴보기로 하자. 연구에 사용된 데이터는 2004년부터 2008년까지 노스캐롤라이나주(North Carolina State)의 교통사고 데이터베이스이며, 총 1,395,623건의 교통사고를 대상으로 하고 있으며 그 중에서 페달착오에 의한 사고는 총 2,411건으로 전체 사고의 0.17%를 차지하고 있다. [표 11-2]는 해당 보고서의 Table 2를 우리말로 번역한 것이다. **PVA는 '공적차량구역**(Public Vehicular Area)'의 약자로서 **'도로 위**(On-Road)'와 반대되는 개념이다. 일반적으로 주차장(parking lot) 및 주차와 관련된 부지(특정 시설 구역 내부의 도로, 진입로, 골목 등)를 지칭한다.

분석 결과에 따르면 페달착오에 의한 사고는 대부분 **재산피해**(property damage) 또는 **비치명적 인명피해**(non-fatal injury)에 그치고 있음을 알 수 있다. 또 한 가지 눈여겨 보아야 할 결과는 일반적인 교통사고가 대부분 On-Road에서 일어나는 것과는 달리 페달착오로 인한 교통사고는 대부분 주차와 관련된 PVA에서 발생하고 있다는 것이다. 페달착오로 인하여 On-Road에서 치명상을 입은 사고는 1,395,623건의 전체 교통사고 중에서 단 한 건에 불과하다. 확률로 계산해 보면 1/1,395,623=0.00007%에 해당하는 매우 희박한 가능성이다.

우리나라 급발진 의심사고에서는 중상 또는 사망과 같은 치명적 인명피해가 On-Road에서 빈번히 관찰되고 있는데, 통계적인 관점에서 보더라도 운전

4 출처는 다음과 같다. https://rosap.ntl.bts.gov/view/dot/1924

자가 페달착오를 일으켜 급발진 의심사고가 발생했다는 제조사의 주장이 과연 얼마나 설득력이 있는지 의문이다.

표 11-2 노스캐롤라이나주 교통사고 중 페달착오에 의한 사고의 유형

사고유형	페달 착오에 의한 사고		모든 사고	
	횟수	백분율(%)	횟수	백분율(%)
누락(missing)	2	0.08	377	0.03
On-Road 재산피해	653	27.08	718,891	51.51
On-Road 치명적 인명피해	**1**	0.04	7,114	0.51
On-Road 비치명적 인명피해	395	16.38	384,962	27.58
사고보고서 없음 (non-reportable)	87	3.61	133,383	9.56
사유재산 피해	81	3.36	9,287	0.66
PVA - 재산피해	980	40.65	125,489	8.99
PVA - 인명피해 비치명상	212	8.79	15,980	1.15
PVA - 인명피해 치명상	0	0	149	0.01
합계	2,411	100	1,395,623	100

우리나라의 e-나라지표[5]의 교통사고 통계에 따르면 2022년에 자동차 1만 대당 교통사고 건수는 0.9건[6]이다. 확률로는 0.9/10,000 = 0.009%인데, 이 확률에 미국에서 도출된 페달착오에 의한 치명상 확률을 곱해주면 대략 0.000000006%이다. 어떤 차량에 교통사고가 발생하고, 하필이면 그 사고가 페달착오로 인한 사고였고, 하필이면 치명상을 야기한 사고였을 가능성을 확률로

5 정식 명칭은 '국정모니터링시스템'으로, 국가정책 수립, 점검 및 성과측정 등을 목적으로 중앙행정기관이 선정하고 관리하는 주요 지표인 나라지표를 제공하는 웹기반의 통계정보시스템이다.

6 통계자료는 다음의 사이트에서 확인이 가능하다. https://www.index.go.kr/unity/potal/main/EachDtlPageDetail.do?idx_cd=1614

계산하면 **100억분의 1**에도 미치지 않는다. 비록 운전자가 페달착오를 일으켰다고 하더라도 이성적으로 또는 본능적으로 이러한 착오를 수정함으로써 치명적인 사고를 피할 수 있다고 해석하는 것이 합리적 추론이라고 판단된다.

페달착오 연구보고서에서는 미국 전역을 대상으로 2000년부터 2010년까지 언론매체(media)에서 보도한 페달착오로 인한 교통사고 683건을 샘플링하였고 그중에서 사고 발생위치(location)와 운전자 나이가 명시된 언론보도 656건을 추려서 발생위치를 범주화시킨 결과 또한 제시하고 있다. [표 11-3]은 해당 보고서의 Table 7을 우리말로 번역한 것이다.

표 11-3 언론매체 분석을 통한 페달착오 사고 발생위치 및 운전자 나이

사고유형	운전자 나이					
	전체 건수	20세 이하	21~35	36~55	56~75	76이상
상업지역 주차장	**416 (64%)**	44 (50%)	33 (47%)	37 (47%)	116 (69%)	186 (74%)
주거지역 주차장	**35 (5%)**	7 (8%)	9 (13%)	4 (5%)	8 (5%)	7 (3%)
주차장 진입로	**49 (7%)**	9 (10%)	5 (7%)	7 (9%)	8 (5%)	20 (8%)
도로 위 (교차로 제외)	107 (16%)	18 (20%)	20 (29%)	19 (24%)	24 (14%)	26 (10%)
교차로	45 (7%)	10 (11%)	3 (4%)	10 (13%)	10 (6%)	12 (5%)
주차 건물	**4 (1%)**	0 (0%)	0 (0%)	1 (1%)	1 (1%)	2 (1%)
전체건수	656	88	70	78	167	253

언론매체 분석은 노스캐롤라이주에 한정된 분석범위를 미국 전역으로 확대하여 연구 결과를 보완하는 장점이 있다. 한편 언론에서는 소위 기사거리가 될

만한 것들만 다루어 주기 때문에 심각한 사고 위주로 보도될 가능성이 크다고 유추해 볼 수 있겠다. 분석결과에 따르면 페달착오가 발생한 위치 중 77%는 주차를 위한 운전자 동작이 요구되는 곳이라는 사실이 두드러진다(상업지역 주차장 64%, 주거지역 주차장 5%, 주차장 진입로 7%, 주차건물 1%).

왜 페달착오는 대부분 주차장 환경에서 발생할까? 상식적으로 생각해보면 주차장은 전진, 후진으로 인한 기어변속, 조향방향 변경, 가속 페달과 브레이크 페달의 잦은 변경이 함께 발생하는 곳으로 단시간 동안 운전자가 착오를 하기 쉬운 환경이기 때문이다. 이에 반해 도로 위(On-Road)에서는 기어가 D단에 있어서 변경할 일이 없고, 조향방향도 대체로 일정하며, 가속 페달과 브레이크 페달을 자주 변경할 필요없이 지속적인 가속 또는 감속이 주로 발생한다. 이러한 이유로 장시간의 도로 위 주행 환경에서는 상대적으로 페달착오가 발생하는 빈도가 낮은 것으로 풀이된다.

우리나라에서 언론매체를 통해 알려지는 급발진 의심사고는 주차장 환경보다 주행 중인 도로 위 환경에서 장시간 동안 발생하는 경우가 훨씬 많아 보인다. 제조사가 전가보도로 사용하는 주장대로 급발진 의심사고의 원인을 운자자의 페달착오로 가정하는 경우 미국의 언론매체 분석결과를 참고한다면 급발진 의심사고의 77% 정도는 주차장 환경에서 발생해야 할 것이다. 제조사의 페달착오 주장은 건전한 상식과 통계자료에 비추어 볼 때 설득력을 가지기 어렵다.

일본 연구진의 페달착오 연구

우리나라의 카이스트(KAIST) 격에 해당하는 일본의 **아이스트**(AIST)[7]에서 페달착오의 방해효과 및 연령별 차이를 분석하는 실험연구를 진행하였고, 2021년 *Human Factors*라는 저널에 『페달착오: 방해효과와 연령별 차이(Pedal Misapplication: Interruption Effects and Age-Related Differences)』라는 제목의 논문 Hasegawa et al.(2021)로 게재되었다.[8] 연구진이 주목한 것은 운전자가 딴짓을 하면서 주의집중이 흐트러지는 **방해효과**(interruption effect)가 페달착오에 영향을 미칠 것이라는 점이었다.

실험에서 방해효과는 **숫자터치과업**(touch number task)으로서 다음과 같이 세팅되었다. 태블릿 화면에 숫자 9개(1~9)를 무작위로 배열한 후 실험 대상자로 하여금 1부터 9까지 빠르고 정확하게 순서대로 터치하는 과업을 수행하게 한 후에 1초간의 경고음(aleert)과 함께 신호등 색깔(초록 또는 빨강)을 보여주고 액셀러레이터 또는 브레이크를 밟도록 하였다. 이러한 실험 세팅은 마치 운전하는 사람이 핸드폰 버튼을 누르는 딴짓을 하다가 갑자기 페달을 밟아야 하는 상황을 모방하는 것으로 이해하면 된다.

방해 시간은 짧은 시간(20~40초), 긴 시간(110~130초) 두 가지로 구분하였다. 실험참가자는 18~32세의 젊은 운전자 그룹 40명(남여 각각 20명), 67~81세의 고령 운전자 그룹 40명(남녀 각각 20명)이었고, 연령 이외의 다른 요인의 영향을 배제하기 위해 MMSE(Mini-Mental State Examination)라는 정신건강의학과에서 활

7 National Institute of Advanced Industrial science and Technology

8 https://journals.sagepub.com/doi/epub/10.1177/0018720820936122

용하는 신경심리검사(neuropsychological test)에서 24점 이하자는 배제하였고, 시계 그리기 검사에서는 모든 참가자가 10점 만점을 받았다. 고령자의 치매와 같은 요인이 사전적으로 배제되었음을 의미한다. [표 11-4]는 해당 논문의 Table 1을 우리말로 번역한 것이다.

표 11-4 실험 참가자의 신경심리검사 결과

신경심리검사	젊은 운전자(40명)		고령 운전자(40명)	
	평균점수	표준편차	평균점수	표준편차
MMSE	29.82	0.38	29.30	1.09
시계그리기	10	-	10	-

또한 실험 참가자는 정상적인 시력 소유자로서 유효한 운전면허증을 보유하고 지난 6개월 동안 적어도 주당 3회 이상으로 빈번하게 운전했던 사람들을 대상으로 하였다. 실험은 참가자 1인당 총 80회씩 수행되었다(짧은 시간과 긴 시간 방해 조건에서 각각 20회의 초록불, 20회의 빨간불). [표 11-5]는 해당 논문에서 문장으로 서술된 페달 착오율 실험 결과를 필자가 표로 정리하고 우리말로 번역한 것이다.

표 11-5 방해 조건에 따른 연령별 운전자 그룹간 페달 착오율 차이

방해조건	페달 착오율 (pedal misapplication rate)				
	젊은 운전자	고령 운전자	그룹 간 차이	p-value	통계적 유의성
짧은 시간 (평균 30초)	0.4%	0.5%	0.1%	0.656	없음
긴 시간 (평균 120초)	1.0%	3.8%	2.8%	0.017	있음

주목할 만한 결과는 긴 시간의 방해 조건과는 다르게 짧은 시간의 방해 조건에서 젊은 운전자와 고령 운전자 간의 페달 착오율에 대한 차이가 통계적으로 유의하지 않다는 점이다.

인터넷 등에서 급발진 의심사고는 노인들한테서만 나타난다며 비아냥 거리는 댓글을 흔히 볼 수 있다. 그리고 자동차 제조사는 사고 원인을 고령 운전자의 페달조작 미숙 탓으로 몰아가려 한다. 실험결과에 의하면 이러한 논리는 고령 운전자가 120초 가량의 매우 긴 시간 동안의 방해 조건에서 주의 집중력이 흐트러졌을 경우에만 지지된다.

실험에서는 30초를 상대적으로 짧은 시간으로 명명하였지만, 실제 운전 환경에서 30초는 긴 시간이다. 더군다나 급발진 의심사고에서 30초는 목숨이 좌우될 수 있는 상당히 긴 시간이다. **30초라는 상당히 긴 시간 동안 운전에 방해를 받더라도 고령 운전자의 페달착오가 젊은 운전자에 비해 빈번하다는 통계적 증거가 없음**을 유념해야 할 것이다.

페달 블랙박스가 뜬다: 급발진 논란을 잠재울 수 있을까?

2010년 이후 한국교통안전공단에 접수된 급발진 의심 사고 787건 중 제조사 책임이 최종적으로 인정된 사례는 단 1건도 없다고 알려져 있다.[9] 끊임없이 발생하는 급발진 의심사고를 보면서 다수의 국민들은 EDR 위주로 이루어지는 국과수의 조사방식과 EDR 데이터의 신뢰성에 의문을 품고 있다. 운전자의 페달착오인지 차량 결함으로 인한 급발진인지 명쾌한 입증이 불가능한 안타까운 현실에서 자동차 급발진은 요즘 '뜨거운 감자'가 되고 있다.

이러한 상황에서 민간 자구책으로 출현한 것이 페달 블랙박스이다. 급발진 의심사고 피해자들이 제대로 구제받을 가능성이 희박한 상황에서 소비자들이 자비를 들여 애프터마켓에서 자신의 결백을 입증할 최후의 수단을 마련하고 있는 것이다.

보통 블랙박스는 2채널(전방 및 후방 카메라)을 이용하는 것이 일반적인데, 페달블랙박스는 운전자의 페달 동작을 촬영하는 카메라를 추가하여 3채널로 구성된다. 3채널도 부족하다고 생각되어 불안한 소비자를 타깃으로 하여 계기판(속도, RPM, 기어위치 등)을 촬영하는 카메라를 추가한 제품, 자동차 실내를 촬영하는 카메라를 추가한 4채널 제품도 존재한다.

최근 페달 블랙박스에 대한 관심이 급격하게 증가하고 있다. 페달 블랙박스를 의무화하는 자동차관리법 개정안이 발의되었고, 페달 블랙박스 설치 제조사에게 리콜 과징금을 깎아주도록 하는 자동차관리법 시행령 개정안이 통과되어 공포되었다. 이에 대해 자세히 알아보기로 하자.

9 https://www.segye.com/newsView/20231226512986

22대 국회에 계류중인 페달블랙박스 관련 자동차관리법 개정안

2024년 7월 1일에 발생한 시청역 급발진 의심사고 참사로 이후로 사고원인 규명을 위해 페달블랙박스(페달영상기록장치)를 도입하자는 자동차관리법 개정안이 발의되고 있다. 2024년 말 현재 국회에 계류중인 개정안만 5건에 달한다. 대표발의 의원은 이헌승(국민의힘), 이양수(국민의힘), 염태영(더불어민주당), 김미애(국민의힘), 이연희(더불어민주당)이다.

개정안들은 대체로 페달블랙박스 의무장착 및 고지의무, 장착권고, 장착비용 지원 등에 대한 내용을 담고 있다. 자세한 내용을 알기 원하는 독자는 국회의안정보시스템에 접속하기 바란다.[10] [표 11-6]은 제안날짜 순서대로 제안자 및 개정안의 주요내용만 요약한 것이다.

5건의 개정안 중에서 가장 일찍 발의되어 국토교통위원회에서 검토보고가 이루어진 이헌승 의원 안 및 이양수 의원 안의 제안이유, 주요내용, 법조문 등에 대해서 좀 더 자세히 살펴보기로 하자. 또한 전문위원 곽현준의 보고서에서 '검토의견'에 해당하는 부분을 발췌하여 살펴볼 것이다.

10 의안정보시스템 사이트(https://likms.assembly.go.kr/bill/main.do)에서 의안명 칸에 '자동차관리법'을 입력하고 검색버튼을 누르면 된다.

표 11-6 22대 국회에 계류중인 페달블랙박스 관련 자동차관리법 개정안

제안 날짜	제안자	주요내용
7.08	이헌승 의원 등 11인	- 국토교통부령으로 정하는 바에 따라 사고기록장치 및 페달영상기록장치를 장착하여야 한다. - 페달영상기록장치가 장착되어 있음을 구매자에게 알려야 한다.
7.17	이양수 의원 등 10인	- 국토교통부령으로 정하는 바에 따라 사고기록장치 및 페달영상기록장치를 장착하여야 한다.
8.02	염태영 의원 등 14인	- 국토교통부령으로 정하는 바에 따라 페달오조작방지장치와 페달영상기록장치를 장착하여야 한다.
8.29	김미애 의원 등 10인	- 국토교통부장관은 자동차제작·판매자 등에게 자동차의 가속 및 제동 페달의 조작상황을 영상으로 저장하는 기록장치를 장착하도록 권고할 수 있다. - 65세 이상인 사람이 페달영상기록장치를 장착하는 경우 대통령령으로 정하는 바에 따라 그 비용의 일부를 지원할 수 있다.
9.04	이연희 의원 등 16인	- 페달영상기록장치와 페달오조작방지장치 등 교통사고의 방지 및 사고의 원인규명에 필요한 첨단안전장치를 장착하여야 한다. - 국토교통부장관은 첨단안전장치의 개발을 위한 보조금과 장착확대를 위한 장착비용 등을 지원할 수 있다.

이헌승 의원 대표발의 자동차관리법 개정안 (의안번호 제2201502호)[11]

2024년 7월 8일에 이헌승 의원 등 11인이 자동차 페달 블랙박스를 의무화하는 법안을 발의하였다. 법안의 제안이유 및 주요내용에서 최근 서울시청 앞 급발진 의심사고, 급발진을 증명할 방법이 없는 안타까운 현실, 급발진 문제를 제조물책임법으로만 해결하기에는 한계가 있다는 공정거래위원회 발표 연구용역보고서가 언급된다. 구체적인 내용은 아래와 같다.

제안이유 및 주요내용

최근 서울시청 앞에서 원인을 명확히 파악하기 어려운 가속 사고로 인해 9명의 무고한 생명이 희생되었음. 차량 운전자는 급발진이라고 주장하고 있으나, 급발진을 명확히 증명할 방법이 없고, 사고 운전자의 실수를 증명하기도 어려움.

공정거래위원회는 올해 5월 발표한 '제조물책임법 운용 실태조사 연구용역보고서'에서, 급발진 문제를 「제조물 책임법」으로만 해결하기에는 한계가 있으므로, 「자동차관리법」을 개정하여 제조사의 기술적 조치 의무를 명시하는 방안을 제시해야 한다고 진단한 바 있음. 페달영상기록장치(블랙박스)를 통해 운전자가 브레이크를 밟았음에도 차량이 멈추지 않고 질주한 영상이 촬영되었다면 차량의 결함을 증명할 수 있고, 기타 액셀러레이터와 브레이크를 혼동한 운전자의 실수도 증명할 수 있을 것임.

이에 자동차 사고의 원인을 명확하게 규명하기 위해 페달에 영상기록장치 설치를 의무화하는 내용으로「자동차관리법」을 개정하고자 함(안 제29조의4 신설).

11 https://likms.assembly.go.kr/bill/billDetail.do?billId=PRC_J2H4I0G7F0G5N1M4M0L7L1K5K6S6R1

신설하고자 하는 자동차관리법 제29조의4는 아래와 같은 내용이다.

제29조의4(페달영상기록장치의 장착 등)

① 자동차제작 · 판매자 등은 차종, 용도, 승차 인원 등 국토교통부령으로 정하는 기준에 따른 자동차에 국토교통부령으로 정하는 바에 따라 페달영상기록장치를 장착하여야 한다.

② 자동차제작 · 판매자 등이 제1항에 따라 페달영상기록장치가 장착된 자동차를 판매하는 경우에는 페달영상기록장치가 장착되어 있음을 구매자에게 알려야 한다.

③ 제1항 및 제2항에 따른 페달영상기록장치의 장착기준, 장착사실의 통지 등 필요한 사항은 국토교통부령으로 정한다.

이양수 의원 대표발의 자동차관리법 개정안 (의안번호 제2201893호)[12]

2024년 7월 17일에 이양수 의원 등 10인이 자동차 페달 블랙박스를 의무화하는 법안을 발의하였다. 법안의 제안이유 및 주요내용을 살펴보면 이미 장착 의무화가 예정된 사고기록장치(EDR)만으로는 급발진 여부를 판별하는 데 한계가 있으므로 페달 블랙박스 또한 장착하도록 하여 직접적인 자료로 활용하자는 것이다.

제안이유 및 주요내용

현행법은 지난 2024년 2월 개정에서 급발진 추정 사고 등 각종 자동차사고의 원인 규명을 명확히 하기 위하여 자동차사고 전후의 일정한 시간 동안 자동차의 운행정보를 저장하는 사고기록장치의 설치를 의무화하였음(2025. 2. 14. 시행예정).

그런데 사고기록장치의 경우 운전자의 접근이 불가능할 뿐만 아니라 정보분석에 장기간이 소요되어 사고원인을 신속하게 확인하기 어렵고, 영상정보가 배제된 사고기록장치의 기록정보를 전적으로 신뢰할 수 없는 문제가 있어 사고기록장치만으로는 급발진 여부를 판별하는 데 한계가 있을 수밖에 없다는 지적이 있음. 이에 자동차 페달의 조작상황을 영상으로 기록할 수 있는 장치를 설치하도록 하여 해당 영상정보가 급발진 여부 판별에 직접적인 자료로 활용되도록 하려는 것임(안 제2조 제10호의2 신설 및 제29조의3 제1항 · 제2항 · 제4항 등).

12 https://likms.assembly.go.kr/bill/billDetail.do?billId=PRC_O2M4N0L7I1G2H1F1G1E6F4M1L5L3K0

신설하고자 하는 자동차관리법 제2조 제10호의2 및 개정하고자 하는 제29조의3은 아래와 같은 내용이다. 지면을 절약하기 위해 제29조의3 각 항 중에서는 개정안의 핵심적인 내용인 제1항만 나타내었다.

현 행	개정안
제2조(정의) 이 법에서 사용하는 용어의 뜻은 다음과 같다. 1. ~ 10. (생 략) <신 설> 11. ~ 14. (생 략)	제2조(정의) 이 법에서 사용하는 용어의 뜻은 다음과 같다. 1. ~ 10. (현행과 같음) **10의2. "페달영상기록장치"란 자동차의 가속과 제동을 제어하는 페달의 조작정보를 영상으로 저장하고 저장된 정보를 확인할 수 있는 장치 또는 기능을 말한다.** 11. ~ 14. (현행과 같음)
제29조의3(사고기록장치의 장착 및 정보제공) ① 자동차제작·판매자등은 차종, 용도, 승차인원 등 국토교통부령으로 정하는 기준에 따른 자동차에 국토교통부령으로 정하는 바에 따라 **사고기록장치**를 장착하여야 한다.	제29조의3(**사고기록장치 및 페달영상기록장치**-----) ① --**사고기록장치 및 페달영상기록장치**-------------.

자동차관리법 개정안에 대한 검토의견

『자동차관리법 일부개정법률안 검토보고』[13]의 주요내용을 요약 · 발췌하여 살펴보기로 하자. 먼저 검토의견에서는 페달블랙박스 도입취지는 긍정적이나 통상 분쟁, 과학적 근거 부족, 제작비용 상승 등을 문제점으로 지적하고 있다. 다음으로 정부 및 관련단체 의견을 보면 국토교통부는 인센티브에 의한 자발적 장착유도 방법을 지지하며, 산업통상자원부는 FTA와 불합치하는 상황은 없으나 상대 측에 통보할 과학적 근거가 필요하다는 입장이다. 주한유럽상공회의소와 한국수입자동차협회는 반대입장이며, 국내 자동차 제조사를 대표하는 한국자동차모빌리티산업협회는 명확한 기준과 충분한 개발기간을 요구하고 있다.

1 국토교통위원회 검토의견

1) 개정안의 등장배경 및 취지

공정거래위원회의 『제조물책임법 운용 실태조사』 연구용역 보고서(23.11.)에서는 「제조물책임법」상 입증책임 전환은 불가능하므로 「자동차관리법」을 개정하여 '제조사의 기술적 조치 의무(예: 페달블랙박스)'를 명시하는 방안을 제안한 바 있다.

2023년 국회 국토교통위원회 국정감사 등에서 페달영상기록장치 설치에 관한 요구가 제기됨에 따라 국토교통부는 자동차 제작자에게 페달영상기록장치의 옵션화를 지속적으로 권고 중에 있다.

13 작성자는 국토교통위원회 전문위원 곽현준이며, 보고일자는 2024년 8월이다.

개정안들은 자동차에 페달영상기록장치를 장착하도록 의무화하려는 것으로, 최근 빈번하게 발생하고 있는 급발진 의심사고의 원인을 정확하게 밝히는데 기여할 수 있다는 점에서 그 취지는 긍정적인 것으로 보인다.

2) 문제점

해외에서는 페달영상기록장치를 의무 장착으로 규정하지 않고 있어 모든 차량에 장착을 의무화할 경우, 무역장벽으로 인식되고 통상 분쟁의 소지가 있다.

사고기록장치(EDR) 외에 페달영상기록장치의 추가 장착을 의무화할 경우 관련 규정에 따라 주요 무역 상대국을 설득하기 위한 과학적 근거가 부족하다는 지적이 있다.

페달영상기록장치를 장착하기 위해서는 설치 공간 확보, 배선 연결 등을 위한 내장재 설계 및 생산라인 변경이 필요할 것으로 보고 있는데, 페달영상기록장치 도입 시 단순 설치 작업뿐만 아니라 자동차 일부 구조의 설계 변경 등을 수반한다는 점에서 개정안에 따를 경우 제작비용 상승 및 그에 따른 소비자 가격부담 가중 등으로 이어질 수 있다.

2 정부 및 관련단체 의견

1) 국토교통부

페달영상기록장치 장착 의무화는 ① 통상마찰, ② 소비자 선택권 제한 및 부담 증가 등 감안 시, 신중한 검토가 필요하다.

페달영상기록장치는 사고원인 규명에 도움이 될 수 있어 차량 소유자가 장착 시 차량 보험료 할인, 제작사가 장착 지원 시 리콜 과징금 감경 등을 통해 자발적인 장착을 유도하는 것이 바람직하다.

2) 산업통상자원부

개정안은 원산지 · 차종을 불문하고 일괄 적용되므로 명백히 한-미 FTA 및 한-EU FTA와 불합치하는 사항은 없으나, 의견청취·통지 등 일반 투명성 관련 의무를 준수함과 동시에 UNECE[14] 및 GTR[15]에 규정되어 있지 않은 새로운 기술 규정인 경우 이에 대한 과학적 근거를 상대 측에 통보해야 하며, 국내외 자동차 간의 사실상의 차별을 구성하지 않는 방식으로 적용될 필요가 있다.

3) 주한유럽상공회의소

페달블랙박스 의무 장착은 다른 국가에서는 사례가 없는 한국만의 과도한 규제로 여겨질 수 있다.

모든 자동차에 의무적으로 장착하는 것이 사회적 비용 및 자원 활용 측면에서 적절한지도 고려되어야 한다.

4) 한국수입자동차협회

페달영상기록장치와 같은 보조적이고 부수적인 장치의 장착을 의무화하는 것은 지나친 규제라고 판단되어 반대한다.

5) 한국자동차모빌리티산업협회

명확한 기준, 국산·수입 등 차별 없는 설치의무, 충분한 개발기간 확보 보장, 사고시 자료제공 범위와 방법 등이 필요하다.

---

14 United Nations Economic Commission for Europe

15 Global Technical Regulation

자동차학과 교수가 페달 블랙박스 달았다

2016. 5. 27.에 YTN라디오 방송 [신율의 출발 새아침]에 대덕대 이호근 자동차학과 교수가 출연하여 신율 앵커와 진행한 인터뷰 내용 중 일부를 발췌하여 살펴보기로 하자.

> **신율 앵커**
>
> 그렇군요. 그러니까 결국은 운전자 분들 중에 억울하신 부분이 많을 것 같거든요. 사실 제 지인도 고속도로에서 차를 몰고 가다가 갑자기 RPM이 올라가면서 아주 큰일 날 뻔했다는 이야기를 들은 적 있거든요. 그러니까 굉장히 억울하신 분들이 많은데요. 이거 방법 없나요?
>
> **이호근 교수**
>
> 요즘 블랙박스를 다 장착하는데, 최근에는 투 채널로, 전방과 후방을 감지할 수 있도록 되어 있지 않습니까? 그래서 저도 후방감시카메라를 가속 페달 옆쪽에 붙여놨습니다. 그래서 혹시나 제 차에서 사고가 발생할 경우에, 가장 중요한 것은 이런 사건을 증명하는 것보다도 제가 안전하게 대처를 해야 되겠지만, 만약의 경우를 대비해가지고 블랙박스에 제가 브레이크 페달은 분명히 밟고, 가속 페달은 건드리지 않았다는 것을 증명하기 위해서 그렇게 해놨고, 요즘 방송을 보니까 그런 부분에 대해서 집중적으로 홍보하면서 블랙박스를 선전하는 회사도 있는 것으로 알고 있습니다.

자동차학과 교수가 자기 차에 페달 블랙박스를 달았다는 것은 무엇을 의미할까? 액셀 페달을 건드리지 않고 브레이크를 밟았음에도 자동차가 급발진할 가능성이 있다는 것, 급발진 의심사고에서 EDR 데이터를 신뢰할 수 없는 경우도 있다는 것을 인정하는 발언이라고 판단된다.

국토부 장관도 페달 블랙박스 달겠다

2024. 7. 10.에 국토교통위원회 회의가 열렸고 페달 블랙박스에 대한 윤종군 위원의 질의에 대한 박상우 국토교토부 장관의 응답이 있었다.

질의 요지는 자동차 업체들의 주장과는 달리 페달 블랙박스 설치는 기술적으로 전혀 어렵지 않고, 해외사례가 없다고 하더라도 국민 안전 차원에서 의무설치를 추진하는 게 필요하다는 것이다.

이에 대한 답변 요지는 장관 개인적으로도 페달 블랙박스를 달려고 하고 필요한 장치라고 생각하지만, 설치와 관련하여 권고와 유도를 택할지, 법률적 강제를 택할지는 좀 더 심사숙고가 필요하다는 것이다.

주요내용을 발췌하여 제시하는 아래의 회의록[16] 내용을 통하여 살펴보기로 하자.

윤종군 위원

……'설치를 위해서는 자동차 설계 변경하는 게 어렵고 아직까지 의무화한 나라가 없다' 이런 주장 또 '가격 인상이 필요하다'…… 그렇게 자동차 업체들은 주장을 하고 있는데 많은 민간 전문가들의 의견은 '이게 설치가 소프트웨어가 아닌 하드웨어기 때문에 전혀 어렵지 않다. 제조사도 이것을 알고 있는데 하나라도 급발진 가능성이 밝혀질까 봐 그거에 대한 두려움 때문에 반대하는 거다'…… 장관님은 누구 견해가 더 합리적이라고 보십니까?

16 https://likms.assembly.go.kr/record/mhs-10-030.do?conferNum=053902

박상우 장관

저는 개인적으로는 제 차에…… 페달 블랙박스를 달려고 그럽니다. 달려고 그러는데, 이것을 제조사에게 강제를 할 것이냐 하는 것은 조금 다른 차원의, 정책적인 차원에서는 또 여러 가지 규제의 문제가 있을 수 있고…… 자발적으로 유도해 나가는 것이 우선 옳은 것 같고요. 왜냐하면…… 제조사들이 따라오도록 또는 소비자들이 그런 쪽으로 사양을 선택하도록 하는데, 강제로 의무화한다는 것은 또 다른 무역 마찰이나 이런 사안들이 있기 때문에 좀 신중해야 된다고 생각합니다.

윤종군 위원

페달 블랙박스 의무화한 나라가 없다고 제조사들이 반대하고 나서는데 좀 생각을 바꿨으면 좋겠어요. 박정희 정권 때 다른 나라에 없던 국민건강보험 최초로 만들어서 지금까지 전 세계에 자랑이 되고 있지 않습니까? 좋은 것은 세계적으로 선도하는 게 맞지 않나 이렇게 생각을 합니다. 자동차 제조사, 대기업 말만 듣지 말고 국토부가 의지를 갖고 국민 안전 차원에서 의무 설치를 강하게 추진하는 게 필요하다고 보는데 동의하십니까?

박상우 장관

일단 저는 필요한 장치라고 생각을 하고요. 아까 말씀드린 대로 이것을 권고와 유도의 방법을 택할지 법률적 강제의 방법을 택할지 하는 것은 좀 더 심사숙고를 다방면으로 해 봐야 된다고 생각을 하고.

오랫동안 급발진 문제에 대한 진전이 없는 상황에서 현실적인 대안으로 거론되는 페달 블랙박스 설치 필요성에 대한 공감대가 어느 정도 형성되어 있다는 점이 긍정적이라고 판단된다.

국토부는 2024. 7. 12.에 현대차 · 기아를 포함한 국내 주요 완성차업체, 메르세데스-벤츠코리아를 비롯한 일부 수입차업체, 한국자동차모빌리티산업협회(KAMA), 한국수입자동차협회(KAIDA) 관계자들이 참석한 가운데 간담회를 개최하였으나 페달 블랙박스 설치를 놓고 뚜렷한 결론은 도출되지는 않은 것으로 전해진다.[17]

17 2024. 7. 15. SBS 뉴스 https://news.sbs.co.kr/news/endPage.do?news_id=N1007723258

페달 블랙박스 설치 제조사에 리콜 과징금 깎아준다

페달 블랙박스 의무화 법안은 통과되는 데 난항이 예상된다. 국토교통위원회 회의에서 보듯이 국내 제조사들은 세계적으로 선례가 없고 원가상승으로 인해 소비자에게 결국 부담이 된다는 논리를 들고 나올 것이고, 해외에서 자동차를 수입하는 업체들은 국가 간 통상 문제를 야기한다는 이유로 반대할 것이 뻔하다. 페달 블랙박스 설치 의무를 강제적으로 부과하는 것이 어렵다면 설치를 유도할 수 있는 당근책이 필요할 것이다.[18]

최근 정부에서 이러한 당근책 하나를 마련한 것으로 보인다. 페달 블랙박스를 설치하는 제조사에 자동차 리콜 과징금을 깎아줄 수 있도록 하는 근거를 집어넣은 자동차관리법 시행령 개정안이 통과되어 2024. 7. 31.부터 시행에 들어간다. 구체적인 내용은 아래와 같다.

> **자동차관리법 시행령 [별표 1의3]**
>
> 다. 국토교통부장관은 다음의 어느 하나에 해당하는 경우에는 가목 및 나목에 따라 산정한 과징금 금액의 2분의 1 범위[1), 2) 또는 4)에 해당하면서 3)에 해당하는 경우에는 4분의 3 범위]에서 그 금액을 줄일 수 있다. 이 경우 과징금의 세부 감경기준 등 과징금 산정에 관하여 필요한 세부사항은 국토교통부장관이 정하여 고시한다.
>
> 1) 법 제30조의3제2항에 따른 조사 및 법 제31조제4항에 따른 조사에 적극 협조한 경우
>
> 2) 법 제31조제1항에 따른 시정조치가 신속하게 이루어진 경우

18 더팩트 2024. 7. 24. 기사에 따르면 국토교통부는 2024. 7. 12.에 국내 주요 완성차업체와 수입차업체, 한국자동차모빌리티산업협회(KAMA), 한국수입자동차협회(KAIDA) 관계자와 페달 블랙박스 설치와 관련한 간담회를 진행한 것으로 알려졌다.

3) 자동차제작자등이나 부품제작자등이 첨단기술이 도입된 안전장치 설치의 무상지원, 차량 무상점검 등 소비자 보호 및 자동차 안전 제고를 위하여 자발적으로 노력하였다고 인정되는 경우
4) 그 밖에 위반행위의 종류, 정도, 동기 및 그 결과 등을 고려하여 과징금을 줄일 필요가 있다고 인정되는 경우

과징금을 50%까지 깎아줄 수 있는 근거는 기존에도 존재하였는데 이번 시행령 개정안에서 [별표1의3 제1호 다목 3)] 신설을 통해 과징금을 75%까지 깎아줄 수 있게 된 것이다.

그런데 다목 3)에서 페달 블랙박스라는 용어 자체가 등장하는 것은 아니며 단순한 카메라 및 녹화장치에 불과한 블랙박스를 첨단기술로 보는 것도 무리가 있다. 페달 블랙박스를 '소비자 보호 및 자동차 안전 제고를 위하여 자발적으로 노력하였다고 인정되는 경우'에 걸어서 시행령 조문을 해석할 수 있는 여지도 남겨두었다고 판단된다.

- 다중화란 무엇인가?
- 미 해군 전략핵잠수함 지휘장교도 강조하는 다중화
- 전통적인 다중화 기법 TMR(Triple Modular Redundancy)
- TMR의 신뢰성 개선효과
- 비용절감 다중화 기법 DMR(Dual Modular Redundancy)
- DMR의 신뢰성 개선효과
- 액셀 페달 위치 센서(APS)의 다중화 사례
- 자동차 전자제어장치(ECU)의 다중화 사례
- Airbus A330/A340 비행제어시스템(FCS) 다중화 사례
- Boeing 737-800 비행제어시스템(FCS) 다중화 사례
- 한국과학기술정보연구원 보고서

CHAPTER

12

다중화 (redundancy)

다중화란 무엇인가?

앞서 살펴본 페달 블랙박스는 급발진 의심사고에서 시시비비를 밝히는 사후적 대책일 뿐 급발진을 방지하는 장치가 아니라는 것에 본질적인 한계점이 있다. 사후적으로 원인을 규명하는 것보다 사전적으로 급발진을 방지하는 것에 더 관심을 가져야 하는 이유다.

필자는 국회 정책세미나 발제와 토론, 학회행사, 방송 출연 및 인터뷰 등 기회가 있을 때마다 자동차 급발진 문제에 대한 근본적인 해법은 철저한 **다중화**(redundancy)임을 강조해왔다.

다중화란 전자장치 결함, 고장, 오작동 등의 상황에 대비하여 **같은 기능을 수행하는 여분의 장치를 마련하여 채택**하는 것을 의미한다. 다중화는 전혀 새로운 개념이 아니며 오래전부터 컴퓨터, 전기, 전자, 통신 등 다양한 분야에서 시스템의 안전성 확보를 위해 광범위하게 사용되고 있다.

예를 들면 컴퓨터 하드디스크 고장에 대비하여 2개의 하드디스크에 동일한 데이터를 저장하는 미러링(mirroring) 방식을 이용하면 하드디스크 1개가 고장나더라도 전혀 걱정할 필요가 없다. 또 다른 예로 핸드폰에 있는 사진파일을 클라우드에 백업해 두면 핸드폰을 잃어버려도 클라우드에 저장된 데이터를 불러오면 된다.

2중화를 해도 불안한 사람이라면 어떻게 하면 될까? 답은 간단하다. 3중화, 5중화 등 더 철저하게 다중화를 하면 된다. 자동차의 경우도 마찬가지다. 전자장치 오작동으로 인한 급발진 가능성이 조금이라도 남아있다면 철저한 전자장치 다중화를 통해 문제를 사전에 차단해야 한다.

미 해군 전략핵잠수함 지휘장교도 강조하는 다중화

2023년 7월 부산에 미 해군의 전략핵잠수함인 켄터키함이 들어왔다. 만약 켄터키함의 전자장치에 결함, 고장, 오작동이 발생하여 의도하지 않게 핵미사일이 발사된다면 어떻게 될까? 생각만 해도 끔직하다. 자동차 급발진과는 비교 불가능한 비극이자 재앙이 될 것이다. 켄터키함은 이러한 가능성에 대해 어떻게 대비하고 있을까? 참고로 켄터키함은 1987년에 건조된 노후 잠수함이다.

필자는 SBS 기자가 잠수함의 지휘 사령관인 해군 대령 치미 제이콧과 나눈 아래의 대화가 유독 인상 깊었다. 뉴스[19]에서 한글 자막에는 '백업 시스템'으로만 번역되었지만 사령관은 '다중화 시스템(redundant system)'이라는 용어를 사용하였고 기자와 대중들이 이해하지 못할까 봐 '백업 시스템(the backup system)'이라는 친숙한 용어를 한번 더 친절하게 언급해 주고 있다.

기 자

오작동 가능성은 없을까요?

사령관

아니오. 우리는 임무를 잘 해내고 있습니다. 우리가 잠수함을 설계할 때 중요하게 생각하는 것은 '다중화 시스템(redundant system)', '백업시스템(backup system)'입니다.

19 https://www.youtube.com/watch?v=6u7RGi8raJ8

전통적인 다중화 기법 TMR (Triple Modular Redundancy)

가장 전형적이면서 전통적인 다중화는 **'TMR(Triple Modular Redundancy)'**이라고 불리는 3중화이다. 직역하면 어떤 모듈을 3개씩 탑재하여 사용하겠다는 뜻이다. 모듈이란 쉽게 말해 시스템 내에서 다른 구성요소와 독립적인 구성요소인데 특정 기능을 가지는 부품이라고 생각하면 된다. 입력 모듈(input module), 제어장치 모듈(control module) 또는 주처리장치 모듈(processor module), 액추에이터[20] 모듈(actuator module), 출력 모듈(output module) 등이 있다. 자동차의 경우를 예로 들어보면 차량의 상태를 읽어들이는 각종 센서들은 입력 모듈이며, 각종 ECU들은 제어장치 모듈에 해당한다.

TMR의 기원은 수학, 물리학, 컴퓨터과학, 경제학 등에서 위대한 업적을 남긴 천재 과학자 **폰 노이만(von Neumann)**[21]이 1952년에 미국의 명문 공과대학교 칼텍(Caltech),[22]에서 했던 5번의 강의로 거슬러 올라간다. 해당 강의는 논문화되어 1956년에 출판되었다.[23] 자동차 급발진 문제의 해법을 이미 69년 전에 그가

20 액추에이터는 전기, 신호, 유압 등이 입력될 때 기계적인 일을 하는 기기를 총칭한다. 자동차에서는 인젝터, 스로틀밸브, 점화장치, 전기모터 등이 액추에이터에 해당하며 ECU로부터 전달받은 명령을 실행한다.

21 『미래에서 온 남자 폰 노이만(아난요 바타차리야 지음)』이라는 책이 출판되어 일반인들에게도 많이 알려진 학자이다. 헝가리 출신으로 1903년에 태어나 1957년에 사망하였다.

22 California Institute of Technology

23 제목은 『확률론적 논리와 신뢰할 수 없는 구성요소로부터 신뢰할 수 있는 유기체의 합성(Probabilistic logics and the synthesis of reliable organisms from unreliable components)』이다. 다음 주소에서 다운로드 가능하다. https://personalpages.manchester.ac.uk/staff/nikolaos.kyparissas/uploads/VonNeumann1956.pdf

고안해 놓았다고 생각하니 '미래에서 온 남자'라는 수식어가 괜히 붙은 게 아닌 듯 하다. [그림 12-1]은 TMR이 어떻게 구성되는지를 도식화한 것이다.

그림 12-1 TMR의 구성도

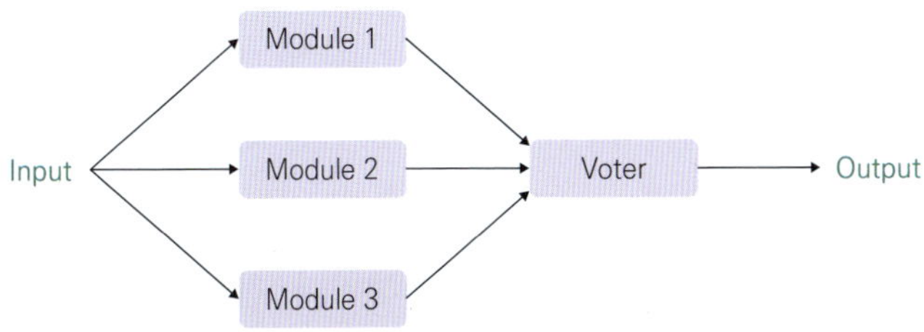

TMR에 동일한 기능을 수행하는 모듈 3개가 사용된다는 것이 핵심이다. 예를 들면 컴퓨터를 3개 사용한다는 것이다. TMR은 4가지 구성요소(Input, Module, Voter, Output)로 이루어져 있다.

① Input(입력)

3개의 모듈에 동시에 입력되는 동일한 데이터를 의미한다.

② Module(모듈)

모듈 1, 모듈 2, 모듈 3은 각각 동일한 Input을 이용하여 특정 연산을 수행하고 결과값을 Voter에 전달한다.

③ Voter(보터)[24]

3개의 모듈에서 전달받은 각 결과값을 사용하여 투표를 통해 다수(majority)를 차지한 값을 판독 후 Output으로 전달한다.

④ Output(출력)

Voter를 통해 전달 받은 다수결 판독 값이다.

24 Majority Circuit(다수결 회로), Majority Voting(다수결 투표), Majority Voter(다수결 투표자)는 같은 의미로 사용된다. 폰 노이만은 원래 Majority Organ(다수결 기관)이라는 용어를 사용하였다.

TMR의 신뢰성 개선효과

직관적인 이해를 위해 TMR 개별 모듈의 연산 결과가 단순하게 **바이너리(binary, 0 또는 1)**라고 가정해 보자. 개별 모듈의 비정상 작동이란 특정 모듈이 참값 0을 도출해야 하는 상황에서 1을 도출하거나, 참값 1을 도출해야 하는 상황에서 0을 도출하는 것이다. 참값이 0일 확률이 50%, 참값이 1일 확률이 50%라고 가정하자. 개별 모듈은 모두 독립적으로 작동하고 정상 작동 확률을 P라고 하면, 비정상 작동 확률은 (1-P)가 된다. 독립적 사건이 동시에 발생할 확률은 개별 사건이 발생할 확률의 곱으로 산출된다.

[표 12-1]은 개별 모듈이 정상 또는 비정상 작동하는 모든 경우의 수를 나열하고 확률을 계산한 것이다. TMR을 사용하지 않고 단 하나의 모듈을 사용했을 때 신뢰성은 P인데, TMR을 사용했을 때의 신뢰성은 어떻게 되는지 살펴보도록 하자. [표 12-1]에서 Output을 신뢰할 수 있는 경우는 모든 모듈이 정상 작동하는 경우 2번, 2개의 모듈은 정상 작동하고 1개의 모듈만 비정상 작동하는 경우 6번이다. 각각의 경우의 확률을 모두 더해주면 TMR 시스템 전체의 신뢰성이 도출된다. **시스템 전체의 신뢰성을** R이라고 하면 아래의 수식과 같이 계산된다.[25]

25 필자가 계산한 수식은 컴퓨터과학 분야 저널인 *IBM Journal* 1962년 4월호에 R. E. Lyons와 W. Vanderkulk가 『The Use of Triple-Modular Redundancy to Improve Computer Reliability』라는 제목으로 게재한 연구논문의 수식 (1)과 정확히 일치한다. 논문은 아래 주소에서 다운로드 가능하다. https://static1.squarespace.com/static/54176426e4b04aae9cee646f/t/54534168e4b0fb5b91b055c9/1414742376245/IBM+triple+article.pdf

표 12-1 TMR 시스템의 경우의 수와 확률

참값	Module 1	Module 2	Module 3	비정상작동 모듈 수	Output	전체시스템 신뢰여부	확률
0	0	0	0	0개	0	가능	$0.5P^3$
0	0	0	1	1개	0	가능	$0.5P^2(1-P)$
0	0	1	0	1개	0	가능	$0.5P^2(1-P)$
0	0	1	1	2개	1	불가능	$0.5P(1-P)^2$
0	1	0	0	1개	0	가능	$0.5P^2(1-P)$
0	1	0	1	2개	1	불가능	$0.5P(1-P)^2$
0	1	1	0	2개	1	불가능	$0.5P(1-P)^2$
0	1	1	1	3개	1	불가능	$0.5(1-P)^3$
1	0	0	0	3개	0	불가능	$0.5(1-P)^3$
1	0	0	1	2개	0	불가능	$0.5P(1-P)^2$
1	0	1	0	2개	0	불가능	$0.5P(1-P)^2$
1	0	1	1	1개	1	가능	$0.5P^2(1-P)$
1	1	0	0	2개	0	불가능	$0.5P(1-P)^2$
1	1	0	1	1개	1	가능	$0.5P^2(1-P)$
1	1	1	0	1개	1	가능	$0.5P^2(1-P)$
1	1	1	1	0개	1	가능	$0.5P^3$

$$R = 2 \times 0.5P^3 + 6 \times 0.5P^2(1-P) = P^3 + 3P^2(1-P) = 3P^2 - 2P^3$$

고장(failure)이란 전체 시스템을 신뢰하지 못하는 경우로 3개의 모듈이 모두 비정상 작동하는 경우 2번, 2개의 모듈이 비정상 작동하고 1개의 모듈만 정상 작동하는 경우 6번이다. 각각의 확률을 모두 더해주면 TMR 시스템 전체의 고장률이 도출된다. **고장률(신뢰하지 못할 가능성)을** F라고 하면 아래의 수식과 같이 계산된다. 당연한 얘기지만 고장률 F와 신뢰성 R은 서로 상반되는 개념이므로 더하면 1이 나오게 된다.

$$F = 2 \times 0.5(1-P)^3 + 6 \times 0.5P(1-P)^2 = (1-P)^3 + 3P(1-P)^2 = 1 - 3P^2 + 2P^3 = 1 - R$$

모듈을 단 1개 사용하는 경우와 비교해서 TMR을 통해 신뢰성을 어느 정도나 개선시킬 수 있을까? [표 12-2]는 개별 모듈의 신뢰성을 0%에서 100%까지 점진적으로 증가시켜 가면서 TMR의 효과를 계산해 본 것이다.

표 12-2 TMR 시스템의 신뢰성 개선효과

개별 모듈의 신뢰성	TMR 시스템의 고장률	TMR 시스템의 신뢰성	개선된 신뢰성 정도 (TMR의 효과)
0%	100.00%	0.00%	0.00%
10%	97.20%	2.80%	-7.20%
20%	89.60%	10.40%	-9.60%
30%	78.40%	21.60%	-8.40%
40%	64.80%	35.20%	-4.80%
50%	**50.00%**	**50.00%**	**0.00%**
60%	35.20%	64.80%	4.80%
70%	21.60%	78.40%	8.40%
80%	10.40%	89.60%	9.60%
90%	**2.80%**	**97.20%**	**7.20%**
91%	2.28%	97.72%	6.72%
92%	1.82%	98.18%	6.18%
93%	1.40%	98.60%	5.60%
94%	1.04%	98.96%	4.96%
95%	**0.72%**	**99.28%**	**4.28%**

개별 모듈의 신뢰성	TMR 시스템의 고장률	TMR 시스템의 신뢰성	개선된 신뢰성 정도 (TMR의 효과)
96%	0.47%	99.53%	3.53%
97%	0.26%	99.74%	2.74%
98%	0.12%	99.88%	1.88%
99%	**0.03%**	**99.97%**	**0.97%**
99.9%	**0.0003%**	**99.9997%**	**0.0997%**
100%	0.00%	100.00%	0.00%

몇 가지 주목 할만한 사실이 발견된다. 신뢰성 개선은 개별 모듈의 신뢰성이 50% 이상일 때부터 나타나기 시작한다는 것이다. 신뢰성이 50% 이하일 때는 TMR은 오히려 역효과를 낸다. 쉽게 말해 원래부터 신뢰성이 형편없는 엉터리 모듈이 3개 뭉치면 더더욱 엉터리 시스템이 된다는 것이다. 개별 모듈의 신뢰성이 90%인 경우 3중화를 통해 시스템 전체의 신뢰성이 97%를 넘어서게 된다. 고장률 개념으로 해석해보면 10번 동작하면 1번은 고장나는 부품을 3중화하면 고장률을 100번 중에 3번으로 대폭 감소시킬 수 있다는 것이다. 끝으로 개별 모듈의 신뢰성이 99.9%인 경우(개별 부품이 1000번 동작하면 1번은 고장이 발생하는 경우)를 살펴보자. 신뢰성이 99.9997%로 향상됨을 볼 수 있는데, 이는 제조 분야에서 제품 백만 개 중에 불량을 3.4개 이하로 관리하자는 식스 시그마의 기준치 99.99966%을 넘어서는 값이다. 식스 시그마를 충족하지 못하는 경우에도 3중화를 통해 식스 시그마를 달성할 수 있음을 말해준다. TMR의 위력을 실감할 수 있는 대목이다.

비용절감 다중화 기법 DMR (Dual Modular Redundancy)

TMR과 같은 다중화 개념을 임베디드 시스템에서 광범위하게 적용하기에는 비용이 커진다는 것이 문제이다. 자동차 산업은 제품 원가에 민감하고 가격 경쟁력이 중요한 업종이기에 결함에 대비하여 특정 부품을 3중으로 채택하는 것은 부담이 되는 방식이다.

대안으로 **'DMR(Dual Modular Redundancy)'**, 'Duplex', 'Dual Redundancy', 등으로 불리는 2중화를 고려해 볼 수 있는데 자동차 산업에서는 2중화를 선호한다.

DMR에는 태생적인 약점이 존재한다. 서양 격언에 『**바다에 나갈 때 크로노미터**[26]**를 2개 가지고 가지 말라; 1개 아니면 3개를 가지고 가라**(Never go to sea with two chronometers; take one or three)』는 말이 있다. 2개의 크로노미터가 서로 다른 값을 나타내면 어느 것이 정확한지 구별할 방법이 없기 때문이다.[27] DMR에서 두 개의 모듈이 서로 다른 값을 나타내는 경우 다수결 투표(Majority Voting)가 불가능해지는 것이다.

그렇다면 자동차에서 DMR을 사용해서 얻을 수 있는 이점은 무엇일까? 모듈 1과 모듈 2가 동일한 값을 나타내는지 다른 값을 나타내는지 비교하여 **불일치**(mismatch)가 발생하면 **오류**(error)라고 판독하고 경고 메시지를 띄우거나 시

26 해상에서 배의 경도를 측정하기 위해 발명된 고정밀도의 기계식 태엽시계를 의미한다(출처: 천문학 작은사전).

27 인간사회에서도 짝수 명이 모여서는 다수결 원칙으로 최종 결론을 도출하지 못할 가능성이 있는 것과 마찬가지 논리이다.

스템을 **'안전하게 정지**(safe shutdown)'시키는 것이 가능하다.[28]

[그림 12-2]는 DMR이 어떻게 구성되는지를 도식화한 것이다. TMR과 비교할 때 모듈이 하나 줄어들었고 다수결 투표 기능을 하는 Voter 대신에 오류탐지 기능을 하는 Detector가 사용됨을 알 수 있다.

그림 12-2 DMR의 구성도

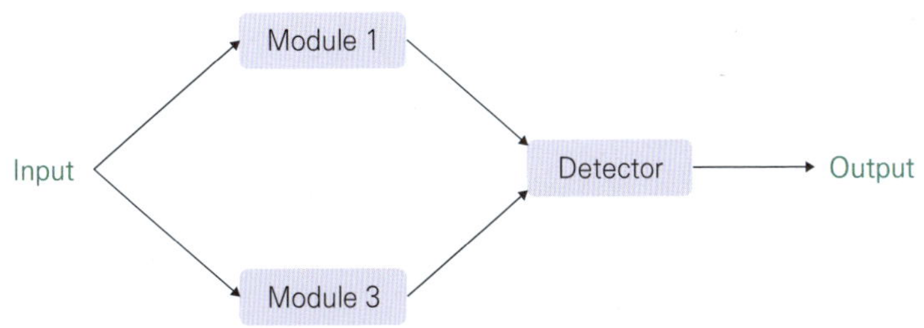

28 DMR 자체로서는 오류탐지(error detection)만 가능하며 에러수정(error correction)은 불가능하다.

DMR의 신뢰성 개선효과

앞서 TMR에서 도출하였던 확률표를 이번에는 DMR에 대해서 도출해 보자. 모듈 1과 모듈 2는 독립적으로 작동하고 정상 작동 확률을 P라고 하면, 비정상 작동 확률은 (1-P)가 된다. [표 12-3]은 개별 모듈이 정상 또는 비정상 작동하는 모든 경우의 수를 나열하고 확률을 계산한 표이다.

표 12-3 DMR 시스템의 경우의 수와 확률

참값	Module 1	Module 2	비정상작동 모듈 수	Output	전체시스템 신뢰여부	확률
0	0	0	0개	0	가능	$0.5P^2$
0	0	1	1개	error	가능	0.5P(1-P)
0	1	0	1개	error	가능	0.5P(1-P)
0	1	1	2개	1	불가능	$0.5(1-P)^2$
1	0	0	2개	0	불가능	$0.5(1-P)^2$
1	0	1	1개	error	가능	0.5P(1-P)
1	1	0	1개	error	가능	0.5P(1-P)
1	1	1	0개	1	가능	$0.5P^2$

DMR을 사용하지 않고 단 하나의 모듈을 사용했을 때 신뢰성은 P인데, DMR을 사용했을 때의 신뢰성은 어떻게 되는지 살펴보도록 하자. 위의 표에서 Output을 신뢰할 수 있는 경우는 2개 모듈이 모두 정상 작동하는 경우 2번, 1개의 모듈은 정상 작동하고 1개의 모듈만 비정상 작동하는 경우(error가 도출되는 경

우)[29] 4번이다. 즉 DMR의 신뢰성은 두 부분으로 구성되는데 **정상 작동하기 때문에 신뢰가능한 부분, 에러로 판독되기 때문에 신뢰가능한 부분**이다. 각각의 경우의 확률을 모두 더해주면 DMR 시스템 전체의 신뢰성이 도출된다. 시스템 전체의 신뢰성을 R이라고 하면 아래의 수식과 같이 계산다.

$$R = 2 \times 0.5P^2 + 4 \times 0.5P(1-P) = P^2 + 2P(1-P) = 2P - P^2$$

고장(failure)이란 전체 시스템을 신뢰하지 못하는 경우로 2개의 모듈이 모두 비정상 작동하는 경우 2번이다. 각각의 경우의 확률을 더해주면 DMR 시스템 전체의 고장률이 도출된다. 고장률을 F라고 하면 아래의 수식과 같이 계산된다.

$$F = 2 \times 0.5(1-P)^2 = 1 - 2P + P^2 = 1 - R$$

모듈을 단 1개 사용하는 경우와 비교해서 DMR을 통해 신뢰성을 어느 정도나 개선시킬 수 있을까? [표 12-4]는 필자가 개별 모듈의 신뢰성을 0%에서 100%까지 점진적으로 증가시켜 가면서 DMR의 효과를 계산해 본 것이다.

몇 가지 주목할 만한 사실을 발견할 수 있다. 신뢰성 개선은 개별 모듈의 신뢰성이 어떠하든지에 관계없이 항상 관찰된다는 것이다. 개별 모듈의 신뢰성이 50% 이하일 때 오히려 역효과를 냈던 TMR과 대조되는 결과이다. 이러한 신뢰성 개선 효과는 에러 판독으로 인한 신뢰성에 의해 나타나고 있음을 알 수 있다. 에러 판독의 신뢰성은 개별 모듈의 신뢰성이 50%일 때를 기준으로 대칭적으로 나타나고 있다.

29 에러가 발생함으로써 잘못된 Output이 도출되는 사태를 막은 것이다. 따라서 에러가 발생했다는 사실 자체를 신뢰할 수 있다.

표 12-4 DMR 시스템의 신뢰성 개선효과

개별 모듈의 신뢰성	DMR 시스템의 고장률	DMR 시스템의 신뢰성			개선된 신뢰성 정도 (DMR의 효과)
		신뢰성 합계	신뢰성1 (정상작동)	신뢰성2 (에러판독)	
0%	100.00%	0.00%	0.00%	0.00%	0.00%
10%	81.00%	19.00%	1.00%	18.00%	9.00%
20%	64.00%	36.00%	4.00%	32.00%	16.00%
30%	49.00%	51.00%	9.00%	42.00%	21.00%
40%	36.00%	64.00%	16.00%	48.00%	24.00%
50%	**25.00%**	**75.00%**	**25.00%**	**50.00%**	**25.00%**
60%	16.00%	84.00%	36.00%	48.00%	24.00%
70%	9.00%	91.00%	49.00%	42.00%	21.00%
80%	4.00%	96.00%	64.00%	32.00%	16.00%
90%	**1.00%**	**99.00%**	**81.00%**	**18.00%**	**9.00%**
91%	0.81%	99.19%	82.81%	16.38%	8.19%
92%	0.64%	99.36%	84.64%	14.72%	7.36%
93%	0.49%	99.51%	86.49%	13.02%	6.51%
94%	0.36%	99.64%	88.36%	11.28%	5.64%
95%	**0.25%**	**99.75%**	**90.25%**	**9.50%**	**4.75%**
96%	0.16%	99.84%	92.16%	7.68%	3.84%
97%	0.09%	99.91%	94.09%	5.82%	2.91%
98%	0.04%	99.96%	96.04%	3.92%	1.96%
99%	**0.01%**	**99.99%**	**98.01%**	**1.98%**	**0.99%**
99.9%	**0.0001%**	**99.9999%**	**99.8001%**	**0.1998%**	**0.10%**
100%	0.00%	100.00%	100.00%	0.00%	0.00%

개별 모듈의 신뢰성이 90%인 경우 2중화를 통해 시스템 전체의 신뢰성이 99%가 된다. 고장률 개념으로 해석해 보면 10번 동작하면 1번은 고장나는 부품

을 2중화하면 100번을 가동하였을 때 81번은 정상 작동하고, 18번은 에러 판독을 하므로 99번을 신뢰할 수 있고, 비정상 작동을 1번으로 대폭 감소시킬 수 있다는 것이다.

끝으로 개별 모듈의 신뢰성이 99.9%인 경우(개별 부품이 1000번 동작하면 1번은 고장이 발생하는 경우)를 살펴보자. 신뢰성이 99.9999%로 향상됨을 볼 수 있는데, 식스 시그마의 기준치 99.99966%을 넘어서는 값이다. DMR은 TMR에 비해 비용을 절약하면서도 신뢰성을 크게 향상시킬 수 있는 장점이 있다. 다만 TMR은 정상 작동할 가능성을 끌어올리는 데 초점이 있는 반면, DMR의 주목적은 에러 판독을 통해 비정상 작동을 방지하고 안전정지(safe shutdown)하는 것이다. 자동차에서 에러가 판독되면 경고메시지 표기, 자동차의 출력을 제한하는 안전모드(Limp-home mode) 진입 등이 안전정지의 예라고 할 수 있다.

액셀 페달 위치 센서(APS)의 다중화 사례

부분적인 다중화의 사례는 현행 차량에서도 찾아볼 수 있다. 전자식 스로틀 차량에는 운전자의 가속 의지를 측정하는 **'액셀 페달 위치 센서**(APS, accelerator position sensor)'[30]가 액셀 페달 밑에 2개 부착되어 있다. 센서 1개로 충분하다면 구태여 비용을 들여 2개를 달아둘 이유가 없다. 운전자의 가속 의지를 잘못 측정하여 가속하고 싶은 것처럼 신호를 생성한다면 급발진이 발생하게 된다는 것을 자동차 제조사도 잘 알고 있는 것이다. 센서를 다중화하여 2개를 달아두어 각 센서에서 측정한 값이 기준치 이상으로 너무 많이 차이가 날 때 자동차는 이것을 오류(error)로 판단하고 림프홈(Limp-home)이라 불리는 안전모드에 진입하게 된다. APS가 작동하는 구체적인 방식은 제조사별로 다를 수 있겠지만 근본적인 아이디어와 작동원리는 동일하다. 아래는 2020년 한국자동차공학회 춘계 학술대회에서 김종혁 외 3인이 발표한 포스터, 『아두이노를 이용한 APS 신호 제어에 따른 ECU의 안전모드 검증』의 결론 부분을 발췌한 것이다.

1. APS1과 APS2(APS1 신호 전압의 ½)의 신호에 따라 스로틀밸브 열림량이 증감하고, 엔진회전수가 정상적으로 증감
2. APS1과 APS2 신호 중 하나가 단선되거나 두 신호 간의 전압차가 일정 범위(APS1: 1V, APS2: -0.28V~0.73V)를 벗어날 경우 ECU 고장코드 출력 및 엔진회전수 강제 제한 → 안전모드 정상 진입

30 운전자가 액셀 페달을 밟는 양(또는 강도)을 측정하는 센서이다.

자동차 전자제어장치(ECU)의 다중화 사례

자동차 ECU의 중요성으로 인해 ECU 내부에 반도체 칩이 2개 탑재되고 있다. 하나를 **'메인 칩**(main chip)', 다른 하나를 **'서브 칩**(sub chip)' 또는 **'모니터링 칩**(monitoring chip)'이라고 부르는데, 메인 칩에서 소프트웨어가 구동되고 연산 결과물(output)이 산출되면 서브 칩의 소프트웨어가 결과물에 이상이 없는지 감시하는 역할을 수행하는 것이다.

이를 근거로 자동차의 ECU가 다중화를 달성하고 있다는 잘못된 견해가 있는데 독자들의 오해가 없길 바란다. 다중화에도 **수준**(level)이 존재한다. 이처럼 하나의 ECU 내부에 반도체 칩을 2개 탑재하고, 소프트웨어 또한 칩별로 각각 탑재하는 것을 **칩 수준**(chip level) **다중화**, **소프트웨어 수준**(software level) **다중화**라고 부른다.

현재 대부분의 자동차에서 비용 등의 문제로 **ECU 수준**(ECU level)**에서의 다중화**를 하지 않고 단일 ECU를 사용함으로써 ECU의 수준의 잘못된 연산 및 명령으로 인한 고장 또는 오작동에 대비한 최종적인 대책이 마련되어 있지 않다.

앞으로 상용화될 자율주행차에서나 ECU가 다중화될 예정이다. 관련 근거로써 『자율주행차 조향·제동장치 '듀얼모드' 설계가 대세』라는 제목의 2018년 9월 10일자 매일경제 기사[31]의 일부내용을 아래와 같이 발췌하여 제시한다.

31 http://www.mk.co.kr/news/business/8470128

2018년 9월 10일자 매일경제 기사 발췌

특히 자율주행차의 조향과 제동 등 안전 관련 핵심 기능은 이러한 '듀얼모드'가 한층 필수적일 전망이다. 사람이 개입하지 않더라도 시스템이 위험 상황을 극복해야 하기 때문이다.

현대모비스도 자율주행차에 적합한 듀얼모드의 첨단 조향 장치를 개발했다. 전자 회로 두 개를 활용한 제어 방식으로 핵심 전자 부품(센서, ECU, 모터 등)을 모두 이중으로 설계했다. 문제가 확인되면 1번 시스템을 끄고 2번 시스템을 활성화하는 방식으로 차량을 제어한다. 이를 통해 차량은 유사시 어떤 상황에서도 정상적인 조향 기능을 유지할 수 있게 된다.

듀얼모드의 핵심 부품을 상용화하기 위해서는 전장품의 소형화 등 개발 역량이 필수적이다. 현대모비스는 듀얼모드 전동식 조향 장치에서 사람의 두뇌 역할을 하는 전자제어장치(ECU)를 기존의 절반으로 소형화하는 데 성공했다.

Airbus A330/A340 비행제어장치(FCS) 다중화 사례

항공기에서 특정 장치가 결함으로 인해 고장나거나 오작동하는 경우 막대한 인명피해로 연결될 가능성이 크다. 항공기 제조사도 이를 잘 알기 때문에 중요한 장치 대부분을 철저하게 다중화하고 있다.

우연한 기회에 에어버스(Airbus) 기종을 운항하는 국내 항공사 R 기장님을 만나 구체적으로 어떤 장치들이 다중화되어 있는지 질의한 적이 있는데 너무 많아서 그 자리에서 일일이 설명하기 힘들 정도라며 항공기 매뉴얼[32] PDF 파일에서 다중화된 장치들에 북마크를 표기하여 보내 주었다.

파일을 열어보니 에어버스사 A330/A340 기종에서는 위치보정 시스템, 비행 제어 시스템, 유압계통, 브레이크&스티어링 제어 시스템, 항법 계통(Navigation), 지상 충돌방지 시스템, 공중 충돌 방지 시스템, 통합 디지털 엔진제어 시스템, 전기계통, 엔진 화재 및 과열 감지, 연료량 감시, 착륙장치 등 안전과 관련된 거의 모든 장치들을 다중화하고 있음을 알 수 있었다.

자동차 급발진 문제 해결을 위해 다중화가 가장 시급한 것은 전자제어장치(ECU)라고 생각된다. 지금까지 대부분의 자동차에서는 판단, 해석, 연산, 명령 등 핵심 기능을 수행하는 전자제어장치에 대해서 다중화를 하지 않았다. 그에 반해 전자식 제어(control by wire)를 자동차보다 훨씬 오래전부터 채택하고 있는 항공기에서 전자제어장치 다중화는 너무나도 당연한 필수 사항이 되고 있다.

에어버스 A330/A340에서는 항공기의 핵심적인 전자제어장치, FCS(flight

32 분량이 3,541 페이지에 달하는 승무원용 매뉴얼이다.

control system)에서 **5중 다중화**(quintuple redundancy)를 채택하고 있다. 쉽게 말해, 5개의 컴퓨터를 넣어 극단적인 경우 4개의 컴퓨터가 모두 고장나더라도 나머지 1개가 정상적인 작동을 하도록 하여 안전성을 확보하겠다는 5중의 안전장치인 셈이다.

이러한 5중의 안전장치가 어떻게 작동하는지 예를 들어보자. [그림 12-3]은 『Airbus A330/A340 Flight Crew Operating Manual』에서 항공기 러더(rudder)를 제어하는 비행제어장치가 작동하는 방식을 도식화한 것이다.

그림 12-3 에어버스사 비행제어장치 5중화 사례

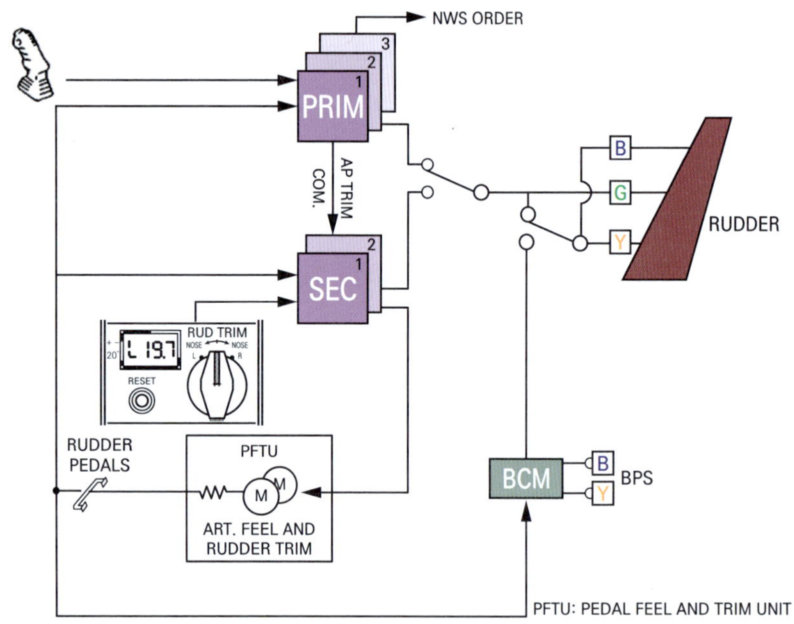

출처: AIRBUS A330/A340 Flight Crew Operating Manual

러더는 비행기 꼬리날개에 붙어 있는 방향타(方向舵)로서 비행기 수직축의 요잉(yawing)[33]을 조정하여 비행기 앞부분의 수평방향(좌우방향)을 바꿔주는 역할

33 요잉의 개념은 Chapter 8에서 설명한 바 있다.

을 한다. 그림에서 **'PRIM'**은 '비행 제어 주 컴퓨터(Primary Computer)', **'SEC'**는 '비행 제어 부 컴퓨터(Secondary Computer)', **'BCM'**은 '백업제어장치(Backup Control Module)'를 뜻한다. PRIM이 3대, SEC가 2대, BCM이 1대 설치되어 있음을 볼 수 있다.

3대의 PRIM 1, PRIM 2, PRIM 3는 각각 독립적으로 **G(녹색), B(청색), Y(노란색)** 유압 **서보**(servo)[34]와 연결되어 서보를 제어함으로써 러더의 움직임을 제어한다. PRIM이 3중으로 탑재되기 때문에 3대 중에 2대가 고장나고 1대만 정상이더라도 러더를 제어할 수가 있다. 만약 PRIM 3대 모두가 고장(fail)나면, SEC가 녹색의 유압서보를 제어하게 된다. 만약 PRIM과 SEC가 모두 고장나면 BCM이 유압서보(청색 또는 노란색)를 제어하게 된다.

자동차에 ECU라는 컴퓨터를 고작 1개 집어넣고서 전자제어장치 결함으로 인한 급발진과 같은 현상이 존재하지 않는다는 주장은 어불성설이다. 1개의 컴퓨터로 충분한 대체 혹은 보완이 가능하다면 항공기에서 구태여 5~6개의 컴퓨터를 마련해 둘 이유가 있겠는가?

현재 사용 중인 자동차에서 ECU가 다중화되어 있지 않다면 전자제어장치 고장 및 오작동에 대한 근본적인 최후의 대책이 마련되어 있지 않다고 봐야 한다. [그림 12-4]는 에어버스사의 A330/A340 FCS와 자동차의 핵심적인 ECU인 엔진제어장치(ECM)를 비교한 것이다.[35]

34 서보(servo)란 어떤 기기를 사용자가 원하는 특정 값만큼 정확하게 작동시켜주는 장치이다.

35 관련 강의영상 참조, https://www.youtube.com/watch?v=EOexjozpBdI

그림 12-4 5중화된 비행기의 FCS와 다중화되지 않은 자동차의 ECM 비교

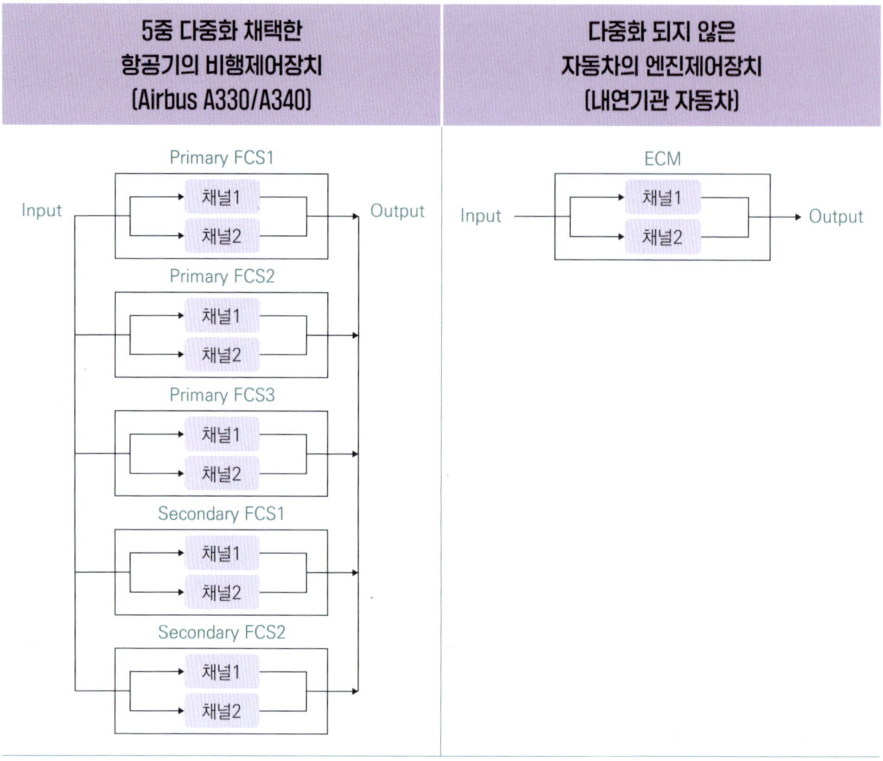

Boeing 737-800 비행제어시스템(FCS) 다중화 사례

우리나라에서 진에어, 제주항공, 티웨이항공 등 저비용 항공사(LCC)를 이용하면 거의 대부분 Boeing 737-800 기종을 타게 된다. [그림 12-5]는 해당 기종의 2중화된 비행제어시스템을 도식화한 것이다.

그림 12-5 보잉사 비행제어장치 2중화 사례

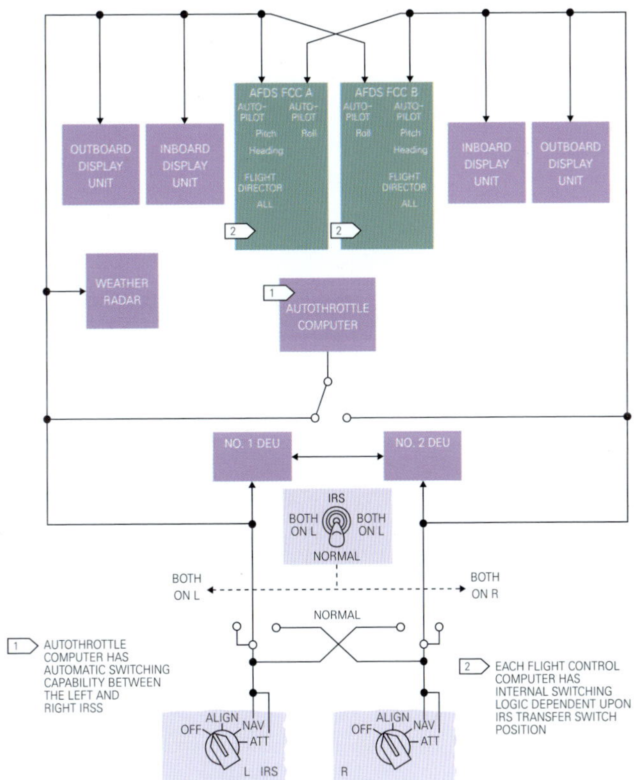

출처: Boeing 737-800 Flight Crew Operations Manual

용어에 혼선이 있을 것 같아 부연하자면 비행제어장치(FCS, Flight Control System)는 비행관리시스템(FMS, Flight Management System)으로 불리기도 한다. 해당 시스템에 탑재되는 컴퓨터를 비행관리컴퓨터(FMC, Flight Management Computer) 또는 비행제어컴퓨터(FCC, Flight Control Computer)라고 부르고 있다. 위의 그림에서 녹색으로 표시된 **FCC가 2대**(FCC A, FCC B) **장착**되어 있는 것을 확인할 수 있다. Boeing 737-800은 비행제어장치에 대해 앞서 살펴본 Airbus A330/340 수준의 5중화(quintuple redundancy)까지는 아니더라도 **2중화**(dual redundancy)**를 채택**하고 있다. 한 개의 FCC가 고장나거나 오작동할 가능성이 아주 작은 확률이더라도 항상 존재하기 때문에 여분의 FCC를 채택하여 전자장치의 신뢰성을 끌어올리기 위한 조치인 것이다. 이는 전자제어장치가 오작동할 가능성이 반드시 존재함을 의미한다. 그렇지 않다면 구태여 돈을 더 들여 항공기의 전자제어장치를 2중으로 설계할 이유가 없을 것이기 때문이다.

한국과학기술정보연구원 보고서

한국과학기술정보연구원 2004년 7월 30일자 보고서, **『비행기의 비행관리 시스템』**[36]에서는 FMC의 다중화(redundancy)에 대해 다음과 같이 설명한다.

한국과학기술정보연구원 2004년 7월 30일자 보고서, 『비행기의 비행관리 시스템』에서 발췌

통상 FMS는 2계통 장비로 되어 있으며, 좌측 FMC 및 우측 FMC의 두 컴퓨터로 장비되어 있다. 조종사가 CDU[1]에서 입력한 경우, 좌측 FMC는 데이터를 받으면 그 내용을 우측 FMC에 보내, 우측 FMC가 받은 내용과 일치하는가를 확인하며, 일치하지 않는 경우는 다음 입력을 받지 않는다. 또 두 FMC는 독립되어 필요한 계산을 하고 있으며, 서로 계산 결과를 감시하여 항법상 중요한 데이터의 계산 결과에 차이가 없는가를 항상 확인한다(Dual Operation).

비행기의 비행제어는 그 신뢰성의 요구로부터 3중계 이상의 다중성에 의거한 설계가 일반적이다. 이것은 특히 안전과 관련한 제어계통은 그 중 한 계통의 고장에 대비하여 2중 내지 3중의 계통을 마련하는 것이다.

이미 20년도 더 지난 보고서이지만 자동차 급발진 문제에 대해 시사하는 바는 명확하다. 안전과 관련된 전자제어장치의 다중화는 선택이 아니라 필수라는 것을 말해준다. 이것이 전제제어장치가 다중화되지 않은 자동차에서 급발진과 같은 비정상적인 사고가 야기될 수 있는 이유이다. 지금까지 항공기에서 급발진이 보고된 사례는 없다.

36 https://www.reseat.or.kr/portal/cmmn/file/fileDown.do?menuNo=200019&atchFileId=2a00589b04434982b15e7d19d2f30797&fileSn=1&bbsId=

1 Control Display Unit의 약자이며 조종사가 정보를 입력하고 확인하는 인터페이스를 의미한다.

- 사고 경위
- 경찰의 부실한 조사 실태
- EDR이 탑재된 ACU를 누가 떼어내야 하는가?
- 사고원인을 차량조작 미숙으로 예단하다
- 납득할 수 없었던 EDR 데이터
- 제조사와의 소송을 택하다
- 소송가액은 어떻게 정해지나
- 조정이 결렬되다
- 단독부에서 합의부로 변경되다
- 기어 중립(N) 가설
- 민사소송 전 과정 요약
- 허무한 판결

CHAPTER 13

민사소송 체험기

사고 경위

어머니는 사고 당일 2020. 10. 5. 오전 10:27경 수시로 방문하던 주거래은행(E조합 관악지점)에서 업무를 본 후, 그곳에서 5분 거리에 있는 집으로 향하는 길에 아버지를 태우고 **시속 20~30km** 정도로 서행하고 있는 상황에서 구암초등학교 앞 삼거리 횡단보도에 다다른 무렵부터 차량에서 평소와 다른 굉음이 나며 의도하지 않은 가속이 발생했다. 원래 의도한 경로인 오른쪽 길로 빠져나가지 못하고 속도가 70km/h까지 증가한 채로 국사봉 터널 남단에 진입하게 된다.

그림 13-1 사고 발생 지점 부근 지도

출처: 네이버 지도

가속 현상은 지속되어 터널의 북단을 통과하던 지점부터는 전방의 차들을 충돌하지 않기 위해 중앙분리대를 넘나들었고 80km/h 내외의 속도로 이리저리 차량들을 피해가며 혼신의 힘을 다했으나 더 이상은 피할 곳이 없어 전방에 정차 중인 버스와 트럭을 충돌하게 되었다. 사고 충격으로 차량은 엔진이 불에 타는 등 수리가 불가능할 정도로 심하게 파손되었다. [그림 13-2]는 사고 차량의 사진이다.

그림 13-2 사고차량의 앞면

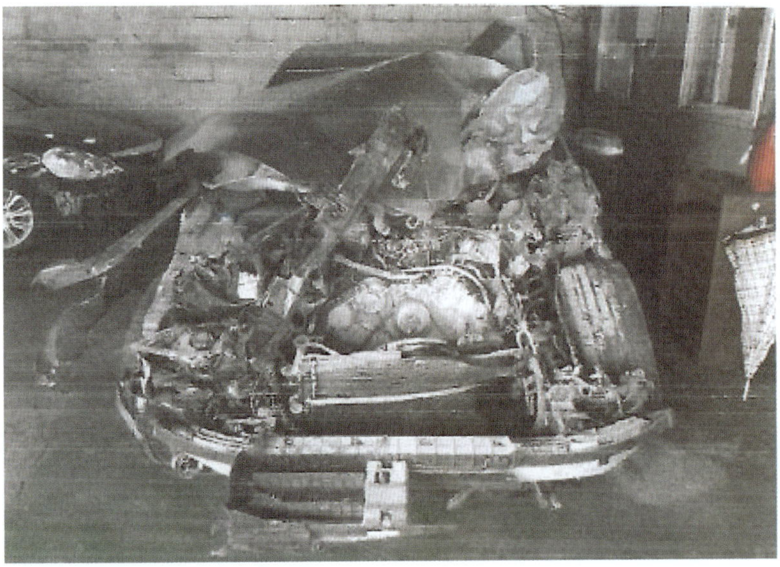

출처: 경찰서에서 국과수에 제공한 사진

이상 현상 발생 시점부터 최종 충돌까지 운행 시간은 무려 **66초**가 걸렸고, 차량이 정상적으로 통제되지 않는 동안 운행한 거리는 **1km**가 넘는다. 수백 번 이상 오고 간 익숙한 길을 운전하는 상황이었고, 어머니는 건강에 이상이 없었다. 26년 이상 운전을 줄곧 문제없이 하셨다. 사고 이후에 대학병원에서 인지능력 검사를 했을 때 보통의 젊은 사람보다 높은 점수가 나왔다.

여느 급발진 의심사고 피해자들처럼 브레이크를 밟았으나 딱딱했고, 작동이 되지 않았다고 진술하셨다. 시동을 켜거나, 기어 조작을 하거나, 주차장에서 도로로 진입하는 등 주행환경이 갑자기 바뀌는 상황도 아니었기에 정상적으로 서행을 하던 중에 갑자기 페달착오를 하고 페달착오가 66초 간 이어졌다고 하기에는 납득이 되지 않는 사고이다.

운전석에서 여러 에어백이 충격을 흡수해 주어 다행히 어머니는 타박상과 척추압박골절 정도의 부상으로 금새 회복하셨으나, 하필이면 뒷좌석에 타고 있어서 에어백의 보호를 받지 못한 아버지는 상완골, 고관절, 척추 골절 등 부상 정도가 매우 심각하여 하반신 마비, 두 번의 대수술, 수술후유증으로 인한 폐렴 발병으로 중환자실에서 사경을 헤매게 되었고 이후에도 기관절개, 위루관, 대소변줄 등 단 채로 죽을 때까지 병원 신세를 져야 하는 치명적인 상해를 입게 되었다.

경찰의 부실한 조사 실태

급발진 의심사고 후에 부모님의 수술 및 병원 치료 등이 우선순위였던 관계로 경찰의 조사에 대해서 별다른 신경을 쓰지 못했다. 나중에 제조사와 소송을 하는 과정에서 **정보공개청구를 통해 경찰의 조사내용을 입수**하여 살펴보니 EDR을 국과수에 보내서 감정서를 수령하는 형식적인 절차 말고는 이렇다 할 조사가 없었다.

급발진 의심사고에서 사고차량 후면의 브레이크등이 점등되었는지, 도로에 타이어 스키드마크가 찍혀 있는지, 차량의 머플러에서 비정상적인 연기가 났었는지, 차량에 평상시와 다른 비정상적인 굉음이 있었는지 등이 쟁점이 된다. 그럼에도 불구하고 사고현장의 CCTV 조사, 뒤따라오던 차의 블랙박스 영상 조사, 사고목격자 증언 확보 등 **중요한 증거 확보를 위한 어떠한 조사도 없었다**는 점이 안타깝다. 급발진 의심사고에 대한 부실한 조사 실태를 여실히 보여준다.

또한 사건 차량에 결함이 있다는 점을 입증하려면 차량 자체를 검증하는 것이 필요하다고 생각되어 차량을 국과수로 보내줄 것을 요청하였는데, 담당 경찰은 "이미 차량이 대파되었고, EDR에 다 나오니 EDR만 국과수로 보내서 살펴보면 된다"는 입장으로 사고 차량에 대해 조사할 의사가 없었다.

필자와 가족들 모두 처음 당하는 급발진 의심사고에서 어떻게 대처해야 할지 깊게 생각해 본적이 없던 터라 경찰의 수사방식을 따르기로 하고 EDR 감정결과를 기다려 보기로 했다. 우여곡절 끝에 차량을 폐차하는 과정에서야 EDR이 탑재된 ACU(airbag control unit)를 겨우 적출하여 경찰에 인계할 수 있었다.

뒤늦게 깨달은 것이지만 EDR만 조사하면 된다는 경찰의 대응으로 인해 차량 자체를 감정할 수 있는 소중한 기회를 잃고 말았다. 그리고 소송 과정에서 차량을 폐차한 것에 대한 피고 측의 아래와 같은 비판은 경찰이 아닌 원고들이 고스란히 받아야만 했다.

2023년 7월 7일자 피고측 준비서면 11, 12page 발췌

그런데 원고들은 이 사건 사고 발생 직후 '수리 불가 판정'을 받았다는 이유로 별다른 검사나 조사 없이 이 사건 차량을 그대로 폐차하였고, 이로 인하여 실제로 이 사건 차량에 제동불능이나 제동력 저하를 유발할 만한 기계적 결함이나 특이점이 있었는지 여부에 대하여 차량 자체의 감정을 통해 확인할 길이 없어지게 되었습니다.

차량의 결함을 주장하려는 자가 정작 차량은 그대로 폐차시켰다는 것은 상식적으로 납득하기 어렵습니다.

Chapter 8에서 살펴보았듯이 EDR 데이터는 양적 · 질적 신뢰성에 한계가 있음에도 불구하고 경찰에서 급발진 의심사고에 대한 조사를 EDR 데이터에만 지나치게 의존하는 것은 큰 문제라고 판단된다.

EDR이 탑재된 ACU를 누가 떼어내야 하는가?

급발진 의심사고 직후 부모님과 가까운 곳에 살고 있던 필자의 친형이 EDR이 탑재된 ACU 적출 문제로 인해 제조사, 보험사, 경찰을 접촉하는 일을 맡았다. 당시 제조사를 접촉하면서 느꼈던 점은 민원이 들어오면 뭔가 대응해 주는 시늉만 하면서 아무런 조치를 취해주지 않는다는 것이다.

2020. 10. 13. 오전에 제조사 민원 채널에 신고하여 급발진이 의심되니, 조사를 해달라고 민원 요청하였고, 상담원이 담당자를 배정해 드리겠다고 응답하였다. 오후에 제조사 담당자가 현재 차량이 어디 있는지 물어보았고 차량이 대파되어 운행 불가한 상태라 보험사와 연계된 서울 금천구 소재 폐차영업소에 있다고 위치를 알려주었다.

다음날인 2020. 10. 14. 오후에 제조사에서 2명(민원담당자 및 전문가)이 사고차량이 위치한 폐차영업소에 방문하였는데 급발진 여부를 규명할 수 없다고 했고, ACU를 적출하지 못하겠다고 하고 아무런 조치 없이 돌아가 버렸다. 구태여 전문가를 파견한 이유는 뭘까? 당신 민원에 응대해 줬으니 이제 더 이상 민원을 만들지 말아 달라는 뜻으로 판단된다.

ACU를 떼어서 국과수로 보내야 하는 상황인데, 보험사는 제조사에 요청하라고 하고, 제조사는 못하겠다고 하고, 경찰은 피해자들이 알아서 해결하라는 식이고 난감한 상황이 계속되었다. EDR을 누가 적출할 것인가로 2달여 가까이 시간을 끌다가 2020. 12. 18.에 차량을 폐차하면서 ACU를 떼어냈고 며칠 후에 폐차장으로부터 ACU를 넘겨받아 경찰서에 제출하게 되었다.

사고원인을 차량조작 미숙으로 예단하다

경찰 조사에서 상식적으로 납득이 되지 않는 부분은 2020. 10. 5. 사고당일 작성된 '실황조사서'이다. 부모님이 모두 119 구급차에 실려 대학병원 응급실로 실려간 후 나중에 출동한 경찰이 운전자를 만나보지도 못하였고 사고조사가 제대로 이뤄지지도 않은 상태에서 사고 유발 원인을 **'차량조작 미숙'**으로 표기를 해버렸다. [그림 13-3]은 실황조사서를 발췌한 것이다.

그림 13-3 사고 당일(2020. 10. 5.) 작성된 교통사고보고(실황조사서) 중 발췌

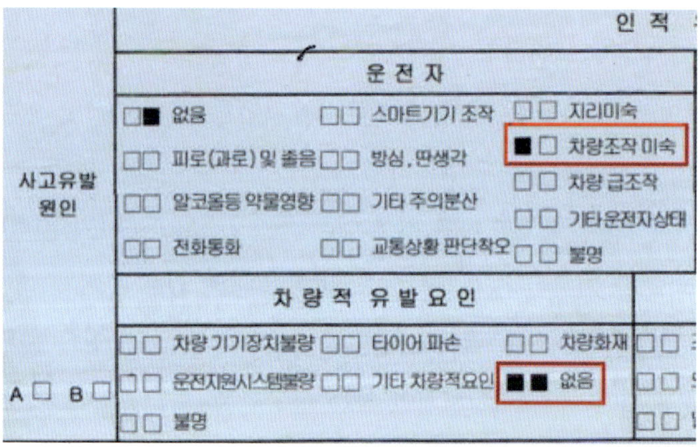
인 적

사고유발 원인

운 전 자

□■ 없음 □□ 스마트기기 조작 □□ 지리미숙
□□ 피로(과로) 및 졸음 □□ 방심, 딴생각 ■□ 차량조작 미숙
□□ 알코올등 약물영향 □□ 기타 주의분산 □□ 차량 급조작
□□ 기타운전자상태
□□ 전화통화 □□ 교통상황 판단착오 □□ 불명

차 량 적 유 발 요 인

□□ 차량 기기장치불량 □□ 타이어 파손 □□ 차량화재
A □ B □ □□ 운전지원시스템불량 □□ 기타 차량적요인 ■■ 없음
□□ 불명

운전자에 대한 조사는 사고 다음 날인 2020. 10. 6.에서야 이루어졌고 사고 충격으로 어머니가 글씨를 쓸 수 없어 필자의 아내가 급발진을 주장하는 '차가 갑자기 빨라져서 브레이크를 눌렀으나 소용없고'라는 진술을 대필하는 방식으로 '교통사고발생상황진술서'를 작성했었다. 경찰은 CCTV, 블랙박스 영상, 목

격자 증언, 운전자 진술, 국과수 조사 등 아무런 조사와 증거가 없는 상태에서 **선입견과 자의적인 추정으로 사고 원인은 운전자에게 있다고 예단하고 있었던 셈**이다. [그림 13-4]는 사고 다음날 작성된 상황진술서를 발췌한 것이다.

그림 13-4 사고 다음날(2020. 10. 6.) 작성된 교통사고발생상황진술서 중 발췌

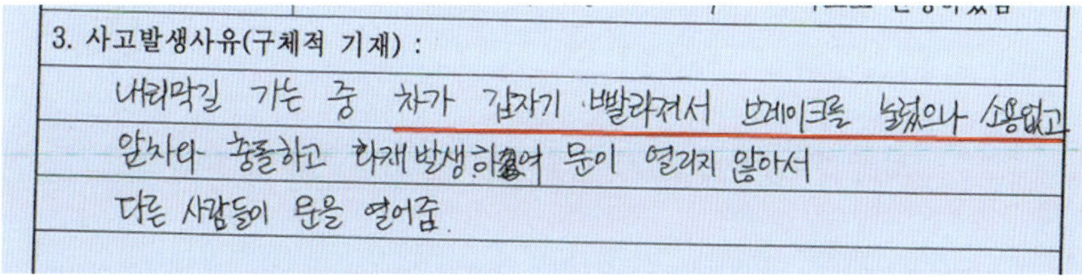

3. 사고발생사유(구체적 기재) :

내리막길 가는 중 차가 갑자기 빨라져서 브레이크를 눌렀으나 소용없고 앞차와 충돌하고 화재발생하여 문이 열리지 않아서 다른 사람들이 문을 열어줌.

더욱 기가 막힌 부분은 국과수의 감정결과가 도착하기도 전에 미리 작성된 수사보고서이다. 국과수 감정보고서가 2021. 1. 14.에 경찰로 회보되었다. 경찰은 EDR을 국과수에 보내는 것 말고는 이렇다 할 조사를 한 것이 없으므로 국과수의 감정보고서를 회신한 후에 사고 원인에 대한 판단이 가능하다. 그럼에도 불구하고 2020. 12. 4.에 작성된 수사진행상황보고서에 이미 '브레이크 조작 미숙'으로 결론이 나있었다. 차량을 폐차하면서 EDR이 탑재된 ACU를 적출한 날짜가 2020. 12. 18.이고, 국과수가 EDR을 분석한 날짜가 2020. 12. 21.인데 경찰은 **국과수 감정결과가 나오기 전부터 사고원인을 운전자 조작미숙으로 몰아갔던 것**이다. 아래에 수사진행상황보고서의 내용을 발췌하였다.

서울 OO경찰서 2020. 12. 4. 수사진행상황보고 중 발췌

운전자는 그 차의 조향장치, 제동장치 그 밖의 장치를 정확히 조작하여야 하며, ... 사고를 미연에 방지하여야 할 업무상 주의의무가 있다. 그럼에도 이를 게을리 한 채 브레이크 조작 미숙으로 인하여 ...... 등에게 각각 치료일수 미상의 상해를 입게 하였다.

경찰의 납득하기 힘든 행태는 마지막 수사결과보고서에도 계속되었다. '급발진 여부를 판단하기 어려움'이라는 국과수의 감정결과에도 불구하고 조작미숙으로 결론을 내렸다. 운전자가 급발진 주장과 함께 억울함을 호소하며 조작미숙을 인정한 적이 없는 상황에서, 운전자가 범죄사실(조작미숙)을 인정하고 있다는 허위 내용까지 보고서에 담겼다. 아래에 수사결과보고서 내용을 발췌하였다.

서울 OO경찰서 2021. 1. 14. 수사결과보고서 중 발췌

○ 국립과학수사연구소에 피의차량에 대한 급발진 여부에 대하여 감정의뢰 한바, - OOOO차량의 EDR 데이터 분석 결과

가. 사고 당시 OOOO 차량의 속도는 약 78km/h로 확인됨.

나. 사고 이전 OOOO 차량의 제동하지 않은 것으로 확인됨.

다. OOOO 차량으로 제동 및 구동 등의 성능 시험을 진행하지 않아, OOOO 차량의 급발진 여부를 판단하기 어려움이라는 회보이다.

○ 피의자에게 사고의 원인이 된 제동장치 조작 미숙이 인정되고, 피의자 또한 위 범죄사실을 인정하고 있다.

소송 과정에서 제조사 측은 위의 결과보고서를 인용하였다. 제조사뿐만 아니라 판사들에게도 마치 원고가 이미 인정한 범죄사실을 번복하며 떼쓰기하는 모습으로 보일 것이 뻔하지 않겠는가. 필자가 제조사와 소송을 하지 않았다면, 소송과정에서 정보공개청구를 하지 않았다면, 급발진 의심사고에 대한 경찰의 조사가 이토록 부실한지 알 수가 없었을 것이다.

물론 필자의 경험을 성급하게 일반화할 수는 없다. 그럼에도 사고에 대한 1차적인 조사를 담당하는 경찰이 증거조사 및 국과수 감정이 진행되기 전부터 사고원인이 운전자의 조작미숙이라는 선입견을 가지고 접근한다면 공정한 수사를 기대할 수 없다는 것은 자명해 보인다.

납득할 수 없었던 EDR 데이터

표 13-1 EDR에 기록된 충돌 이전 5초 동안의 차량 정보(국과수 감정서 발췌)

시간 (sec)	자동차 속도 [kph]	엔진 회전수 [rpm]	엔진 스로틀밸브 열림량 [%]	액셀 페달 변위량 [%]	제동페달 작동여부 [on/off]	바퀴잠김방지식 제동장치(ABS) 작동여부 [on/off]	자동차안정성 제어장치(ESC) 작동여부[on/off/engaged]	조향핸들 각도 [degree]
-5.0	84	4900	14	99	OFF	OFF	ESC미작동 (ESC스위치 on)	-5
-4.5	85	4900	14	99	OFF	OFF	ESC미작동 (ESC스위치 on)	5
-4.0	85	4900	14	99	OFF	OFF	ESC미작동 (ESC스위치 on)	0
-3.5	84	4900	14	99	OFF	OFF	ESC미작동 (ESC스위치 on)	0
-3.0	84	4900	14	99	OFF	OFF	ESC미작동 (ESC스위치 on)	-5
-2.5	83	4900	14	99	OFF	OFF	ESC미작동 (ESC스위치 on)	-5
-2.0	82	4900	14	99	OFF	OFF	ESC미작동 (ESC스위치 on)	-25
-1.5	77	4900	14	99	OFF	OFF	ESC미작동 (ESC스위치 on)	-10
-1.0	79	4900	14	99	OFF	OFF	ESC미작동 (ESC스위치 on)	15
-0.5	78	4900	14	99	OFF	OFF	ESC미작동 (ESC스위치 on)	10
0.0	78	4900	14	99	OFF	OFF	ESC미작동 (ESC스위치 on)	0

[표 13-1]은 사고 차량의 EDR에 대한 국과수의 감정 결과이다. 대배기량 엔진을 장착한 고급승용차에서 5초 동안 풀액셀을 밟고 있는데 RPM에 변동이 없고 속도가 증가하지 않는 점이 납득이 되지 않았다.

담당 경찰과 통화를 하며 데이터가 너무 이상하지 않느냐고 했으나, 기술적인 것은 잘 모른다는 입장이었다. 국과수 담당자에게도 전화를 걸어 내리막길에서 운전자가 풀액셀을 밟는데 어떻게 RPM이 고정되고 속도 변화가 없느냐고 물었으나, EDR에 기록된 데이터를 그대로 리포트했을 뿐, 왜 그런 현상이 나타났는지에 대해서는 모른다는 입장이었다. 급발진 의심사고에서 국과수 조사 역량의 한계를 여실히 보여준다.

급발진 의심사고 피해자는 EDR 데이터가 운전자의 의도에 의해 그렇게 기록된 것인지, 차량 결함에 의해 그렇게 기록된 것인지 국과수가 사고 원인을 명명백백 가려주기를 기대한다.

그러나 자동차 ECU 소프트웨어 버그와 같은 전자적인 결함에 대한 조사 없이 단순히 EDR 데이터 위주의 분석을 하는 현재의 조사 체계에서는 명확한 사고 원인에 대한 판단은 불가능한 것으로 보인다.

제조사와의 소송을 택하다

급발진 의심사고로 인한 민사소송의 성격은 신체적, 정신적, 재산상의 손해에 대한 손해배상 청구이다. 손해배상은 필요 없고 급발진을 인정받고 억울함만 해소하고 싶은 피해자라고 하더라도 재판의 성격상 입은 피해를 돈으로 환산하여 배상할 것을 구하는 취지의 소송을 진행해야 하는 것이다.

우리나라에서 자동차 급발진 의심사고로 민사소송을 진행하는 당사자는 대부분 자신 또는 가족이 사망하거나, 영구 장애가 남을 정도로 부상 정도가 심각한 경우라고 판단된다. 왜냐하면 민사소송을 진행해 봤자 승소 가능성이 지극히 희박할 뿐더러 워낙에 자동차보험이 활성화되어 있어서 어지간한 대인, 대물, 부상, 자손/자상, 자차 손해는 보험회사에서 수취하는 보험금으로 충분히 커버할 수 있기 때문이다.

그럼에도 불구하고 거액의 법률비용과 시간을 소모해 가며 민사소송의 험난한 길을 선택한다면 피해자가 당한 피해가 극심하여 보험금으로 도저히 감당이 안 되거나 매우 억울하여 도저히 소송을 하지 않을 수 없는 경우라고 봐야 할 것이다. 필자의 경우도 마찬가지이다.

소송을 진행하며 신체감정을 통해 나중에 알게 된 것이지만, 아버지가 입은 피해는 이러했다.

- '맥브라이드(McBride) 노동능력 상실 평가표' 기준 100%의 영구적 노동능력 상실
- 24시간의 보통 성인 1인의 개호(간병)가 필요
- 평균 기대 여명 9년 동안 총 치료비 18억 8천 1백만원으로 예상

강릉 급발진 의심사고 피해자 도현이 아빠 이상훈 씨의 '급발진은 가정파괴범'이라는 발언이 진심으로 공감이 된다. 급발진 의심사고는 평온한 부모님의 가정을 산산조각 냈다.

소송가액은 어떻게 정해지나

소장을 접수할 때 소송가액을 정해야 하는 데 시작 시점에서는 정확한 피해액을 알 수조차 없었다. 담당 변호사는 급발진 피해보상 민사소송은 원고가 1심에서 승소하여도 제조사가 마지막까지 버틸 것이기 때문에 어차피 3심인 대법원까지 간다고 하였다.

또한 승소가능성 또한 희박하기 때문에 1심부터 소송가액을 너무 높게 잡는 경우 납부해야 할 인지세가 소송가액에 비례하여 증가[1]하게 되므로 소송가액을 높게 잡을 필요가 없다고 조언하였다. 대략적인 피해액(1억 3천만원)으로 소송가액을 작게 잡아 소장을 접수하였다.

정확한 피해액은 소송이 한참 진행되는 과정에서 신체감정 결과가 나오고 나서야 알 수 있었다. 신체감정 진행 절차는 다음과 같다. 원고가 신체감정 신청을 하면 법원이 이를 승인한 후 법원이 지정하는 감정인(대학병원)에게 신체감정을 촉탁한다. 이후 감정인이 신체감정을 수락하게 되면 감정을 진행하고 신체감정서를 법원에 송부하는 절차로 진행된다. 사고 이후 아버지가 거쳐간 정형외과, 감염내과, 재활의학과 3개 과에 신체감정을 신청하였으나 정형외과와 감염내과에서 감정을 거절하였고[2] 재활의학과에서만 감정을 수락하였다.[3]

1 2011년 7월부터 전자소송으로 소장을 제출하는 경우 종이소송에 비해 인지세가 10% 할인된다. 전자소송 민사 1심에서 소송가액이 1억원 이상~10억원 미만인 경우 인지세는 (소송가액×0.40%+55,000원)×0.9의 산식으로 계산된다. 정확한 금액은 다음의 전자소송 사이트 주소를 참조하면 된다. https://ecfs.scourt.go.kr/ecf/ecf300/ECF304_1.jsp#_

2 병원에서 바쁜 업무와 인력문제 등을 이유로 신체감정을 거절하는 일은 빈번하다고 한다.

3 감정비용은 원고가 부담하며 재활의학과 신체감정에 40만원이 소요되었다.

조정이 결렬되다

서울중앙지방법원 단독부에 소장 접수(2021. 3. 19.) 후 법원에서 **조정**회부 결정을 내렸다. 조정이란 쉽게 말해 **소송으로 다툴 것이 아니라 원고와 피고가 서로 적절한 합의를 통해 분쟁을 해결할 수 있도록 유도하는 절차**이다. 근거법령인 민사조정법 제6조는 아래와 같다.

> **제6조(조정회부)**
> 수소법원(受訴法院)은 필요하다고 인정하면 항소심(抗訴審) 판결 선고 전까지 소송이 계속(係屬) 중인 사건을 결정으로 조정에 회부(回附)할 수 있다.

조정회부 결정의 내용에 특별한 것은 없다. 간략한 주문과 이유가 아래와 같이 표시되고, 날짜와 판사의 이름 및 직인이 찍힌다.

서울중앙지방법원 2021. 5. 19. 결정 2021가단5058147 조정회부 중 발췌

> **주 문**
> 이 사건을 조정에 회부한다.
>
> **이 유**
> 이 사건은 조정이 필요하다고 인정되므로 민사조정법 제6조에 의하여 주문과 같이 결정한다.
>
> 2021. 5. 19
> 판사 OOO 직인

조정회부 결정 이후 2021. 5. 28.에는 조정담당판사가 '이 사건은 상임조정위원으로 하여금 조정하게 한다'는 상임조정위원 지정 결정을 내렸다. 근거법령인 민사조정법 제7조 제1항, 제2항은 아래와 같다.

제7조(조정기관)

① 조정사건은 조정담당판사가 처리한다.

② 조정담당판사는 스스로 조정을 하거나, 상임(常任)으로 이 법에 따른 조정에 관한 사무를 처리하는 조정위원(이하 "상임 조정위원"이라 한다) 또는 조정위원회로 하여금 조정을 하게 할 수 있다. 다만, 당사자의 신청이 있을 때에는 조정위원회로 하여금 조정을 하게 하여야 한다.

제조사 측과 험난한 소송과정을 예상을 했으나 갑자기 조정회부 결정이 되면서 '이렇게 쉽게 해결이 될 수도 있는 건가?'라는 좀 의아했지만, 조정이 잘 이루어져서 소송을 종결하고 아버지 치료에 집중하면 좋겠다는 생각이 들었다. 변호사들도 원만하게 합의할 수 있을 가능성을 어느 정도 기대하는 눈치였다. 조정기일은 2021. 6. 22.로 잡혔다.

조정기일에는 필자와 원고측 변호사 3명이 출석하였고, 제조사 관계자는 출석하지 않고 피고 측 변호사 1명만 출석한 것을 보고 조정에 임할 마음이 전혀 없음을 직감했다.

상임 조정위원이 원고측 변호사에게는 어느 정도의 보상을 기대하는지 질문했고, 피고 측 변호사에게는 **"블랙박스 영상을 보니 급발진이 아니라고 할 수도 없을 것 같은데...."**라는 발언을 하며 원만한 조정을 유도하였다.

그러나, 피고측 변호사는 "피고와 관련된 급발진 관련 소송이 여러 건이고 선례가 남을 수 있어 **조정을 희망하지 않으며 재판에서 다투겠다**"라는 의사를 표명하였다. 결론적으로 조정은 짧은 시간 안에 아무 소득 없이 결렬되었다.

단독부에서 합의부로 변경되다

조정기일에 조정이 결렬되고, 재판이 진행되면서 두 번째 변론기일에 전혀 예상하지 못한 상황이 벌어졌다. **단독부 판사(1명)가 자동차 급발진은 어려운 사건이라며 재판부를 합의부(판사 3명)로 변경할 것을 권고**하였다. 자동차 급발진 관련 소송은 판사 혼자서 처리하기 힘들다는 의중을 드러낸 것인데 단독부에서 버티고 있다가는 패소할 게 뻔해 보였다.

변호사와 상의하여 청구취지 및 청구원인 변경신청을 통해 합의부로 가기로 결정했다. 합의부로 가기 위해서는 소송가액이 최소한 2억원을 넘겨야 한다. 사실 지속적인 간병비, 병원비 등으로 인해 손해액의 일부만 청구해도 2억원을 훌쩍 넘는다. 그럼에도 앞서 설명한 바와 같이 인지세 절약을 위해 소송가액을 최소한인 2억 1만원으로 변경하였다. 2021. 11. 9.에 사건을 합의부로 이송한다는 결정이 내려졌다.

합의부 재판은 단독부에서 제출한 자료, 다퉜던 내용의 연장선상에서 이뤄진다고는 하지만, 어찌되었 건 합의부 판사들에게는 새로 시작하는 사건이 된다. 단독부 판사가 아예 첫 변론기일에 합의부로 갈 것을 권고했으면 어땠을까라는 아쉬운 마음도 들었다. 그러나, 원고 측 담당 변호사왈 판사가 본인 의중을 드러내지 않고 원고패소 처리해 버릴 수도 있는데, 의중을 드러내고 합의부로 이송을 권고했다는 것 자체가 원고를 배려한 것이라고 해석했다.

기어 중립(N) 가설

소송을 진행하면서 앞서 살펴본 EDR 데이터가 납득이 되지 않는다는 주장을 펼쳤으나, 피고 측에서는 운전자가 기어를 중립(N)에 넣고 풀액셀을 밟으면 엔진보호를 위해 RPM이 고정된다는 주장을 펼쳤다.

그런데 66초 동안 이상 현상을 보였던 장소의 지형이 터널 이전에는 오르막이다가 터널 이후에는 내리막이다. 기어를 중립에 두면 동력이 바퀴로 전달되지 않기 때문에 오르막을 올라가는 것은 불가능하다. 이에 대한 피고 측의 입장은 다음과 같았다.

2023년 7월 7일자 피고측 준비서면 18page 발췌

……기어를 N으로 설정한 경위에 대해서는 정확히 알 수 없습니다. 다만 원고 OOO이 액셀 페달을 제동 페달로 오인하여 속도가 줄지 않자 의식적으로 기어를 D에서 N으로 바꿨을 가능성이 있고, 갑제1호증(블랙박스 동영상) 3:30경 이 사건 차량이 중앙분리대에 충돌하면서 그 충격으로 기어가 N으로 변경되었을 가능성이 존재합니다.

쉽게 말해 **오르막길은 기어를 D에 두고 페달을 착오**하였고 터널을 지나 **내리막에서는 기어를 N으로 바꾸고 페달을 착오**했다는 주장이다. 이러한 **2중 착오 가설**은 매우 억지스러워 보인다.

강릉 급발진 의심사고 관련 소송에서도 기어를 중립으로 변경했느냐를 놓고 논쟁인 것으로 알려지고 있다.[4] 제조사가 기어 중립(N)을 주장하는 또 다른 사례가 있다(한문철TV 15159회).[5] 제조사는 상식적으로 설명하기 힘든 차량 거동 및 EDR 데이터에 대한 질타에 대하여 페달 조작 착오뿐만 아니라 기어 조작 착오라는 논리를 더해 돌파구를 찾는 것으로 보인다.

4 https://www.kwnews.co.kr/page/view/2023101708251752642

5 https://www.youtube.com/watch?v=QrmsMb9csfo

민사소송 전 과정 요약

필자가 소송 진행을 위해 처음으로 변호사 사무실을 방문하여 상담한 날이 2021년 1월 27일이고 1심 판결이 선고된 날이 2024년 1월 23일이다. 시간적으로 **1심에서만 꼬박 3년이 소요**된 셈이다.

필자는 정식재판 진행 전 조정회부결정에 따른 1회의 조정기일, 재판 진행 중 9회의 변론기일, 재판의 결론이 나는 판결선고일까지 **총 11회 법정에 출석**하였다.

원고측의 소장에 대한 피고의 답변서가 제출된 이후, 원고와 피고는 준비서면을 각각 6회씩 제출하며 공방을 벌였으며, 변론 종결 후에도 참고서면을 각각 1회씩 제출하였다.

급발진 의심사고를 당하여 소송을 고려 중인 독자들이 있다면 감을 잡는데 도움이 될 것이라 판단하여 참으로 길고도 어려웠던 소송의 전 과정을 날짜와 제출된 문건 명을 중심으로 [표 13-2]와 같이 정리해 보았다.

표 13-2 소송과정 요약

날짜	문건	제출자	비고
2021.03.19	소장	원고	급발진 사고임을 주장하며 제조사의 책임(소송가액 1억 3천만원)을 묻는 소장을 서울중앙지방법원 단독부에 접수함
2021.03.24	증거제출서	원고	대용량 블랙박스 동영상 파일이 전자소송 사이트에 업로드 불가하여 USB에 담아서 제출함
2021.05.04	소송위임장	피고	국내 5대 로펌인 법무법인 OO에게 소송대리 위임

날짜	문건	제출자	비고
2021.05.04	답변서	피고	원고들의 청구를 기각하며, 조속한 시일 내에 반박 준비서면을 제출하겠음
2021.05.11	재배당요청서	판사	법관등의 사무 분담 및 사건배당에 관한 예규 제14조 10호[6]에 의거한 사건 재배당요청임
2021.05.19	조정회부결정	판사	필요성이 인정되어 조정회부, 민사조정법 제6조에 의거함
2021.05.28	상임조정위원 지정결정	조정 담당판사	상임 조정위원으로 하여금 조정하게 함
2021.06.22	조정기일조서	상임 조정 위원	상임 조정위원이 조정을 유도하였으나 조정 결렬됨
2021.07.13	준비서면	피고	*피고의 첫 번째 준비서면 EDR은 신뢰할 수 있으며, 원고들은 제조물책임법 제3조2에 따른 입증을 전혀 하지 못하였음
2021.07.14	변론조서(1회)	판사	*1차 변론기일 법정출석 원고: 소장 진술 피고: 답변서, 준비서면 진술 결정사항: 재판속행
2021.09.27	준비서면	원고	*원고의 첫 번째 준비서면 EDR 데이터가 5초 간 풀액셀 임에도 RPM과 스로틀 밸브 열림양은 고정된 이유를 설명할 것을 요구
2021.09.29	변론조서(2회)	판사	*2차 변론기일 법정출석 원고: 준비서면 진술 결정사항: 재판속행 특이사항: 판사가 합의부 재판으로 변경할 것을 권고
2021.10.13	사실조회 신청서	피고	사고 관할 OO경찰서의 조사자료, 보험사 OO화재의 보험금 지급내역 및 조사자료, 국과수 감정 관련 자료요청

6 재판부 소속 법관과 개인적인 연고 관계가 있는 변호사의 선임으로 재판의 공정성에 대한 오해의 우려가 있다고 판단하여 재판장이 재배당을 요청할 수 있도록 한 예규이다. 제조사 측에서 국내 5대 로펌 중 하나인 법무법인 OO의 판사출신 변호사를 선임하였는데 최초로 사건을 배당받은 판사가 피고 측 변호사와 연고 관계가 있었던 것으로 판단된다.

날짜	문건	제출자	비고
2021.10.13	사실조회서	판사	피고가 요청한 00경찰서, 00화재, 국과수 자료에 대한 조회 및 회보 요청
2021.11.08	청구취지 및 청구원인 변경신청서	원고	후유장해 및 간병비 등을 이유로 소송가액을 1억 3천만원에서 2억원으로 변경
2021.11.09	이송결정	판사	서울중앙지방법원 합의부로 사건 이송
2022.01.11	기일지정 신청서	원고	재판이 지연되고 있다고 판단되어 변론기일을 지정해 줄 것을 요청
2022.04.01	준비서면	피고	*피고의 두 번째 준비서면 기어를 중립(N)에 두고 풀액셀을 밟는 경우 RPM과 스로틀밸브 열림양이 고정될 수 있음을 주장
2022.04.05	변론조서(3회)	판사	*3차 변론기일 법정출석 원고: 종전 변론결과, 청구취지 및 청구원인 변경신청서 진술 피고: 종전 변론결과, 준비서면 진술 결정사항: 재판속행
2022.05.22	신체감정 신청서	원고	필자 아버지에 대한 신체감정촉탁 신청
2022.05.22	신체감정인 지정에 관한 의견서	원고	신체감정 대상인 필자의 아버지가 항생제 내성균주(VRE) 감염으로 인한 격리상태로 감정을 위해 타병원 이동 불가하므로 현재 입원중인 00대학교병원으로 감정인을 지정해 달라는 의견
2022.05.26	신체감정 촉탁서	판사	00대학교병원 감염내과, 정형외과, 재활의학과에서 신체감정을 하고 감정결과를 제출해 줄 것을 요청
2022.06.16	준비서면	원고	*원고의 두번째 준비서면 0000 000 차량의 다른 급발진 의심사고 동영상 제출, 피고가 제시한 실험결과에서 실험차량이 사건차량과 다르다는 문제점 지적
2022.06.21	변론조서(4회)	판사	*4차 변론기일 법정출석 원고: 준비서면 진술 결정사항: 재판속행

날짜	문건	제출자	비고
2022.08.24	준비서면	피고	*피고의 세 번째 준비서면 동종차량으로 실험하여도 기어를 중립(N)에 두고 풀 액셀을 밟는 경우 RPM과 스로틀밸브 열림양이 고정될 수 있음을 주장
2022.08.30	변론조서(5회)	판사	*5차 변론기일 법정출석 피고: 준비서면 진술 결정사항: 재판속행
2022.10.11	기일변경 신청서	원고	예정된 기일까지 신체감정 결과가 도착하지 않을 것으로 예상되어 기일변경 요청
2022.10.31	신체감정서 촉탁(회신)	OO대학교 병원	*신체감정서 도착 맥브라이드(McBride) 노동능력상실평가표 기준 100%의 영구적 노동능력 상실로 사료됨. 24시간의 보통 성인 1인의 개호(간병)가 필요함. 평균여명 9년 예상되며 총 치료비는 18억 8천 1백만원으로 예상됨.
2022.12.02	준비서면	원고	*원고의 세 번째 준비서면 피고의 자체 재현실험이 사건과 동일한 상황을 재현한 것이 아니며 공정성을 담보할 수 없음을 지적, EDR 데이터의 신뢰성에 대한 문제점 지적, 전자제어장치의 오작동 가능성 제시
	전문가 의견서 2개	원고측 전문가 2인	*전기·전자제어 전공 대학교수: 전자제어 기기의 오작동으로 인한 급발진이 가능하다는 의견
			*보건통계학 전공 대학교수: 피고가 주장하는 페달착오가 66초간 장시간 이어질 가능성은 페달착오에 관한 선행연구 및 통계학적 관점에서 0이라는 점
2022.12.06	변론조서(6회)	판사	*6차 변론기일 법정출석 원고: 준비서면 진술 결정사항: 재판속행
2023.02.27	준비서면	피고	*피고의 네 번째 준비서면 사건 차량의 ECM이 오작동하였다거나, EDR 자료에 잘못된 값이 기록되었을 가능성은 없다고 주장

날짜	문건	제출자	비고
2023.03.06	전문가 의견서	피고측 전문가 2인	*자동차 전공 대학교수 2인이 공동작성 EDR 데이터의 구조적 신뢰성 주장하며 원고측 전문가 의견에 대해 반박함. 토요타 급발진 소송은 바닥매트 불량이지 ECU가 원인이 아니라는 허위주장, 북아웃소송 담당변호사에게 질의한 결과 EDR 데이터에 오류가 없어서 증거자료로 활용하지 않았다는 허위주장
2023.03.07	변론조서(7회)	판사	*7차 변론기일 법정출석 피고: 준비서면 진술 결정사항: 재판속행
2023.04.24	준비서면	피고	*피고의 다섯 번째 준비서면 최근에 선고된 급발진 의심사고 형사재판(수원지방법원 성남지원 2023.2.2.자 2022고단498)에서 OO택시 운전사가 급발진을 주장하였으나 재판부에서 페달을 오인한 것으로 판단하여 유죄 선고된 사례를 제시
2023.04.25	기일변경 신청서	원고	피고 측 전문가 의견서를 반박하기 위한 원고 측 전문가들의 의견서 작업이 마쳐지지 못하여 부득이 기일변경 신청
2023.05.17	준비서면	원고	*원고의 네 번째 준비서면 원고 측 전문가 5인의 의견 요약 제시, 피고 측 전문가 의견서 내용 중 허위사실 지적, 의견서 내용에 대한 반박, 지금까지 살펴보지 못한 블랙박스 가속도 벡터 데이터 분석 내용 제시
	전문가 의견서 5개	원고측 전문가 5인	*전기·전자 전공 대학교수: EDR의 양적·질적 신뢰성 취약, 자동차의 전자제어장치가 충분한 다중화(redundancy)를 달성하지 못함
			*반도체 분야 박사학위와 자동차용 반도체 설계 책임자 경력의 연구원: 반도체 불량특성 및 ECU 오작동으로 인한 급발진 가능성
			*ECU에서 주로 사용하는 C언어에 20년 이상 코딩 경력이 있는 프로그래머: 발생가능한 오류 시나리오에 대한 예측 실패 또는 코딩에 버그가 존재하여 급발진이 발생할 가능성

날짜	문건	제출자	비고
			*항공기 운항 및 사고조사 전문가: 항공기 사고기록장치(FDR)와 비교할 때 자동차의 EDR 만으로는 사고 원인 파악이 불가능함. 항공기는 비행제어장치를 다중화하고 있으나, 자동차의 엔진 제어장치는 다중화되어 있지 않음. 사건 차량 블랙박스에 저장된 가속도 벡터데이터를 분석하였을 때 운전자의 페달착오는 설득력이 없음
			*정신건강의학과 의사: 사건 차량을 운전한 원고는 OO대학교 병원에서 실시한 MMSE-K 검사 결과 30점 만점에 29점을 받았는데 젊은 사람들도 받기 힘든 점수이며 인지기능에 문제가 없음. 오랜 시간 페달을 착각했다는 주장은 의학적으로 가능성이 떨어진다는 주장
2023.05.18	기일변경 신청서	피고	원고들이 제출한 준비서면 및 전문가의견서 등을 분석하여 반박하기에 시간이 부족하여 기일변경 신청
2023.07.07	준비서면	피고	*피고의 여섯 번째 준비서면 전자장치에 오류가 발생해도 운전자가 제동 페달을 밟기만 하면 반드시 제동장치는 작동한다. 제동장치와 동력발생장치는 독립된 별개의 장치이다.
	전문가 의견서	피고측 전문가 2인	*자동차 전공 대학교수 2인이 공동 작성 사건 차량은 토요타 캠리와는 10여 년 이상 간극이 있고 안전장치들을 적절히 장착하고 있다. ECU 소프트웨어 오류로 인한 급발진 가능성이 희박하다.
2023.07.10	서증	피고	원고측 가속도 벡터 분석에 대한 반박
	교통감정분석 보고서	피고측이 섭외한 감정인	원고측 전문가가 분석한 가속도 벡터데이터는 1초 간격으로 띄엄띄엄 저장되어 전체적인 가·감속운동을 상세히 파악하기 어렵다는 주장
2023.07.11	변론조서(8회)	판사	*8차 변론기일 법정출석 원고: 준비서면 진술 피고: 준비서면 진술 결정사항: 재판속행

날짜	문건	제출자	비고
2023.09.12	준비서면	원고	*원고의 다섯 번째 준비서면 최근 출시한 전기차에서 소프트웨어 설계 오류로 아무런 조작없이 기어가 중립(N)으로 바뀐 사례, 소프트웨어 결함으로 BOS가 무력화될 수 있다는 북아웃 소송에서의 전문가 증언, 배력장치의 도움 없이 발의 힘만으로 제동이 힘들다는 근거자료, ISO 26262의 잠재적 결함 개념, 최근 형사재판에서 급발진 가능성을 인정하여 운전자에게 무죄를 선고한 사례들을 제시함
2023.09.13	준비서면	원고	*원고의 여섯 번째 준비서면 피고측 전문가가 북아웃 소송에 대한 진술과 입장을 180도 뒤집고 있으며, 급발진 재현실험 논문에 대한 요약도 지나칠 정도로 허위라는 점을 지적함. 비트플립을 전부 막을 수 없다는 근거자료 제시
2023.09.19	변론조서(9회)	판사	*9차 변론기일 법정출석 원고: 준비서면 진술 결정사항: 변론종결
2023.12.28	참고서면	피고	*변론 종결 후 제출된 피고 측 참고서면 사건 차량은 BOS(브레이크 오버라이드 시스템)를 장착하였고, 제동장치는 기계적 원리상 제동 페달을 밟으면 작동하게 설계되었으며, ECU 소프트웨어의 전자적 오류와 관계없이 제동된다고 주장. 원고들이 피고에게 부당하게 입증책임을 전가하고 있다고 주장.
2024.01.11	참고서면	원고	*변론 종결 후 제출된 원고측 참고서면 피고측 참고서면에 대한 반박. 소비자는 결함을 낱낱이 증명할 수 없음. 원고들이 할 수 있는 증명을 다 하였으므로 결함이 아님을 피고가 증명해야 한다고 주장.
2024.01.23	판결문 및 판결선고조서	판사	주문 원고들의 청구를 모두 기각한다. 소송비용은 원고들이 부담한다.

허무한 판결

3년을 끌어온 소송에서 패소하였다. 급발진에 대한 직접증명은 불가능하므로 차량을 정상적으로 사용하였다는 간접사실 등을 통해 입증책임의 전환을 노려보는 것이 재판 전략이었으나 결과는 실패였다.

제조사의 주장을 반박하기 위해 호증으로 제출한 수많은 자료들, 여러 전문가 의견서들이 판결문에서 거의 언급조차 되어 있지 않았고, 결국에는 EDR이 핵심적인 증거로 언급되었다. "원고들의 주장은 더 나아가 살펴볼 필요 없이 이유 없다"는 표현을 보는 순간 입증할 수 있는 증거가 없으면 덤비지 말라는 표현으로 들렸다.

현재 우리나라 사법제도하에서 직접증거 없이 급발진 소송을 진행하는 것은 무의미하다고 느껴져 항소하지 않기로 했다. 2024. 1. 23.에 선고된 판결문 일부를 아래와 같이 발췌하여 제시한다.

서울중앙지방법원 2024. 1. 23. 선고 2021가합586996 판결문 중 발췌

……다음과 같은 사정을 종합하면 원고들이 제출한 증거나 위 인정사실만으로는 원고 B이 이 사건 차량을 정상적으로 사용하고 있었음에도 제조업자의 배타적인 지배하에 있는 영역에서 이 사건 사고가 발생하였다는 점이 증명되었다고 보기 어렵고, 이 사건 사고가 이 사건 차량의 결함으로 인하여 발생한 것으로 추정할 수도 없다. 따라서 원고들의 주장은 더 나아가 살펴볼 필요 없이 이유 없다.

……이 사건 차량의 EDR에서 추출한 데이터를 분석한 결과, 액셀 페달은 변위량 99%로 풀 액셀 상태를 유지하였으며, 충돌 5초 전까지의 기록에서 브레이크 페달이 밟힌 기록은 없다.

……이 사건 차량 EDR 기록에 오류가 있다고 보기 어렵다.

- UNECE, WP.29, GRs, IWG에 대하여
- ACPE IWG 미팅에서 공개된 이태원동 페달착오 사고사례
- 오류가 발생하거나 유입되면 ECU에서 반드시 걸러낼 수 있는가?
- 제동장치와 동력발생장치는 독립적으로 작동하는가?
- 언론매체 보도 내역
- 언론매체 보도 이후
- BVK의 개념
- 제조사 측의 전문가 의견서: 간에 가 붙고 쓸개에 가 붙는다
- 양심을 파는 것인가? 무지한 것인가?
- 급발진을 경험했다는 사람이 왜 이리, 많은가?
- 미국 컨슈머리포트가 제안하는 급발진 대처법 5단계
- 우리나라 도로환경에서의 급발진 대처법

CHAPTER 14

못다한 이야기

UNECE, WP.29, GRs, IWG에 대하여

시청역 급발진 의심사고 이후 언론에서 자동차 급발진과 페달착오 관련 문제를 집중 조명하면서 UNECE라는 조직이 각종 뉴스, 기사, 유튜브 등에서 다소 피상적으로 언급되고 있다. UN이 대체 자동차 문제와 무슨 관련이 있는지 좀 더 구체적으로 살펴보기로 하자.

'유엔 유럽 경제위원회(UNECE, United Nations Economic Comission for Europe)**'**는 '유엔 경제사회 이사회(ECOSOC, United Nations Economic and Social Council)'에 의하여 1947년 창설된 조직으로서 본부는 스위스 제네바에 위치하고 있으며, 범유럽 경제 통합을 촉진하는 것을 목표로 하고 있다.[1] 명칭에서 예상되는 바와는 달리 유럽권뿐만 아니라 북미권, 아시아권 국가를 포함한 56개 국가를 **회원국**(member states)으로 두고 있다.[2] 56개 회원국 여부에 상관없이 유엔 회원국이라면 누구라도 UNECE의 업무와 활동에 참여 가능하다.

UNECE에서 자동차 안전과 관련하여 주목할 만한 하부조직이 **'WP.29'**라고 불리는 **'자동차 규정 조화를 위한 국제포럼**(World Forum for Harmonization of Vehicle)**'**[3]이다. WP.29는 국제적인 자동차 규정 제 · 개정을 위해 전 세계에 개방된 공식기구로서 현재 유럽, 미국, 일본, 한국 등 주요 자동차 생산국이 모두 참여하고 있으며, 1958년 협정(1958 Agreement) 및 1998년 협정(1998 Agreement)을 운영하고 있다. 우리나라는 1996년부터 **옵저버(observer)로 참여하기 시작**했으

1 https://unece.org/mission
2 https://unece.org/member-states
3 '자동차 국제기준 조화기구', '자동차기준 국제조화 포럼' 등으로 번역되기도 한다.

며, '1998 Agreement'에는 2001년 1월 1일부터, '1958 Agreement'에는 2004년 12월 31일부터 **계약당사자**(contracting parties)**로 참여**하고 있다. WP.29의 업무는 매우 투명하게 운영된다. 모든 의제, 실무 문서, 보고서가 웹사이트를 통해 공개되고 있다.[4]

WP.29의 하부에는 6개의 **전문분과**(Working Party)가 존재하는데 각 분과의 이름이 'GR'로 시작되므로 이를 **'GR들(GRs)'**이라고 지칭하기도 한다. 6개의 전문분과는 아래와 같다.

1) GRPE(Pollution and Energy): 오염&에너지 분과
2) GRBP(Noise and Tyre): 소음&타이어 분과
3) GRSG(General Safety Provisions): 일반안전 분과
4) GRSP(Passive Safety): 충돌안전 분과
5) GRE(Lighting and Light-Signalling): 등화장치 분과
6) GRVA(Automated/Autonomous and Connected Vehicles): 자율주행 분과

GR들을 지원하는 하부조직으로 **'전문가 기술 그룹**(IWG, Informal Working Group)**'**이 존재하며, 제한된 시간 내에서 특정 기술적 이슈를 다루는 업무를 수행하여 결과를 GR에 보고하거나 WP.29에 직접 보고하도록 되어 있다.[5]

IWG의 전체 개수는 현재 UNECE 웹사이트에서 정확하게 언급되지는 않고 '수많은(a number of)'이라는 표현을 사용하는데 어림잡아도 수십 개에 달할 것으로 판단된다.[6]

자동차 급발진 및 페달착오와 관련된 IWG가 2개 존재한다. 먼저 EDR/

4 https://unece.org/transport/vehicle-regulations/world-forum-harmonization-vehicle-regulations-wp29

5 https://unece.org/wp29-introduction#accordion_1

6 필자가 2022년 9월경에 국내 유명대학 자동차 전자제어 연구실로부터 받은 WP.29 관련자료에는 IWG 개수가 30개라는 언급이 있다.

DSSAD[7](사고기록장치/자율주행정보 기록장치)를 다루는 IWG는 GRSG 및 GRVA 분과가 공동으로 운영하며, **ACPE[8](페달착오 방지장치)를 다루는 IWG**는 GRVA 분과에서 운영한다. [그림 14-1]은 지금까지 설명한 UNECE, WP.29, GRs, IWG를 조직도로 나타낸 것이다.

그림 14-1 UNECE-WP.29-GRs-IWG 조직도

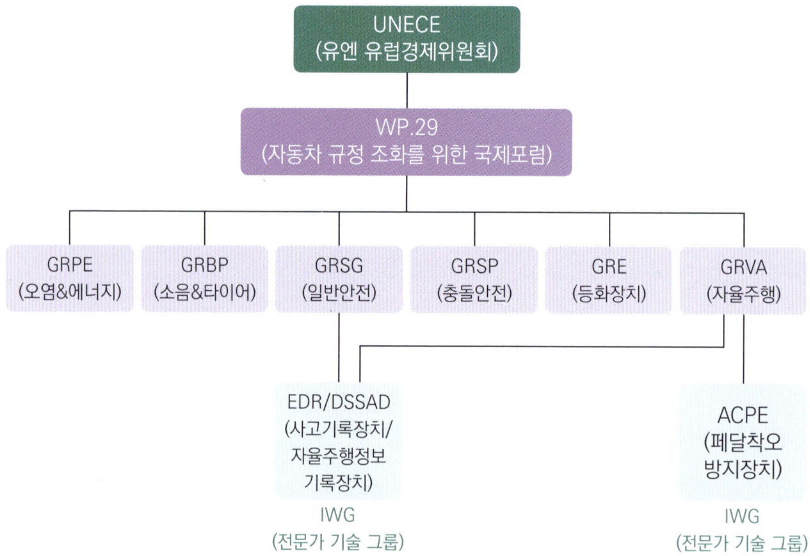

7 Data Storage System for Automated Driving

8 Acceleration Control for Pedal Error

ACPE IWG 미팅에서 공개된 이태원동 페달착오 사고사례

앞 절에서 살펴보았듯이 ACPE IWG는 UNECE WP.29의 GRVA 분과의 전문가 기술 그룹이다. 2024년 2월 27일 영국 런던에서는 ACPE IWG의 6번째 미팅이 개최되었는데 우리나라 교통안전공단 자동차안전연구원이 작성한 용산구 이태원동 택시 기사의 페달착오 사고사례가 파워포인트 파일로 발표되었다. 해당 사례는 대중에게 완전 공개된 것으로서 UNECE의 Wiki 사이트에서 자유롭게 다운로드가 가능하다.[9] 아래 그림은 발표 자료의 6페이지를 발췌한 것이다.

그림 14-2 이태원동 페달착오 사고사례

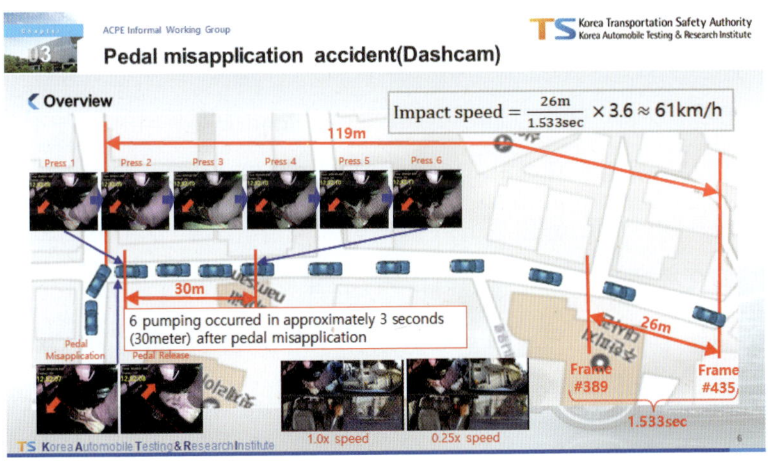

출처: UNECE

9 https://wiki.unece.org/pages/viewpage.action?pageId=226328730

먼저 사고 경위에 대해서 살펴보기로 하자. 2023년 11월 12일 오후 1시 무렵 이태원동 주택가에서 전기차 택시를 운전하던 65세 남성이 담벼락을 들이받는 사고를 냈다. 운전자는 브레이크를 밟았으나 제동이 되지 않아 발생한 급발진 사고라고 주장했으나, 차량에 설치된 페달 블랙박스를 살펴보니 실제로는 액셀 페달을 브레이크로 착각해 발생한 사고였다. 운전자는 담벼락에 충돌하기 전까지 7.9초[10] 동안 119미터를 달리면서 브레이크를 한 번도 밟지 않은 것으로 나타났다. [그림 14-2]에서 보듯이 **3초 동안 총 6번의 페달 착오가 발생**하였다.

택시기사처럼 운전을 직업으로 하는 프로페셔널 운전자도 페달착오를 할 가능성이 있음을 보여주며, 페달착오에 대한 경각심을 불러 일으키고 대처요령을 전파하는 데 유용한 자료임에 틀림없다.

다만, 필자만의 기우일까? 이태원동 페달착오 사고사례는 ACPE IWG 미팅에서 2월 27일에 발표된 자료이고, 시청역 사고는 7월 1일에 발생하였다. **이미 4달 전에 공개된 정보를 시청역 사고가 발생한 직후부터 언론에서 집중 보도**하는 이유가 잘 이해되지 않는다. 해당 사례를 근거로 지금까지 발생한 또는 앞으로 발생할 모든 급발진 의심사고의 원인이 마치 페달착오인 것인양 여론이 형성되는 분위기이다. 해당 사례를 성급하게 일반화할 수 없는 이유를 살펴보자.

첫째, 이태원동 페달착오 사고 장소는 주택가 좁은 길에서 발생한 사고로 이러한 골목길(alley), 진입로(driveway) 등은 On-Road로 분류되지 않는 **전형적인 PVA**이다. 사고경로를 네이버지도를 통해 살펴보면 2차선 도로에서(On-Road) 주택가 골목길(PVA)로 운전 환경이 바뀌면서 페달착오를 유발한 것으로 보인다. 페달착오가 발생한 지점을 거리뷰 기능으로 살펴보면 차량 한 대가 겨우 지나갈 수 있는 좁은 길이며, 좌우로는 주택가 주차장임을 알 수 있다. Chapter 11에서 살펴보았듯이 주차와 관련된 PVA에서 주로 페달착오가 발생한다. 이태원

---

10 소요시간 7.9초는 발표 자료에서 언급되지 않는다. 2024. 7. 10. 조선일보 기사를 참고하였다. https://www.chosun.com/national/national_general/2024/07/10/NIO7Y7K7QZHIXB2XKFZGV7LYM4/

동 사례는 On-Road에서 치명상을 발생시키는 급발진 의심사고와는 분명한 차이가 있다.

그림 14-3 이태원동 페달착오 사례 사고경로

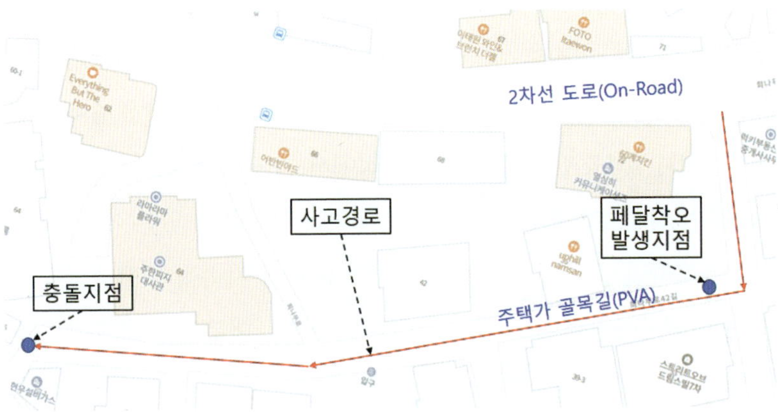

출처: 네이버지도

그림 14-4 이태원동 사고에서 페달착오가 발생한 지점

출처: 네이버지도 거리뷰

둘째, 치명상을 초래하는 급발진 의심사고 사례들을 보면 비교적 장시간(수십 초 또는 1분 이상), 장거리(수백 미터 또는 1킬로미터 이상)를 운행했던 경우가 많은데 이태원동 사고는 **단시간(7.9초), 단거리(119미터)를 운행하며 발생하였다**는 점에서 차이가 있다.

셋째, 급발진 의심사고 사례에서 EDR 데이터를 보면 액셀 페달에서 발을 떼지 않고 지속적인 풀액셀(99% 또는 100%)[11] 상태를 유지한 것으로 기록된 사례가 대부분이다. 반면에 이태원동 사례는 **운전자가 액셀 페달을 6차례나 펌핑(pumping, 밟았다 뗐다를 반복)**하고 있다는 점에서 차이가 있다. 운전자가 비록 페달을 착오하였지만, 이상함을 감지하고 뭔가를 시도하고 있는 것이다. 이러한 운전자를 가정하면 급발진 의심사고 차량의 EDR에 지속적인 풀액셀이 아니라 페달을 펌핑하는 동작이 기록되어야 한다. 그러나, 대부분의 급발진 의심사고에서 접하게 되는 EDR 데이터는 지속적인 풀액셀이라는 점에서 차이가 있다.

이태원동 페달착오 사고 사례를 통해 프로페셔널 운전자라고 하더라도 페달착오를 일으킬 수 있다는 교훈을 얻었다. 일반 운전자가 페달착오가 발생할 수 있음을 인지하고 상황이 발생하였을 때 신속한 대처요령을 생각해보는 것은 사고방지에 큰 도움이 되리라 생각된다.

한편 해당 사례는 페달블랙박스가 매우 유용함을 입증해 주었다. 페달블랙박스 덕분에 운전자의 실수인지 차량의 결함인지 논란이 될 필요가 전혀 없다. 페달블랙박스는 급발진 의심사고에서 수사와 소송 등에 소모되는 불필요한 사회적 비용을 획기적으로 감소시킬 수 있을 것으로 기대된다.

11 풀액셀에 해당하는 액셀 페달 변위량을 자동차 제조사에 따라 99% 또는 100%로 표현한다.

오류가 발생하거나 유입되면 ECU에서 반드시 걸러낼 수 있는가?

ECU 오작동으로 인한 급발진 가능성을 부정하는 사람들의 대표적 논리 중 하나가 ECU로 잘못된 신호가 유입되거나 ECU에서 오류가 발생하면 **ECU가 감지**(detect)**할 수 있고 반드시 기록**(DTC, diagnostic trouble code)**이 남게 된다는 것**이다. 이 논리에 따르면 급발진 의심사고 차량의 ECU를 스캔하여 조사했더니 '특별한 기록이 없었다. 따라서 급발진은 발생하지 않았다'는 성급한 결론에 도달하고 만다.

과연 ECU는 모든 오류를 걸러낼 수 있을까? Chapter 4에서 살펴보았듯이 오류란 실제로 관찰된 값과 이론적인[12] 값 간의 불일치를 의미한다. 여기에 전자 체중계가 하나 있고 많은 사람들의 체중을 측정하려고 한다고 가정해 보자. 체중이 60kg인 어떤 사람이 올라갔더니 1,000kg이라는 값이 나오면 인간이 가질 수 있는 체중 범위 밖이므로 체중계 스스로 이게 오류라는 것을 금방 알아차릴 수 있다. 그런데 알 수 없는 원인으로 99kg이라는 값이 나오면 정상 범위 내이므로 체중계 스스로가 오류인지 아닌지 알아차리기 어렵다. 오류가 발생하면 반드시 걸러낼 수 있다는 주장은 **오류라는 것이 무조건 정상 범위 밖에서 발생한다는 대단히 무리한 전제 조건을 요구**한다.

자동차에서 발생한 구체적인 사례를 살펴보도록 하자. 해당 사례는 한국소비자원 소비자위해감시시스템 → 위해정보알림 → 위해정보 처리속보 메뉴에 '변속 충격 발생하는 베르나 트랜스 폼 디젤 오토 차량 무상 수리 권고'라는

12 설계자가 미리 예상하고 있는 정상 범위 내

제목으로 게시되어 있다.[13] CAN 통신을 통해 변속기를 제어하는 전자제어장치 TCU에 유입된 **노이즈 신호에 대해 오류로 걸러내지 못하고 정상 신호로 인식하여 생기는 문제**로 밝혀졌고 소비자원이 현대자동차에 무상수리를 권고한 결함사례이다. 소비자위해감시시스템 사이트에서 캡처한 구체적인 내용은 아래 그림과 같다.

그림 14-5 전자제어장치에서 오류를 걸러내지 못해서 발생한 결함사례

변속 충격 발생하는 베르나 트랜스 폼 디젤 오토 차량 무상 수리 권고

한국소비자원에서는 현대자동차(주)가 제작 판매하는 소형승용차(1500cc)인 베르나 트랜스 폼 디젤 오토 차량에서 주행 중 변속 충격이 발생한다는 소비자 불만이 자동차 알림방에 접수되어 조사 한 결과,

베르나 트랜스 폼 디젤 오토 차량의 주행 중 간헐적인 변속 충격 발생 원인은 "TCU가 *CAN 신호 처리 시 유입된 NOISE를 CAN 정상 신호로 인식하여 중복 처리 시도 중 오류가 발생하는 것"으로 밝혀졌다.

* CAN(Controller Area Network) 통신이란?

여러 개의 ECU를 병렬로 연결하여 데이터를 주고받는 통신방법을 말한다. 즉 각각의 ECU는 자기가 가지고 있는 데이터를 계속해서 다른 ECU들에게 보내고, 또한 상대편 ECU에서 보내주는 데이터를 우선순위에 따라 받아 처리하는 방식으로 다량의 정보를 공유할 수 있는 장점이 있으나 정비성이 어려운 단점이 있다.

'CAN(Controller Area Network)'이란 호스트(host) 컴퓨터 없이도 MCU(Micro Controller Unit)들 간에 통신이 되도록 설계된 표준 통신 규격을 지칭하는데 자동차에서 ECU들이 서로 통신하는 데 사용이 된다. CAN 통신은 CAN_High와 CAN_Low의 서로 다른 전압을 사용하여 노이즈를 줄이고 안정성을 높인다. 안정성이 높은 방식임에도 불구하고 정상 신호 범위 내에서 발생한 오류를 걸러내기 어려울 수 있음을 알려주는 좋은 사례라고 하겠다.

13 https://www.isafe.go.kr/www/selectBbsNttView.do?key=70&bbsNo=81&nttNo=2566

제동장치와 동력발생장치는 독립적으로 작동하는가?

지금까지 급발진 현상 자체를 강력히 부정해왔던 제조사 측의 입장에 요즘 들어 미묘한 변화가 감지된다. 설령 급발진이 발생한다고 하더라도 브레이크를 밟으면 차가 반드시 정지한다는 것이다. 제조사의 이러한 입장에 근거가 되는 논리를 요약해 보면 아래와 같다.

제동장치와 동력발생장치가 독립적이라는 제조사의 논리

1. 엔진을 제어하는 ECU(engine control unit)와 브레이크를 제어하는 BCU(brake control unit)는 별개의 제어 장치이다.
2. 액셀 페달은 ECU에 연결되고, 브레이크페달은 BCU에 연결된다.
3. 동력발생장치는 ECU의 명령을 받고, 제동장치는 BCU의 명령을 받는다.
4. 제동장치는 동력발생장치와 독립적으로 작동한다.
5. 따라서 결함으로 인하여 의도하지 않은 가속(UA, unintended acceleration)이 발생하더라도 차량의 설계 구조상 브레이크를 밟으면 차량은 반드시 정지한다.

이러한 제조사 논리의 허점을 하나하나 살펴보도록 하자.

1 독립성(independence)의 개념

통계학을 접해 본 독자라면 독립(independence)이라는 단어가 매우 익숙할 것이다. 독립이란 어떤 사건이 발생할 확률이 다른 사건이 발생할 확률에 어떠한 영향도 미치지 않는 것을 의미한다. 제조사의 주장대로라면 제동장치와 동력발생장치가 [그림 14-6]과 같이 독립적으로 설계되어 액셀 페달과 제동 페달 신호가 서로 다른 전자제어장치에 입력이 되고, ECU와 BCU 간에 어떠한 정보 교환도 발생하면 안 된다. 만약 액셀 페달과 제동 페달이 모두 특정 제어장치에 연결되어 있다거나, 각 제어장치가 정보를 주고 받는다면 서로 독립이라고 할 수 없고, 어느 정도의 **종속성**(dependency)이 존재한다고 말할 수 있다.

그림 14-6 동력발생장치와 제동장치가 독립적으로 작동하기 위한 조건

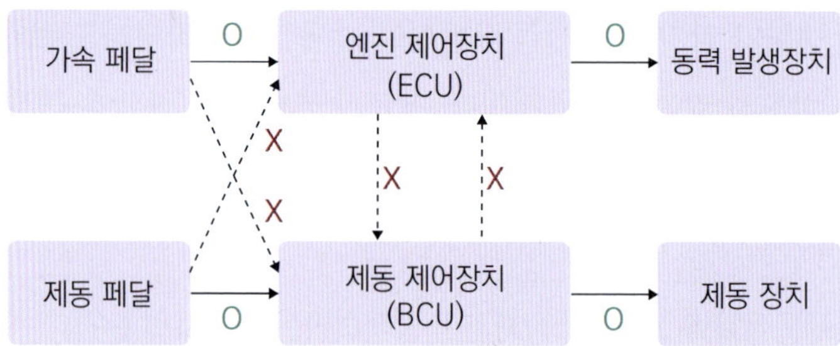

2 ECU와 BCU는 CAN 통신을 통해 연결됨

Chapter 8에서 언급하였듯이 자동차의 전자제어장치는 [그림 14-7]에서 도식화한 바와 같이 CAN이라고 불리는 **통신 네트워크를 통해 2가닥의 전선**(CAN High, CAN Low)**으로 병렬 연결되어 정보를 공유**한다.

그림 14-7 자동차 전자제어장치 간 CAN 통신 구조

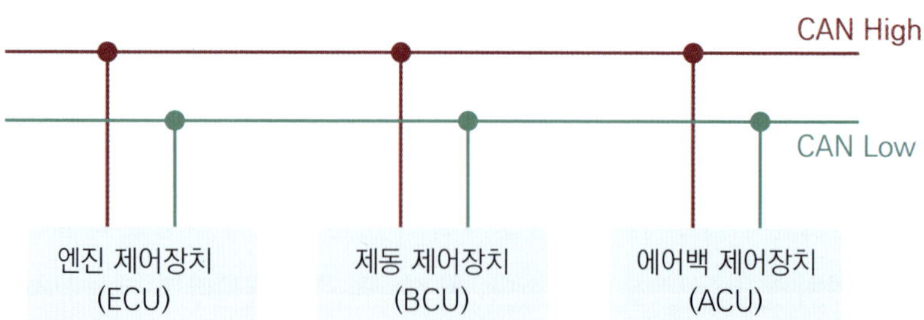

3 스마트 크루즈 컨트롤 기능 구현

운전자가 원하는 속도를 설정하면 차량이 도로 및 주행 상황에 맞추어 가속과 제동을 자동으로 조절하는 **'스마트 크루즈 컨트롤(smart cruise control)'**을 예로 들어보자. 이러한 기능을 수행하기 위해서는 BCU가 제동 명령을 내리면 ECU는 가속중지 명령을 내려야 하고, ECU가 가속 명령을 내리면 BCU는 제동 중지 명령을 내려야 한다. ECU와 BCU가 완전히 독립적으로 작동해버리면 스마트 크루즈를 기대할 수 없고 가속과 제동이 멋대로 엇박자를 내는 '덤 크루즈 컨트롤(dumb cruise control)'이 되고 말 것이다.

4 브레이크오버라이드(BOS) 기능 구현

Chapter 9에서 살펴보았듯이 BOS는 액셀 페달과 제동 페달을 동시에 밟았을 때 자동차의 출력을 줄여주어 제동력이 가속력을 제압할 수 있도록 프로그래밍된 소프트웨어 로직이다. BOS 기능 구현을 위해서는 하나의 전자제어장치가 액셀 페달 정보와 제동 페달 정보를 모두 받아서 두 페달이 동시에 밟혔는지를 판단하는 과정이 필수적으로 요구된다.

그림 14-8 BOS에 관한 공개특허 도면의 일부

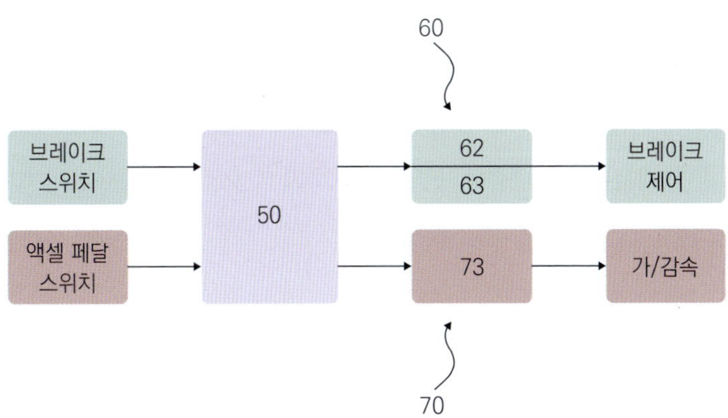

BOS에 관한 공개특허 하나를 예로 들어보자. [그림 14-8]은 현대자동차가 출원한 BOS 장치에 대한 특허청 공개특허공보(공개번호10-2007-0037076)[14]에 제시된 일곱 번째 도면을 발췌한 것이다. 도면에 표시된 숫자가 의미하는 바는 아래와 같다.

50: 제어부

60: 브레이크 제어수단

62: 솔레노이드 밸브

63: 솔레노이드 밸브

70: 액셀 페달 잠금수단

73: 솔레노이드

도면을 보면 브레이크 스위치 신호와 액셀 페달 스위치 신호가 하나의 제어부에 입력되고 있음을 알 수 있다. BOS 도면이 말해주는 바는 자명하다. 가속과 제동이 완전히 독립적으로 이루어지지 않고 서로 간에 종속성이 존재한다는 것이다.

5 EDR/DSSAD IWG 첫 미팅 자료

EDR/DSSAD IWG는 UNECE WP.29의 GRSG 및 GRVA 분과가 공동으로 운영하는 전문가 기술 그룹이다. 2019년 7월 8일 벨기에 브뤼셀에서는 해당 IWG의 첫 번째 미팅이 개최되었고, 『The overview of EDR』이라는 자료가 발표되었다. 자료의 작성은 일본에서 담당한 것으로 보인다(첫 페이지에 날짜와 'Japan'이라는 단어). 해당 자료 역시 대중에게 완전 공개된 것으로서 UNECE의 Wiki 사이트에서 자유롭게 다운로드가 가능하다.[15]

14 전체 내용이 궁금한 독자는 다음 주소에 접속하여 공개번호를 입력하여 조회하면 열람 가능하다. http://www.kipris.or.kr/beginner/search/numberSearch.jsp

15 https://wiki.unece.org/pages/viewpage.action?pageId=87621710

그림 14-9 자동차 전자제어장치와 EDR 간의 통신 네트워크

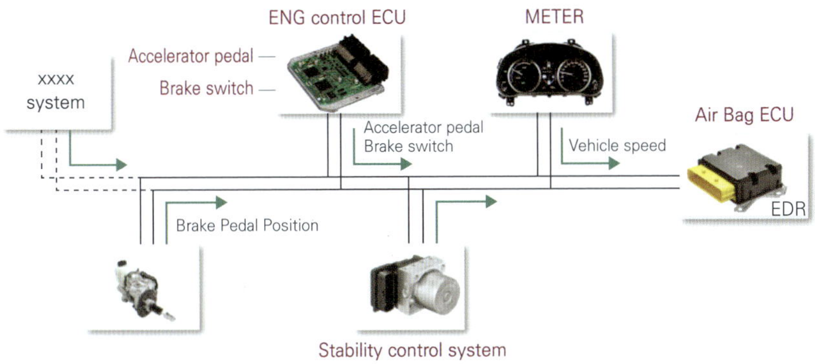

[그림 14-9]는 발표 자료의 3페이지를 발췌한 것이다. 그림을 보면 액셀 페달과 브레이크 스위치 모두 엔진제어장치(ENG control ECU)에 연결되어 있다. 두 가지 정보가 하나의 ECU에 입력됨을 보여준다. 엔진제어장치를 거쳐서 액셀 페달 변위량(%) 정보와 브레이크 스위치 정보(on/off)가 EDR로 전달됨을 알 수 있다. EDR/DSSAD 전문가 기술 그룹의 국제적인 미팅에서 가속과 제동이 독립적이지 않음을 확인해 준 것이다.

언론매체 보도 내역

필자는 국회 정책세미나와 학회에서 발제 및 토론, 방송 출연, 인터뷰, 기고, 강연 등 기회가 주어질 때마다 급발진 관련한 이슈와 쟁점, 개선 방안을 연구논문, 조사자료, 전문가 증언 등에 기반하여 최대한 객관적으로 전달하기 위해 최선을 다해왔다. 아래는 필자의 활동에 대한 언론매체 보도 내역을 최신 순으로 정리해 본 것이다.

1. 요원한 제조물책임법 개정… 입증책임 전환 논의 '제자리' [산업공약 키워드③] ***쿠키뉴스*** 2025.05.21.[16]
2. '제조사 책임' 대법원 판결 0건... "기울어진 법의 운동장", ***YTN*** 2025.05.18.[17]
3. 상명대 서울캠퍼스에서 2024 한국소비자안전학회 추계학술대회 성료, ***조선일보*** 2024.11.18.[18]
4. [원더 인터뷰] "자동차 급발진 재판의 현실...제조사 안전의식 결여 심각", ***인포스탁데일리*** 2024.11.08.[19], 2024.11.01.[20]
5. 상명대 글로벌경영학과 반주일 교수, 사단법인 소비자와함께 '소비자권

16 http://www.kukinew.com/article/view/kuk2025055140252

17 http://www.youtube.com/watch?v=FefCSVSVHM4

18 https://news.chosun.com/pan/site/data/html_dir/2024/11/18/2024111801425.html

19 https://www.youtube.com/watch?v=9j46TmG0MWI

20 https://www.infostockdaily.co.kr/news/articleView.html?idxno=202888

익증진상' 수상 ***중앙일보*** 2024.10.31.[21]

6. 반주일 상명대 교수, '소비자권익증진상' 수상 ***문화일보*** 2024.10.31.[22]
7. 브레이크등 안 들어왔으니 액셀 밟았다?…"급발진 여부, 제동 등만으로 단정 안 돼" [뉴스+] ***세계일보*** 2024.10.05.[23]
8. 늘어나는 자동차 급발진…"EDR 분석만으론 불충분", ***헤럴드경제*** 2024.10.01.[24]
9. "자동차 급발진 원인 매우 다양…정부가 원인 규명 위해 적극 나서야", ***아주경제*** 2024.10.01.[25]
10. '급발진 사고' 제조사 책임 논의 앞두고…"출력 결함 다양한데", ***쿠키뉴스*** 2024.10.01.[26]
11. 이중화 · 다중화 도입으로 제2의 시청역 · 이태원 급발진 사고 막아야, ***산업일보*** 2024.09.30.[27]
12. "유독 한국인만 급발진 주장"…제조사 책임론 힘 빠지나[뉴스+], ***세계일보*** 2024.08.02.[28]
13. 시사반장 62회 '강릉 급발진 의심사고 - 끝나지 않은 싸움', ***MBC강원영동*** 2024.06.16.[29]
14. "비행기처럼…제어장치 고장 대비 여러개 설치해야" [심층기획-급발진 법 개정 청원 1년], ***세계일보*** 2024.03.12.[30]

---

21 https://www.joongang.co.kr/article/25288658

22 https://www.munhwa.com/news/view.html?no=2024103101039936156001

23 https://www.segye.com/newsView/20241004509860

24 https://biz.heraldcorp.com/article/3485100

25 https://www.ajunews.com/view/20241001182749701

26 https://www.kukinews.com/article/view/kuk202410010001

27 https://kidd.co.kr/news/238479

28 https://www.segye.com/newsView/20240801518248

29 https://www.youtube.com/watch?v=xXSFqYXJOLI

30 https://www.segye.com/newsView/20240311515596

15. "자동차는 완전무결한가"...급발진 전문가 된 경영학자 반주일 교수 [줌인(人)], ***세계일보*** 2023.12.26.[31]

16. Betrayal of Cars, Sudden Unintended Acceleration Incidents, ***The Chungbuk Times*** 2023.10.16[32]

17. [헤럴드광장] 자동차 급발진 논란과 EDR의 한계, ***헤럴드경제*** 2023.09.13.[33]

18. [YTN 탐사보고서 기록] 급발진, 액셀 vs. 브레이크, ***YTN*** 2023.09.09.[34]

19. 급발진 추적자 된 경영학자..."해법은 전자장치의 다중화", ***서울신문*** 2023.07.20.[35]

20. 급발진 인정 0건...'소비자가 입증' 기울어진 운동장, ***YTN*** 2023.06.06.[36]

21. '강릉 급발진 의심 사고' 국회 첫 토론회...왜 소비자가 입증?[주말엔], ***KBS*** 2023.05.28.[37]

22. 현대차, 급발진 신고율 47%차지...주요 자동차 제조사 중 가장 높아, ***녹색경제신문*** 2023.05.26.[38]

23. 반주일 상명대 교수 "급발진 의심 사고, 사고기록장치 신뢰성 검증이 우선", ***시사저널e*** 2023.05.26.[39]

---

31 https://www.segye.com/newsView/20231226512986

32 https://press.cbnu.ac.kr/etimes/news/read.php?mode=search&search=Betrail%20of%20car&article_id=1894&page=1

33 https://news.heraldcorp.com/view.php?ud=20230913000377&pos=naver

34 https://www.youtube.com/watch?v=8_mAxUw-zWs

35 https://www.seoul.co.kr/news/newsView.php?id=20230720009011

36 https://www.youtube.com/watch?v=nJ_LgdaNA-Q

37 https://news.kbs.co.kr/news/pc/view/view.do?ncd=7686063

38 https://www.greened.kr/news/articleView.html?idxno=303689

39 https://www.sisajournal-e.com/news/articleView.html?idxno=300210

언론매체 보도 이후

여러 언론에 이름이 나간 이후로 여기저기서 질의, 섭외 또는 도움을 요청하는 메일을 자주 받는다. 바쁘기도 하고 급발진 이슈와 관련하여 돈벌이를 하고 싶은 생각은 추호도 없기에 상업적 목적(예를 들면 컨텐츠 업체에서 자동차, EDR 등을 주제로 영상 제작)인 곳은 거절한다. 그렇지만 급발진과 관련한 공학·기술적 이슈 및 개선 방안을 알릴 수 있는 인터뷰, 억울한 피해자들의 질의와 도움 요청 등에는 성심껏 응하고 있다. 가장 안타까운 사연의 메일을 소개하고자 한다. 급발진 의심사고로 운전자는 살았는데 조수석에 타고 있던 배우자는 사망한 사건이다.

> 안녕하세요. 저는 법률사무소 ☆☆ 변호사 OOO입니다.
>
> 제가 일면식도 없는 교수님께 이렇게 메일을 드리게 된 것은 제가 급발진 의심 사고의 형사 사건을 수임하게 되었는데 사건 관련 참고자료를 조사하는 과정에서 YTN에서 방영된 '탐사보고서 기록' 급발진(부제: 액셀 vs 브레이크) 편을 보게 되었기 때문입니다.
>
> 위 방송 내용 중 교수님께서 "자율주행차를 위한 안전성 평가 국제표준:UL4600 초안" 내용을 소개하시면서 EDR 데이터상 기록된 액셀을 밟았다는 데이터가 실제 사람이 밟았다는 걸 의미하는 것은 아니라는 내용을 언급하시는 걸 보았습니다. 이를 보고 관련 국제표준 자료를 리서치해 보았으나 제가 리서치 능력이 미천해서인지 해당 자료를 찾지 못했고, 혹시 위 국제표준 자료를 받아보거나 다운로드 받을 수 있는 곳을 문의드리고자 실례를 무릅쓰고 이렇게 메일을 보내게 되었습니다.
>
> 제 의뢰인은 급발진 의심 사고로 조수석에 타고 있던 배우자를 잃었고 현재 교통사고처리특례법위반(치사) 혐의로 기소되어 형사재판을 앞두고 있습니다. 저는 의뢰인이 유죄판결을 받는 것만은 막아주고 싶은데 현재 의뢰인에게 유리한 증거가 너무 부족한 상황입니다.

UL4600 초안 원문 자료 및 국문 번역본을 공유해 주시면 소송 진행에 큰 도움이 될 것 같습니다. 그리고 덧붙여 감히 부탁드리자면 급발진 의심사고 혹은 EDR 기록 장치의 신빙성과 관련하여 제가 참고할 만한 문헌이나 자료가 있으면 이를 구할 수 있는 방법을 알려주시면 더욱 감사하겠습니다.

이런 경우 EDR만을 증거로 삼는다면 배우자를 잃은 상실의 비통함을 위로 받기는커녕 유죄판결을 받아 구속될 수도 있다. 급발진 의심사고 차량을 운전한 필자의 어머니 같은 측은한 마음이 들고, 뭐라도 도움이 된다면 무조건 도와주고 싶었다. 담당 변호사랑 통화한 후 가지고 있는 자료를 보내주었다.

앞으로도 자동차 급발진 문제와 관련하여 억울한 상황에 놓여있는 피해자가 있는 경우 필자가 이 책에서 언급한 모든 자료(보고서, 연구논문, 조사자료, 심사자료, 매뉴얼 등) 중에서 필요한 자료가 있다면 전부 공유해드릴 것을 약속드린다.

BVK의 개념

BVK(Billion Vehicle Kilometers) 또는 BVM(Billion Vehicle Miles)이란 '국가 또는 지역'의 **교통량(traffic volume)을 표기하는 단위**이다. 우리나라를 예로 들면 2022년 말 기준 자동차 등록대수는 2,500만 대를 돌파하였다. 교통량은 모든 차량이 운행한 거리를 합산하는 개념으로 측정한다. 만약 우리나라의 모든 차량이 하루 동안 평균적으로 40km를 주행한다고 가정하면 우리나라의 하루 교통량은 1,000,000,000vehicle-km[40](2,500만 대 × 40km)가 되는데 수치가 너무 커서 표기가 어려우므로 이를 줄여서 1BVK라고 표시하는 것이다. 쉽게 말해서 1BVK는 한 국가를 대상으로 하는 경우에 단 하루 만에도 달성 가능한 교통량에 해당한다.

참고로 영국의 도로교통부에서 발표한 도로교통 통계(Road traffic statistics)에 따르면 2022년 영국의 연간 교통량은 마일 단위 표기 시 323.8BVM이며, 킬로미터 환산 시 521.1BVK이다.[41] 단 하루 만에도 1BVK 이상의 교통량이 발생하기 때문에 TRL 보고서에서 추정된 1BVK마다 1,770건의 전자장치 결함 건수가 결코 작은 수치가 아님을 알 수 있다.

40 교통량은 차량 대수와 주행거리라는 두 가지 요인에 의해 결정되므로 공학적으로는 vehicle 단위와 km 단위를 병기하여 1,000,000,000 vehicle-km라고 표기하는 것이 엄밀한 표현이다.

41 출처: 영국 교통부(https://roadtraffic.dft.gov.uk/summary)

제조사 측의 전문가 의견서:
간에 가 붙고 쓸개에 가 붙는다

부모님을 대리해 소송을 하며 자동차 제조사와 서면 공방을 이어가던 중 제조사 측 전문가 의견서의 작성자를 보는 순간 몹시 당황스러웠다. 의견서는 교수 2명이 공동 작성하였으며, 이들은 급발진 이슈와 관련해 언론에서 자주 얼굴을 볼 수 있는 사람들이었다.

평소에 급발진은 존재하고, EDR 데이터가 잘못 기록될 수 있으며, 제조사도 이를 인정하고 문제 해결을 위해 협조가 필요하다는 취지의 주장을 하면서 언론에서는 소비자 편에 선 것처럼 보였던 자들이 법정에서는 제조사 편에 서서 평소와는 정반대의 주장을 아래와 같이 펼치고 있었다.

> 사건을 의뢰받아 EDR 데이터, 영상(블랙박스)자료 등을 종합하여 분석한 결과 이 사건 차량의 문제로 급발진이 발생했다는 객관적 증거는 존재하지 않았습니다.

EDR 데이터는 프린트 해서 보면 되고, 블랙박스 영상은 그냥 플레이시키면 되는데, 2명의 교수가 대체 무엇을 '종합적으로 분석'하였다는 것인지 납득이 되지 않는다.

또한 평소 행보를 볼 때 급발진 의심사고에서 피해자가 억울한 이유는 객관적 입증 수단이 존재하지 않기 때문이라는 것을 누구보다 잘 알고 있을 사람들이다. 그런데 이 사건은 객관적 증거가 없기 때문에 급발진이 아니라는 주장을 펴고 있는 것이다.

더욱 충격적인 것은 다음 절에서 살펴 볼 의견서의 내용이었다. 의견서의 내용을 차근차근 읽고 있자니 실소(失笑)가 터져 나왔다. 학력, 학벌, 연구실적 등 모든 면에서 우수한 고급 인력이 즐비한 자동차 제조사에서 이런 엉터리 의견서를 작성한 자들을 앞세워 법정 공방을 이어가는 이유는 무엇일까?

필자는 제조사의 노림수가 무엇인지 곰곰이 생각해 보았다. 먼저, 언론에서 소비자 편인 것처럼 알려졌던 이들을 섭외함으로써 이 사건만큼은 급발진이 절대 아니라는 점을 재판부에 더욱 어필하고 싶었던 것이 아닐지 추측해 본다. 그리고, 우수한 내부 전문가들을 놔두고 굳이 외부인들을 시켜서 의견서를 작성하는 것은 오류, 허위, 억지 등 잘못된 내용이 발견되었을 때 이것이 제조사의 주장, 의견, 공식입장이 아니었다고 하며 비난과 책임을 쉽게 회피하기 위함이 아닐까 싶다.

양심을 파는 것인가? 무지한 것인가?

앞서 언급한 교수 2명은 제조사의 돈 몇 푼에 양심을 파는 것인가? 그냥 무지한 것인가? 필자는 둘 다일 것이라는 결론에 도달했다. 의견서에 드러난 허위와 무지는 도를 넘었다. 이것이 바로 급발진 재판에서 제조사가 어떤 자세로 임하고 있는지 민낯을 보여주는 것이기에 몇 가지를 짚고 넘어가고자 한다.

1 북아웃 소송에 대하여

> **제조사 측 전문가 2인**
>
> 토요타 급발진 소송에서 ECU 소프트웨어 결함이었다는 설명(7면)[42]은 해당 소송에 대하여 잘못 알고 설명한 것으로......
>
> 미국의 도요타 급발진 사건이 대표적인 사례로 언급되는데, 공식적으로 매트가 밀려서 급가속이 된 사건으로 판단되어 리콜된 사건이며, ... J 교수님께서 도요타 급발진 사건은 잘못 알고 주장하신 내용입니다.

Chapter 3에서 살펴보았듯이 Bookout 소송은 미국 오클라호마 법원에서 ECU 소프트웨어 결함이 인정된 사건이다. 구글에 검색어 'Bookout & sudden unintended acceleration'만 쳐보아도 기사가 수두룩하다. 자동차 전공 교수라는 사람 2명이 누구나 볼 수 있도록 공개된 **Bookout 소송의 결과를 바닥매트가 원인이었던 Saylor 소송에 뒤범벅시킴**으로써 재판에서 ECU 결함 가능성이 부각되지 않도록 하기 위해 무척이나 애쓰고 있는 모습이다.

42 원고 측 전문가 J 교수님의 의견서를 지칭한다.

2 EDR 데이터에 오류가 없었다?

> **제조사 측 전문가 2인**
>
> 더욱이 미국 민사 소송 중 Book out 소송 건에서 EDR 데이터는 운전자 쪽 증거자료로 사용되지 않았습니다.
>
> ...... 해당 소송 승소한 위즐리 변호사 미팅에서 이에 대하여 질의한 적이 있는데, 위즐리 변호사는 EDR 데이터에 오류가 없었으며, 이에 증거자료로 활용하지도 않았다고 답변하였고, ...

자신들이 마치 해당소송을 잘 아는 것처럼 말하고 있다. Bookout은 자동차 급발진 사고 피해를 입은 사람의 성씨이다. Book과 out을 띄어쓰기 하는 것을 보면 두 교수는 성씨가 아니라 이어동사(two-word verb)로 인식하고 있다. 그리고 해당 사건을 승소한 변호사는 '위즐리'가 아니라 비슬리(Beasley)이다. 로펌 명칭이 'Beasley Allen Lawfirm'인데 'Bea'를 '위'로 발음하는 교수들은 난생 처음이다.

더욱이 두 교수의 EDR 데이터에 대한 의견은 오류를 넘어 범죄[43]로 치닫고 있다. 이미 Chapter 3에서 자세히 살펴보았듯이 북아웃 소송에서 ECU 소프트웨어 결함을 밝혀낸 소프트웨어 컨설팅업체 바그룹(Barr Group)의 Mr. Barr를 증인으로 출석시켜 신문한 내용 전문이 녹취록으로 남아 있다(오클라호마주 법원 Case No. CJ-2008-7969).

녹취록에 따르면 사고 차량인 2005년식 토요타 캠리는 요즘의 차량처럼 사고 전(pre-crash) 5초 정보를 기록하는 EDR 장치가 장착되지 못하였고, 사고(crash) 정보만 기록하는 구형 EDR이 달려있었다. 또한 구형 EDR이라 하더라도 일정한 기록이 남아있어야 하나 사고가 발생했음에도 EDR에는 아무런 데이터도 남아있지 않았다. EDR이 불량이거나 먹통이 되어 작동하지 않았던 것이다.

---

43 재판부에 제출한 의견서를 도가 지나친 허위로 작성했다는 점에서 그렇다.

두 교수의 의견서에 담긴 다음 2가지 주장, 즉 ① 비슬리 변호사가 EDR 데이터에 오류가 없었다고 답변했다는 것, ② 오류가 없었기에 증거자료로 활용하지도 않았다는 것은 **명백한 허위이며, 재판부와 원고 측을 기망하는 범죄행위**라고 생각된다.

3 TRL 보고서에 대하여: 차량 한 대가 10억 킬로미터를 주행한다?

> **제조사 측 전문가 2인**
>
> "The casualty rate per billion vehicle kilometres given in the 1998 edition of Road Accidents Great Britain is 70" 라는 문장은 영국에서 통계적으로 교통사고로 인한 상해자가 BVK(Billion Vehicle Kilometres-차량이 10억 킬로미터를 주행할 때)마다 70명의 비율로 발생한다는 뜻입니다.
>
> 상식적으로 BVK는 차량이 10억 킬로미터를 주행했다는 "거리"의 개념이 분명한데,.... '10광년이 시간으로 어느 정도인지'를 따지는 것과 같은 종류의 착각입니다.

이 부분 역시 황당하다. 앞서 살펴보았던 국가 또는 지역의 **총 교통량을 표기하는 단위** BVK(Billion Vehicle Kilometres) **개념을 차량 1대에 적용**하고 있으니 말이다. 보고서 요지는 BVK마다 사고가 충분히 많이 발생한다는 것인데, 기본적인 영어 문장 한 줄도 해석이 안 되는 교수 2명이 BVK는 마치 10광년 같은 까마득한 수치이므로 현실적으로 의미없다는 뉘앙스로 진술하고 있다.

ODO[44]라고 불리는 자동차의 **주행거리계**(odometer)는 6자리이므로 측정가능한 거리는 최대치가 999,999킬로미터 또는 999,999마일이다. 차량 한 대가 백만 마일을 달리면 기이한 사건으로 뉴스에 보도[45]되는 마당에 어떻게 이렇게 숫자에 대한 감이 없는지 안타깝다.

44 그리스어 오도스(ὁδός)에서 유래한 것으로 길(road, path, way)을 뜻한다.

45 토요타가 자사 픽업트럭 툰드라를 100만 마일(161만 킬로미터) 운행하여 화제가 된 Victor Sheppard에게 새 툰드라 차량을 선물한 사연은 유명하다.

공학 교수 2명 스스로가 교통량을 측정하는 단위 BVK에 대해 들어본 적도 없고, 인터넷에서 검색해 본 적도 없고, TRL 연구보고서 내용도 전혀 읽어보지 않았음[46]을 자인하는 꼴이다.

교통량에 대한 개념이 없어 차량 1대가 10억 킬로미터를 달릴 때마다 70명이 교통사고로 다친다고 오역하는 이런 엉터리 전문가들의 의견을 기반으로 더욱 황당한 주장을 펼치는 국내 5대 로펌 OO의 준비서면 내용도 점입가경이다. 아래와 같이 발췌하여 인용한다.

2023년 7월 7일자 피고측 준비서면 7page 발췌

평소 좋은 인지능력을 가졌기에 운전 실수를 했을 가능성이 없을 것이라는 원고들의 논리대로라면, 원고들이 제출한 TRL 보고서에 의하더라도 10억 km 주행에도 APS나 ECU의 가속 관련 문제가 발생한 바 없는 자동차의 전자장치야말로 높은 신뢰성을 가지고 있다고 할 것입니다.

영국에서 단 하루 만에 달성할 수 있는 국가의 총 교통량 BVK 개념을 차량 한 대에 적용하여 **자동차 전자장치는 10억 킬로미터를 운행해도 안전하다는 황당한 결론에 도달**하고 있다.

참고로 제조사 측 변호인단 4명[47]은 모두 서울대 법대 출신이며, 그 중 2명은 판사 출신이다. 우리나라 자동차 급발진 관련 재판이 공학과 기술에 문외한인 엘리트 법조인들에 의해 비상식으로 흘러가는 씁쓸한 현실의 단면을 보여준다.

이는 재판부로 하여금 전자장치의 결함가능성에 대한 기초적인 판단을 저해할 가능성이 크다. 원고측 변호사도 어이가 없어 이에 대한 반박을 준비서면에

---

46 선행연구를 제대로 읽어보지 않고 엉터리로 인용하는 것은 교수 사회에서 비윤리적 행위로 간주된다.

47 2023. 7. 7. 준비서면을 작성한 변호사들이다. 피고측 변호인단은 2021년에 5명이었으나 1명이 제외되어 2023년에 4명으로 줄었다.

담아내면서 "악의적이라고 할 수 있을 만큼 오류가 심각합니다"라고 표현하였다.

4 액셀강도 계산공식

Chapter 10에서 살펴본 것처럼 법원이 제조사들로 하여금 자료제출명령을 내릴 수 있도록 해야 한다는 제조물책임법 개정안들이 발의되고 있다. 운전자와 제조사 간 기술적 정보에 대한 정보비대칭을 해소하여 공정한 소송이 진행되도록 하기 위한 취지라 하겠다. 필자가 부모님을 대신에 제조사와 3년 간의 소송을 하면서 알게 된 이렇다 할 기술적 정보는 거의 없다. 하나 꼽으라면 피고측 전문가 의견서에 제시된 액셀 강도 계산공식이다. 핵심내용은 2자리 16진수를 10진수로 환산하여 0.3906을 곱한다는 것이며 [표 14-1]과 같다.

표 14-1 진법 계산에 오류가 있는 계산공식

산술식 적용	데이터값	비고
0×0.3906	0%	액셀 페달이 작동하지 않음
FE(255)×0.3906	99.603%	FE가 나오면 풀액셀
FF(256)×0.3906	99.9936%	FF가 나오면 고장이라고 판단

독자들도 눈치를 챌 수 있을 것이다. 진법 표현이 엉터리이다. 진법(2진수, 16진수 등)은 공대 학부생 정도면 쉽게 알고 있는 개념이다. 16진수 2자리로 표현할 수 있는 숫자는 16×16=256개이며, 이를 범위로 표현하면 2진수 00000000부터 11111111까지, 10진수 0부터 255까지, 16진수 00부터 FF까지이다. 256을 16진수로 표현하려면 2자리로는 불가능하여 세 자리(100)가 된다.

원고 측 전문가 중 프로그래머 S 이사님은 진법에 어처구니 없는 실수가 있는 것으로 보아 **2명의 공학 전공 교수가 공동으로 의견서를 작성했다고 도무지 믿기지가 않는다**고 했다. 학부에서 공학을 전공한 필자가 보기에도 그렇다. 더구나 단독으로 작성된 것이 아니고 공학 전공 교수 2명이 작성했음에도 저런 실수를 거르지 못한다는 것이 잘 이해되지 않는다. 필자가 올바른 식으로 바꿔 보면 [표 14-2]와 같다.

표 14-2 올바른 계산공식

산술식 적용	데이터값	비고
0×0.3906	0%	액셀 페달이 작동하지 않음
FE(254)×0.3906	99.2124%	FE가 나오면 풀액셀
FF(255)×0.3906	99.603%	FF가 나오면 고장이라고 판단

5 손바닥을 뒤집다

원고 측에서는 피고 측 전문가 2명이 작성한 최초 의견서의 허위 사실에 대해 조목조목 지적하는 준비서면을 제출하였다. 피고 측은 추가 의견서를 작성하여 제출하였는데, 교수로서 허위 사실에 대한 해명이나 사과 등 일절 언급도 없이 손바닥을 뒤집 듯 기존 입장을 번복하였다.

표 14-3 허위사실에 대한 입장변화(피고 측 전문가 의견서 발췌)

	최초 의견서	추가 의견서
북아웃 사건의 원인	- 토요타 급발진 소송에서 **ECU 소프트웨어 결함이었다는 J 교수의 설명은 해당 소송에 대하여 잘못 알고 설명**한 것 - 공식적으로 **매트가 밀려서 급가속이 된 사건** - **ECU가 원인이 아니었음**	배심원이 ETCS-i 오류로 토요타 2005년식 캠리 고유의 **소프트웨어 로직상 문제가 있었다**고 판단한 것
북아웃 사건의 EDR	질의한 적이 있는데, 원고 측 변호사는 **EDR 데이터에 오류가 없었으며, 이에 증거자료로 활용하지도 않았다**고 답변하였음	토요타의 2005년식 캠리의 **EDR은 충돌 이전 데이터를 기록하지도 않음**

6 급발진 재현실험 연구 Park et al.(2016)에 대한 설명

최초 의견서에 도배된 허위와 오류 투성이 내용에 대해 피고 측 전문가 2명은 일말의 반성이 없는 듯 했다. 추가 의견서 결론 부분에서 요약된 **급발진 재현실험 연구** Park et al.(2016)**의 내용이 거의 대분분 허위사실**이었다. 가능성은 둘 중의 하나다. 첫째, 교수 두 명이 해당 논문을 단 한 페이지도 읽어보지 않았을 가능성이다. 둘째, 호증으로 제출된 영어논문을 재판부가 읽어볼 리 만무하다고 판단하고 재판부를 기망하기 위해 고의적으로 왜곡하였을 수 있다. 어떤 가능성이 더 큰지에 대한 판단은 독자들의 판단에 맡긴다. [표 14-4]는 필자가 해당 연구논문을 정독하고 쟁점별로 피고 측 추가 의견서의 허위 내용과 비교해 본 것이다.

표 14-4 허위로 요약 제시된 급발진 재현실험 연구의 내용

	추가 의견서에 요약 제시된 논문내용	논문의 실제 내용	비고
액셀 페달 강도	액셀 페달을 살짝(10%) 밟음	- 섀시동력계에서 액셀 페달을 상당히(25%) 밟음 - 실제 도로주행에서 액셀 페달을 상당히(35%) 밟음	급발진 재현실험이 실제 도로 환경이 아니라 주차장 환경에 부합한다는 것으로 주장하려는 의도로 보임
가속중단	액셀 페달에서 발을 떼면 가속이 중단됨	액셀 페달은 25% 수준에서 유지되며 발을 떼었다는 내용이 전혀 없음	운전자 과실이라는 피고 주장을 뒷받침하기 위한 의도로 보임
페달 동시작동 및 BOS 작동	- 액셀 페달을 밟은 상태에서 브레이크페달을 밟으면 가속은 중단됨 - BOS는 정상 작동하여 급가속 중단됨	- 페달을 동시에 밟는 내용이 전혀 없음 - 논문에 BOS라는 용어 또는 개념 자체가 한 번도 등장하지 않음	BOS 장착이 되면 급발진은 없다는 피고 주장을 뒷받침하기 위한 의도로 보임
EDR 데이터	ECU에서 EDR에 전송된 CAN 데이터를 확인한 결과 상호 데이터가 일치함	논문에 두 가지 데이터를 비교 검증하는 내용이 전혀 없음	상호일치를 확인하려면 두 가지 데이터 간 비교검증이 필요하므로 명백한 허위

	추가 의견서에 요약 제시된 논문내용	논문의 실제 내용	비고
스로틀 오류와 EDR의 신뢰성	스로틀 오작동이 발생한 경우에도 스로틀 동작에 대한 EDR 기록 자체는 신빙할 수 있음	- 논문에 EDR이라는 용어 또는 개념 자체가 등장하지 않음 - 25% 수준에서 개방된 스로틀이 전압불안정에 의한 ECU 오작동으로 인해 100%까지 개방됨	- 이 사건에서 쟁점은 EDR에 저장된 액셀 페달 및 브레이크 기록의 신뢰성이지 스로틀 개도량 기록의 신뢰성이 아님 - 스로틀이 ECU 오작동으로 인해 100% 개방되는 경우 EDR에 100%로 저장되는 것은 당연한 결과이며, EDR의 신뢰성과는 무관함
실험 시나리오	재현실험은 주차장에서 출발하는 중 액셀 페달을 살짝 밟았는데 급가속한 경우와 유사하므로 이번 사건과는 다르다고 주장	- 섀시동력계상 속도가 35~43km를 나타냄 - 실제 도로주행시험(road test)도 추가적으로 행해짐	- 실제 운전자가 주차장에서 35~43km로 과속하는 경우는 없음. 해당 속도는 저속 도로 주행 상황임 - 도로 주행 시험까지 병행하였다는 점에서 주차장 환경이라고 볼 수 없음 - 급발진이 도로 주행 환경에서 재현된 것이 아니라고 주장하려는 의도로 보임

급발진을 경험했다는 사람이 왜 이리 많은가?

다소 주관적인 이야기를 해보려고 한다. 급발진 의심사고는 99.9% 페달 착오라고 근거없는 수치를 제시하는 **정크 사이언스**(junk science)를 받아들이기에는 주변에 급발진을 경험했다는 사람이 의외로 많다. 그리고 원인을 노령층의 조작미숙으로 몰아가기에는 그들의 나이가 충분히 젊었을 때 발생했다는 점이 아이러니하다.

필자는 2024년 7월 25일, 9월 30일에 개최된 '제조물책임법 개정을 위한 국회 정책세미나'에 토론자와 메인 발제자로 참여를 했었다. 세미나를 주최한 민병덕 의원에게 왜 급발진 문제에 많은 관심을 가지고 이런 행사를 주최하는지 질문을 했는데 놀랍게도 본인이 급발진을 경험했기 때문이라고 답하였다. 급발진을 당하게 되면 입증할 방법이 없어 원통해하는 피해자들의 마음을 공감할 수 있는 국회의원이 있다는 게 참 다행이다라는 생각이 들었다.

필자가 소속되어 있는 학과에는 14명의 교수가 있는데 필자를 포함하여 본인이나 가족이 급발진을 경험했다는 사람이 3명이나 된다.

학과 교수 중 한 분은 출고한 지 두 달 남짓한 전기 SUV를 타고 온가족이 성묘하러 공원묘원 가는 급경사 오르막길을 주행하는 상태에서, 후진 방향으로 급발진이 발생하여 다른 차량을 부딪쳐 대파시키고, 보강토 옹벽에 충돌한 후, 본인의 차량은 360도 굴러 낭떠러지의 난간에 걸려 간신히 추락을 면하였다. 낭떠러지로 떨어졌다면 부부뿐만 아니라 어린 두 자녀까지 목숨을 잃을 수도 있었다고 얘기한다. [그림 14-10]은 당시 사고 사진이다. 해당 교수님과 자녀들은 사고 발생 후 트라우마가 생겨 언덕길을 올라갈 때면 너무 괴롭다고 한다.

그림 14-10 경기도 양평 전기 SUV 급발진 의심사고 사진

학과 교수 중 다른 한 분은 독일에서 카레이서 교육을 3달 동안 받았을 정도로 자동차와 운전을 좋아한다. 애지중지하는 독일제 고급 세단에서 급발진 현상을 3번이나 경험하였다. 급발진 현상을 경험한 장소는 마트 주차장, 고속도로, 일반도로로 다양하다. 처음으로 급발진을 경험한 날 브레이크 페달만 밟았을 뿐인데 큰 엔진음과 함께 마치 액셀 페달을 동시에 밟은 것처럼 차량이 튀어나가려는 구동력이 느껴져 중립기어를 넣었고 RPM이 치솟아 바로 시동을 껐다고 한다. 차량을 견인차에 실어 공식 서비스센터에서 차량을 스캔하였으나 ECU에 어떠한 고장코드(DTC, Diagnostic Trouble Code)도 남아있지 않았다고 한다. 그 후에도 비슷한 현상을 2번 더 경험하게 되니 무서워서 해당 차량을 처분하고 다른 차량을 구입하였다. 자신이 급발진임을 직감하고 중립기어를 넣고 브레이킹 시도하는 초동 대처가 가능하였기 망정이지 보통 운전자였으면 사고로 연결되었을 수 있다고 얘기한다.

글로벌 빅테크 기업에서 근무하고 있는 대학원 동기가 있다. 필자가 재직중인 상명대에서 글로벌비즈니스와 관련된 전문가 특강이 필요할 때마다 한달음에 달려와 주는 고마운 사람이다. 필자에게 언론사 인터뷰를 주선해 주기도 하며 급발진 문제를 널리 알리는 활동을 적극 응원해주고 있다. 그 동기도 미니밴

을 운전하다가 엔진에서 웽하는 큰소리가 나며 RPM이 솟구치는 위험한 경험을 하였다고 얘기하며 급발진은 분명히 존재한다고 믿고 있다.

그리고 정기적으로 모임에서 만나는 타 대학 선배 교수가 있다. 그 분은 미국 유학 시절 급발진을 2번 경험하였고, 한국에서는 국산 고급 세단을 몰다가 급발진 현상이 발생해 재빠르게 앞차를 들이받고 차량을 세울 수 있었다고 했다. 미국에서 미리 경험한 급발진으로 인해 한국에서 적절한 대처가 가능했다는 것이다.

군대를 다녀온 사람은 길에서 유독 군복입은 사람이 눈에 띈다고 하는데, 필자의 눈에만 유독 급발진 경험자들이 눈에 띄는 것일까? 그렇다고 생각하지 않는다. 독자들도 일상에서 자연스럽게 만나는 지인들과 급발진을 주제로 한번 이야기를 나누어 보면 경험자들이 아예 없지는 않을 것이다.

미국 컨슈머리포트가 제안하는 급발진 대처법 5단계

미국의 **컨슈머리포트**(Consumer Reports)[48]에서는 2010년 1월 27일에 자동차 급발진에 대처하는 요령을 설명하는 흥미로운 기사[49]를 게시하였다. 제목은 **『날아가는 자동차를 어떻게 세울 것인가: 당신의 생명을 구하기 위한 5단계**(How to stop a runaway car: Five steps that can save your life)』이다. 컨슈머리포트는 다음의 각 단계들을 기억하고 안전한 장소에서 미리 연습해보는 것을 권장하고 있다.

Step 1. 브레이크를 힘차게 밟아라(Brake firmly)

브레이크를 펌핑(여러번에 나눠 밟는 행동)하지 말라. 시동을 아직 꺼서는 안 된다. 왜냐하면 시동을 끄면 핸들조향 및 브레이크의 힘을 보조해주는 기능이 비활성화되기 때문이다.

Step 2. 기어를 중립(N)으로 바꿔라(Shift the transmission into Neutral)

엔진이 굉음을 내며 빠르게 회전하더라도 놀라지 말라. 대부분의 현대식 자동차에서는 엔진을 보호하기 위해 회전수 제한장치를 가지고 있다. 기어를 중립으로 바꿈으로써 차량을 다시 통제할 수 있게 될 것이다.

Step 3. 안전한 장소로 방향을 틀어라(Steer to a safe location)

그리고 완전히 정지하라.

Step 4. 시동을 꺼라(Shut off the engine)

기어는 여전히 중립(N)에 위치시켜라.

48 미국에서 유명한 독립적 비영리 소비자단체이다. 1936년에 소비자가 제품의 안전성 및 성능을 평가하는 데 필요한 신뢰할 수 있는 정보를 제공하는 것을 목표로 설립되었다.

49 https://www.consumerreports.org/cro/news/2010/01/how-to-stop-a-runaway-car-five-steps-that-can-save-your-life/index.htm

Step 5. 마지막으로 기어를 파킹(P)로 바꿔라(Finally, shift the transmission into Park)

수동식 기어 차량에서는 비상 브레이크를 작동시킬 것. 심호흡을 하고 전화를 걸어 도움을 요청하라. 자동차를 다시 운전하려고 시도하지 말라.

1단계에서 브레이크를 펌핑하지 말라는 이유를 이해할 필요가 있다. 일반적인 내연기관 차량에서는 운전자가 브레이크를 밟는 힘을 진공력을 이용해 수십 배로 증폭시켜 주는 진공배력장치(Vacuum Booster)가 널리 사용된다. 그런데 급발진이 발생하여 엔진의 스로틀밸브가 열려 있는 경우 진공력이 추가적으로 생성되지 않는다. 따라서 브레이크를 펌핑하는 경우 남아있는 진공력을 모두 소진하게 되는 것이다. 따라서 현재 약간이라도 남아있는 진공력을 이용하여 차를 정지시켜야 한다는 생각으로 죽을 힘을 다해 브레이크를 밟아야 하는 것이다.

2단계에서 기어를 중립으로 바꾸라는 것은 동력을 차단하기 위해 자동차의 엔진과 바퀴 사이의 연결을 끊는 것이다. 급발진하는 차량의 기어를 중립으로 바꾸는 경우 차량은 굉음과 함께 엄청난 엔진회전수(RPM)를 나타내며 공회전을 하게 된다. 차량이 바로 정지하지는 않더라도 더 이상 속도가 높아지는 불상사를 막을 수 있다.

3단계는 광활한 땅덩이와 기나긴 도로망을 가진 한산한 미국의 국도나 고속도로에서 시도해볼 수 있는 대처법으로 도로의 갓길 등으로 방향을 틀어 충돌을 피하는 것이다.

4단계는 시동을 끄는 것인데, 안전한 곳으로 대피하기 전에 시동을 꺼버리면 핸들이 잠기거나 매우 빡빡해져서 원하는 방향으로 조향이 어려워지므로 위험한 상황에 노출될 수 있으므로 주의해야 한다.

5단계는 차량이 안전한 위치에서 완전히 정지하였더라도 자동차 기어를 파킹으로 하고 다시 운전하지 말 것을 당부한다. 자동차 긴급출동 서비스, 긴급견인 및 차량 안전진단 등의 조치를 고려해 볼 수 있을 것이다.

우리나라 도로환경에서의 급발진 대처법

미국 컨슈머리포트가 제안하는 급발진 대처법에서 **초동 대응(1단계 및 2단계)이 핵심**이라고 판단된다. 그러나 진공배력이 줄어들거나 사라진 급발진 상황에서 힘이 약한 노약자 또는 여성 운전자의 경우 브레이크 페달을 밟는 힘만으로 차량을 감속시키는 1단계 대처가 어려울 수 있다. 또한 근래에 출시되는 차량들은 물리적인 기어봉의 움직임으로 작동하는 **기계식 기어**(shift by cable) 대신 버튼 또는 다이얼 등으로 작동되는 **전자식 기어**(SBW, shift by wire)를 채택하는 경우가 많아지고 있다. 기어를 중립으로 바꾸고자 하더라도 전자식 기어가 운전자가 원하는 대로 작동되지 않는 경우에도 2단계 대처가 어려울 가능성이 있다. 차량을 안전한 곳으로 이동시키는 3단계 대처법 또한 우리나라의 복잡한 도로 환경에서 적용하기 어려울 수 있다.

미국 컨슈머리포트가 제안하는 급발진 대처법 1단계, 2단계에 모두 실패하고 3단계도 여의치 않은 경우 어떻게 대처할 것인가? 전문가들이 조언하는 몇 가지 방법들을 살펴보자.

1 벽이나 가드레일 등에 마찰시키기

숙련된 운전자의 경우 벽이나 가드레일 등에 차량 측면을 천천히 부딪히게 하여 차체 또는 타이어를 마찰시켜 가면서 속도를 줄이는 방법이다. 잘못하면 차량이 전복되거나 가드레일을 뚫고 나갈수 있으므로 주의해야 한다.

2 사이드 브레이크 또는 전자식 주차 브레이크(EPB) 이용

사이드 브레이크가 있는 차량이라면 사이드 브레이크를 조금씩 당겨서 안전하게 속도를 줄이는 방법을 고려해 볼 수 있다. 2024. 7. 10. JTBC 뉴스[50]에서는 미국 오하이오주의 고속도로에서 경찰이 공포에 질린 운전자에게 해당 방법을 안내하여 차량을 멈추게 한 사례를 소개하고 있다. 요약하면 아래와 같다.

2024년 7월 10일자 JTBC 뉴스 중 발췌

공포에 질린 여성 운전자는 비명을 지릅니다.

운전자: "앞 차를 칠 것 같아요!"

경찰은 브레이크 대신 사이드 브레이크를 채우라고 안내합니다.

경 찰: "비상 브레이크를 꽉 붙잡으시기 바랍니다. 내 말 들리나요? 비상 브레이크를 붙잡고, 천천히 조금씩 당기십시오. 그리고 속도가 낮아지는지 살펴보세요."

잠시 후 차량은 안정적으로 멈춥니다. 이처럼 급발진 의심사고 발생 때는 사이드 브레이크가 하나의 대안입니다.

요즘 출시되는 차량들은 사이드 브레이크 대신 **전자식 주차 브레이크**(EPB, electronic parking brake)가 탑재되어 있는데, 브레이크가 작동되지 않는 경우에 EPB를 이용해서 제동하는 방법을 고려해 볼 수 있다. 2024. 7. 10. 문화일보 기사[51]를 아래와 같이 발췌하여 소개한다.

50 https://v.daum.net/v/20240710161342181

51 https://v.daum.net/v/20240710094508255

2024년 7월 10일자 문화일보 기사 중 발췌

EPB는 기존 사이드브레이크나 페달 방식의 기계식 주차브레이크를 전자식 버튼으로 대체한 것이다. 지난 2010년 이후 출고된 차량에는 대부분 장착돼 있다. 한국교통안전공단에 따르면, 현대차 · 기아를 비롯한 15개 제조사의 364개 차종에 EPB가 탑재돼 있다. 공단 측이 지난해 실시한 '주행 및 제동 시험'에서는 시속 100㎞ 이상에서 브레이크가 작동되지 않은 경우 EPB를 작동시키는 것만으로도 차량이 완전히 멈추거나 속도가 현저히 줄어들 수 있는 것으로 나타났다.

3 앞차를 들이받기

급발진 의심사고를 당하면 본능적으로 이리저리 충돌을 피하는 경우가 많은데 이 경우 오히려 속도가 계속해서 치솟아 더욱 위험한 상황이 초래될 수 있다. 다른 대처법이 여의치 않고 차량을 통제할 더 이상의 방법이 없다고 판단되는 경우 최후의 방법은 앞서가는 차량을 들이받는 것이다. 이때 비슷한 체급의 차량을 들이받는 경우 범퍼를 통해, 또는 차량이 찌그러짐으로써 상당한 운동에너지를 흡수시켜 피해를 최소화할 수 있다. 나무나, 전봇대 등 고정된 물체를 들이받는 경우 큰 충격에너지가 한 부위에 집중되므로 치명상을 입을 가능성이 있으므로 주의해야 한다.

- 반례 하나면 충분하다
- EDR 만능의 신화에서 깨어날 때
- 국과수의 메타인지가 절실하다
- 급발진 대처법에 대한 트레이닝, 연습, 교육, 체험
- 제조물책임법상 고난도(highly complex) 제조물 개념 도입
- 자료제출 명령의 실효성 제고
- 결함분석심의위원회 vs. 민간전문가
- 입증수단 확보
- 보험을 통한 피해구제
- 급발진 의심사고 사례 데이터베이스 구축
- 피해자 커뮤니티 구축
- 언론의 기업편향(Corporate Bias)에 대한 인지와 대응
- 정크 사이언스(junk science) vs. 리얼 사이언스(real science)
- 근본적인 해법은 철저한 다중화(redundancy)

CHAPTER 15

소비자보호 방안

반례 하나면 충분하다

명백한 원인 규명과 뾰족한 해결책 없이 답보하고 있는 급발진 문제를 해결하기 위한 **첫 걸음은 급발진 현상 자체를 인정하는 것**이다. '급발진은 없다'와 '급발진은 있다'를 증명하는 것 중 어느 것이 쉬운가? 학창 시절 수학 시간에 배운 **반례**(反例, counter example) 개념을 떠올려 보면 당연히 후자를 증명하는 것이 훨씬 쉽다. 반례를 이용한 증명은 어떤 명제가 거짓임을 증명하는 데 편리한 방법으로서 명제와 반대되는 예(example) 하나만 보여주면 증명이 쉽게 끝난다.

급발진 문제에 적용해 보자. '급발진이 없다'는 명제를 증명하기 위해서는 모든 차량 및 모든 상황에서 발생하지 않음을 보여줘야 하는데 이는 만만한 작업이 아니다. 반대로 '급발진이 있다'는 것을 증명하기 위해서는 '급발진이 없다'는 명제에 위배 되는 반례 1개, 즉 특정 차량이 특정 상황에서 급발진을 일으킨다는 예 1개만 보여주면 증명으로 충분하다.

반례 1개만 보여주면 족한데 이 책에서 소개했던 반례가 한 개뿐이던가? 스웨덴 컴퓨터 공학자들의 연구 Vinter et al.(2001), 토요타 캠리의 급발진으로 인한 북아웃 소송의 전말, 급발진 가능성으로 인한 혼다자동차의 피트와 베젤 리콜, 우리나라 연구진의 급발진 재현 연구 Park et al.(2016), ECU 전문가의 증언 등은 차고 넘치는 반례들이다.

명백히 존재하는 급발진 현상에 대해 '존재하지 않는다', '확인된 바 없다'고 억지를 부리며 마치 유령이나 UFO처럼 취급하면 곤란하다. 먼저 제조사가 겸허하게 급발진 현상을 인정해야 한다. 다음으로 국과수, 경찰, 공정위, 국토부, 사법부 또한 급발진 현상을 인정해야 한다.

EDR 만능의 신화에서 깨어날 때

제조사, 경찰, 국과수, 사법부는 여전히 EDR 만능의 신화에서 깨어나지 못하고 있다. 이미 Chapter 8에서 **EDR의 신뢰성이 100%가 아니며, EDR 데이터도 잘못 저장될 수 있음**을 여러 사례를 통해 제시한 바 있다. 앞 절에서 설명한 대로 반례 하나면 족한데 충분히 넘치는 반례들이라 할 수 있다. 진실이 이러함에도 불구하고 국과수 실무책임자가 언론에 나와 기본적인 팩트 체크도 되지 않은 다음과 같은 발언을 하는 것은 굉장히 성급하고도 부적절한 처사라고 판단된다.[1]

2024년 7월 11일자 MBN 뉴스 중 발췌

『EDR 불신에 검사 급증…"가속 페달 밟고 급발진 착각"』
국립과학수사연구원 차량안전실장
전 세계의 교통사고 분석 감정기관들은 EDR 데이터를 근거로 해서 분석을 하고 있고요. EDR 데이터가 잘못됐다고 보고된 사례는 없습니다.

또한, EDR은 **사고분석**(accident analysis) 목적으로 탑재된 장치이지 법적인 책임을 가리기 위한 장치가 아님을 유념해야 한다. **법적 책임**(legal responsibility)을 가리려면 EDR보다 훨씬 많은 양의 데이터가 필요하며 이는 앞으로 도입될 **자율주행정보 기록장치**(DSSAD, Data Storage System for Automated

1 https://www.youtube.com/watch?v=AhwqU00x-aA

Driving)를 통해서 가능해질 예정이다.[2] [표 15-1]은 EDR과 DSSAD를 채택하는 목적을 비교한 것이다.

표 15-1 EDR과 DSSAD 비교

	EDR	DSSAD
목적	사고분석	연구, 모니터링, 책임, 법적 책임

출처: UNECE WP29-17-19 자료

EDR의 신뢰성은 EDR 자체만으로 보장되는 것이 아니다. EDR 데이터는 기본적으로 ECU를 거쳐서 기록된다. 만약 100% 신뢰성을 주장하려면 객관적인 비교검증 자료가 필요하다. Chapter 8의 국내 유명 대학 자동차 전자제어 연구실과의 Q&A에서 살펴보았듯이 ECU를 거치지 않고 액셀 페달 센서나 브레이크에서 바로 기록된 데이터와 EDR 데이터를 비교할 수 있다면 신뢰성이 향상될 것이다.

EDR이 급발진 의심사고에서 원인을 규명할 열쇠가 되기는커녕 제조사의 면죄부가 되고 있다는 비난이 지속되고 있다. 이제는 EDR 만능의 신화에서 깨어날 때이다.

2 DSSAD가 추가 도입되지만, 기존의 EDR이 사라지는 것은 아니다.

국과수의 메타인지가 절실하다

대학에서 강의하며 느끼는 것인데 공부 못하는 학생은 기회를 주어도 질문을 잘 던지지 못한다. 자기가 무엇을 모르는지조차 모르기 때문이다. 반면에 공부 잘하는 학생은 자기가 무엇을 알고 무엇을 모르는지 판단하고 구분한다. 이것을 심리학에서는 전문용어로 **메타인지**(metacognition)라고 부른다.

현재 급발진 이슈에서 국과수는 비유컨대 메타인지가 되지 않는 공부 못하는 학생이다. 문제는 공부 못하는 학생의 보고서가 막대한 영향력을 가지며, 급발진의 원인 규명을 더욱 어렵게 만들고 있다는 점이다.

Chapter 5의 강릉 급발진 국과수 보고서 사례에서 살펴보았듯이 국과수는 ECU 반도체 또는 소프트웨어에서 발생하는 전자적인 결함 가능성에 대해 아무것도 분석하지 않는다. 이러한 명백한 한계점에도 불구하고 보고서에 담기는 내용은, EDR 및 기계적 결함에 대한 조사를 토대로 급발진을 유발할 만한 결함은 못 찾았고 페달착오로 사고가 발생하였을 가능성이 있다는 것이다. 이는 소비자에게 매우 불리하게끔 편향된 의견이다.

국과수가 메타인지가 된다면, 국과수에서 근무하는 연구원들이 과학 및 공학·기술을 제대로 배운 사람들이라면 보고서에 담기는 최종의견은 사실대로, 솔직하게, 중립적으로 작성되어야 한다. 필자가 국과수에 근무한다면 아래와 같은 의견을 반드시 담아내고 싶다.

> 국과수는 전자적 결함을 분석할 역량을 갖추지 못하였습니다. 또한 국과수의 급발진 조사에 전자적 결함에 의한 급발진 발생여부는 포함되지 않습니다. 따라서, 전자적 결함에 급발진 발생 가능성을 완전히 배제할 수 없습니다.

현재의 답답한 상황을 개선하기 위해서 국과수는 무엇보다 메타인지를 해야 한다. 미국 콜롬비아대학교 바너드칼리지 심리학과의 **리사 손**(Lisa Son) 교수는 **메타인지를 두 단계**(①Monitoring, ②Control)**로 구분**한다.[3] 또한 대중들이 'Control'에 대해서 간과하는 경향이 있음을 지적한다. 손 교수에 따르면 'Monitoring'이란 '내가 무엇을 알고 모르는지 판단하는 것', 'Control'이란 '내가 모르는 부분을 보완하기 위해 어떤 행동을 할지 판단하는 것'이라고 정의된다.

앞서 살펴본 **사실대로, 솔직하게, 중립적으로 작성된 보고서는** Monitoring**에 해당**하는 것이다. 첫 단계인 Monitoring이 잘 되었다면 이제 두 번째 단계인 Control로 넘어가야 할 것이다.

국과수가 급발진 의심사고에서 소프트웨어와 같은 전자적 결함을 분석하여 사고의 원인을 명명백백하게 가려줄 것을 소비자들은 간절히 원하고 있다. **부족한 장비와 전문인력을 마련하고 역량을 제고하여 제대로 된 분석을 수행하는 것이 두 번째 단계** Control이 될 것이다.

---

3 https://www.youtube.com/watch?v=JGDsMspC7q4

급발진 대처법에 대한 트레이닝, 연습, 교육, 체험

제조물책임법을 통한 입증책임 전환/완화, 페달블랙박스를 통한 증거확보 등을 통해 급발진 의심사고의 잘잘못을 가리는 것은 어디까지나 **사후적인 조치**에 불과하다. 내가 죽는다면 사고조사, 소송, 입증책임 전환이 대체 무슨 소용이란 말인가? 중요한 것은 자동차에서 급발진이 발생했을 때 절체절명의 위기 상황에서 살아남는 것이다. 더욱 중요한 것은 급발진 피해를 막는 **사전적인 예방조치**가 될 것이다.

필자는 부모님이 급발진 의심사고를 당하신 이후 '어머니가 만약 급발진 상황에서 어떻게 대처할 것인지 한 번만이라도 **이미지 트레이닝**(image training)[4]을 해두었다면 어땠을까'라는 아쉬움이 많이 남았다. 브레이크를 펌핑하지 않고 죽을 힘을 다해 한 번에 밟기, 기어를 중립으로 바꾸기, 도로의 연석(경계석) 또는 가드레일에 측면을 마찰시키며 속도를 줄이기, 이도저도 안 되면 앞차 범퍼 들이받기를 머릿속에서 여러 번 이미지 트레이닝 해두는 것이 필요하다.

한 번도 이미지 트레이닝을 하지 않은 운전자는 본능적으로 앞차를 피하게 되어있고 피하면 피할수록 속도가 치솟아 걷잡을 수 없게 된다. 이미지 트레이닝을 했던 운전자와 하지 않았던 운전자의 생존율에는 분명 유의미한 차이가 있을 수밖에 없다.

이왕이면 머릿속에서만 하는 이미지 트레이닝보다 실제 연습을 해보는 것이 급발진 상황에서 대처 능력을 더욱 키울 수 있을 것이다. 물론 앞차를 들이

4 체육분야 등에서 올바른 기술 따위의 습득을 위하여 머릿속에 그 운동이나 동작을 미리 그려보는 연습방법이다(https://ko.wikipedia.org).

받기 같은 항목은 실제로 연습할 수가 없을 테지만, 브레이크를 죽을 힘을 다해 밟아보기, 기어를 재빠르게 중립으로 변경하기 등은 얼마든지 연습이 가능하다.

학과교육(교양교육&안전교육), 장내기능교육, 도로주행교육 등으로 구성되는 운전면허 교육과정에 급발진 상황시 대처법을 의무적으로 포함시키고 필기시험에 출제하는 것도 급발진에 대한 경각심을 일깨우고 대처 역량을 키우는 좋은 방안이 될 수 있을 것이다.

지자체 차원의 교육 및 체험 등도 고려해볼 만하다. 이와 관련하여 2023. 7. 18.부터 시행되고 있는 『서울특별시 자동차 급발진 사고 예방 및 지원에 관한 조례』의 내용을 일부 발췌하면 아래와 같다.

서울특별시 자동차 급발진 사고 예방 및 지원에 관한 조례

제2조(정의) 이 조례에서 사용하는 용어의 뜻은 다음과 같다.

2. "급발진"이란 운전자의 의도와는 다르게 자동차가 스스로 급가속하는 현상을 말한다.

제5조(급발진 안전체험시설의 설치 · 운영) 시장은 자동차 운전자의 급발진 상황에 대한 효과적인 대처 능력 향상을 위하여 급발진 안전체험시설을 설치 · 운영할 수 있다.

제6조(급발진 사고 예방 교육) 시장은 급발진 사고의 예방을 위하여 다음 각 호의 사항에 관한 교육을 실시할 수 있다.

1. 급발진 방지를 위한 자동차 운행 방법에 관한 사항
2. 급발진 발생 시 대처 요령에 관한 사항
3. 교통안전체험에 관한 사항
4. 그 밖에 급발진 사고 예방을 위하여 필요한 사항

제조물책임법상 고난도(highly complex) 제조물 개념 도입

자동차 급발진 의심사고가 사회적 이슈로 부상하면서 제조물책임법을 개정하여 입증책임을 전환하자는 목소리가 높지만 모든 제조물에 대하여 결함 입증책임 전환은 현실적으로 어려워 보인다. Chapter 10에서 제시한 공정위의 『제조물책임법 운용 실태조사』 연구용역 보고서도 다른 나라에서 그렇게 해주는 입법례가 없다며 가능성을 일축하고 있다. 그렇다면 우리나라에서 최초로 그러한 입법을 도입할 가능성이 있는가? 국가조직, 공공조직은 원래 모험과 혁신, 파격과는 거리가 멀다. 아무도 도입하지 않은 입법례를 우리나라 공정위가 앞장서서 도입할 가능성은 매우 낮다고 할 것이다.

현실적으로 가능한 **대안은 자동차와 같이 복잡한**(complex) **제조물에 대하여 특례조항을 두어 입증책임을 완화하는 방안**이라고 생각된다. 이와 관련하여 2024년 3월에 개정된 EU **제조물책임지침의 '기술적 또는 과학적 복잡성**(technical or scientific complexity)**' 개념에 주목**할 필요가 있다. 복잡하다는 것은 일반인의 수준에서 이해하기 어렵다는 것을 의미하는데, 자동차는 복잡성의 개념에 정확히 부합한다. 자동차에 탑재되는 하드웨어와 소프트웨어는 해당 분야의 전문가가 아니고서는 이해가 불가능하기 때문이다.

이해하기 어려운 복잡한 제조물에 대하여 소비자 보호를 더욱 두텁게 하는 입법례는 이미 자본시장법에 존재한다. 2021년 2월에 자본시장법 시행령 개정안이 의결되면서 **'고난도 금융투자상품'**[5]이라는 새로운 정의 규정이 제2조 제7

5 국가법령정보센터에서 제시하는 영어번역은 'highly complex financial investment instrument'이다.

호에 신설되었는데 판단기준으로서 '투자자가 이해하기 어렵다고 인정되는 것'이 사용된다. 고난도 금융투자상품에 적용되는 주요 규제는 판매과정 녹취, 청약철회가 가능한 숙려기간 등이 있다.

제조물책임법에서도 이와 유사한 개념과 규제를 도입할 필요가 있다. 먼저 자동차처럼 첨단 과학 · 기술이 탑재되는 제조물에 대하여 제조물책임법상에서 **'고난도(highly complex) 제조물' 개념을 정의**하는 것이다. 다음으로 '고난도 제조물'에 대한 특례조항을 만들고 '고난도 제조물'에 대하여 어느 정도로 입증책임을 완화시켜 줄 것인지 결정해야 할 것이다. 필자는 공정위와 국회에서 아래와 같은 몇 가지 특례조항들을 심도 있게 논의하고 가능한 방안을 도입해 줄 것을 제안한다. 입증책임 전환/완화라는 껍데기만 있을 뿐 자동차 급발진 의심사고 피해자 편에서 전혀 작동하지 않는 현행 제조물책임법 제3조의2를 보완해 주기 바란다.

- EU 제조물책임지침처럼 법원의 보완적 입증을 허용하는 방안
- 국민청원된 도현이법의 내용처럼 급발진 사고처럼 보여지는 경우에 예외적으로 입증책임을 제조사로 전환하는 방안
- 고난도 제조물에 대하여 자료제출명령을 이행하지 않을 경우 입증책임을 전환하거나 제제를 가하는 방안
- 자동차 제조사가 출고시점에 소비자에게 페달블랙박스 옵션을 제공하지 않은 경우에 소비자의 입증책임을 블랙박스 영상제출, 자동차정비내역, 건강검진내역 등 현실적으로 입증가능한 수준으로 완화하는 방안

자료제출 명령의 실효성 제고

현재까지 발의된 제조물책임법 개정안의 내용들 중에서 그나마 도입 가능성이 제일 높아 보이는 것은 **자료제출명령제도**이다. 21대 국회 정무위원회 법안심사 제2소위원회 심사자료에서 보았듯이 공정위는 모든 내용에 대해 '신중검토' 의견이었으나, 유일하게 자료제출명령제도에 대해서만 '일부수용' 의견을 냈었다. 또한 공정위의 『제조물책임법 운용 실태조사』 연구용역 보고서에도 자료제출명령제도를 도입함으로써 피해자의 증명에 기여하는 방안이 담겨있다.

그런데 여기서 한번 생각해 봐야 할 현실적인 문제가 있다. 자동차 제조사가 ECU 소프트웨어를 공개한다고 치자. ECU 소프트웨어 사양서가 수만 페이지이고, 소프트웨어 코딩은 수백만 줄에 달하는데 자비를 들여 소프트웨어를 분석할 수 있는 경제적 여유가 되는 피해자는 극소수이다.

Chapter 3의 북아웃 소송 사례에서 보았듯이 토요타 캠리의 소프트웨어 결함 검증에 30년 경력의 엔지니어 미스터 바가 18개월을 매달렸고 인건비는 최소 16.8억원 정도가 소요되었을 것이라고 설명한 바 있다. 더구나 미국은 우리나라와 비교도 안되게 변호사 보수가 높다. 피해자는 가성비 차량 캠리자동차를 타는 미국의 평범한 중산층일 것으로 보이는데, 소송에서 승소할지 패소할지 불확실성이 큰 상황에서 막대한 비용을 어떻게 부담했을까?

미국에서 활성화되어 있는 **'소송금융**(litigation finance)**'**을 통해 펀딩했을 가능성이 크다. 소송금융이란 소송금융사(funder)가 소송 당사자가 필요로 하는 변호사 보수, 전문가 비용 등을 먼저 제공하는 것으로서 **소송금융사는 일종의 벤처투자자** 역할을 담당하며 당사자가 승소하는 경우에만 보상금을 나눠 갖고 패소하는 경우에는 자신의 투자금을 날리게 된다. **비소구**(non-recourse) **조건의**

금융인 셈이다.

소송금융사가 이처럼 과감한 위험감수(risk taking)를 택할 수 있는 이유는 미국에서 제조물책임 소송에서 승소하는 경우에 받게 되는 보상금 자체가 막대하기 때문이다. 북아웃 소송 배심원 평결에서 손해배상액은 300만 달러였는데 이는 **징벌적 손해배상**(punitive damages)이 포함되지 않은 금액이지만 이미 미스터 바의 인건비를 훨씬 상회한다. 만약 토요타가 서둘러 피해자들과 합의하지 않고 징벌적 손해배상까지 가도록 두었다면 보상금 총액은 1,000만 달러를 넘을 수도 있다. 이 정도의 금액이면 소송금융사가 공격적인 투자를 해볼만 할 것이다.

자료제출명령제도 자체만으로 급발진 문제에서 큰 역할을 기대하기 어렵다. **자료제출명령제도, 징벌적 손해배상을 포함한 충분한 금액의 보상액, 활발하게 작동하는 소송금융시장 3 박자가 맞아야** 실효를 거둘 수 있을 것으로 보인다.

결함분석심의위원회 vs. 민간전문가

EDR과 기계적 결함 위주의 조사를 하는 국과수는 급발진 원인 규명을 할 수 있는 전문성이 부족한 상황이고, 피해자들이 민간 전문가를 기용하여 결함을 입증하는 것도 비용 측면에서 만만한 일이 아니다. 이에 대한 대안으로 일각에서는 정부 차원에서 객관적 · 전문적으로 분석할 위원회를 꾸려 결함을 조사하자는 의견을 내고 있다. 필자가 패널로 참석하였던 2024년 7월 국회 정책 세미나에서도 토론 시간에 이런 의견이 나왔었고, 21대 국회에서 박용진 의원이 대표발의한 소비자기본법 개정안에는 한국소비자원에 **'제조물결함분석심의위원회'**를 설치하여 급발진 의심사고 등에서 결함을 분석하자는 내용이 담겨 있다.

필자는 이러한 위원회의 효과에 대해 회의적이다. 이미 2019년부터 비슷한 성격의 **국토교통부 '자동차안전 · 하자위원회'**가 운영되고 있지만 급발진 문제는 해결의 조짐이 보이지 않는 상태이다. 또한 국민들의 국과수의 급발진 의심사고 조사도 전문성을 신뢰하지 못하는 마당에 공공영역에서 심의위원회를 꾸린다 한들 그 결과를 신뢰할지 의문이다. 중요한 것은 외형적인 조직과 구색이 아니라 어떻게 제대로 된 조사를 할 것인가이며 미국의 사례를 보면 교훈을 얻을 수 있다.

미국에서 토요타 자동차에 급발진 의심 사례들이 지속적으로 보고되자 미 도로교통안전국(NHTSA)에서는 미국의 수재들이 모인다는 미항공우주국(NASA)에 조사를 맡겼으나 결함을 찾는 데 실패했다. NASA는 빡빡한 일정속에서 제한된 정보만을 가지고 ECM의 모니터링 소프트웨어는 분석하지도 않았을 뿐만 아니라 ECM 반도체 칩에 EDAC이 탑재되었다는 토요타의 거짓말을 의심 없이 수용했다는 것이 드러났다. 반면에 소프트웨어 컨설팅 회사 Barr Group의 민간 전문가 미스터 바는 장장 18개월에 걸친 검증 작업 끝에 토요타의 소프트웨어 결함을 찾는 데 성공했다.

두 전문가 그룹에 동일한 임무를 맡겼는데 왜 전혀 다른 결과가 도출된 것일까? 하버드대학 경제학과 맨큐(Mankiw) 교수가 제시하는 **'경제학의 10대 원리'** 중 네 번째는 다음과 같다.

사람들은 경제적 유인에 반응한다(People respond to incentives).

NASA의 공무원들이 자신들의 본업도 아니고 NHTSA로부터 요청받은 자동차 결함 찾기 임무를 굳이 열심히 할 이유가 있겠는가? 결함을 찾는다 한들 주어진 급여 이외에 거액의 보너스가 주어지는 상황도 아닐 것이다. 반면에 민간 전문가 미스터 바는 어떤가? 전문가 인건비만 최소 16.8억원 수준에 아마도 결함을 찾아내거나 또는 재판에서 승소하는 경우 **성공보수가 별도로 주어졌을 가능성**이 크다. 이처럼 인센티브가 전혀 다른 상황에서 누가 눈에 불을 켜고 결함을 찾아낼지는 자명하다.

실현 가능성은 매우 낮겠지만 엉뚱한 생각을 잠깐 해본다. 자동차 급발진 의심사고가 빈번하게 발생하는 차량의 소프트웨어를 전부 공개하고 급발진을 유발하는 결함을 찾아내는 사람에게 100억쯤 주겠다고 현상금을 걸어보는 것이다. 누군가가 결함을 찾아낼 가능성이 매우 높아지지 않겠는가?

위원회 하나를 추가로 만든다고 해서 지금까지 잘 안되던 급발진 관련 조사가 잘 될 리 만무하다. 중요한 것은 **제대로 된 조사를 가능하게 할 적절한 인센티브 구조를 만들어내는 것**이다. 공공영역이건 민간영역이건 간에 사람들은 인센티브에 반응한다.

입증수단 확보

3년에 걸쳐 민사재판을 진행하면서 가장 답답했던 것이 원고와 피고 모두 주장만 있을 뿐 확실한 직접증거 없이 싸우고 있다는 것이었다. 원고는 정상적으로 운전했다고 주장하고, 피고는 결함이 없다고 주장할 뿐이지 피차 확실한 입증수단이 없기는 마찬가지였다.

확실한 입증수단 없이 싸우기 때문에 소송은 결국 법리 다툼으로 귀결되고 만다. 입증책임을 원고가 부담하게 하면 입증수단이 부재하기에 원고가 패소하고, 입증책임을 피고가 부담하게 하면 피고 또한 입증수단이 없어서 패소할 수밖에 없는 것이다. 이것이 급발진 재판의 현실이다.

제조사도 이를 잘 알기 때문에 자사 자동차에 결함 없음을 공학·기술적으로 증명하기보다는 원고가 제조물책임법 제3조의2에 나오는 3가지 요건 중 어느 것 하나 제대로 증명한 것이 있냐고 물고 늘어지는 게 주요한 재판 전략이 된다. 원고는 일반인이 복잡한 자동차의 결함에 대해 입증하는 것은 불가능하므로 입증책임을 피고에게 돌려달라고 읍소하는 꼴이다. 이처럼 재판 자체가 굉장히 소모적인 근본적 이유는 입증수단이 없기 때문일 것이다. 그렇다면 어떤 입증수단을 확보할 수 있을까?

ECU 소프트웨어에 결함이 존재하는지 여부가 전혀 분석되지 않는 현 상황을 고려할 때 원고가 확보할 수 있는 직접증거로 페달블랙박스 영상 외에는 대안이 없는 것으로 보인다. 현재 페달블랙박스를 순정 옵션으로 제공하는 제조사는 없다. 제조사가 애프터 마켓 페달블랙박스 영상의 위변조 가능성, 전후방 영상과 비동기화(non-synchronization) 가능성 등을 지적하고 있어서 다툼의 소지는 여전히 남아 있지만, 액셀 페달을 밟지 않고 브레이크를 밟았다는 것이 확실하게 찍혀 있기만 하다면 재판의 판도를 가르게 될 것이다. 어쩌면 재판까지 갈 필요가 없을지도 모른다. 제조사는 해당 영상을 보자마자 조용히 합의를 시도할 것이기 때문이다.

쿠프만 교수는 토요타의 **안전문화**(safety culture)에 대한 결함을 지적한 바 있다. 급발진이 발생한다고 지속적인 이슈가 제기될 때 제조사와 구성원들이 그것을 얼마나 심각하게 받아들이냐의 문제이다. 급발진 현상이 존재하지 않는다고 발뺌하기에 급급한 **국내 제조사들 또한 안전문화가 심각하게 결여되어 있다**고 판단된다. 제조사는 어떤 입증수단을 확보하고 제시하면 좋을까?

모든 급발진 의심사고마다 해당 차종의 소프트웨어를 전부(line by line) 조사·검증하기 어렵다면 대안으로 시도해 볼 수 있는 방식이 있다. 자동차 소프트웨어가 만들어지고 탑재되는 시작부터 끝까지의 전체 프로세스에서 엄격한 기준과 표준을 준수했는지를 확증하는 것이다. 제조사가 스스로 자동차 전자장치 안전과 관련된 국제기준 ISO 26262, ECU에서 주로 사용되는 C 언어에 대한 임베디드 소프트웨어 코딩표준(coding standard) MISRA-C 등을 잘 따르고 있다고 주장하는 것은 아무런 의미가 없다. 기준에 부합하는지 **제3의 기관에서 평가 또는 인증을 받은 내용들을 제시**해야 한다. 그런 평가서나 인증서가 없다면 안전성을 담보할 만한 증거가 없는 것이다.

급발진 의심사고를 1차적으로 조사하는 경찰도 국과수에 지나치게 의존하지 말고 경찰이 할 수 있는 조사를 충실하게 진행하여 입증수단 확보에 도움을 주어야 한다. 필자 부모님 사건의 경우 경찰이 아무런 조사와 증거없이 사고 발생 첫날부터 운전자 조작미숙으로 사고원인을 몰아갔는데, 급발진 의심사고 발생시 경찰의 체계적인 대응이 절실히 필요함을 느끼게 되었다. **대응방식을 매뉴얼화하여 경찰 내부에서 공유**하는 것도 도움이 될 것이다. 매뉴얼에 포함되었으면 하는 내용을 간추려보면 다음과 같다.

- 운전자 조작미숙 예단 · 선입견 금지
- 사고지역 CCTV 영상 확보
- 뒤따라오던 차량의 블랙박스 영상 확보
- 브레이크등 점등여부 파악
- 머플러에서 백연(白煙)이 나오는지 여부 파악
- 도로에 스키드마크 생성 여부 사진촬영
- 목격자 탐문조사로 굉음 발생 여부 등 사고상황 파악
- 차량을 보존 조치
- EDR의 신뢰성이 100%가 아님을 인지할 것
- 국과수에 조사의뢰시 EDR만 보내지 말고, 차량을 통째로 보낼 것

보험을 통한 피해구제

급발진 의심사고가 누구의 잘못이냐를 놓고 문제가 답보하고 있는 지금도 어디선가 피해가 발생하고 있을 것이고, 그냥 두고만 본다면 피해자들은 지속적으로 양산될 것이다. 잘잘못을 떠나서 피해를 실효적으로 구제할 수 있는 방안이 절실한 상황에서 보험의 역할에 대해 주목할 필요가 있다. 일반적으로 **보험은 아래의 두 가지 메커니즘을 통해 사회적 복지**(social welfare)**를 증대시키는 역할**을 한다.[6]

> ① 보험가입자가 보험회사를 상대로 위험을 이전(transfer)
> ② 여러 보험가입자들 간 위험의 상호화(mutualization)[7]

급발진 의심사고의 위험을 이전하고 상호화할 수 있는 의미 있는 보험상품(또는 특약)이 필요해 보인다. 급발진 의심사고 피해자를 구제할 보험의 역할에 대해 소비자가 가입하는 보험 및 제조사가 가입하는 보험으로 나눠 논의해 보고자 한다.

1 소비자 가입하는 보험

자동차 보험의 담보항목은 통상 '대인배상 I & II', '대물배상', '자동차상해(또는 자기신체사고)', '자기차량손해'로 구성된다. 부모님의 급발진 의심사고를 경

6 Seog(2010), 『The Economics of Risk and Insurance』, WILEY-BLACKWELL, Chapter 3
7 위험공유(risk sharing), 위험풀링(risk pooling) 등으로 불리기도 한다.

험하게 되니 막상 **소비자 입장에서 철저히 대비해야 하는 항목은 자동차상해 담보**였고 나머지 담보들은 문제가 되지 않았다. 왜냐하면 대부분의 가입자가 대인배상 II를 무한으로 가입하기 때문에 대인배상에 대해 운전자가 걱정해야 할 부분은 없고, 고가 외제차와의 사고에 대비해 대물배상도 5억, 10억 등으로 가입하는 추세이기 때문에 보험으로 충분히 커버가 되고, 자기차량 파손에 대해서도 해당 시점의 차량가액을 기준으로 보상이 적절하게 이루어지기 때문이다.

자동차상해 담보는 3가지로 이루어지는데 보통 **사망/부상/후유장애**로 표기한다. 3가지 중에서 급발진 의심사고에서 가장 중요한 항목이 '부상'이다. 필자의 부모님 차량은 자동차상해 2억/3천만원/2억으로 가입되어 있었는데, 부상 담보금액은 순식간에 소진되고 말았다. 우리나라는 공공의료보험인 건강보험이 잘 운영되고 있어서 사고가 나서 입원하더라도 병원비가 얼마 안 나온다고 생각하기 쉽다. 그런데 자동차 사고로 인해 병원에 왔는데 타인의 과실이 아니라 자기의 과실인 경우 **부상담보 배상한도 금액이 소진될 때까지는 건강보험 적용이 안 된다는 것을 유념**해야 한다.[8]

아버지가 부상 배상한도 3천만원을 모두 소진 후에 4년 동안 건강보험 적용되어 지출한 병원비가 대략 1억원이 넘는다. 병원에 입원했을 때 급여항목에 대해 자비 부담 대 건강보험공단 부담이 **20 대 80**이므로[9] 만약 건강보험 적용이 안되는 자동차보험으로 처리했다면 부상담보액 5억원이 필요했을 것이다. 이를 미리 알았더라면 부모님 차에 부상담보를 최소 5억원 이상으로 가입했었어야 한다. 필자는 이런 경험을 하게 되면서 보험가입 시 10억/**10억**/10억을 선택하고 있다. 지인들에게도 보험회사에서 추천하는 1억/**1억**/1억 또는 5억/**1억**/5억 배상한도는 충분하지 않으니 자동차사고로 가족들에게 피해를 주지 않기 위해서는 **부상담보 금액을 넉넉하게 고를 것**을 조언한다. 건강보험이 적용되는

8 대부분의 자동차보험 가입자가 대인배상 II를 무한으로 가입하므로 타인의 과실로 자동차 사고가 발생하는 경우 전액 자동차보험으로 처리되므로 병원비에 대해 전혀 걱정할 필요가 없다.

9 참고로 외래진료 의료비는 30 대 70, 식대는 50 대 50의 비율로 부담한다.

조건에서 1억원은 충분한 금액일지 몰라도, 건강보험이 적용 안 되는 자동차 사고 조건에서 1억원은 충분치 않은 금액이다. 독자들도 **통상적인 병원비의 5배에 해당하는 부상담보 배상한도가 필요함을 꼭 기억**해 두면 좋겠다.

병원비는 부상담보 금액을 늘려 커버한다고 쳐도 제일 큰 골칫거리는 간병비이다. 중증환자 24시간 1:1 간병비가 하루에 15만원 가량인데, 아버지가 4년을 넘게 병원에 계셨으니 2억 2천만원이 간병비로 지출된 셈이다. 자동차 보험 간병비 특약에 가입하더라도 통상 하루 5만원 수준에서 30일 한도 제한이 있어서 거의 도움이 되지 않기 때문에, **현실성 있는 간병비 특약이 필요**하다.

또한, 급발진 의심사고 **소송관련 비용을 지원하는 보험상품이 필요**하다. 필자가 아는 한 급발진 의심사고 관련 보험은 KB손해보험의 자동차보험 상품에서 추가특약으로 가입가능한 '급발진사고 변호사선임비용 지원특약'이 유일한 것으로 보인다.[10] 해당 특약은 변호사 선임 착수금(부가가치세 포함)의 80% 해당액을 1회에 한해 300만원 한도로 지급한다. 이는 턱없이 부족한 금액이다. 참고로 필자가 급발진 의심사고를 당한 부모님을 대신하여 제조사를 상대로 제기한 손해배상 소송 1심에서만 변호사 보수로 2,200만원이 소요되었다.[11] 소송에서 변호사 비용만 필요한 것도 아니다. 각종 전문가 비용이 필요하다. 신체감정, 음향감정, 영상감정, 재연시험 등 모두 원고가 선지출해야 하는 비용들이다. 피해자들의 소송관련 비용을 현실적으로 지원하는 상품(또는 특약)이 필요하다고 할 것이다.

2 제조사가 가입하는 보험

우리나라 내수시장에서 90% 이상 시장을 점유하고 있는 현대 · 기아차를 보면 2023년 연결재무제표 기준 당기순이익이 현대차 12조 2,723억원, 기아차 8

10 https://www.kgnews.co.kr/news/article.html?no=809376

11 소송을 맡았던 변호사에게 전해 들은 얘기인데 급발진 의심사고 피해자들의 상담 전화가 많이 오는 데 반해 변호사 보수에 부담을 느껴 소송을 진행하지 못하는 경우가 많다고 한다.

조 7,778억원이다. 자동차 제조사의 이익수준을 고려할 때 급발진 의심사고 피해를 보상하기 위해 몇십 억을 쓰더라도 재무적 부담을 일으킬 것으로 보이지는 않는다. 다만 제조사 입장에서는 피해를 직접 보상하게 되면 차량 결함을 널리 인정하는 꼴이 되어 제조사 평판 및 브랜드 이미지에 악영향을 줄 수 있다는 점이 우려될 것이다.

이러한 문제를 우회하는 방법으로 급발진 의심사고와 관련하여 **무과실 제조물책임보험**(No-fault product liability insurance)**을 도입**할 것과 자동차 제조사의 보험 가입 의무화를 추진할 것을 제안한다. 무과실 제조물책임보험이란 사고의 원인이 제조사의 과실이건 소비자의 과실이건 상관하지 않고 보상하여 피해구제의 실효성을 높여주는 보험을 뜻한다. 무과실 제조물책임보험 의무화로 기대되는 효과는 아래와 같다.

① 사고발생시 복잡한 절차 없이 신속한 보상이 이루어져 소비자보호가 강화됨 ② 사고가 자주 발생하는 제조물에 대해서는 보험료가 오르기 때문에 제조사는 안전에 더욱 주의를 기울일 유인이 존재하여 제품 안전성이 제고됨

제조사의 과실이 아닌데 무조건 보상해 주는 게 가능한지 의문이 드는 독자들이 있을 수 있지만, 선례가 있고 충분히 가능한 방법이다. 정부는 잇따른 전기차 화재에 대한 대책으로 2024년 9월 전기차 충전기 무과실 책임보험 가입 의무화를 추진한다고 발표했다.[12] 2024년 11월 『전기차 캐즘(chasm)을 극복하기 위한 정책 방안과 전기차산업 발전 추진 전략』 포럼 발표에서 환경부 관계자에 따르면 제조사와 충전 사업자가 동시에 의무보험을 가입해야 하는 것으로 알려지고 있다.

2024년 7월 25일 개최된 '제조물책임법 개정을 위한 국회 정책세미나'의 토

12 https://www.kmib.co.kr/article/view.asp?arcid=1725605227&code=11151400&cp=nv

론 시간에 패널로 참여했던 전직 LG전자 임원출신 정길호 (사)소비자와함께 공동대표의 토론내용 일부를 소개하고자 한다. 정길호 대표의 맞은편에는 현대자동차 전략기획실 김남석 상무가 앉아있었다. 정 대표는 LG의 세탁기에서 불이 나면 세탁기의 결함, 세탁기가 설치된 건물하자, 또는 소비자 잘못을 따지지 않고 **제조물책임보험을 통해 먼저 피해보상부터 이루어지며 사고조사 및 원인 규명은 그 다음 문제**라고 발언하였다. LG전자가 돈을 너무 잘 벌어서 이렇게 소비자 친화적일까? 전혀 그런 차원의 문제가 아니며 기업이 자사 제품에 대해 어느 정도로 책임질 것인가의 문제라고 판단된다. 참고로 2023년 LG전자의 당기순이익은 1조 1,506억으로 현대차의 1/10에도 못미치는 수준이다.

급발진 의심사고의 피해를 전적으로 무과실 제조물책임보험에서 보상하자는 얘기가 아니다. 기본적으로 **자동차보험을 통해 보상하되 보상금액이 충분하지 않은 경우에 추가적인 금액만 무과실 제조물책임보험에서 커버**하면 되므로 제조사의 보험료 부담은 전혀 우려할 수준의 금액이 아니라고 판단된다.

무과실 제조물책임보험은 자동차의 결함 유무와 관계없이 급발진 의심사고 피해를 보상하므로 제조사 입장에서는 결함으로 인한 평판 및 브랜드 이미지 하락을 전혀 걱정할 필요가 없다. 오히려 자사 제품에 대해 책임있는 자세를 가지고 소비자 보호를 최우선시하는 기업으로 칭찬을 받게 될 것이다. 우리나라의 자동차 제조사들이 기업의 사회적 책임을 다하는 명실상부한 세계 일류기업으로 도약하기를 바란다.

급발진 의심사고 사례 통계 데이터베이스 구축

바야흐로 우리는 데이터의 시대를 살고 있다. 정확한 데이터를 많이 확보하고 적절한 분석을 하면 무기가 되고 새로운 기회를 만들어낼 수 있다. 그러나 우리나라 급발진 의심사고 사례에 대한 데이터는 시대적 흐름과 동떨어진 느낌이다. 가장 많이 언급되는 게 교통안전공단에 접수된 급발진 의심사고 신고 건수인데 경찰, 국과수가 조사한 급발진 의심사고 사례와는 따로 놀고 있는 건수이다. 급발진 문제와 관련된 경찰, 국과수, 국토부, 공정위, 소비자원, 교통안전공단 등의 기관들 간 데이터 취합 협조와 공유가 이루어지지 않는 것으로 판단된다.

미국에서 NHTSA와 NASA가 토요타를 타깃으로 급발진을 조사하게 된 이유는 토요타 자동차에서 급발진이 급격하게 증가하고 있다는 통계 데이터에 근거한다. Chapter 1에서 언급한 CRS 보고서의 내용을 보면 전체 급발진 컴플레인 중 토요타가 차지하는 비중이 2000년도에 4%에 불과하였으나 2009년에는 33%까지 치솟은 것으로 보고되고 있다. 토요타가 차량 판매를 가장 많이 하는 제조사이기 때문에 컴플레인 건수가 비례해서 높아지는 경향이 분명 존재할 것이다.

따라서 등록 대수 대비, 또는 판매량 대수 대비 급발진 의심사고를 건수를 추가적으로 살펴볼 필요가 있다. [표 15-2]는 보고서의 Table 1을 발췌하여 번역한 것인데, 당시에 미국 내 Big 6 제조사 중 판매량 대비 컴플레인이 가장 많았던 제조사 또한 토요타였음을 알 수 있다.

표 15-2 미국내 6대 제조사의 급발진 컴플레인 건수(2005~2009년)

제조사	컴플레인 건수	판매량	판매량 10만대 당 컴플레인 건수
크라이슬러	156	9,082,757	1.72
포드	339	10,864,479	3.12
지엠	134	16,542,608	0.81
혼다	89	7,059,784	1.26
닛산	50	4,657,974	1.07
토요타	532	11,049,513	**4.81**

우리나라에서 급발진 의심사고가 끊이지 않고 발생하는 상황에서 당장 제대로 된 통계 데이터베이스 구축을 서둘러야 할 것이다. 제조사, 차종, 연료종류, 연식 등의 기본데이터만 취합되더라도 어떤 제조사에서 특정 차종과 특정 연식에 전자적 결함 가능성이 높아 보이는지 파악할 수 있을 것이다. 이러한 판단을 기초로 조사 대상을 특정하여 ECU 소프트웨어 등에 대한 정밀 조사를 수행한다면 모든 제조사, 차종, 연식에 대해 전부 조사하는 것보다 비용 및 시간 측면에서 훨씬 효율적인 조사가 될 것이다. 급발진 문제와 관련하여 **정부 차원의 컨트롤타워를 명확히 하고 범부처 통합 데이터베이스를 구축**할 것을 제안한다. 이왕이면 EDR 데이터, 블랙박스 영상, 경찰 수사보고서, 국과수 감정보고서까지 모두 데이터베이스에 포함시켜야 한다.

피해자 커뮤니티 구축

급발진 의심사고 피해자가 압도적인 정보우위를 갖추고 대형 로펌의 변호를 받는 자동차 제조사를 상대하는 것은 '계란으로 바위 치기'에 비견할 만하다. 피해자들이 힘을 모으면 좋겠는데 급발진 의심사고가 발생한 차량의 차종 및 제조사도 제각각이라 공동소송을 제기하는 것도 쉽지 않다. 대안으로서 피해자들끼리 각자가 알고 있는 정보를 공유할 수 있으면 좋겠다는 생각을 해보게 되었다.

현재 도현이 아빠 이상훈 씨가 자체적으로 웹사이트를 만들어 제조물책임법 개정 국민동의 청원, 급발진과 관련된 언론보도, 민사소송 경과 등의 내용을 널리 공유하기 위해 고군분투하고 있는 것으로 보인다. 바라건대 이런 노력이 좀 더 조직적으로 이루어져야 할 것이다.

우선 시도해볼 수 있는 것이 피해자 커뮤니티이다. 커뮤니티가 활성화 되면 앞 절에서 제안한 급발진 의심사고 통계 데이터베이스 구축 또한 수월하게 이뤄질 수 있을 것이다. 피해자 커뮤니티는 생업이 있는 어떤 개인의 힘으로는 한계가 있을 것으로 보인다. 급발진 문제 해결에 진정성을 가진 **소비자단체, 시민단체 등이 주도적으로 나서서 피해자 커뮤니티를 조직화**하는 일에 앞장서 주기를 제안한다.

구약성경 전도서 4장 12절에 아래와 같은 구절이 있다. 세 겹 줄과 같은 힘 있는 피해자 커뮤니티가 구축될 수 있기를 간절히 바란다.

> 한 사람이면 패하겠거니와 두 사람이면 맞설 수 있나니 세 겹 줄은 쉽게 끊어지지 아니하느니라

언론의 기업편향(Corporate Bias)에 대한 인지와 대응

자동차 급발진과 관련하여 소비자와 자동차 제조사의 주장이 상반된다. 과연 언론은 균형 잡힌 시각에서 충분하고, 정확하며, 편향되지 않은 정보를 전달하고 있을까? 거의 모든 언론사는 기업이 지출하는 광고비가 주 수익원이며, 언론을 소유한 주요주주들 또한 기업인 경우가 대부분이다. 심지어 한국경제신문 최대주주는 현대자동차이다.[13] 우리가 급발진 문제와 관련해 접하는 언론 보도들이 기업의 입장을 대변하는 쪽으로 치우치기 쉬운 구조이다.

이러한 편향성을 전문용어로 **'기업편향**(Corporate Bias)**'**이라고 부른다. 온라인 학습플랫폼 『fiveable』에서 설명하는 기업편향의 개념 및 문제점은 아래와 같다.

> 기업편향은 언론 조직이 기업 소유자 또는 스폰서[14]의 이익과 관점에 유리한 방식으로 정보를 제공하는 경향을 말한다. 이러한 유형의 편향은 왜곡된 보도로 이어질 수 있으며, 재정적 이익을 보호하기 위해 중요한 문제가 과소 표현되거나 잘못 표현되어 궁극적으로 대중의 인식과 이해에 영향을 미친다.

우리나라에서 자동차 급발진 문제와 관련한 기업편향은 심각한 수준인 것 같다. 그동안 필자가 체험하고 목격한 사례들을 얘기해 보고자 한다.

13 http://www.kopf.kr/news/articleView.html?idxno=207224

14 대부분의 경우 스폰서는 언론사에 광고를 내는 기업이다.

부모님 사건과 관련하여 유명 자동차 유튜브 채널과 전화인터뷰를 한적이 있고, 종편 OOO 방송사는 상명대 연구실에 찾아와 인터뷰 녹화를 해간 적도 있다. 모두 사전 질문지를 주고 받으며 계획된 인터뷰였는데 어떤 이유인지 방송이 불발되었다.

자동차 업계의 이익을 대변하는 자동차모빌리티산업협회(KAMA)와 한국수입자동차협회(KAIDA)가 주최하는 2024년 9월 12일 '자동차 급발진 의심사고 관련 자동차 기자 초청 설명회'에는 100여 명의 언론인이 참석한 것으로 알려졌다.[15] 그런데 소비자단체가 주최하는 2024년 7월 25일 '제조물책임법 개정을 위한 국회 정책세미나'에는 단 하나의 언론도 참석하지 않았다.

아무도 보지도 듣지도 않는 세미나를 한들 무슨 의미가 있겠는가. **기자 0명 vs. 기자 100명**, 이건 너무하다 싶은 생각이 들었다. 필자는 기존에 알고 있던 기자, PD, 지인들을 통해 20군데 정도의 언론사를 직접 컨택하여 2024년 9월 30일 2차 세미나 취재를 부탁했다. 이런저런 이유로 겨우 4군데 언론이 참석 의사를 밝힐 뿐이었다. 유명 일간지 OO일보에서는 기자 본인은 취재하고 싶으나 급발진과 관련한 취재는 윗선(?)의 허락이 떨어지지 않아서 못한다고 했다.

2023년 5월 26일 국회정책세미나를 취재하러 온 OOO 방송사에서는 세미나의 처음부터 끝까지를 녹화하였으나 언제 어디서 세미나가 있었다는 보도가 전부였다. 다른 언론들도 세미나 내용에 대해서는 일절 언급하지 않고 수박 겉핥기 식 보도를 했는데, 세미나 발제 및 토론 내용을 자세하게 언급해 주는 곳은 KBS가 유일했다. 심지어 필자의 토론 PPT 자료에는 EDR의 신뢰성에 문제가 있음을 지적하는 연구자료와 증언 내용이 담겨서 제조사들이 매우 싫어할 만한 것이었는데 전혀 개의치 않고 PPT 화면을 통째로 뉴스로 내보내 주었다.[16] 기업으로부터 광고비를 받지 않는 공영방송이 왜 필요한지 피부로 느끼게 된 사건이었다.

---

15 https://www.g-enews.com/article/Industry/2024/09/202409130045583363 78e43e3ead_1

16 https://news.kbs.co.kr/news/pc/view/view.do?ncd=7686063

자동차 기자 한 명이 필자에게 이런 말을 한 적이 있다. 강릉 급발진 의심사고 차량의 제조사가 쌍용차였기 때문에 핫 이슈가 된 것이지 현대 · 기아차였으면 이처럼 이슈화되지도 못했을 것이라는 얘기를 했다. 거대자본이 언론에 미칠 수 있는 영향력이 그만큼 크다는 것을 언론인 스스로 인정하는 것이다.

강릉 급발진 의심사고를 계기로 자동차 급발진에 경각심이 높아졌음은 부인할 수 없는 사실이다. 그런데 지금 분위기는 어떤가? 9명의 사망자를 낸 시청역 사고, 이태원 택시기사 페달착오 사고는 공교롭게도 모두 현대차에서 발생한 사고인데 언론에 집중 부각되면서 급발진 의심사고에 대한 여론이 확실히 싸늘해졌다. 모든 급발진 의심사고의 원인을 페달착오로 돌리기에 유리한 상황이며 자동차 업계는 어떻게 해서든지 승기를 잡고자 할 것이다. 그 과정에서 언론의 보도는 소비자가 아닌 기업 쪽으로 편향될 가능성이 크다.

언론이 소비자의 이익이 아닌 기업의 이익을 대변하는 쪽으로 편향되는 현상을 해결할 특별한 대책은 없어 보인다. 다만 우리가 할 수 있는 일은 이러한 **기업편향을 인지하고 언론보도를 접할 때 비판적인 자세로 수용**하는 것이다.

할 수 있는 일을 더 찾아보자면 기업의 돈을 받지 않는 **공영방송 시청료 납부**를 거부하지 말고 잘 내는 것, 그리고 여유가 된다면 자본의 힘으로부터 자유로운 **독립언론을 후원**하는 것이다. 이러한 노력은 미력하나마 언론의 고발 및 감시 기능을 제고하는 데 분명 도움이 된다.

정크 사이언스(junk science) vs. 리얼 사이언스(real science)

'junk science(scientist)'를 굳이 번역하자면 '가짜 과학(자)', '사기 과학(자)' 정도로 옮길 수 있는데 정형화된 번역은 없는 듯하다. 구글 AI Overview는 정크 사이언스에 대해 아래와 같이 설명한다.

> 정크 사이언스는 증거에 의해 뒷받침되지 않거나 사기성이 있는 과학적 데이터 또는 분석이다. 정크 사이언스는 사람들을 오도(mislead)하거나 정치적, 재무적 의제(agendas)를 지지하는 데 이용될 수 있다.

필자는 급발진 문제와 관련하여 '정크 사이언티스트'들에 의한 '정크 사이언스'의 해악이 심각하다고 본다. 정크 사이언스는 앞 절에서 살펴본 언론의 기업편향과 사이좋은 친구이며 기업편향을 구현하는 수단으로 기능할 수 있다. 아래는 필자가 2024년 7월 25일 국회 정책세미나의 패널토론 시간에 발표한 내용으로 대표적인 정크 사이언스를 지적한 것이다.

> ① 급발진이란 현상 자체가 존재하지 않는다.
> ② 급발진으로 인정된 사례가 없다.
> ③ 급발진의 원인은 밝혀지지 않았다.
> ④ 유독 한국 사람들만 급발진을 주장한다.
> ⑤ EDR 데이터가 잘못됐다고 보고된 사례는 없다.
> ⑥ 전자제어장치에서 뭔가가 잘못되면 흔적이 남는다.
> ⑦ 브레이크는 기계다. 무슨 일이 있어도 밟으면 선다.

위의 7가지 사항들은 급발진 의심사고의 원인을 운전자의 페달착오로 돌리기 위한 정크 사이언스이며, **공인된 학술적 가치를 제공하는 지식공동체에 대한 부정이자 중대한 도전**이다. 이 책을 주의 깊게 읽어 본 독자들이라면 책에 제시된 여러 반례와 객관적인 증거자료들을 통해 위의 사항들이 모두 정크 사이언스임을 충분히 납득할 수 있으리라 판단한다.

최근에 유독 많이 보게 되는 또 하나의 정크 사이언스는 **급발진 의심사고 원인 중 99.9%가 운전자 페달착오라며 확률을 가져다 붙이는 것이다.** 80% 페달착오, 99.99% 페달착오 등 이런 논리를 펼치는 사람 중 과학적인 근거를 제시하는 사람이 한 명이라도 있었던가? 모두 자기 입맛대로 아무렇게나 말하는 대표적인 정크 사이언티스트들이다. 학계에는 페달착오 관련 선행연구가 많이 이루어져 있지도 않다. 정크 사이언티스트들이 얼마 되지도 않은 연구물들을 찾아보거나 읽어본 적이 있는지조차 의문이다. Chapter 11에서 소개한 미국 연구진의 페달착오 연구논문 Rogers and Wierwille(1988), 2012년에 발표된 미국도로교통안전국(NHTSA)의 페달착오 관련 연구보고서, 일본 연구진의 페달착오 연구논문 Hasegawa et al.(2021) 어디에도 급발진 의심사고에서 차량결함 확률 대 페달착오 확률을 구분할 수 있는 근거는 존재하지 않는다.

정크 사이언스의 반대말은 무엇이라 표현하면 좋을까? '건전한 과학(sound science)', '진실한 과학(truthful science)', '견고한 과학(solid science)' 등으로 표현되기도 하는데 '진짜'를 강조한 **'리얼 사이언스(real science)'**가 제일 맘에 드는 표현이다.

왜 우리는 급발진 문제와 관련하여 '리얼 사이언스'가 아닌 '정크 사이언스'를 목도할 수밖에 없는 것인가? 우리 속담에 '호랑이 없는 골에 토끼가 왕 노릇한다'라는 말이 있다.

호랑이에 비유될 수 있는 진짜 전문가가 전면에 나서서 의견을 피력하기가 매우 어려운 구조임을 이해할 필요가 있다. 유명대학 자동차 관련 학과 교수들은 자동차 제조사와 산학협력 프로젝트를 지속하고 제자들이 자동차 제조사로 취업하는 데 도움을 줘야 하는 위치이다. 민감한 사안에 대해 어떤 의견 자체를 피력하기가 어렵다. 엔지니어들 또한 제조사에 불리한 얘기를 했다가는 업계에서 낙인이 찍힐 수 있기에 조심할 수 밖에 없다.

이렇게 호랑이가 나타나지 않는 골에서 토끼들만 돌아다니고 있다. 독자들도 토끼들을 자세히 살펴보기 바란다. 자동차 급발진 문제와 관련되는 기계, 전기 · 전자제어, 반도체, 임베디드(embedded) 소프트웨어 분야 등과 아무 관련 없는 공부를 했거나, 대학의 정식 교수도 아닌데 직함만 교수이거나, 제대로 된 학위가 없기도 하다. 전문성이라곤 전혀 없어 보이는데 급발진 이슈가 터져 나올 때 언론에 섭외되어 정크 사이언스를 늘어놓는 현실이 참으로 안타깝다.

용기있고 깨어있는 학자들과 엔지니어들이 나서서 급발진 문제의 핵심을 명확히 지적하고, 근본적인 해결책을 제시할 수 있어야 한다. 리얼 사이언스가 정크 사이언스를 자연스럽게 몰아내기를 고대한다.

근본적인 해법은 철저한 다중화(redundancy)[17]

자동차 급발진 문제에 대한 해결책으로 활발하게 논의 중인 입증책임전환, 자료제출명령, 페달블랙박스의무화, 페달착오 방지장치, EDR의 신뢰성 개선 등은 나름의 의미있는 소비자보호 방안이지만 근본적인 해법은 아니다. 중요한 것은 사후적인 해결이 아니라 급발진 발생 가능성을 원천적으로 차단할 수 있는 기술적 조치라 하겠다.

다중화의 실패가 급발진 문제의 근본적인 원인이며 철저한 다중화만이 근본적인 해법임을 강조하고 싶다. 이는 필자의 개인적인 의견이 아니며 전기 · 전자, 반도체, 통신, 컴퓨터, 소프트웨어 등 공학 분야에 몸담은 전문가라면 다중화의 중요성에 대해 대부분 인정하는 사실이다. **사람의 생명을 좌우하는 안전 필수 시스템**(safety critical system)**에서 다중화는 선택이 아니라 그야말로 필수가 되어야** 한다.

자동차와 비행기 모두 안전 필수 시스템임에도 자동차의 다중화 수준은 비행기에 비해 현저히 미흡하다는 것을 Chapter 12에서 살펴본 바 있다. 자동차 산업은 원가에 매우 민감한 산업으로 기술이 부족해 다중화 수준이 미흡한 것이 아니며 결국은 돈 문제로 귀결된다. 결함으로 인한 고장시 예상되는 인명피해의 정도가 다르기에 비행기와 맞먹는 다중화 수준을 자동차에 적용하기는 어렵다고 하더라도 안전에 필수적인 장치들은 최소한 이중화(dual redundancy)해야 한다. 사람 목숨을 돈과 바꾸는 일은 없어야 할 것이다.

자동차에 지속적으로 도입되고 있는 신기술들로 인해 기계식(by cable) 장치

17 본 절의 내용은 저자의 견해이며 'HL만도'의 공식 입장과는 무관함을 밝힙니다.

들이 점점 전자식(by wire)으로 대체되고, 파워트레인은 전동화(electrification)되며, 자율주행 레벨이 점점 상승하고 있다. 자동차는 더욱더 복잡한 전기/전자 시스템으로 변모하고 있으며 **다중화 이슈는 더욱 중요해지고 부각될 전망**이다.

그림 15-1 이중화된 브레이크 시스템 예시

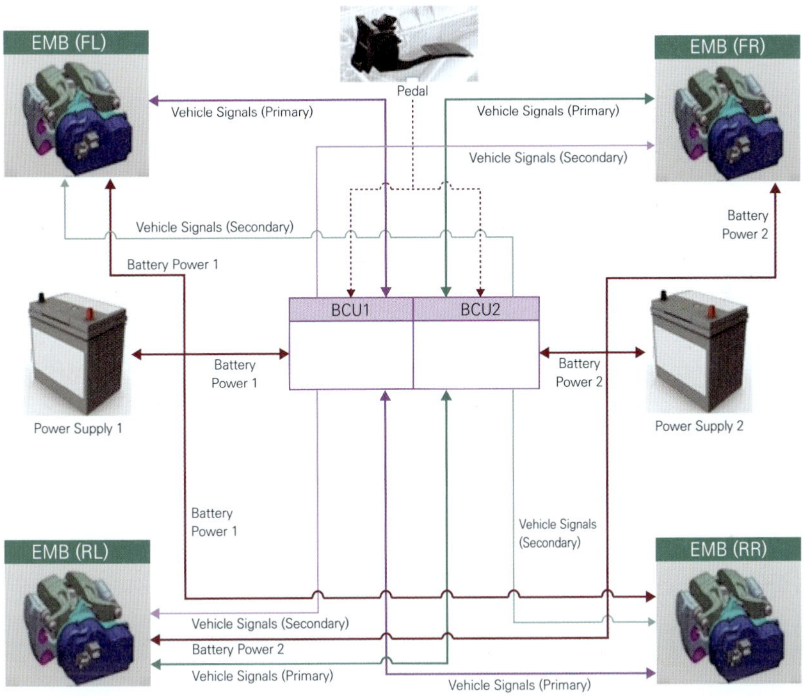

2023 CES(Consumer Electronics Show)[18] 온라인 컨퍼런스에서 『브레이크 시스템의 미래(The Future of Brake System)』라는 제목으로 'HL만도'가 발표한 내용[19] 일부를 살펴보기로 하자. HL만도는 자사의 기존 IDB(Intergrated Dynamic Brake)보

18 매년 미국 라스베가스에서 개최되는 세계 최대 규모의 기술 무역 전시회(technology trade show)이다.

19 https://www.youtube.com/watch?v=n-Xn9qTQcLA

다 진일보한 EMB(Electro Mechanical Brake)라는 제품을 소개했다. 필자가 주목한 부분은 EMB의 다중화 수준이다. [그림 15-1]에서 가장 눈에 띄는 부분은 브레이크 제어장치 BCU(Brake Control Unit)가 이중화되었고, BCU에 전력을 공급하는 배터리가 이중화된 것이다.

좀 더 자세히 살펴보자. 운전자가 브레이크 페달을 밟으면 신호가 BCU1과 BCU2에 전달된다. BCU1은 좌-전륜과 우-후륜에 주신호(primary signal)를, 우-전륜과 좌-후륜에 보조신호(secondary signal)를 전달한다. BCU2는 우-전륜과 좌-후륜에 주신호(primary signal)를, 좌-전륜과 우-후륜에 보조신호(secondary signal)를 전달한다.

BCU1 또는 BCU2 중 어느 하나가 고장나더라도 EMB가 정상 작동하도록 하기 위한 다중화 설계임을 알 수 있다. 또한, BCU1은 Power Supply 1(좌측배터리)로부터 전력을 공급받고, BCU2는 Power Supply 2(우측배터리)로부터 전력을 공급받는다. 이 역시 배터리 두 개 중 어느 하나가 고장 나더라도 EMB가 정상 작동하도록 하기 위한 다중화 설계이다.

만약 BCU가 1개뿐이고, 배터리가 1개뿐이라면 BCU와 배터리가 **단일고장지점(Single Point of Failure)**이 되며 BCU와 배터리에서 발생하는 결함은 단일지점결함(Single Point Fault)이 된다. 쿠프만 교수가 북아웃 소송에서 증언하였듯이 **단일고장지점이 존재하면 어떠한 시스템도 안전하지 않다.** 단일고장지점이 단 하나라도 있어서는 안 된다. EMB 시스템은 단일고장지점을 제거한 것으로서 상식적인 안전표준은 물론 ISO 26262에도 부합한다.

그런데 다중화를 정말 중요하게 생각한다면 단순히 전자장치를 2개 탑재하는 수준에서 좀 더 나아가야 한다. 앞서 살펴본 BCU를 예를 들어보자. BCU1과 BCU2의 소프트웨어 코딩하는 회사, 팀, 엔지니어들을 다르게 한다면 특정 회사, 특정 팀, 특정 엔지니어가 동일한 결함을 BCU1과 BCU2에 동시에 남겨둘 위험을 줄일 수 있다. 또한 BCU1, BCU2에 탑재되는 반도체 칩의 사양은 동일하게 하되 제조회사, 제조일자 등을 다르게 한다면 칩이 동시에 고장날 위험을 조금이라도 줄일 수 있다.

자동차 산업은 원가에 민감한데 '브레이크는 무슨 일이 있어도 밟으면 선다'가 사실이라면 구태여 비용을 들여 BCU와 배터리를 다중화할 필요가 없을 것이다. 그러한 주장을 펼치는 자동차 제조사와 정크 사이언티스트들이 스스로 자기모순에 빠져있음을 잘 보여주는 사례라고 하겠다.

급발진 관련 인터뷰를 하면 **"자율주행 시대에도 급발진 사고가 이어질까?"** 라는 질문을 받곤 한다. 운전자의 주의집중, 운전자-차량 간의 상호작용이 전혀 필요 없는 Level-5 수준의 완전 자율주행 시대가 도래되었다고 가정해 보자. 자동차에서 급발진이 발생한다면 **운전자의 책임으로 몰아가는 것은 더 이상 불가능**하다. 누가 시키지 않더라도 제조사는 안전에 필수적인 핵심 장치들을 모두 다중화하여 급발진을 어떻게든 방지할 것으로 보인다.

문제는 완전 자율주행 시대가 도래하기까지 현재의 급발진 문제를 그냥 두고볼 수는 없다는 것이다. 다중화되지 않은 전자장치는 신뢰성을 담보할 수 없다. 엔진제어장치, 브레이크제어장치, 전동식조향장치(MDPS)제어장치 등 안전과 직결되는 장치들은 당장 다중화가 필요하다.

마치며

대학에서 경영학을 가르치는 필자가 자동차 급발진 이슈와 엮이게 되리라곤 상상도 해보지 못했다. 2020년 가을 갑작스럽게 부모님께 닥친 급발진 의심사고 이후 필자는 수많은 시간을 투입하면서 자동차 급발진 문제를 집요하게 조사·추적해왔다. "잠시 눈감고 뜬 것 같은데 어느새 여기 있습니다." 필자가 좋아하는 '여정'이라는 노래의 가사이다. 생각해 보니 잠시 눈감고 뜨는 동안 참 많은 일이 있었다.

제조사를 상대로 한 3년 간의 길고도 힘겨웠던 소송은 허무한 판결로 끝났고, 사고 이후 4년 넘게 병원에서 신음하시던 아버지는 2024년 가을 소천하셨다. 제조물책임법 개정을 위한 국회 정책세미나에서 토론자와 발제자와 활동하였고, 급발진과 관련하여 방송출연, 인터뷰, 기고 등을 통해 20번 이상 언론매체에 보도가 되었다. 어느 신문사로부터는 '급발진 추적자'라는 별명을 얻기도 했고, 소비자단체로부터는 '소비자 권익 증진상'을 받기도 했다. 정신없이 달려왔던 지난 여정이 우리 사회에 조금이라도 도움이 되었으면 하는 간절한 바람으로 이 책을 세상에 내놓는다.

급발진 의심사고는 근래에 빈번하게 발생하고 치명적인 피해를 야기하여 사회문제화되었다. 그럼에도 불구하고 의미 있는 개선 방안 없이 문제는 답보하고 있다. 거대 자본의 힘과 언론에 대한 막대한 영향력을 지닌 제조사는 정크 사이언티스트들을 동원하여 사고원인을 운전자의 페달착오 탓으로 돌리는 여론몰이에 총력을 기울이는 듯 하다.

만약 자동차 급발진 의심사고의 원인이 대부분 운전자의 페달착오라면 20~30년 전에도 그와 같은 페달착오로 인한 사고들이 발생하였어야 하고 급발진 이슈가 지금처럼 부각되었어야만 한다. 필자는 운전을 한지 25년쯤 되었는데 운전을 시작할 무렵 페달착오라는 용어 자체를 접해보지 못했을 뿐더러 주변에 급발진을 경험했다는 사람을 본 적도 없다. 사고원인에 대한 합리적인 추론을 해보면 좋겠다.

자동차를 더 이상 20~30년 전의 바퀴 달린 기계적 이동 수단으로 바라봐서는 곤란하다. 기계에 전기, 전자, 반도체, 컴퓨터, 통신, 소프트웨어 등 온갖 기술이 총망라된 첨단 전자제품이 되어가고 있다. 20~30년에 걸쳐 좀처럼 페달착오를 하지 않던 인간들이 이상한(?) 방향으로 진화하여 페달착오를 빈번하게 하게 되었다는 설명이 그럴 듯 한가? 아니면 20~30년에 걸쳐 자동차가 전자식으로 탈바꿈하였고 기계식 자동차에는 없었던 전자적 결함으로 인해 급발진 의심사고가 급증하였다는 설명이 그럴 듯 한가? 복잡한 공학·기술적 이슈는 차치하고 상식선에서 접근해도 답은 나온다. 제조사와 전문가를 자처하는 자들이 아무리 그럴싸한 논리를 가져다 대더라도 상식에 어긋나면 가짜다.

급발진 문제를 해결하기 위한 우리 사회의 논의들이 지나치게 법률적 이슈에 초점을 맞추고 있다는 생각이 든다. 입증책임의 전환 또는 완화, 자료제출명령 도입, 페달블랙박스 의무화 등 모두 소비자보호를 위한 방안들이지만 급발진이 발생한 다음 사후적인 보호조치라는 점에서 분명한 한계가 있다. 보다 중요한 것은 급발진이 발생하지 않게 하는 사전적 예방조치다.

정부는 어떻게 제조사로 하여금 책임 있는 자세를 가지게 하고, 필요하면서도 적절한 기술적인 조치들을 유도할 것인가에 초점을 맞춰야 할 것이다. 기술적인 조치들로 가속제압장치, 페달착오 방지장치 등이 논의되고 있는데 근본적인 해법은 아니라고 판단된다. 전자장치의 신뢰성을 담보하는 근본적인 해법은 철저한 다중화(redundancy)이다. 다중화 개념은 이미 69년 전에 천재 과학자 폰 노이만에 의하여 논문으로 발표되었고, 항공기에서는 전자장치를 2중화 내지 5중화까지 채택함으로써 전자장치 결함으로 인한 고장 및 오작동에 대비하고 있다. 다중화는 비용이 좀 더 소요될 뿐이지 어려운 기술이 아니다. 안전과 직결되는 자동차의 전자장치에서도 다중화는 선택이 아니라 필수가 되어야 함을 다시 한번 강조한다.

급발진을 계속해서 파헤치다 보니 이 문제에 대해 정통한 전문가가 나오기 어렵다고 느끼게 되었다. 산업계, 학계, 경찰, 국과수, 사법부, 국회, 공정위, 국토부, 소비자단체, 언론사 등 자동차 급발진 문제와 얽혀있는 이해당사자들이 한둘이 아니다.

자동차에 온갖 기술들이 총망라되다 보니 공학적 접근뿐만 아니라, 제조물 책임 및 입증책임과 관련하여 법률적 접근, 기업의 사회적 책임과 경영 윤리와 관련하여 경영학적 접근, 경찰 및 국과수 조사 관련하여 행정적 접근, 언론의 역할과 책무에 대해서는 사회학적 접근이 필요하다. 또한 급발진은 인간이 기계에 대한 통제권을 상실한 데서 비롯되었으므로 다가오는 AI 시대의 부작용을 미리 체험하는 것이라는 사람들도 있다. 논의를 확장하면 인문학적인 접근까지 나아간다. 급발진 문제를 어느 한 가지 접근법으로 해결하기는 어렵다고 판단되며 다양한 시각을 가지고 학제적, 융복합적으로 접근하여 문제를 풀어가야 할 것이다.

아무쪼록 이 책이 자동차 급발진 문제와 관련하여 억울한 상황에 놓여있는 피해자들에게 작은 도움이 될 수 있기를 소망한다. 또한 급발진 문제와 관련된 경찰, 법조인, 국회의원, 공정위와 국토부의 관련 공무원, 언론인 등에게도 유용한 정보가 될 수 있기를 바란다.

이 책을 집필하는 데 있어 여러 분야의 전문가들로부터 많은 도움을 받았고, 책에 최대한 객관적인 자료와 정보가 담길 수 있도록, 내용이 틀림없이 정확하도록 최선을 다하였다. 그럼에도 불구하고 오류가 남아 있다면 전적으로 필자의 책임이며, 독자들의 너그러운 양해를 부탁드린다. 잘못된 내용을 발견하거나 책에서 추가적으로 다뤄줬으면 하는 내용이 있다면 필자의 이메일(ban9415@smu.ac.kr)로 피드백을 부탁드린다.

자동차 급발진을 파헤치다

초판발행 2025년 6월 30일

지은이 반주일
펴낸이 안종만 · 안상준

편 집 전채린
기획/마케팅 박부하
표지디자인 BEN STORY
제 작 고철민 · 김원표

펴낸곳 (주) 박영시
서울특별시 금천구 가산디지털2로 53, 210호(가산동, 한라시그마밸리)
등록 1959. 3. 11. 제300-1959-1호(倫)
전 화 02)733-6771
f a x 02)736-4818
e-mail pys@pybook.co.kr
homepage www.pybook.co.kr
ISBN 979-11-303-2263-6 93550

정 가 29,000원